성령을

아는

지식

믿음이란
한 알의 밀알이 땅에 떨어져 죽음으로 많은 열매를 맺음과 같이
진리의 열매를 위하여 스스로 죽는 것을 뜻합니다.
눈으로 볼 수는 없으나 영원히 살아 있는 진리와
목숨을 맞바꾸는 자들을 우리는 믿는 이라고 부릅니다.
「믿음의 글들」은 평생, 혹은 가장 귀한 순간에
진리를 위하여 죽거나 죽기를 결단하는
참 믿는 이들의, 참 믿는 이들을 위한, 참 믿음의 글들입니다.

성령을 아는 지식

Keep in Step
with
the Spirit

J. I. Packer

제임스 패커
지음

홍종락
옮김

홍성사

텍사스에 있는 친구들
하워드와 바바라 단 버트, 빌과 베티 앤 코디, 존
과 텔 디포, 우디와 루이스 에간, 포리스트와 리
쉬 브라이언트에게 사랑과 감사를 담아 이 책을
바칩니다

차례

한국어판 서문

〈성령을 아는 지식〉은 저의 30년 독서와 사색과 기도와 삶에서 나온 결실입니다.

성경을 읽어 본 그리스도인이라면, 성령충만한 생활이 무엇인지 이해하고 누리는 일이 얼마나 중요한지 어느 누구도 의심할 수 없습니다. 너무도 중요하기 때문에 이 주제를 둘러싸고 그토록 많은 뜨거운 논쟁이 있어 온 것도 사실입니다.

본서에서 저는 이러한 여러 논쟁들을 제대로 이해하는 올바른 방법을 제시하고자 했습니다.

이 책은 출간된 이후 거의 20년 동안 많은 분들에게 도움을 주었습니다. 저는 여전히 이 책에서 밝힌 내용에 전적으로 동의합니다. 그래서 이 책이 한국어로 번역되어 더 많은 분들에게 도움이 될 줄로 생각하니 기쁩니다.

하나님이 이 책을 사용하셔서 한국의 그리스도인들에게 복 주시기

원합니다. 그래서 이제껏 누구도 알지 못했던 더욱 성결하고 풍성한 결실을 맺는 삶으로 우리를 이끄시고, 우리의 교회 가운데 더욱 뜨거운 부흥을 일으키시기를 염원합니다.

리전트 칼리지에서

J. I. 패커

머리글

성령은 하나님의 거룩한 영이시요 주(主)시며 생명의 공급자이시다. 그분은 천지창조 때에 수면 위에 운행하셨고, 역사 속에서 선지자들을 통해 말씀하셨으며, 오순절에 예수의 제자들에게 임하여 예수께서 이미 밝히셨던 그 보혜사(保惠師)의 역할을 성취하셨다.

성령은 오늘도 두번째 보혜사의 역할에 걸맞게, 예수의 대리인이자 대표자로서 인간의 머리와 가슴속에서 끊임없이 일하고 계신다. 보혜사란 헬라어로 파라클레토스(*paraklētos*)인데, 곧 '위로자, 상담자, 도움을 주는 자, 변호인, 강하게 하는 자, 후원자'를 뜻한다. 최초의 보혜사이신 예수님은 이 두번째 보혜사의 활동을 통해 인류에 대한 당신의 사역을 계속하신다. 예수 그리스도는 어제나 오늘이나 영원히 동일한 분이시다. 그분의 영 또한 그러하다. 그래서 성령께서는 오순절 이후 모든 시대에 걸쳐 복음이 전파된 곳이라면 어디서나, 예수께서 약속하셨던 새로운 보혜사의 역할을 감당해 오셨다.

그분의 이러한 사역은 우리에게 참으로 다행한 일이다. 만약에 성령께서 이러한 일들을 멈추셨다면, 교회는 오래 전에 그 구성원인 그리스도인들을 잃어버렸을 테고 끝내는 사라졌을지도 모른다.

그리스도인의 삶은 모든 측면―지적·윤리적·영적·관계적 측면, 예배의 감동, 밖으로 나가 증거하는 것―에서 초자연적이기 때문에, 그리스도인의 삶이 시작되고 유지될 수 있는 것은 오로지 성령의 활동 덕분이다. 고로 성령을 배제한다면 활력 있는 신도나 회중을 기대할 수 없다. 또한 성령이 없으면 신자도 없다. 하지만 교회는 지금도 살아남아 계속해서 성장하고 있다. 이것은 성령의 사역이 실패하지 않았고 앞으로도 결코 실패하지 않을 것임을 확실히 보여 준다.

같은 지역이라 해도 성령의 사역이 더욱 광범위하고 깊은 영향을 끼친 것으로 보이는 때가 있다. 오늘날 아프리카, 인도네시아, 남미, 미국, 그리고 로마가톨릭교회에서 행하시는 성령의 사역은 50년 전보다 훨씬 더 광범위해 보인다. 내가 여기서 굳이 '보인다'라고 말한 것은 이유가 있다. 오직 하나님만이 그 실상을 아시며, 영적인 문제에 대해 외모로 판단하지 말라고 성경 여러 곳에서 강력하게 경고하고 있기 때문이다. 엘리야가 하나님께 충성하는 이스라엘 백성이 자기뿐이라고 생각했을 때, 하나님은 7천 명의 사람들을 더 남겨 두셨다. 이러한 사실을 볼 때, 우리는 우리가 일하기 전에 하나님이 먼저 하셨을 일과 하나님이 주위에서 지금 하시는 일에 대한 성급한 판단을 유보하지 않을 수 없다. 하지만 세상과 타협한 기독교가 와해되고 있는 반면, 성령께서는 오늘날 세계 여러 곳에다 신선한 생명의 호흡을 불어 넣고 계신 듯하다. 물론 나의 생각이 틀렸을 수도 있지만, 이것은 나만의 생각이 아니다.

그러나 성령 사역의 깊이는 별개의 문제이다. 세계 여러 곳을 여행한 한 기독교 지도자는, 북미의 기독교가 3천 마일 너비에 깊이는 반인치에 불과하다고 말했다. 그 외의 다른 사람들도 기독교가 깊이가 없다고 우려하는 목소리를 내었다. 하지만 그러한 우려를 사실로 인정한다 해도, 바로 지금 성령께서 우리 심령을 뒤흔들고 계시다는 인식이 없다면 이 책은 아마 세상에 나오지 못했을 것이다.

이 책을 읽고 나서 여러분이 고든 콘웰 신학교의 리차드 러블레이스(Richard Lovelace) 교수가 말한, 어제도 오늘도 내일도 동일하게 교회에서 일하시는 성령의 사역에 대한 '통일이론'(여러 갈래 나뉘어져 있는 성령에 대한 이해를 통합적으로 살펴볼 수 있는 가상의 이론-옮긴이)의 요소들을 맛볼 수 있었으면 좋겠다. 막상 완성하고 보니, 이 책의 차례가 마치 네 코스로 구성된 음식 메뉴와 비슷하다.

우선, 1장에서는 성령의 새 언약 사역을 이해하는 열쇠가, 성령께서 예수 그리스도의 인격적인 임재와 사역을 전하는 일이라고 결론 내린다. 이 논증은 애피타이저 정도로 보면 된다.

2장에서는 이러한 관점에서 성령에 대한 성경의 가르침을 살펴본다. 이 부분은 말하자면 수프에 해당되는데, 좀 걸쭉하겠지만 영양은 풍부하다. 다른 수프와는 달리 걸쭉하면서도 맑은 수프가 될 것이다. 나는 요리를 하는 입장에서 이 장이 실제로 그런 수프가 되었기를 간절히 바란다.

3장부터 6장까지는 고기 부분에 해당하는 이 책의 골자이다. 여기서 우리는 웨슬리의 완전론, 고전적 케직 교의(敎義), 그리고 이 시대의 은사주의적 영성을 만날 수 있다. 또한 '성령 안에서 사는 삶'에 대한 유서 깊은 견해도 접할 텐데, 내가 보기에는 이 견해가 그 어느 주장보다도 더 성경적이다.

마지막 장에서는 그리스도의 몸을 부흥하게 하는 보혜사의 사역에 대한 몇 가지 구상이 디저트로 나온다. 디저트란 무엇보다 달아야 제 맛이다. 그러나 이 부분이 누구에게나 다 달콤하게 다가오지는 않으리라. 오히려 씁쓸한 맛을 느낄 사람도 있겠지만, 그것은 나보다도 읽는 사람에게 달린 문제라고 생각한다.

'성령과 동행하라'(*Keep in Step With the Spirit*)는 원제목은 이 책 전반을 관통하는, 이른바 실용적인 목표에 초점을 맞춘 것이다. 이 '동행한다'는 개념은 갈라디아서에 나오는 사도 바울의 사상을 반영한 것이다. "만일 우리가 성령으로 살면 또한 성령으로 행할지니"(갈 5:25). 여기서 '행한다'에 해당하는 단어는 글자 그대로 보행자의 수족을 움직이는 행위나 살아가는 활동을 비유적으로 가리키는 '페리파테오'(*peripateō*, 갈 5:16)가 아니다. '선 안에서 걷는다' '규칙을 지킨다' '타인의 통제 아래 살아간다'는 의미의 단어 '스토이케오'(*stoicheō*)이다.

믿음, 예배, 찬양, 기도, 개방성, 하나님을 향한 순종, 규율, 용기, 도덕 실재론, 풍성한 복음 증거는 바로 내가 달성하고자 하는 목표들이다. 사도 바울은 "오직 성령의 충만을 받으라 시와 찬미와 신령한 노래들로 서로 화답하며 너희의 마음으로 주께 노래하며 찬송하며 범사에 우리 주 예수 그리스도의 이름으로 항상 아버지 하나님께 감사하며 그리스도를 경외함으로 피차 복종하라"(엡 5:18-21)고 말한다. 이 책에 거는 나의 가장 큰 소망은, 독자들이 이 책의 도움으로 사도 바울이 위의 엄청난 문장에서 명한 것을 실행에 옮기는 일이다. 그러므로 나는 이 책을 읽는 당신에게 현재의 삶의 방식에 어떠한 대가를 치르게 되더라도 이러한 새롭고 초자연적인 생활방식을 배울 의향이 있는지 하나님 앞에서 점검해 보기를 요청한다. 만지심을 입거나, 겸허해지거나, 죄를 지적받거나 변화될 각오 없이 성령의 사역을 연구한다면, 무엇보다도 더 성령을 소멸하게 하는 일이기 때문이다.

사실, 성령의 사역을 연구하는 일은 성령께서 하실 수 있는 일이 무엇인지 조금이라도 아는 사람에게는 두려운 시도이다. 1908년, 만주에 있던 선교사들이 본국으로 이런 편지를 띄웠다.

우리가 도무지 통제할 수 없는 능력이 교회에 들어왔습니다. 기적 같은 건 믿지도 않고 무딘 감각에 자기 의로 가득 찬 한 중국인이 평소의 모습을 버리고, 관청에서 아무리 고문해도 털어놓지 않았을 여러 가지 죄를 고백했습니다. 이 중국인이 체면도 잊은 채 울면서 자신의 동료 신자들에게 기도해 달라고 애걸하는 모습은, 인간적으로는 도무지 설명할 수 없는 일이었습니다.
아마도 당신은 이것을 일종의 '종교적 히스테리'라고 말할지도 모릅니다. 사실, 우리 중에도 그렇게 말한 사람이 있었습니다. 기질이 다양한 스코틀랜드와 아일랜드 출신 장로교인 60여 명도 그 광경을 지켜보았습니다. 그 중 상당수가 처음에는 이 뜻하지 않은 사건을 회피하려 했지만, 지난 주 내내 그와 같은 현상을 보고 들은 지금에 와서는 모두가 여기에는 한 가지 설명 외에는 있을 수 없다고 확신하게 되었습니다. 바로 하나님의 성령이 나타나신 것입니다. "성령을 믿사오며"라는 사도신경의 구절이 피할 수 없는, 그 두려운 엄숙함으로 우리 앞에 살아난 것입니다.[1]

"피할 수 없는, 그 두려운 엄숙함", 과연 이 구절이 성령과 그분의 사역에 대한 우리의 인식과 맞아떨어지는가? 성령께서 중국인들의 자기 의(義)를 공격하고 뒤엎으시며, 양심을 자극하고, 자기중심적인 마음의 평정과 고요를 송두리째 빼앗아, 마침내 그들이 죄를 회개하고 삶의 방식을 바꾸게 했던 이 사건은 가히 사도행전에서 일어난 사건과 비견할 만하다. 하지만 이러한 일이 실제로 일어나기는커녕 상상도 할 수 없는 곳이라면, 성령께서 그곳에서 일하고 계시다는 주장은 현실성이 떨어진다고 봐야 하리라.

성령께서는 우리를 거룩하게 하기 위해 찾아오신다. 따라서 우리가 성자이신 예수 그리스도를 통해 하나님이 정말 어떤 분인지 알고 느끼도록 인도하신다. 예수님 때문에 우리를 용서하시지만, 하나님이 우리 죄를 얼마나 미워하고 혐오하며 진노하시는지, 그리고 하나님의 사랑이 얼마나 집요하게 우리의 성품을 변화시키고 새롭게 만들어 가시는지를 말이다. 한 번이라도 이러한 것들을 느껴본 적이 있는가? 그 충격으로 감동받거나 마음이 흔들리고 변화된 적이 있는가? 그리고 우리가 그런 성령의 역사를 느끼도록 이끌어 줄 여행을 시작할 마음의 준비가 되어 있는가?

청교도 존 오언(John Owen)은 7년의 노고 끝에 탈고한 책의 서두에서 이렇게 쓰고 있다. "독자 여러분이 이 기만적인 시대의 많은 사람들처럼 간판이나 제목만 보고 다니는 사람이라서, 마치 극장에 들어가는 로마 장군 카토(Cato)처럼 책 속으로 들어와 건성으로 둘러보고 그냥 나가 버릴 생각이라면, 여기까지 본 것으로도 충분할 겁니다. 그러니 그런 분들에게는 여기서 이만 작별인사를 드리겠습니다."

나 또한 이 시점에서 이 책을 손에 들게 된 사람들에게 말하고 싶다. 이 책을 읽으려면 "기만적인 시대"의 일반적인 독자들처럼 별 생각 없이 페이지를 가볍게 넘겨 보는 데 그쳐서는 안 된다. 이 책은 요즘 성령에 관해 필자가 어떤 생각을 하고 있는지 알고 싶어하는 사람들의 호기심을 채워 주려고 쓴 것이 아니다. 하나님과 진심으로 대면하기를 원하고, 하나님께서 자신을 다루어 주시도록 준비되어 있는 그리스도인들을 위해 저술한 책이다. 그러니 기도하는 마음으로 조용히 시편 119편을 두세 번 읽은 다음 독서를 이어 가는 편이 지혜로운 일이리라. 우리의 머리를 가득 채우는 생각들이 그야말로 생각에 그친다면, 우리를 바르게 세우지 못할 뿐 아니라 오히려 우쭐거리게 만들기 때문이다. 우리에게 필요한 것은 세움을 받는 일이다. 주님께서 우리 모두에게 이러한 자비를 베푸시기를 원한다.

지난 수년에 걸쳐 대서양 양단에서 이 책의 초기 원고들을 읽고 의견을 보내 준 많은 분들과, 1982년 존 웨슬리에 대한 연구결과를 토대로 개설한 라이언 강좌에 참가한 애즈버리(Asbury) 신학교 교수진, 그리고 학생들에게 감사를 표하고 싶다. 또한 원고를 훌륭히 타이핑해 준 메리 파킨, 낸시 모어하우스, 그리고 앤 노어포드와 색인을 만들어 준 짐 포더에게 특별한 감사를 전한다.

이 책은 전문서적이 아니기 때문에 주(註)와 참고서적을 최소한으로 줄였다. 그러나 다른 연구서를 쓸 때도 그랬듯이, 직접 찾아 대조해 보라는 뜻에서 본문 안에 성경구절을 함께 적었음을 밝힌다.

1
성령 제대로 보기

성령에 대해 쓴 책은 이미 많이 나와 있다. 구태여 거기다가 한 권을 더 보태려는 이유가 뭔가? 지극히 당연한 이 질문에 대답하려면 먼저 나의 근시 얘기부터 해야겠다.

근시

내가 만약 안경을 벗고 당신을 쳐다본다면, 내가 볼 수 있는 당신은 흐릿한 윤곽에 불과할 것이다. 여전히 당신이 그 자리에 있다는 것과, 당신이 남자인지 여자인지쯤은 구별할 수 있을 테니, 어떻게든 당신과 부딪치는 일은 피할 수 있을지도 모른다. 하지만 당신의 윤곽이 너무 흐리고 얼굴은 많이 뭉개져서(기억에 의지해서가 아니라), 당신을 쳐다보면서 제대로 묘사하기란 무척 난감한 일이다. 안경을 벗고 있는 동안 낯선 사람이 들어온다면, 그 사람 쪽을 가리킬 수는 있다. 그러나 그의 얼굴은 흐릿한 윤곽에 지나지 않을 테고 당연히 어떤 표정을 짓고 있는지는 알 도리가 없다. 내가 다시 안경을 쓰기 전까지는 당신이나 그 사람에게 초점을 맞출 수가 없을 것이다.

칼뱅은 설명할 때 좀처럼 예를 들지 않는 사람이다. 그런데 한번은 그가 나와 같이 눈 나쁜 사람이 인쇄물에 초점을 맞추기 위해 안경이 필요한 것처럼, 우리에게 있는 하나님에 대한 감각도 성경이 있어야 초점을 맞출 수 있다고 비유한 적이 있다. 칼뱅은 아주 일반적인 용어로 이 비유를 서술했다. 하지만 이 말을 할 당시 칼뱅은, 구체적인 성경의 진리들이야말로 하나님께 초점을 맞춰 주는 렌즈라고 생각했다는 점만큼은 분명하다. 칼뱅은 모든 사람이 하나님에 대해 희미한 지식은 갖고 있지만 그것들은 너무 모호하고 선명하지 않다고 여겼다. 초점을 맞춰 하나님을 본다는 것은 하나님의 인격, 하나님의 주권, 하나님의 구원, 하나님의 사랑, 성자, 성령, 그리고 하나님이 하시는 일과 일하시는 방식에 대해 제대로 생각한다는 것을 뜻한다. 이 점은 또한 하나님과 우리와의 관계에 대해서도 제대로 생각할 수 있음을 의미한다.

죄 아래 있는 피조물로서 하나님을 대할 것인가, 아니면 은혜 아래 있는 피조물로서 하나님을 뵐 것인가? 어떻게 하나님을 대할 것인가? 하나님께 믿음과 소망, 사랑으로 반응하는 피조물로서? 아니면 하나님께 반응하지 않고 메마르고 침울한 마음으로 살아가는 피조물로서? 어디서 이런 문제들에 대해 올바로 생각하는 법을 제대로 배울 수 있을까? 칼뱅은 성경을 통해 배울 수 있다고 말했고, 나는 그의 답변에 전적으로 동감한다. 성경의 가르침을 제대로 배우기 전까지는 성부와 성자, 성령의 삼위일체이신 창조주 하나님은 결코 우리 머리에서 떠도는 막연한 윤곽 이상의 존재일 수가 없다.

이제 이 책을 쓰는 관점과 이유를 말해 보자. 이미 말한 대로 오늘날의 개인과 교회, 그리고 사회는 성령이 어떤 분이며, 그분이 하시는 일이 무엇인가에 관심을 기울이고 있다. 교제, 교회 생활, 전 교인 사역, 성령세례, 은사, 인도하심, 예언, 기적, 그리고 성령이 계시하고 새롭게 하고 부흥시키는 사역들이 여러 강연의 주제가 되며, 수많은 책에서 중요하게 다루어지고 있다. 이것은 아주 바람직한 현상이다. 우리는 이러한 현상들을 기뻐해야 마땅하다. 만약 그렇지 않다면 우리에게 영적으로 뭔가 문제가 있다는 뜻이다. 하지만 시력이 나쁜 사람은 무언가를 쳐다봐도 또렷하게 보지 못하고 알지 못해서, 결국 상황을 제대로 파악하지 못하기 십상이다. 이처럼 우리 역시 날마다 성령의 사역을 찬양하면서도, 정작 성령에 대한 성경의 강조점들은 제대로 파악하지 못할 수 있다. 그리고 실제로 그런 일이 종종 일어난다. 우리는 우리가 쳐다보고 있는 것을 제대로 보기에는 영적인 일들에 너무 무지하고 편협하다.

하나님을 아는 것과 체험하는 것

성령께서 개개인의 삶에서 행하신 일을 좀 안다고 해서, 성령 그분에 대해 모두 다 알고 있는 양 자신하는 건 잘못된 생각이다. 사실 머리로 먼저 알고 난 후 영적인 체험은 나중에 할 수 있는 것처럼, 영적인 체험을 먼저 한 후에 이론적으로 이해하게 될 수도 있기 때문이다. 그런데 성경을 믿는 그리스도인들은 정확한 개념의 필요성을 강조한 나머지 종종 이 점을 간과해 왔다. 하지만 예수님의 지상 사역 기간 동안 제자들이 했던 경험을 통해서도, 이러한 사실을 간과해서는 안 된다는 것을 알 수 있다. 실제로 제자들이 받아들였던 영적인 진리들은 오류투성이였으며, 그들은 너무도 자주 예수님을 오해했다. 그런데도 예수님이 그들 지성의 한계를 넘어서 그들의 삶을 만지시고 근본적으로 변화시키실 수 있었던 이유는, 그들이 예수님을 사랑하고 신뢰했으며, 예수님께 배우기를 원했고, 또한 자신들이 배운 대로 예수님께 순종하고자 했기 때문이었다. 그 결과 열두 사도 가운데 열한 명은 깨끗함을 받았고(그들은 죄를 용서받았고 심령이 새롭게 되었다, 요 15:3), 그들과 더불어 다른 제자들도 '죄 용서'와 '평화'라는 예수님의 선물을 받았다(눅 5:20-24, 7:47-50, 19:5-10). 다가올 예수님의 십자가를 통한 대속(代贖)의 교리를 그들 중 아무도 미처 이해하기 전에 일어난 일이었다. 예수님의 선물을 받고 그들의 삶이 변화된 것이 먼저였고, 나중에 가서야 그들은 자신들에게 무슨 일이 일어났는지 이해했던 것이다.

그리스도인들이 하나님의 뜻을 신뢰하고, 그 뜻에 마음을 연 후에 성령이 넘치는 삶을 더욱 간구할 때도 이와 비슷한 상황이 벌어진다(물론이다! 성령님이 주시는 삶을 구하는 일과 예수님이 주시는 삶을 구하는 일은, 이름만 다를 뿐 사실 같은 일이다). 우리는 성경이 우리에게 무엇을 구하라고 가르치는지 제대로 알고서 올바로 구하는 것이 이상적이다. 하나님께서는 신실하시기 때문에, 우리는 우리가 구한 대로 받을 것이라고 확신할 수 있다. 그러나 하나님의 선하신 기도 응답에는 우리가 구한 것 이상이 들어 있다. 예수께서는 말씀하셨다. '구하라. 그러면 너희에게 주실 것이다. 너희가 너희 자녀에게 좋은 것을 줄 줄 알거든, 하물며 하늘에 계신 아버지께서 구하는 사람에게 성령을 주시지 않겠느냐!'(눅 11:9, 13). 실제로 많은 사람들이 그렇게 구했으며, 믿어지지 않을 만큼 풍성하게 응답하시는 하나님을 체험했다.

하나님은 은혜가 충만하신 분이시다. 그러기에 우리가 성령 안에서 사는 삶에 대해 아무 생각이 없거나 영 잘못 알고 있어도, 진심으로 온 마음을 다해 하나님의 얼굴을 구하고 그분께 더 가까이 다가가고자 한다면, 하나님은 성령 안에서 우리의 삶을 더욱 깊게 하실 것이다. 여기서 적용되는 공식은 예레미야 29장 13, 14절에 나와 있다. '너희가 온전한 마음으로 나를 찾기만 하면, 내가 너희를 만나 주겠다.'

그 다음의 과제는, 주님께서 우리에게 실제로 하신 일을 성경에 비추어 이해하는 일이다. 하나님이 우리의 각기 다른 기질과 상황을 고려하여 그 나름의 특유한 필요에 따라 우리에게 행하신 일들과, 성령을 통해 당신의 백성을 위해 하실 일을 선언한 성경의 보편적인 말씀이 어떻게 연결되는지를 성경에 비추어 이해하는 일도 같은 과제이다. 이것은 하나님의 많은 백성들이 당면한 과제이기도 하다.

그러나 내가 하는 말을 오해해서는 안 된다! 하나님께서 무지하고 오류투성이인 자들을 그들의 무지와 오류 때문에 축복하신다는 말은 아니다. 하나님이 계시하신 뜻을 우리가 이해하든 못하든 하나님은 개의치 않으신다고 말하는 것도 아니다. 정직한 심령과 하나님에 대한 순수한 열정이 있는 한, 무지와 오류가 영적인 건강에 끼치는 악영향은 미미하지 않겠느냐고 제안하려는 의도도 물론 없다. 하나님께서 믿는 자들에게 당신의 진리를 깨닫게 하심으로 믿는 자들을 정확하고 변함없이 축복하시는 건 분명한 일이다. 하지만 잘못된 믿음 그자체는 우리를 영적으로 메마르게 할 뿐 아니라, 본질적으로 강한 파괴력을 지녔다는 것 또한 틀림없는 사실이다. 그러나 영혼을 보살피는 사역자들이면 누구나, 지적 오류의 늪에 빠져 있는 것처럼 보이는 사람들에게도 하나님께서는 한 줄기 진리의 빛을 아낌없이 공급하신다는 사실을 접하고는 계속해서 경탄하게 마련이다. 앞에서도 언급했듯이 지금도 수많은 죄인들이 구원을 선물로 주는 예수 그리스도의 은혜와 성령의 변화시키는 능력을 체험하고 있다. 그런데도 그들이 가지고 있는 하나님의 은혜와 능력에 대한 개념은 여전히 오류투성이이거나 대체로 부정확하다. 우리에게 있는 모든 개념들이 빠짐 없이 바르게 정립되기 전까지 하나님께서 이제까지의 축복을 보류해 오셨다면, 우리 모두는 지금 어디에 있겠는가? 모든 그리스도인은 예외 없이 '올바른 양질의 개념'이라는 보증 때문이 아니라, 은혜와 도우심 덕에 훨씬 많은 체험을 한다. 하지만 성령에 대한 우리의 생각이 명료해진다면, 우리는 성령의 사역을 좀더 제대로 파악할 수 있을 테고 아마도 그것과 관련된 얼마간의 함정도 피할 수 있을 것이다. 실제로 이 책이 도움을 주고자 하는 것이 바로 이 부분이다.

20년 전 어느 습한 오후, 읍내에 들어온 고전 무성영화 한 편을 보기 위해 창고라 부르던 뒷골목 극장으로 갔던 기억이 난다. 1927년에 제작한 '제너럴'(The General)이란 영화였는데, 지금 비평가들은 버스터 키튼(Buster Keaton)의 대표작으로 높이 평가하고 있다. 그 당시 나는 고상하면서도 우수에 젖은, 늘 대형 사고를 몰고 다니지만 우유부단하고 재주 많던 키튼이라는 배우가 마음에 들던 참이었던 터라, 영화 제너럴은 자석처럼 나를 끌어 당겼다. 이야기 배경이 미국 남북전쟁이라고 읽은 적도 있어서, 나는 이런저런 자료에 근거해서 키튼의 이전 영화에서처럼 영화제목만을 보고 그가 맡은 배역이 무엇인지 짐작해 보았다. 그때도 그랬지만 지금도 나는 전쟁영화광이 아니다. 그래서 아직도 그때 극장으로 걸어가면서 이제 막 볼 영화에 내가 얼마만큼이나 매료될 수 있을지 궁금해하던 기억이 난다.

글쎄, 영화 제너럴에서 키튼이 군복, 더 정확히 말해 소위복을 입은 건 틀림이 없다. 하지만 그렇다고 그 영화를 키튼이 장군으로 등장하는 영화라고 묘사한다면 부적절할 뿐 아니라 참으로 오해의 소지가 많으리라. 왜냐면 키튼은 군복을 영화 끝 장면에 가서야 받았고, 군복을 받기 전까지 그 마법의 70분 동안 내 놀란 눈 앞에 펼쳐진 것은 전쟁액션물이나 군인정신을 보여 주는 그런 영화가 아니라, 오래된 증기기관차의 대서사시였기 때문이다. 값비싸고 위풍당당하지만 썩 세련되지는 않은 배장기(排障器)가 달린 4-4-0의 증기기관차가 도난을 당하고, 겁 없는 기관사는 경이로운 '일인 기관차 구출작전'이라는 무모한 영웅시에 뛰어들게 된다. 키튼은 구출작전에 성공한 뒤 보상으로 이전까지 거부되었던 군 입대 자격을 부여받게 되는데, 그전까지 그의 여자 친구는 그가 군인이 아니라는 이유만으로 자신을 쳐다보지도 못하게 했었다. 알고 보니 제너럴은 기관차의 이름이었고, 영화 줄거리는 1863년에 있었던 기관차 대추적 사건을 나름대로 재구성한 것이었다. 실제로, 기관차 제너럴은 조지아 마리에타에서 북부의 테러범들에게 탈취당했고, 추격 끝에 북부 영토로 넘어가기 전에 연료가 떨어져 되찾을 수 있었다고 한다. 나는 익살극 중독자에다 기차광이었던 터라, 완전히 넋이라도 나간 양 이 영화를 감상했다.

내가 하고 싶은 말은, 오늘날 유행하는 성령의 사역과 성령충만한 삶의 체험에 대한 견해 가운데 상당수가, 제너럴을 보기 전에 품었던 그 영화에 대한 내 추측만큼이나 실제와 다르다는 점이다. 이러한 여러 견해 가운데 일부를 함께 살펴보고, 이것에 대한 구체적인 설명을 이어 나가기로 하자.

능력

어떤 사람들은 성령에 관한 가르침의 핵심을 능력에 대한 교훈이라고 본다. 여기서 말하는 능력이란, 마땅히 해야 한다는 것을 알고 또 진실로 하기 원하지만 정작 그럴 만한 힘이 없다고 느낄 때, 바로 그 일을 행할 수 있도록 하나님이 주시는 힘을 뜻한다. 이러한 능력의 예를 들자면 섹스, 술, 마약, 담배, 돈, 스릴, 사치, 승진, 권력, 명예, 아첨 등에 대한 갈망을 절제하기, 신경을 건드리는 사람에게 인내하기, 사랑스럽지 않은 사람을 사랑하기, 성질 다스리기, 외압에도 굴하지 않고 굳건히 버티기, 담대하게 그리스도를 전하기, 고난에도 불구하고 하나님을 신뢰하기 등이 있다. 이러한 능력으로 생각하고 말하며 말씀을 선포하고 기도하게 하시는 성령이야말로 그들이 끊임없이 언급하는 중요한 주제이다.

이처럼 성령의 능력을 강조하는 그들을 어떻게 생각해야 할까? 그것이 잘못된 일인가? 아니, 결코 그렇지 않다. 오히려 그 반대이다. 그 자체로는 절대적으로 옳다. 능력(두나미스[dunamis], 이 단어에서 다이너마이트가 나왔으며 종종 크라토스[kratos]와 이스쿠스[ischus]로 쓰이기도 한다)은 위대한 신약성경의 단어이다. 그리스도께서 성령으로 능력을 주시는 일은 신약성경에 나오는 중대한 사실이다. 그것은 복음이 갖는 영광이며, 그리스도의 참된 제자라는 표시이기도 하다. 만약 미덥지 않다면 다음의 주요 성경본문들을 살펴보라.

예수께서 사도들에게 세상에 복음을 전하는 일을 위임하시고 이렇게 말씀하셨다. "너희는 위로부터 능력을 입히울 때까지 이 성에 유하라…… 성령이 너희에게 임하시면 너희가 권능을 받고"(눅 24:49; 행 1:8). 오순절에 성령이 부어졌을 때, "사도들이 큰 권능으로 주 예수의 부활을 증거하"(행 4:33)였고, "스데반이 은혜와 권능이 충만하여 큰 기사와 표적을 민간에 행하"(행 6:8. 이번에는 예수님에 관한 베드로의 유사한 진술을 보라. "나사렛 예수에게 성령과 능력을 기름 붓듯 하셨으매"[행 10:38)였다. 누가는 위의 구절들에서 복음은 처음부터 우리에게 성령의 능력으로 전파되었다고 말하고 있다.

사도 바울은 로마교회 교인들을 위해 "성령의 능력으로 소망이 넘치게 하시기를"(롬 15:13) 기도한다. 그런 다음 "그리스도께서 나로 말미암아 말과 일이며 표적과 기사의 능력이며 성령의 능력으로 역사하신 것"(롬 15:18, 19)이라고 외친다. 바울은 고린도의 교인들에게 십자가에 못 박힌 그리스도를 전파하며 "성령의 나타남과 능력으로 하여 너희 믿음이 다만 하나님의 능력에 있게 하였"(고전 2:4, 5; 고후 6:6-10, 10:4-6; 살전 1:5, 2:13)다고 상기시키고 있다. 또한 바울은 자신이 가진 육체의 가시에 대해 이렇게 기록하고 있다. "이르시기를 내 은혜가 네게 족하도다 이는 내 능력이 약한 데서 온전하여짐이라 하신지라 이러므로 도리어 크게 기뻐함으로 나의 여러 약한 것들에 대하여 자랑하리니." 거기에 이어서 이렇게 말한다. "이는 그리스도의 능력으로 내게 머물게 하려 함이라"(고후 12:9, 4:7). 그는 디모데에게 쓴 편지에서 "하나님이 우리에게 주신 것은 능력과 사랑과 근신하는 마음"(딤후 1:7)이라고 강조하고, "쾌락을 사랑하기를 하나님 사랑하는 것보다 더하며 경건의 모양은 있으나 경건의 능력은 부인하는 자"(딤후 3:4, 5)들을 비판한다.

그는 그리스도인 혼자 힘만으로는 불가능할 일들을 해낼 수 있도록 그리스도인들을 강건하게 하시려고, 예수께서 능력(인두나모 [endunamoō], 두나모[dunamoō], 크라타이오[krataioō])을 주셨다고 말한다 (엡 1:19-23, 3:16, 6:10; 골 1:11; 딤전 1:12; 딤후 4:17; 고후 12:10; 벧전 5:10). 그리고 여기 언제 사형당할지 모르는 처지인 그가 감옥에서 터뜨리는 승리의 외침이 있다. "내게 능력 주시는 자 안에서 내가 모든 것(하나님이 불러 행하게 하시는 모든 것)을 할 수 있느니라"(빌 4:13, [ ]는 저자 표기). 이 모든 구절의 핵심에는 오해의 여지가 없다. 이 모든 말씀을 보면, 초자연적인 능력을 받아 초자연적인 생활을 하는 일이야말로 기독교의 핵심이라는 사실을 인정할 수밖에 없다. 따라서 믿음을 고백하면서도 이러한 능력을 체험하지 못하고 보이지 못하는 사람은, 신약성경의 기준으로 볼 때 그 믿음이 의심스러운 자가 되는 셈이다.

성령을 주시는 분이 그리스도이시기 때문에 오직 그리스도 한 분만 능력의 원천이라 불리지만, 사실상 이러한 능력을 주시는 것은 항상 성령의 사역이다(요 1:33, 20:22; 행 2:33). 이처럼 그리스도께서 성령을 통해 부어 주시는 능력은, 기독교가 전파되는 곳이라면 언제 어디서나 항상 강조해야 할 주제이다.

3세기가 넘는 기간 동안 복음주의자들은 그들의 삶에 필요한 능력을 공급하신다는 하나님의 약속을 중시해 왔다. 우리는 이제껏 그들이 그렇게 해 온 것을 기뻐해야 한다. 이미 보았듯이 이것은 성경의 핵심 주제 가운데 하나일 뿐 아니라, 명백하고 보편적인 인간의 필요에 부응하고 있기 때문이다. 스스로를 현실적으로 볼 수 있는 사람이라면 누구나 자신이 부족하다는 인식에 사로잡힌다. 그래서 모든 그리스도인은 계속해서 이렇게 부르짖지 않을 수 없다. "주여, 저를 도우시고 강하게 하시고 능하게 하시며 제게 능력을 주사 말하고 행할 때 주님을 기쁘시게 할 수 있도록 하여 주소서. 제가 직면하고 있는 요구와 압력을 감당하게 하소서." 우리는 안팎으로 갖가지 형태의 악과 싸우기 위해 부르심을 받았다. 우리는 이 싸움터에서 성령의 능력만이 승리를 주실 수 있으며, 자신을 신뢰하면 실패를 자초하며 스스로의 무능함을 절감하게 될 뿐임을 배워야만 한다. 그러므로 성령을 통한 초자연적인 성화(聖化)는 아주 실제적이어서 꼭 필요하다라는 복음주의의 주장이야말로 지금까지처럼 앞으로도 시의적절한 가르침이 될 것이다.

그리스도인에게 주시는 능력

'개인의 삶에서 역사하시는 성령의 능력'이라는 주제를 처음으로 비중 있게 가르친 사람들은 17세기 청교도들이었다. 그 주제가 복음주의자들 사이에서 논쟁거리로 등장하게 된 것은, 18세기에 존 웨슬리가 성령께서 사람의 심성에서 죄를 완전히 뿌리 뽑는 시점은 사후(死後)가 아니라 이생이라고 가르치면서부터였다. 이것이 바로 웨슬리가 하나님께서 감리교를 통해 전파하기 원하셨다고 믿었던 바로 그 '성경적 성결'이었다. 웨슬리에 반대하는 사람들은 웨슬리의 그런 주장이 비성경적이고 기만적이라며 반발했고, 교구신자들에게 그런 주장을 주의하라고 경고했다. 그러나 19세기 후반에 이르러서는 웨슬리에 대한 반발의 추가 지나치게 멀리 나갔다는 인식이 생겨났다. 그것이 옳은 일인지 어떤지는 모르겠지만, 웨슬리와 입장을 달리하는 사람들은 완전론자들에게 거세게 반대하였다. 그 결과 많은 사람들은 하나님께서 죄악의 습관에서 우리를 구원하시고, 평온한 가운데 정의가 승리할 수 있도록 북돋우시며, 설교자의 말씀에 능력을 부어 사람의 심령을 꿰뚫게 할 수 있다는 사실조차도 그리스도인들이 망각하게 된 것이 아닌가 우려했다.

'우리의 삶 속의 능력'이라는 주제는 아주 갑작스럽게 대서양 양편에서 설교와 저술, 비공식적인 토론 모임('대화 집회'라고 불렸다)의 화제가 되었다. 피비 팔머(Phebe Palmer), 에이서 머핸(Asa Mahan), 로버트 스미스(Robert Pearsall Smith)와 해너 스미스(Hannah Whitall Smith), 이번 홉킨스(Evan Hopkins), 앤드루 머레이(Andrew Murray), 토리(R. A. Torrey), 찰스 트럼벌(Charles G. Trumbull), 로버트 맥퀼킨(Robert C. McQuilkin), 마이어(F. B. Meyer), 모울(H. C. G. Moule)을 비롯한 수많은 사람들은 믿는 자들에게 주시는 이 능력의 '비밀'을 사실상 새로운 계시라고 믿었고, 이 사실을 힘을 다해 선포했다. 바야흐로 새로운 복음주의운동이 꿈틀대고 있었던 것이다.

종종 고상한 삶 또는 승리의 삶이라고 불렀던 이 '비밀'은 영국에서 연례행사로 열리는 케직 사경회 주간에 완전하게 제도화되었다. 케직 사경회는 오늘날까지도 재즈 밴드의 '헤드 어레인지먼트'(연주자들이 즉흥적으로 만드는, 악보상에는 나와 있지 않은 편곡—옮긴이)처럼 주제별로 월요일은 죄, 화요일은 죄에서 구원하시는 그리스도, 수요일은 헌신, 목요일은 성령 안에서의 생활, 금요일은 성결해진 자들의 성령의 능력을 덧입은 선교의 순서로 진행한다. 1874년, 케직의 정기 간행물인 'The Christian's Pathway of Power'(능력의 통로)가 창간되었다. 5년 뒤에 명칭이 'The Life of Faith'(믿음의 생활)로 바뀌었지만, 그 성격은 조금도 바뀌지 않았다. '케직 교의'에 따르면 믿음은 능력의 통로이기 때문이다. 케직의 영향력은 전 세계에 미쳤다. 영어권에서 '케직식으로 사역하는 사람들'이 생겨났다. '케직 교의는 근대 교회사에서 가장 강력한 영적인 영향력 가운데 하나로 손꼽히게 되었다.'[1] 능력에 관한 집회의 설교만을 전문으로 하는 '케직 타입의' 설교자들이 복음 전도자, 성경 교사, 예언적인 주제를 논하는 연사들과 나란히 복음주의 사역의 한 분야를 당당히 차지하게 되었다. 이처럼 제도화되고, 평온하고 유쾌하며 절제되고 까다로운, 그야말로 중산층의 입맛에 꼭 맞는 '케직 정신'에 깊이 공감하는 지지층이 많다는 점을 고려해 볼 때, 성화와 봉사를 위한 능력을 외치는 케직의 메시지는 얼마 동안은 여전히 유효할 것이 분명하다.

하지만 '능력'이라는 주제가 최근에 그런 식으로만 전개되지는 않았다. 죄를 용서하고, 성령으로 우리를 악의 세력에서 구원하시는 그리스도의 능력은 1세기에 그랬던 것처럼, 또다시 교회의 복음 전파

메시지에서도 핵심 요소이다. 많은 사람들이 습관이라는 강한 파괴력을 가진 악에 시달리고 있는 서구 도시문화에서나, 아직도 악의 존재가 악령의 힘이라고 믿고 있는 부족사회에서나 이 점에서는 마찬가지다. 이전의 복음주의는 율법, 죄, 심판, 그리스도의 대속의 죽음을 강조해 왔다. 오늘날의 복음주의에서는 찾아볼 수 없는 나름의 강점이 있었던 것은 사실이지만, 능력이라는 주제를 제대로 강조하지 못했다는 점에서는 부족했다고 말할 수 있다.

하나님께서 능력에 대해 약속하셨으며, 또 능력을 공급하신다는 것은 명확한 사실이다. 다시 말하지만 능력을 강조하는 것은 바람직한 현상이다. 오늘날엔 어떤 형태로든 능력에 대한 강조가 세계적인 은사주의운동과 더불어 모든 복음주의권의 특징이 되고 있는데, 이러한 움직임은 미래에 대한 희망적인 신호임에 틀림없다.

능력의 제한

하지만 능력에 관한 많은 논의들을 무작정 기뻐할 수만은 없다. 그간의 경험으로 볼 때, 성령의 사역에 대한 깊은 통찰 없이 성령의 능력이라는 주제에만 치중하다 보면, 어느새 불행한 부작용이 나타나기 때문이다. 어떤 부작용이 있냐고? 음, 우선 이런 문제를 한번 생각해 보자. 이것저것을 극복할 능력을 추구하는 과정에서 영혼이 느끼는 감정의 기복에만 관심을 집중하다 보면, 이기적이고 자기중심적인 마음이 고개를 들게 되고 급기야 공동체의 관심사나 사회의 필요에는 무관심하게 된다.

성별(聖別)과 믿음이라는 공인된 이름으로 포장한 생각과 의지의 기법을 활용하면 어떤 일이 벌어질까? 마치 하나님의 능력이 우리가 스위치를 켜면 사용(케직이 자주 사용하는 이 단어가 그러한 위험을 짐작하게 한다)할 수 있도록 준비된 것인 양, 성령의 사역이 인간 중심적으로 흘러가기 쉽다. 또한 우리가 '예스'만 하면 하나님의 능력이 저절로 우리 안에서 작동한다고 착각할 수도 있다. 사실상 우리가 헌신과 믿음의 수위만 조절하면 하나님의 능력을 제어할 수 있다는 생각이 널리 퍼져 있다. 하나님의 능력이 우리를 이끌어 가시도록 기다리는 '내적 수동성'('내려놓고 하나님이 하시게 하라' 역시 인기 있는 슬로건이다)이 필요하다는 생각도 유행하고 있다. 어떤 계열에서는 영적으로 가난한 자들에게 복음을 증거할 때에, 일단 자신을 그리스도께 드리고 나면 자신의 삶을 제어하고 통제할 특권을 받게 되는 것처럼 말한다. 이와 같이 '살아갈 능력'을 준다는 식으로 접근하는 복음 증거 방식은 거의 관행화 되어 있다.

하지만 위의 모든 사실들은 성경적 기독교라기보다는 무슨 요가의 변종(變種)처럼 들린다. 우선 자기 뜻대로 하나님의 능력을 조작하는 것(이것이 마술이다. 행 8:18-24의 마술사 시몬이 그 예이다)과 하나님의 뜻에 순종하여 하나님의 능력을 경험하는 것(이것이 경건인데, 바울을 보면 알 수 있다[고후 12:9, 10]) 사이의 구분을 뭉개 버린다. 게다가 이 주장들은 현실적이지도 않다. 그런 복음 전도자들의 말을 듣고 있노라면, 일단 그리스도인만 되면 우리 안에 하나님의 능력이 들어와 즉시 우리가 가진 성격의 결함을 모두 없애 버리고 우리의 삶 전체를 순풍에 돛 단 듯이 순탄하게 만들어 주실 거라는 기대에 빠져 들어 버린다.

하지만 이 주장들은 성경말씀과도 한참 거리가 있는 새빨간 거짓말이다. 하나님은 신자가 회심할 때 이런저런 약점에서 갑자기 구원하시는 기적을 일으키기도 하시고, 회심의 때가 아닌 다른 시점에도 분명 그러실 수 있다. 하지만 이 사실을 기억하라! 모든 그리스도인의 삶은 세상과 육체, 그리고 악마의 힘과 유혹에 대항하는 끊임없는 투쟁이다. 이 전투는 그리스도를 닮기 위한(지혜, 헌신, 사랑, 그리고 정의의 습관) 것이니만큼 끝도 없을 뿐 아니라 격렬하기 그지없다. 복음을 전할 때 이 점을 사실대로 전하지 않는다면 그것은 일종의 사기다.

또한 케직 교의와 같은 논의들은 우리에게 계속해서 너무 많은 기대와 불충분한 기대를 동시에 갖게 한다. 시시각각 우리를 나락으로 끌어내리는 죄악의 무게로부터 완전한 자유를 지나치게 기대하게 만들면서도, 우리 마음에 들어와 우리가 죄를 짓도록 끊임없이 유도하고 옥죄어 오는 죄악의 힘을 풀어내는 일에는 어떠한 가능성도 충분히 제시하지 못하고 있다. 이것은 시원찮은 신학이며, 잘 봐줘야 심리적 · 영적 현실을 제대로 반영하지 못한다고밖에는 말할 수 없다. 내가 이런 논지의 글을 썼던 1955년 당시에는 많은 사람들이 나의 생각에 불쾌해했지만[2], 오늘날에는 더욱더 널리 그리고 기꺼이 받아들여지리라고 믿는다.

순서대로 계속 살펴보겠지만, 여기서 우리에게 정말 필요한 일은 성령의 교리가 진정 말하고 있는 것이 무엇인지에 대한 심오한 통찰이다. 그러한 통찰에 근거해 성령을 바라본다면, 우리는 자아에 함몰된, 다시 말해 성령의 능력을 내 마음대로 할 수 있다는 식의 성령에 대한 왜곡된 수많은 논의들을 바로잡을 수 있을 것이다. 하지만 그것을 다룬 논증 부분은 예비적인 고찰이 마무리될 때까지 미루어 둘 생각이다. 지금은 '능력'이라는 주제가 결코 우리를 성령에 대한 주제의 핵심으로 이끌지 못한다는 사실까지만 확인해 두고, 다음으로 넘어가기로 하자.

은사 수행

두번째로, 어떤 사람들은 성령의 교리를 '영적인 은사의 활용'이라는 의미로 받아들여서, 성령의 교리가 본질적으로 은사에 대한 것이라고 주장한다. 성령의 사역이 오로지 은사를 사용하는 일로 시작하고 끝난다고 여기는 것이다. 은사가 말씀 선포든 가르침이든 혹은 예언이나 방언, 치유든 어떤 것이든 간에 다 그러하다. 또한 그들은 신약성경을 내세우며 은사(카리스마타(charismata))의 의미를 하나님이 우리에게 일하게 하기 위해서 주신 것이라고 본다. 더 구체적으로 보자면, 은사란 다름 아니라 우리의 말과 행동과 태도로 예수 그리스도를 아는 지식을 표현하고 전달해서 다른 사람들을 섬기고 세우기 위해 하나님이 우리에게 주신 역량이다. 그들은 성령이 나타날 때(고전 12:7) 비로소 은사가 행동으로 드러난다고 믿는다. 그래서 하나님께서 그리스도인들을 능하게 하신 사실은 오직 은사를 사용함으로써만 보여 줄 수 있다고 주장한다. 자연히 그들은 '은사 수행'을 성령 안에서 사는 삶의 정수(精髓)라고 단정 짓고, 은사를 많이 가진 사람일수록 성령이 더욱 충만한 사람이라고 추측한다.

교회(몸) 사역

이러한 관점 혹은 생각의 틀(이렇게 부르는 편이 더 좋을지도 모르겠다)에 대해 논할 때도, 우리는 은사의 실재성과 은사 사용의 중요성에 대한 강조 그 자체는 전적으로 옳다는 사실을 먼저 언급해야 한다. 수세기 동안 교회는 극소수의 그리스도인들(훌륭한 성직자와 소수의 사람들)만이 사역에 필요한 은사를 가지고 있을 거라고 생각했다. 그래서 은사라는 주제 전체에 대해서 별 관심을 보이지 않았다. 20세기 이전,

영국에서 저술된 성령의 은사에 관한 본격적인 연구서는 1679년과 1680년에 청교도 존 오언의 책이 유일하다. 오늘날에는 은사의 보편성과 함께, 하나님께서는 전 교인이 그리스도의 몸인 교회 안에서 사역에 동참할 것을 기대하신다는 점을 부쩍 강조하고 있다. 그러나 신약성경이 두 가지 사실 모두를 명쾌하고 분명하게 가르치고 있다는 점을 생각하면, 이러한 움직임은 오히려 너무 늦은 감이 있다. 이제 신약성경의 말씀을 찾아보자.

"은사는 여러 가지나 성령은 같고 직임(디아코니아[diakoniai])은 여러 가지나 주는 같으며 또 역사(에네르게마타[energēmata])는 여러 가지나 모든 것을 모든 사람 가운데서 역사하시는 하나님은 같으니"(고전 12:4-6, [ ]는 저자 표기). "우리 각 사람에게 그리스도의 선물의 분량대로 은혜를 주셨나니…… 오직 사랑 안에서 참된 것을 하여 범사에 그에게까지 자랄지라 그는 머리니 곧 그리스도라 그에게서 온몸이 각 마디를 통하여 도움을 입음으로 연락하고 상합하여 각 지체의 분량대로 역사하여 그 몸을 자라게 하며 사랑 안에서 스스로 세우느니라"(엡 4:7, 15, 16). "각각 은사를 받은 대로 하나님의 각양 은혜를 맡은 선한 청지기같이 서로 봉사하라"(벧전 4:10). "우리가 한 몸에 많은 지체 [멜레(mele)], 수족(手足). 신약성경에서 지체는 항상 수족이다]를 가졌으나 모든 지체가 같은 직분을 가진 것이 아니니 이와 같이 우리 많은 사람이 그리스도 안에서 한 몸이 되어 서로 지체가 되었느니라 우리에게 주신 은혜대로 받은 은사가 각각 다르니 혹 예언이면 믿음의 분수대로"(롬 12:4-6, [ ]는 저자 표기).

사실 성직자나 직위를 맡은 자들만 은사를 받은 것은 아니다. 모든 그리스도인들이 은사를 받았다. 전임(專任) 사역자들은 자신들의 은사를 사용하여 각 사람이 가진 은사를 파악하고, 제각기 받은 은사들을 사용하도록 준비시켜야 한다. '그분이, 어떤 사람은 사도로, 어떤 사람은 예언자로, 어떤 사람은 복음 전도자로, 또 어떤 사람은 목회자와 교사로 삼으셨습니다. 그것은 하나님의 백성들[하가이오이, *hagioi*, '성도' (聖徒)]을 준비시켜 봉사의 일을 하게 하고, 그리스도의 몸을 세우게 하시려는 것입니다' (엡 4:11, 12).

불행히도 킹 제임스 성경은 이 말씀을, "그리스도께서 혹은 사도로, 혹은 선지자로, 혹은 복음 전하는 자로, 혹은 목사와 교사로 주셨으니 이는 성도를 온전케 하며, 봉사의 일을 하게 하며, 그리스도의 몸을 세우려 하심이라"로 번역하여, 문법적으로 마지막의 세 구절이 모두 성직자가 하는 일처럼 보이도록 만들었다. 16세기에 나온 어떤 성경은 십계명 중 제7계명(출 20:14)에서 부정어 'not'을 누락시켜서 못된 성경이라는 가장 어울리는 이름으로 역사에 전해지고 있는데, 그런 식으로 본다면 이 킹 제임스 성경이 에베소서 4장 12절 말씀 중 성도 다음에 찍은 쉼표도 못된 쉼표(두운을 맞추고 싶다면 '사악한 쉼표')로 불러도 상관없지 싶다. 왜냐하면 바로 이렇게 '사역'을 교회 지도자들만의 몫으로 제한함으로써, 이 쉼표는 바울의 의도를 가렸을 뿐 아니라 그와 정반대의 뜻이 되게 만들어 버렸기 때문이다. 그 결과 모든 지체가 마땅히 사역에 참여해야 할 곳인 교회에서 '성직자주의'(clericalism)가 들어서게 되었다. 내가 말하는 **성직자주의**란, 목사는 모든 영적인 사역의 책임이 자기 자신에게 있고 회중과는 아무 상관이 없다고 주장하고, 회중은 거기에 동의하는, 이른바 독재와 음모의 결합을 뜻한다. 원칙적으로 보면 불명예스럽고 실제로는 성령을 소멸시키는 무서운 생각이다.

플리머스형제단(the Plymouth Brethren; 존 넬슨 다비[John Nelson Darby]가 '교회는 국가로부터 독립해야 한다'고 주장하며, 1827년에 영국성공회의 신부직을 사임하고, 6명의 신앙동지와 함께 성찬을 시작하는 데서 출발했다-옮긴이)은 19세기 중반부터 계속해서 은사의 보편성과 전 교인 사역 참여의 정당성을 주장해 왔으나 거의 관심을 끌지 못했다. 그들의 주장이, '유급(有給) 성직자 제도'에 반대하며, 당시 교회의 배교성을 성토했던 사람들과 연루되었기 때문이다. 하지만 최근에 와서는 에큐메니컬운동(교회일치운동)과 은사주의운동이 성경의 진리임이 판명되었다. 따라서 이제는 이 두 가지 모두가 기독교 안에서 정당한 주장으로 받아들여졌으며, 자연히 그에 따른 흡족한 결과들도 속속들이 생겨나기 시작했다. 그러한 움직임 중 하나로서, 모든 은사들을 회중 전체의 유익을 위해 최대한 활용하기 위한 방안으로, 교회 구조와 예배 형태를 변화시켜 보려는 전례 없던 시도가 곳곳에서 자발적으로 형성되었다. 뿐만 아니라 혹여 기존의 예배 방법과 교회 체제가 은사 사용을 가로막아 성령을 소멸하고 있는 건 아닌지를 점검하려는 진지함도 새롭게 나타났다.

은사 수행 제대로 보기

동전의 앞면이 있으면 뒷면이 있는 법. 새로운 접근방식을 망치는 무시할 수 없는 세 가지 부작용이 나타났다.

첫째로, 평신도 사역을 부각시키다 보니 이제는 평신도 가운데 성직자들이 수행하는 특별한 책임들을 과소평가해서 얕잡아 보고, 목사와 지도자에게 마땅히 보내야 할 존경을 망각하는 사람들이 생겨났다.

둘째로, 하나님은 때때로 성도들에게 회심하기 전에는 결코 할 수 없을 것 같은 일들을 하게 만드는 은사를 주시기도 한다(오해하지 말기를! 하나님께서 그런 식으로 은사를 내리기도 하신다는 것은 분명하다).

그런데 이 사실을 강조하다 보니, 일부 사람들은 교회 생활에서 가장 중요한 은사들(말씀 선포, 가르침, 지도력, 상담, 격려)이 일반적으로 본래 가지고 있던 기능(능력)이 성화되어 나타났다는 사실을 이해하지 못했다.

셋째, 어떤 사람들은 개인의 지극히 자유로운 은사 활용을 격려하면서, 한편으로는 지독히 권위주의적인 목회자 감독체제를 들여와 심지어 신자들의 양심까지 장악하려 드는 등 최악의 중세 성직자들보다 더 나쁜 영향을 끼치기도 했다.

'은사'가 가지고 있는 장점들을 생각할 때, 이런 부작용은 분명히 옥에 티다. 하지만 이러한 별로 달갑지 않은 부산물인 결점들을 수정하라고 요청하는 일을, 원칙 자체까지 손상시키려는 의도로 보아서는 안 된다. 어쨌거나 은사의 보편성과 전 교인 사역 참여가 정당하다는 이 원칙은 옳다. 이 원칙을 실제로 지키지 않고는 알찬 교회 생활을 기대할 수 없다.

하지만 은사를 주시는 것(은사라 하면 아마도 성령세례 때 받는 방언을 제일 먼저 꼽을 수 있겠다)이 개개인에 대한 성령의 주요 사역이라 판단하고, 은사가 나타나는 데에만 관심을 집중해야 할 성령의 사역으로 강조한다면 뭔가 크게 잘못된 일이다. 고린도전서를 살펴보면 무엇이 잘못되었는지 분명해진다. 고린도교인들은 자신들의 지식을 자랑스럽게 여겨서(8:1, 2), 자신들의 은사에 대해 의기양양했고, 누구 표현대로 하자면 그야말로 열렬했다. 그들은 자신들보다 은사가 적어 보이는 교인들이나 설교자들을 경멸했으며, 교회에 모일 때마다 앞 다투어 각자의 은사를 과시했다. 바울은 그들이 지식과 은사를 가지고 있다는 면에서는 기쁘게 여겼지만(1:4-7), 영적으로 어리고 육신에 속해 있어서 그리스도인으로서 합당하지 않은 수치스러운 행동을 한다고 책망했다(3:1-4, 5:1-3, 6:1-8, 11:17-22). 바울은 은사와 자유를 공의와 사랑, 섬김보다 높게 평가하는 그들의 가치 기준이 틀렸다고 분명히 말하고 있다. 우리가 아는 한 고린도교회만큼 그렇게 사도 바울의 꾸지람을 심하게 들은 교회는 없다.

고린도 교인들은 자신들이 가진 지식과 은사를 내세우며 스스로를 '성령의 사람'(프뉴마티코이[pneumatikoi], 14:37)이라고 일컬었다. 하지만 바울은 그들에게 진정한 영성 — 성령께서 깨닫게 해 주신 복음 위에서만 진정한 영성이 있을 수 있다 — 의 본질적인 요소가 윤리적인 문제임을 보여 주려고 애를 썼다. "너희 몸은 너희가 하나님께로부터 받은 바 너희 가운데 계신 성령의 전인 줄을 알지 못하느냐 너희는 너희의 것이 아니라 값으로 산 것이 되었으니 그런즉 너희 몸으로 하나님께 영광을 돌리라"(6:19, 20). 고린도 교인들이 그토록 자랑스럽게 여겼던 모든 은사들을 능가하는 '제일 좋은 길'은 바로 사랑의 길이었던 것이다. "오래 참고 온유하며 투기하는 자가 되지 아니하며 자랑하지 아니하며 교만하지 아니하며 무례히 행치 아니하며 자기의 유익을 구치 아니하며 성내지 아니하며 모든 것을 참으며 모든 것을 믿으며 모든 것을 바라며 모든 것을 견디느니라"(13:4-7). 바울은 사랑이 없다면 세상에서 가장 대단한 은사를 가졌다 해도 아무것도 아니라고(13:1-3), 즉 영적으로 죽은 거라고 말하고 있다. 그리고 그는 실제로 고린도 교인들 중에 이런 의미로 '아무것도 아닌' 사람들이 있지 않나 하고 의혹을 품었다. 바울은 그들에게 이렇게 말한다. "깨어 의를 행하고 죄를 짓지 말라 하나님을 알지 못하는 자가 있기로 내가 너희를 부끄럽게 하기 위하여 말하노라"(15:34; 고후 13:5).

고린도 교인들은 존 오언의 말처럼 은혜 없는 은사도 있을 수 있다는 사실을 깨달아야 했다. 이것은 오늘날의 사람들 또한 마땅히 다시 배워야 한다. 즉 은사를 사용해서 영적으로 다른 사람들을 유익하게 하면서도, 정작 자신은 하나님을 올바로 알고 있을 때 성령께서 일으키시는 내적 변화에 대해서 전혀 문외한일 수 있다는 말이다. 은사를 사용할 때 드러나는 성령의 나타나심과 그리스도를 닮아가는 인격에서 발견되는 성령의 열매는 같은 것이 아니다(갈 5:22, 23). 그리고 성령은 성령의 열매가 거의 없거나 전혀 없는 상태에서도 나타날 수 있다. 은사가 아무리 많아도 은혜가 거의 없을 수 있다. 발람과 사울, 유다가 그랬듯이, 우리는 진정한 은사를 가지고도 진정한 은혜를 전혀 받지 못할 수도 있는 것이다. 오언은 그 이유를 이렇게 밝힌다.

영적 은사는 지성 혹은 이해력에만 머문다. 그것이 일상적인 은사든 특별한 은사든 간에 모든 은사는 영혼에까지 영향력을 행사하거나 머물러 있지는 못한다. 영적인 은사들이 지성에 영향을 주는 이유는 지성이 실천적이기보다는 개념적이고 이론적이기 때문이다. 은사란 지적인 능력일 뿐 그 이상은 아니다. 지금껏 나는 어떤 형태로든 간에 우리 안에 머무는 은사에 대해 얘기했다. 그러나 기적이나 **방언**처럼 비상한 능력을 **일시적으로 발휘**하는 은사도 있다. 모든 은사의 기초는 성령의 조명이며 그 내용은 영적으로 밝아지는 일이다. 사도는 히브리서 6장 4절(오언은 내세의 능력을 영적 은사라고 보았다)에서 나름의 표현으로 그렇게 선언한다.

고로 의지와 애정, 양심은 은사와 상관이 없다. 따라서 은사가 성령의 빛으로 삶을 개혁시킬 수 있을지 모르지만, 그 능력으로 **심령을 변화시킬 수는 없다.** 하나님께서는 일반적으로 흉악한 사람들에게 은사를 내리시지 않을 뿐 아니라, 은사를 받은 후에 흉악해지면 그들에게서 가차 없이 은사를 거두어 가신다. 하지만 거듭나지 않은 사람 속에도 여러 은사가 있을 수 있으며, 또한 은사 안에는 거듭나지 않은 사람들을 교만하지 않게 지켜 줄 수 있는 그 어떠한 보장도 없다.[3]

따라서 어느 누구도 자신의 은사를, 하나님을 기쁘시게 해 드리고 있다는 증거나 자신의 구원을 보증해 주는 증거로 여겨서는 안 된다. 영적인 은사는 그 어느 것도 보장해 주지 않는다.

신약성경 전체를 통해서, 개인의 삶에서 하나님이 하시는 일을 보면, 항상 윤리적인 부분이 은사보다 우선한다. 그리스도를 본받는 일(은사로서가 아니라 사랑, 겸손, 하나님의 뜻에 순종함, 사람들의 고통에 대해 민감함)이야말로 참으로 중요한 일이라고 말한다. 이와 같은 사실은 사도 바울이 믿는 자들을 위해 드린 기도에서 명료하게 드러난다. 바울은 골로새 교인들이 "그 영광의 힘을 좇아 모든 능력으로 능하게 하"기를 구한다. 무엇 때문에? 목회자가 차고 넘치는 은사의 과시를 통해 성도들을 착취하고 떵떵거리게 하기 위해서? 아니다. "기쁨으로 모든 견딤과 오래 참음에 이르게 하시"려는 것이다(골 1:11). 그는 빌립보 교인들의 사랑이 모든 지식과 총명으로 점점 더 풍성하게 되기를 간구한다. 왜? 설득력 있게 설교하고 논쟁하거나, 권위 있게 병든 자를 고치거나, 방언으로 유창하게 말하기 위해서? 아니다. "진실하여 허물 없이 그리스도의 날까지 이르고 예수 그리스도로 말미암아 의의 열매가 가득하여 하나님의 영광과 찬송이 되게 하기"(빌 1:9-11; 엡 3:14-19) 위해서이다.

이상의 요점은 여러모로 중요한 의미가 있다. 은사를 발견하고 사용하는 데만 몰두하는 사람들뿐 아니라, 자신의 왕성한 기질이나 외향성은 고려하지 않고 자신이 속한 기독교 활동이 몇이나 되며 그 일들을 얼마나 솜씨 있고 성공적으로 해내는지를 가지고 자기 안에 성령이 충만한지 아닌지를 판단하려는 사람들에게도 교훈을 줄 것이다.

나의 논점은, 성령의 은사(바쁘게 다니면서 이것저것 하려는 자발성과 능력)를 성령의 열매(개인의 삶에서 그리스도를 닮아가는 인격)보다 더 중요하게 다룬다면, 영적 오판이며 교정이 필요하다는 말이다. 여기에 대한 최선의 교정책은 이러하다. 먼저 여러 가지 활동과 은사 수행이 하나님을 섬기고 높이는 행위로 드러나도록 틀을 다시 짜야 한다. 또한 그런 활동들이 극적이거나, 시선을 끈다거나, 사람들에게 깊은 인상을 심어 준다거나, 교회에서 중요한 역할을 맡게 해 준다거나, 기대한 것보다 대단하다는 인상을 관계자로부터 받게 해 주기 때문에 가치 있다고 생각하지 말고, 하나님을 섬기고 그분을 높여 드리는 행위이기 때문에, 그 자체로 소중한 성령의 사역이라고 보아야 한다. 어떻게 하면 이런 일이 가능할까? 이것을 가능하게 하는 틀 하나를 잠시 후에 제시해 보겠다. 우선, 은사와 은사 사용에 집중하는 일이 능력을 체험하는 데에 집중하는 일과 마찬가지로 성령에 대한 핵심 진리로 우리를 안내하지 못한다는 사실부터 확인해 두고 개괄을 계속하자.

정결

세번째로, 어떤 사람들은 성령의 교리를 무엇보다 **정화시키기와 죄 씻음**, 즉 하나님의 자녀들이 유혹에 저항하고 옳은 일을 행할 수 있도록 그들에게 힘을 주어 죄로 더럽혀지고 오염된 당신의 백성들을 깨끗하게 하시는 하나님의 사역으로 보고 있다. 이러한 관점의 요지는 성령께서 우리를 더욱더 깨끗하게 하시기 위해 우리에게 거룩함을 나누어 주신다는 사실이다. 바로 이 거룩함이 우리 몸에 거하는 죄를 극복할 힘을 주고(즉, 몸의 행실을 죽이고. 롬 8:14; 골 3:5), 우리를 변화시켜 '영광스러운 상태에서 더욱 영광스러운 상태로 옮아 가'(고후 3:18)도록 이끈다는 말이다. 이들에게 문제의 핵심은 능력을 체험하는 일 자체가 아니며, 그리스도인이 공적으로 얼마나 많은 은사를 훌륭히 수행해 내는가 하는 것도 아니다. 단지 거룩해지기 위해 죄악에 대항해서 싸우고, 더럽혀지지 않게 자신을 지킬 수 있도록 성령께 도우심을 간구하는 가운데 겪는 내적 투쟁이다.

여기서 강조하고 있는 그 자체만 본다면 이것은 분명 성경적이다. 사도 바울의 말처럼 중생하지 않은 인간은 '죄의 권세 아래'(롬 3:9) 있으며, 중생한 사람들에게도 여전히 죄는 '머문다'(롬 7:20,23; 히 12:1; 요일 1:8). 죄란 본질상 하나님에게 대항하고 반역하는 분별없는 에너지이며, 제 뜻대로 교만하게 행동하는 이른바 불법적인 습관이며, 갖가지 형태로 표현되는 도덕적·영적 교만이다. 하나님께서는 이 중 어떤 형태의 것이든지 상관하지 않고(사 61:8; 렘 44:4; 잠 6:16-19) 죄를 미워하시며, 또한 이 죄는 하나님의 목전에서 우리를 더럽힌다. 따라서 성경은 죄를 용서받아야 할 악이며 씻어 내야 할 오염이라 말한다.

그래서 이사야 선지자는 "주께서 그 심판하는 영과 소멸하는 영으로 시온의 딸들의 더러움을 씻으실"(사 4:4에서는 죄를 씻으라고 요구하신다. 사 1:16; 렘 4:14) 날을 기다린다. 에스겔은 "맑은 물로 너희에게 뿌려서 너희로 정결케 하되 곧 너희 모든 더러운 것에서와 모든 우상을 섬김에서 너희를 정결케 할 것이며"(겔 36:25)라고 하나님의 말씀을 전한다. 스가랴 선지자는 "그날에 죄와 더러움을 씻는 샘이 다윗의 족속과 예루살렘 거민을 위하여 열리리라"(슥 13:1)고 예언한다. 말라기 선지자는, 하나님은 "금을 연단하는 자의 불과 표백하는 자의 잿물과 같을 것이라 그가 은을 연단하여 깨끗게 하는 자같이 앉아서 레위 자손을 **깨끗케** 하되 금, 은같이 그들을 **연단하리니**"(말 3:2,3; 사 1:25; 슥 13:9)라고 경고한다. 이상의 구절들에서 우리는 죄를 짓는 일이야말로 하나님 앞에서 우리를 더럽히는 행위라는 것을 알 수 있다. 깨끗해야 할 곳에서 오물을 보면 메스껍고 역겹게 느끼는 것처럼, 하나님께서도 우리의 죄를 메스껍게 여기시고 혐오하신다. 그래서 하나님은 그 거룩한 은혜로 우리의 죄를 용서하시고, 더 이상의 범죄를 저지르는 일이 없도록 하겠다고 굳게 결심하고 계시는 것이다.

구약성경에 나오는 모든 정결에 대한 법과 의식은 이처럼 더러움을 씻어 내고자 하시는 하나님의 의지를 드러내고 있다. 신약성경에서도 구원을, 하나님께서 우리를 씻기시고 깨끗하게 하시는 것으로 묘사하고 있으며(요 13:10, 15:3; 행 22:16; 고전 6:11; 엡 5:25-27; 히 9:13,14, 10:22; 요일 1:7-9), 그리스도인의 삶이란 하나님의 목전에서 자기 자신을 더럽게 만들 만한 일체의 것으로부터 스스로를 깨끗하게 하는 과정(고후 7:1; 엡 5:3-5; 딤후 2:20-22; 요일 3:3)이라 말하고 있다. 또 이러한 생각은 기독교에서 행하는 세례에 구체적으로 반영되어 있는데, 세례란 곧 깨끗하게 씻는다는 뜻을 상징하고 있기 때문이다.

따라서 그리스도인이 죄악으로 더럽혀졌음을 깨닫게 하여 스스로 부끄럽게 여기도록 만들고, 그 마음을 뒤흔들어 "하나님을 두려워하는 가운데서 거룩함을 온전히 이루어 육과 영의 온갖 더러운 것에서 자신을 깨끗케"(고후 7:1) 하시는 성령의 사역에 초점을 맞추는 일은, 성경이 강조하고 있는 사항들 중 하나에 밑줄을 좍 긋는 것이다. 성령의 사역에 대한 이러한 강조는, 도덕기준을 너무도 하찮게 여기고 수

치심이 갖는 미덕을 지나치게 과소평가하고 있는 요즘 같은 퇴폐적인 시대에 엄청나게 역설(力說)할 필요가 있다.

이 점과 더불어, 그리스도인은 정결한 삶을 이루기 위해 평생을 계속해서 의식적으로 긴장하며 싸워나가지만, 이러한 삶을 완전하게 이룰 수 없다는 사실 또한 그만큼 강조해야 마땅하다. "육체의 소욕은 성령을 거스리고 성령의 소욕은 육체를 거스리나니 이 둘이 서로 대적함으로 너희의 원하는 것을 하지 못하게 하려 함이니라"(갈 5:17).

"율법은 신령한 줄 알거니와 나는 육신에 속하여 죄 아래 팔렸도다 나의 행하는 것을 내가 알지 못하노니 곧 원하는 이것은 행하지 아니하고 도리어 미워하는 그것을 함이라"라고 기록한 로마서 7장 14, 15절을 건강한 그리스도인이 겪는 단면으로 보고 위에서 내가 제시했던 논점의 직접적인 예로 받아들일 수도, 그렇지 않을 수도 있다(이처럼 읽는 사람도 있고 그렇지 않은 사람도 있지만, 이 문제는 나중에 검토해 보겠다). 그러나 갈라디아서 5장 17절에서 사도 바울이, 우리에게 그리스도인의 삶에서 실제로 존재하는 투쟁에 대해 말하고 있다는 데엔 의심의 여지가 없다. 바울은 또한 모든 그리스도인 안에는 서로 반대되는 두 종류의 욕망이 있음을 깨달아야 한다고 말한다. 이 두 욕망 사이의 대립은 근본 동기에서부터 시작한다. 하나님을 적대시하는 타락한 인간이 자기중심적인 본성을 드러내고자 하는 욕망이 있으며, 중생을 통해 우리 안에 들어온 초자연적인 욕망 즉 하나님을 높이고 사랑하려는 욕망도 있다. 그리스도인 속에서 이러한 상반된 동기들이 충돌하면서, 한쪽이 앞으로 끌어가려 할 때마다 나머지는 그것을 제어하려 한다. 그래서 그는 찬송가 가사처럼 "온전히 충성된 마음"으로 하나님을 온전히 섬기려 하지만, 자신의 마음이 결코 순수하지 않으며, 무엇이 되었건 절대적으로 옳은 일만을 할 수는 없다는 사실을 깨닫게 된다. 이렇게 그는 매 순간 자신이 원하는 일을 할 수 없게끔 방해를 받는다. 그는 자신이 행한 모든 일을 두고 이렇게 되새기며 살 수밖에 없다. '좀더 잘했을 수도 있었을 텐데, 아니 더 잘했어야 마땅했어.' 그 일이 자신의 교만이나 약점, 미련함으로 일어난 사소한 잘못일 때는 물론이고, 옳은 일을 하기 위한 시도였을 때도 상황은 마찬가지다. 새로운 일을 시작하고 진행할 때마다 매번 더 잘할 수 있었는데 하며 아쉬워한다. 그 당시에는 자신이 할 수 있는 최선이라고 느꼈던 그 일이 다시 돌이켜 보면 전혀 그렇게 보이지 않는다. 그는 평생을 '완전함'에 이르기 위해 애쓰다가, 불행하게도 자신의 목표는 언제나 자기 손아귀를 벗어나 있다는 사실을 발견한다.

이 말은 물론 그리스도인이 어떤 의로움도 결코 이룰 수 없다는 뜻은 아니다. 바울이 마음속에 그리고 있는 그리스도인의 삶은 연신 완패하는 삶이 아니라 계속해서 도덕적으로 진보하는 삶이다. "성령을 좇아 행하라 그리하면 육체의 욕심을 이루지 아니하리라"는 갈라디아서 5장 16절의 직접적인 명령이며, 17절은 이 명령에 해설을 더한 각주에 불과하다. 이뿐 아니라 사도 바울이 그리스도인의 행실에 대해 가르치는 다른 모든 구절을 살펴보면, 그는 믿는 자들이 항상 거룩한 습관을 들이고, 그리스도를 본받는 행동을 실천하는 데 전진하기를 기대하고 있음이 분명하게 드러난다.

바울은 그리스도인이 죄의 노예 상태에서 풀려난 이유를, 성령께서 주신 새 생명으로(롬 7:6) 사랑과 의를 행하도록 하기 위해서라고 보았으며, 사랑과 의를 행할 수 있는 능력이 있다면 하나님의 뜻인 성결도 반드시 실천해야 한다(갈 5:13, 14; 롬 6:17-7:6; 살전 4:1-8)고 말한다. 또한 그리스도인은 성령을 통해 죄를 극복할 능력과 의무를 갖게 되었고(롬 8:13), 경건과 선행(롬 8:4; 갈 5:16, 25)이라는 점진적인 과정을 거쳐 성령 안에서 행할 수 있는 능력과 의무를 받게 된다고 말한다. 이 말은, 그 자신이 이전에 행했던 일, 회개하지 않은 사람들이 지금까지 하고 있던 일들을 멈추고, 대신 다른 일을 하기 시작한다는 뜻이다. 믿는 자는 자신의 영(의식)이 느끼는 성령의 소욕(所欲)을 따라야 하며, 육체의 소욕에 몰두해서는 안 된다. 그리스도인의 삶은 회개와 중생을 나타내는 의로운 삶이어야 한다. 그것은 기본이다.

갈라디아서 5장 17절에서 사도 바울이 한 말에 비추어 내가 전하고자 하는 핵심은 이러하다. 믿는 자 안에서 육체의 소욕과 성령의 소욕이 서로 대적한다면, 그는 앞으로도 계속 자신의 삶에서 그 어떤 완전한 선도 이룰 수 없음을 알게 될 것이다. 또 단 한 번도 그의 목을 죄는 제약과 끈질기게 끌어당기는 자신의 왜곡된 성향에 저항해서 힘을 다해 싸우지 못했음을 발견하게 될 것이다. 아무리 잘한 일이라도 동기를 점검해 보면 적어도 죄악의 요소가 있고, 매일의 삶이 온통 더럽혀져 있다는 사실 역시 깨닫게 될 것이다. 따라서 그는 매 순간 그리스도 안에서 용서를 베푸시는 하나님의 은혜에 의지해야 한다. 그렇지 않으면 버림을 받을 수밖에 없다. 또한 자신의 약점과 변덕스런 마음을 스스로 절감하게 되고, 끝까지 내적 투쟁을 지속할 수 있는 힘을 달라고 성령께 계속해서 간구해야 한다는 것을 뼈저리게 느끼게 된다. "당신은 결코 원하는 만큼 성결을 이룰 수 없다." 사도 바울은 성인이라 불렸던 사람들의 내부에서도 이런 일이 일어났다고 보았던 게 분명하다. 이제 바울이 틀렸다고 누가 말할 수 있을 것인가?

클레먼트(Saint Clement of Alexandria; 변증가이며 헬레니즘 세계를 대상으로 활동한 선교사이자 신학자-옮긴이)와 오리겐(Oregenes Adamantius; 185-254 초기 그리스 교회의 가장 중요한 신학자이자 성서학자-옮긴이)은 영혼을 욕정으로부터 정화시키는 일에 대해 세밀히 묘사했다. 사막의 교부(敎父)들은 술과 여자, 음악 같은 괴로운 환상들에 저항해서 싸우는 자신들의 이야기를 들려주었다. 어거스틴(Augustine)은 자신의 경험을 통해 발견한 죄와 은혜의 본성에 대해 상세히 가르쳤다. 이러한 일련의 가르침에 따라 피할 수 없는 유혹과의 투쟁이 기독교 영성에 대한 중요한 가르침 중 하나로 떠올랐다. 루터와 칼뱅도 유혹과의 투쟁을 중요하게 여겼고, 루터파와 칼뱅주의자들, 특히 칼뱅주의자들이 루터와 칼뱅의 본을 따랐다. 수세기에 걸쳐 이러한 관점이 진실한지, 사실인지 또 건전한지에 대한 문제가 끊임없이 공론화되었고, 철저한 논의를 거쳐 그 정당성이 입증되었다. 고로 지금에 와서는 이 점에 대해 어떠한 반론도 제기할 수 없게 되었다. 사실 하나님의 은혜로 개인의 삶이 점점 깨끗해지고 정화되는 과정에서 우리가 얼마나 격렬히 몸부림쳐야 하는지 강조하는 것은 분명 성경적이고 옳은 일이다.

'도덕적 분투' 교리의 함정

하지만 이 모든 타당성에도 불구하고, 경험을 통해 성령을 주로 도덕적 투쟁과 연관해서 생각하는 사람들은 함정에 빠져 들기 쉽다. 그들에겐 율법주의적인 성향이 있어서, 자신과 타인에게 엄격한 규칙을 만들어 그다지 상관없는 문제들을 금지시키고, 세속화를 막기 위해 엄한 행동 수칙을 강제하여 처신(處身)을 제약한다. 이와 같이 그들은 인위적으로 만든 금기사항을 지키는 일을 대단히 중요하게 생각한다. 마치 바리새인처럼 그리스도의 사랑을 실천하기보다 더러운 것을 피하고 타협하지 않으며 원칙을 고수하는 데 더 집착한다.

그들은 깐깐해질 대로 **깐깐해져서** 이치에 맞지 않는 근심을 한다. 오염될 위험이 없는 곳에서도 오염될까 우려하며 어디서든지 도무지

안심을 하지 않는다. 그들은 이 싸움이 격렬하고 혹독하다는 생각에만 사로잡힌 나머지 진정한 **기쁨**을 잃어버린다. 결국 그들은 **병적인** 상태까지 이르게 된다. 쉼 없이 자신을 성찰하며, 자신의 마음이 얼마나 부패했는지를 몰두하다가 침울해지고 냉담해지기 일쑤다. 자신과 타인 모두에게는 도덕적으로 진보할 가능성이 전혀 없다는 **비관**에 스스로 **빠지게** 된다. 그들은 죄에서 해방되리라는 기대는 거의 하지 않는다. 그래서 때로는 더 나빠지지만 않으면 좋겠다고 바라는 것처럼 보일 지경이다. 하지만 그런 태도들은 모두 영적인 노이로제라 할 수 있다. 우리 삶에서 일어나는 하나님의 성령의 사역, 바로 이 거룩하게 하시는 사역을 왜곡시키고 훼손시킬 뿐 아니라 그 사역을 모욕하는 일이다.

하지만 이런 정서가 단 하나의 원인으로 생기는 경우는 드물다. 개인의 기질과 어린 시절의 훈련, 수줍음이나 불안감 때문에 생겨난 내성적이고 소심한 성격, 낮은 자아상과 자기 증오 같은 것들도 종종 함께 작용해 이런 정서를 형성한다. 교회 문화와 공동체가 내부 문제에만 몰두할 경우에도 그럴 수 있다. 하지만 그런 정서의 가장 큰 원인은 무엇보다도 성령에 대한 부적합한 견해라고 말하고 싶다.

이 사람들도 앞에서 살펴본 다른 두 집단과 마찬가지다. 성령을 말할 때는, 제대로 된 곳으로 초점을 옮겨 칙칙한 영적 자기중심주의에서 벗어나야만 한다. 내가 생각하는 올바른 초점이 무엇인지는 잠시 후에 논하기로 하자.

드러냄

우리가 지금부터 살펴볼 네번째 입장에서는, 성령의 사역을 본질적으로 일종의 드러냄이라고 본다. 쉽게 표현하자면, 우리가 대상을 깨닫도록 이끄시는 분이 성령이라는 말이다. 이러한 주장은 테일러 (J.V. Taylor) 주교가 〈중매인 하나님〉(The Go-Between God)에서 제시한 견해이다.

테일러 주교는 성령(루아흐[ruach], 히브리어로 '바람 불기'. 프뉴마 [pneuma], 헬라어로 '내쉰 호흡')을 하나님의 '의사소통의 흐름'을 일컫는 성경 용어라고 본다. 성령은 우리에게 사물과 자신, 타인, 그리고 하나님이 어떠한 희생을 감수하고라도 선택해야 할 만큼 소중한 존재임을 깨닫게 해 주시는 분이라는 말이다. 테일러 주교는 깨달음, 선택, 희생으로 이어지는 성령의 활동 유형을 통해 모든 자연과 역사, 개인의 삶, 세계 종교 가운데 '생명을 주시는 중개인'[4]으로 일하시는 성령의 영향력을 알 수 있다고 주장한다. 성령은 먼저, 우리가 마주하는 대상의 의미와 권리를 깨닫게 하신다. 지성과 감성을 아우르는 이러한 깨달음의 대상에 따라 우리에게 필요한 선택과 희생도 달라진다. 오순절 이래 성령은 끊임없이 사람들에게 예수 그리스도가 하나님이심을 깨닫게 하셨다. 왜냐면 그들의 삶에서 갈보리에서 그들의 죄를 대신해 죽으신 예수님의 희생 정신을 본받게 하기 위해서이다. 이러한 깨달음이 요구하는 선택과 희생을 불러일으키기 위해 성령이 가장 강력히 활동하시는 곳이 바로 교회이다. 교회는 한 마음이 된 개인과 전체가 서로 깨달음의 상승작용을 일으키는 집단이다. 테일러 주교는 시대를 달리하는 여러 교회들의 실제 모습을 검토하면서 자신의 주장을 전개한다. 그는 교회야말로 '드러냄'이라는 하나님의 사역의 증표이자 수단이라고 본다.

지금까지 살펴본 다른 입장의 대변자들은 일선 목회자들이다. 학자들은 그들의 주장을 '대중적 경건'이라고 탐탁지 않게 부른다.

반면, 테일러 주교는 유능한 신학자이기에 그의 사상이 다른 사람들보다 더욱 심오한 것은 당연하다. 그의 저서에는 여러 장점이 있다. 우선 그의 관점은 처음부터 끝까지 하나님 중심이다. 그의 중심 사상(의사소통의 흐름)은 성령의 역할이 성부와 성자의 교통하심이라는 삼위일체론에 충실하다.[5] 또한 테일러 주교는 성령을 단순히 능력으로 여기는 사람들보다, 자유롭게 다스리시는 성령의 본질을 더욱 깊이 꿰뚫고 있다. 성령을 능력으로만 보는 사람들은 그분을 이용 대상이나 에너지 정도로 여기거나, 자신들의 빗장을 풀기만 하면 우리 안에서 저절로 와르르 쏟아지는 무엇으로 여긴다. 그러나 테일러 주교는 성령이 무슨 각성제도 아니며, 우리가 그분을 이용하거나 통제할 수 없다는 사실을 잘 알고 있다. 그래서 그는 성령의 개입 없이 우리의 결정과 의지적 행동만으로도 우리 안에 성령을 풀어놓을 수 있다는 듯이 떠벌리는 무리들의 천박함에 휩쓸리지 않을 것이다.

테일러 주교는, 하나님의 뜻을 전달하고 그 뜻대로 속히 행하도록 우리를 자극하고 이끌어 주시는 성령에 대해 말할 때마다, 우리는 죄 많고, 어리석고, 변덕스럽고, 불안정한 피조물인 인간에 불과하며, 성령은 우리의 주인이 되시는 하나님이고, 그분이 우리 안에서 하시는 일은 우리의 이해력을 초월한다는 점을 결코 잊지 않는다. 그는 또한 성령께서는 우리의 시선을 끊임없이 하나님께, 예수 그리스도께, 그리고 타인들에게로 향하게 하신다고 본다. 때문에 죄악과의 내적 투쟁에만 관심을 쏟는 일을 절대로 허용하지 않는다.

따라서 테일러 주교가 각 사람이 하나님 앞에서 홀로서야 한다고 (하나님과 개인적인 관계를 맺어야 할 존재임) 강조하는 반면, 그의 전반적인 접근법은 일관되게 집단, 교회, 공동체를 지향하고 있다. 하지만 성령이 이끄시는 공동체에 문화와 관습이 부과하려는 일체의 제약을 원칙적으로 거부한다. 그리고 예수님이 지상에 거하실 때 제도화된 문화의 틀과 맞지 않았듯이, 오늘날 성령께서는 당신을 제한하려는 모든 틀을 부숴 버린다고 말한다.

테일러 주교는 치유, 방언, 예언과 같은 '은사의 나타남과 초자연적 현상'을 온전한 인간이라는 관점에서 신학적으로 정리하는 수완을 발휘한다. 인간이란 결코 이성적인 존재에 그치지 않으며, 성령께서는 그에게 있는 이성적·비이성적 영역, 의식·무의식의 영역 모두에서 일하신다는 점을 주목했던 것이다. 또한 그는 우리에게 '자기중심주의'를 조심하라고 경고한다. 자기중심주의는 미성숙의 뿌리이자 열매이며, 은사에 대한 갈망도 자기욕심만 채우는 수단으로 전락할 위험이 있기 때문이다. 테일러 주교는, 우리가 성숙할수록 성령께서는 우리를 윤리적 사안에서 더욱 자유롭게 하심으로, 성경에 근거한 규칙(에 어긋나지는 않겠지만)의 영역에 매이지 않도록 하신다는 주장에 담긴 위험성을(아쉬운 점이 없지는 않지만) 지혜롭고도 면밀하게 검토한다.

여기까지는 그의 탁월한 면이었다.

테일러 주교의 설명에서 드러나는 결점

하지만 이상의 강점과 더불어 두 가지 결점이 보인다. 이러한 결점은 테일러 주교가 성경적인 자신의 입장을 더욱더 철저히 성경에 부합되게 지켜나가지 못한 데서 생겨났다고 봐야 한다.

첫째, 그는 성령께서 드러내시는 성경말씀에 대해서는 거의 언급하지 않는다. 말씀이라는 주제를 논하면서, 하나님이 하신 말씀을 언급하는 성경구절 두 군데(사 59:21; 민 23:5)를 인용한 다음, 그는 곧바로 사도 요한과 교부(敎父)들이 가르쳤던 말씀, 육신이 되신 하나님을 이야기한다. 하나님이 하신 말씀과 말씀이신 그리스도가 같은 양 말이다.[6] 하지만 일반적인 상식으로도, 성경의 용례를 보아도 그 둘은 확실히 다르다. 분명 말씀이신 그리스도에 대해 증언하는 말씀들이 말씀이신 그리스도는 아니다. 여기서 테일러 주교가 본으로 삼고 있는 듯한 칼 바르트(Karl Barth)는 하나님의 말씀이 하나님이 하신 말씀, 말씀이신 그리스도를 포함해 세 가지 형태를 띤다고 주장한다. 그러나 그 주장은 성경 어디에서도 근거를 찾을 수 없는 신학적 공상에 불과하다. 반세기가 지난 지금 볼 때, 성경에 근거하지 않은 억측을 그토록 성토하던 바르트 자신이 그런 억측에 빠진 것 같다.

테일러 주교가 '성령이 주신 깨달음'에 대한 설명을 마무리 짓기 위해서는 꼭 거쳐야 할 과정이 있었다. 우선 성경책은 선지자와 사도들이 하나님께서 계시하신 말씀, 즉 그분의 가르침과 메시지를 받아 전한 후에 기록했다는 사실을 성령께서 어떻게 보증하시는지 분석해야 했다. 그리고 성경을 통해 우리가 지금 우리에게 하나님이 하시는 말씀을 이해하기까지, 성령께서 우리를 어떻게 이끄시는가에 대한 분석이 있어야 했다. 하지만 테일러 주교는 이러한 문제들에 대해 아무것도 내놓지 못하고 있다.

둘째, 테일러 주교는 성령께서 전달하시는 그리스도를 거의 언급하지 않는다. 왜 그가 성령이 그리스도를 전달하는 다양한 방법에 대해 신약성경의 양대 성령신학자인 바울과 요한의 설명을 체계적으로 살펴보지 않았는지 이해하기 어렵다. 그 때문에 그의 설명이 힘을 많이 잃었기 때문이다. 어쨌든 테일러 주교의 성령론은 그리스도를 인식하게 해 주기는 한다. 하지만 그의 설명은 어쩌면 그럴 수 있을까 싶을 정도로 역사 속의 예수님께만 편중되어 있다. 그래서 지금 현재도 다스리고 계시며 미래에 다시 오실 것이고 우리를 위해 끊임없이 중보하고 계시는 그 예수님과 우리가 지금 이 순간에도 교제하고 있다는 사실, 그리고 그 예수님과 영원히 함께 거하기를 바라는 그리스도인들의 확실한 소망에 대해서는 상대적으로 소홀했다. 이러한 편식은 결과적으로, 그리스도를 깨닫는다는 말이 갖는 의미를 근본적으로 희석시켰다.

테일러 주교는 이렇게 기록하고 있다. "우리의 시야를 채우는 그리스도가 역사 속의 예수님이든, 살아 있는 구세주든, 성찬중에 임하는 그리스도이든, 우주의 주인인 로고스(말씀)이든, 우리 이웃에 사는 가난한 그리스도이든 그런 건 중요하지 않다. 이 모두가 그분의 한 측면에 불과하기 때문이다. 어떤 측면이 더 실감 나게 다가오든 간에, 중요한 것은 우리가 그분을 흠모한다는 사실이다."[7] 멋있는 말이지만, 우리 머릿속의 그리스도가, 존귀하신 그분께 더욱 어울리고 성경에서 가르쳐 주는 그분의 모습에 더욱 가까워지려면, 이 모든 측면을 통합할 필요가 있다는 점을 덧붙였다면 틀림없이 더 멋진 가르침이 되었을 것이다.

마지막으로, 우리가 평소에 그리스도를 어떻게 생각하는지는 참으로 중요하다. 왜냐하면 우리의 영적인 건강 상태가 상당 부분 그분에 대한 우리의 생각이 제대로 서 있는지 여부에 달려 있기 때문이다. 하지만 그리스도를 안다는 것이 단순히 그분이 우주 가운데 어떤 위치를 차지하시며, 지상에 계실 때 어떤 일을 하셨는지 아는 것만을 뜻하지는 않는다. 멜랑히톤(Philipp Melanchthon; 1497-1560 독일의 인문주의자이자 종교개혁가이며 신학자이자 교육자-옮긴이)이 오래 전에 말한 대로, 바로 그분의 은덕(恩德)을 알아야 한다. 즉 그분이 전령(傳令)으로, 중재자로, 인격적인 구현자로서 죄에서 구원하시는 하나님의 은혜를 개개인에게 구체적으로 나타내는 자의 역할을 감당하실 때, 우리는 그리스도께서 우리에게 주실 게 얼마나 많은지 알게 된다. 하지만 우리가 머릿속에 그리고 있는 그리스도의 그림에 결함이 있다면, 그분의 은덕에 대한 우리의 지식에도 필연적으로 결함이 있게 마련이다.

이런 말을 한다고 해서 예수님에 대해 무언가 알기 전까지는 그 이상은 아무것도 받지 못한다는 뜻은 아니다. 앞서 말한 내용을 기억해 보라. 하나님은 자신을 사랑하는 사람들을 위해 "우리가 구하거나 생각하는 것 이상으로 더욱 넘치게[NIV에서는 '측량할 수 없을 만큼 더욱']"(엡 3:20, [ ]는 저자 표기) 주실 수 있으며, 실제로 얼마나 아낌없이 주시는지를 말이다. 그리스도인들이 예수 그리스도와 맺고 있는 관계를 머릿속으로 어떻게 이해하든지 상관없이 예수님이 그리스도인에게 어떤 분(신인[神人]이신 구원자, 주, 중재자, 목자, 변호인, 선지자, 제사장, 왕, 속죄하시는 희생제물, 생명, 소망 등)인가는 변함이 없다. 사도 바울 같은 신학자는 십자가에서 회개한 강도(눅 23:39-43)보다 예수님에 대해 훨씬 잘 이해하고 있었겠지만, 예수님의 구원 사역은 두 사람 모두에게 똑같이 풍성했다. 그리고 우리는 사도 바울과 강도가 지금 이 순간에도 함께 보좌 앞에 앉아, 지상에서의 신학적 지식의 차이와 무관하게 그리스도와 즐겁게 교제하고 있다고 확신해도 좋을 것이다. "한 주께서 저를 부르는 모든 사람에게 부요하시도다"(롬 10:12). 유대인과 이방인뿐 아니라, 신학 전문가나 신학에 문외한 사람에게도 마찬가지다. 아무도 이 점에 대해 의문을 제기할 수 없다.

하지만 내가 우려하는 점은, 사람들이 그리스도를 많이 알지 못할수록 예수님을 막연하고 엉뚱하게 이해한다는 사실이다. 때문에 예수님에 대한 이들의 막연하고 뒤틀린 이해에 근거한 신앙 생활을 과연 기독교 신앙으로 볼 수 있을 것인가 하는 문제 제기가 그만큼 시급하다. 사람들이 예수님에 대한 성경의 생각과 동떨어지게 예수님을 대할수록, 그리스도에 대한 진정한 지식은 적어질 수밖에 없다. 결국에는(예를 들어 이슬람교도나 마르크스주의자나 신학에 대한 궤변론자들이 그런 것처럼) 그분에 대해 아무리 말을 많이 해도, 실제로는 그분을 전혀 모르는 지경에 이르게 된다. 성경에서는, 하나님은 거룩하시고 우리는 죄인이라는 현실에서 생겨나는 질문들, 즉 우리와 하나님과의 관계가 어떻게 회복되고 유지될 수 있는가에 얽힌 문제들에 대한 해답으로 그리스도를 가리킨다. 따라서 우리가 이러한 맥락에서 멀어지고, 더불어 제기되는 질문들에서 멀어질수록, 그리스도와 하나님에 대한 우리의 진짜 지식은 줄어들 수밖에 없다. 오늘날 영국을 폴리네시아의 목조 오두막에서 자기 마음대로 법을 만들어 내는 엘리자베스라는 전직 댄서가 다스린다고 생각한다면, 이 사람은 진짜 여왕에 대해서는 아무것도 모른다 해도 과언이 아니다. 이처럼 예수님을 아는 지식이 우리를 구원으로 인도하기 위해서는 단순히 예수라는 이름을 큰 소리로 말하는 것 이상이 필요하다.

이 문제를 다르게 표현하자면, 사실상 예수 그리스도가 어떤 분인지는 신약성경에서 어떻게 말하느냐에 달려 있다는 말이다. 신약성경은 성부께서 성령을 통해 성자에 대해 친히 증거(기독교 전통에서 항상 그랬던 것처럼 나도 성경 자체의 주장을 따라 그렇게 확신한다)하신 책이기 때문이다. 신약성경에서 말하고 있는 예수 외에 또 다른 예수는 없다. 바울, 요한, 누가, 마태, 베드로, 히브리서의 저자, 그리고 신약성경의 모든 저자들이 표현한 신약성경의 신학은 본질적으로 예수 그리스도께서 우상과 잘못된 길, 헛된 소망, 하나님께 대한 교만으로 생긴 속박에서 인간을 구원하신다는 선포이다. 기독교 외의 다른 모든 종교와 철학은 아무리 대단해 보여도 모두 그러한 속박에서 벗어나지 못하고 있다. 신약성경은, 이와 같은 변화무쌍한 거짓과 허위야말로 알게 모르게 그러나 실제로 일반 계시를 어둡게 하고, 하나님께 예배드리고자 하는 인간의 본능을 그릇된 길로 인도한다고 말한다. 또 이런 일이 일어나는 근본적인 원인은 인간이 하나님이 보내신 복음을 거부하거나 복음에 대해 알지 못하기 때문이라고 진단한다. 더 멀리 갈 필요도 없이 로마서 1장 18절에서 3장 20절 말씀만 봐도 이 문제에 대한 단호한 입장을 엿볼 수 있다. 또한 에밀 브루너(Emil Brunner; 1889-1966 스위스의 신학자-옮긴이)의 말을 통해서도 이 문제의 심각성을 알 수 있다. "모든 종교에는 상실된 하나님의 진리의 편린들이 남아 있다. 하지만 모든 종교에는 진리에 대한 사악한 왜곡과 함께 하나님에게서 도망치려는 인간의 노력이라는 심연(深淵)이 입을 벌리고 있다."[8]

그렇다면 하나님이 가르쳐 주신 복음의 진리와 궁극적인 실재와 진리에 대한 다른 모든 개념 사이의 대립 관계는 언제나 애정을 가지고 그러나 단호하게 지적해야 한다. 복음의 진리는 어중간한 선심이나 예의상 호의를 베푸는 등의 그 어떠한 이유로라도 결코 희석되어서는 안 된다. 그렇지 않으면 죄의식, 죄의 권세, 그리고 궁극적으로 죄의 열매와 죄 자체에서 우리를 구원하시는 "측량할 수 없는 그리스도의 풍성"(엡 3:8)함에 대한 신약성경의 설명 또한 이질적인 사상의 틀에 들어맞도록 희석시켜야 하기 때문이다. 만약 그렇게 된다면 복음은 급격하게 망가지고 상대적인 것으로 취급될 게 뻔하다. 왜냐하면 기독교 외의 다른 사상을 축으로 삼는다면, 설령 신약성경의 사상 가운데 일부에 무게가 실린다 해도, 신약성경의 신학 자체가 갖는 절대적인 타당성, 최종적인 위치, 무조건적인 권위는 언제나 부인될 수밖에 없기 때문이다. 성경이 힌두교, 불교, 유대교, 이슬람교, 마르크스주의, 혹은 무엇이 되건, 인간에게 생각의 틀을 제공하는 사상 자체를 비판하고, 또 그것들을 하나님의 진리에 맞게 수정할 수 없다는 사실만으로도 그런 결과를 피할 수 없다. 왜냐하면 모든 종교와 이데올로기가 하나님이나 인간에 대해 동일하고 근본적인 질문을 제기하거나, 그에 대한 대답을 구하기 위해 동일한 방향을 바라보는 일은 결코 있을 수 없기 때문이다.

기독교와 다른 신앙 사이의 대립 관계, 즉 하나를 부인하고 다른 하나를 인정해야 하는 대립 관계를 깊이 연구하기 위한 대화와, 다른 종교 안에서 그리스도를 찾거나 다른 종교에다 그리스도를 접붙이는 방법을 모색하려는 식의 대화 간에는 엄청난 차이가 있다. 테일러 주교는 성령께서 전달하시는 그리스도와 만나면, 토속신앙과 탈(脫)기독교 신앙이 회심하고 변화하여 죽음과 부활을 겪는다고 이야기한다.[9] 하지만 그가 추구하는 것이 두번째가 아닌 첫번째 종류의 대화인지는 결코 분명하지 않다. 이러한 혼란스러움이 테일러 주교의 저서에서 발견되는 세번째 약점이다. 이 약점은 위에서 이미 지적한 대로, '기록된 하나님의 말씀'[10]의 실재성을 고려하지 않았다는 점과, 그리스도를 아는 지식은 무엇보다 신약성경이 가르치고 있는 그리스도를 얼마나 수용하느냐의 여부로 측정해야 한다는 사실을 빠뜨렸다는, 이 두 가지 결점이 낳은 결과이다.

하지만 위에서 언급한 결점들이, 성령을, 진실을 드러내고, 올바른 선택을 하게 하고, 자기희생의 길을 걷도록 하는 중개자이신 하나님으로 이해하는 테일러 주교의 중심사상 자체에 대한 비판은 아니다. 그리스도인에 대한 성령의 사역을 이해하기 위해서 신약성경의 어떤 사상을 축으로 삼아야 하는가는 테일러 주교가 제시한 답으로도 충분하다. 그는 우리를 거의 목적지까지 안내했기 때문이다.

지나온 길을 짚어 보기

잠시 짬을 내어 지금까지 지나온 길을 돌이켜 보자.

이 책을 시작하면서 우리는, 오늘날 성령에 대해 말도 많고 능력 받았다는 사람도 많지만 성령 사역의 핵심이 무엇인가에 대해서는 의견이 분분하다는 얘기를 했었다. 이것은 성령에 대한 많은 생각들이 항상 실제 성령에 정확하게 초점을 맞춘 건 아니라는 점을 보여 준다. 많은 사람들이 성령에 대해 가지고 있는 생각이 완전히 틀리지는 않았다 해도 모호한 것만은 틀림이 없고, 생각하는 방식의 상당 부분은 거짓이다. 그런데 바로 이 지점에서 실제로 온갖 부적합함과 불균형이 생겨난다. 또한 그것은 우리가 미력하나마 영광을 돌리고자 애쓰는 성령을 소멸하게 할 위협이 된다. 따라서 성령에 제대로 초점을 맞추는 일은 절박한 문제이다.

현 상황을 가늠해 보기 위해, 우리는 오늘날 성령에 대해 영향력 있는 견해들이 네 가지 주요 개념을 중심으로 체계화되었다는 사실을 살펴보았다. 삶을 지탱해 나가는 **능력**(power), 이웃을 섬기는 **은사 수행**(performance), 동기와 행동의 **정결**(purity), 그리고 진실을 드러냄 (presentation). '기분 좋은 p'로 시작되는 리스트가 이것이 전부라고 생각하면 오산이다. 거기다 **지각**(perception), **내적 충동**(push, 혹은 pull, 당기기), **개성**(personhood)을 덧붙이면 금방 늘어날 수 있을 것이다. 오늘날의 기독교계(이제껏 우리 시각이 익숙해 있는 범위)를 벗어나기만 하면, 성령의 사역 가운데 중심이 되는 특징적인 사역을 단지 인식(지각) 능력 자체를 고양시키는 일로 여기는 사람들을 쉽게 찾을 수 있다. 그들은 종교적(기독교, 힌두교, 밀교(密敎), 무아경, 신비주의)이거나, 미학적(음악, 섹스, 시, 석양, 마약을 통해 '전달되고' 있는)이거나 이상주의적(정열적인 애국심, 로맨스, 혹은 어떤 집단이나 대의명분에 대한 헌신)이거나 간에 무조건 고양된 의식 상태 전체를 이른바 성령이 임했다는 표시로 단정 짓는다. 자연과 사탄이 우리같이 타락한 인류 곧 혼란스런 존재의 무절제한 충동과 억압된 추론, 불건전한 공상을 다루는 법을 안다는 사실을 망각한 채, 성령의 감동하심을 내적 충동(밀든 당기든 간에) 자체와 동일하게 생각하는 사람들도 있다. 그들은 이런 충동이 갑자기 강하게 찾아와, 끊임없이 되살아나는 시각적·청각적 이미지(환상, 환청, 꿈)와 연관이 있을 경우에는 특별히 더 그렇게 여긴다. 또한 성령의 본질적인 사역이 자기 자신의 개성(인간됨)이 갖는 신비와 타인의 가치, 진정한 인간관계를 위해 필요한 것들을 깨닫게 하는 일이며, 성령은 이러한 사역을 종교의 종류와 유무를 따지지 않고 모든 이들에게 계속 행하신다고 주장하는 사람들도 만날 수 있다.

하나님의 성령이 의식을 고양시키거나, '지금 이 일을 하라'는 식의 내적 충동을 일으키는 말씀을 하거나, 혹은 불신자들이 개인의 가치를 깨닫게 하는 일 등을 결코 하시지 않는다고 말한다면 분명 잘못이다. 나는 지금 성령의 그러한 사역 자체를 부정하려는 의도는 아니다. 오히려 나는 그런 식으로 성령의 사역을 부정하는 모든 시도에 대항하여 논쟁을 벌일 참이다. 하지만 그러한 일들을 성령의 본질적인 사역인 양 간주한다면 그것은 과녁을 한참 벗어난 태도이다. 앞으로 우리는 그리스도께서 오신 이후 성령 사역의 핵심은 그리스도와 교제를 더욱 깊게 하는 일이라는 점에 대해 살펴볼 것이다. 타종교나 세속적 맥락에서 볼 때, 지각과 감각을 예민하게 하는 일이 성령의 일반적인 사역 가운데 하나는 틀림없지만, 그것은 예나 지금이나 그분 사역의 핵심은 아니다.

내적 충동에 대해서는, 어떤 사람들은 강간하고, 복수하고, 고통을 주고, 아이들을 성폭행하고, 자살하라는 강한 내적 충동을 계속해서 받고, 음성과 환각, 꿈을 통해 그런 충동이 강화되기도 한다는 사실을 지적하는 자체만으로도 충분하리라 확신한다. 그 충동 가운데 어느 한 가지라도 성령의 인도라고 말할 수 있는가? 아마도 질문 자체가 답이 되었을 것이다. 강박관념은 결코 내적 충동이 하나님에게서 나 왔다는 확실한 증거가 아니다. 사탄은 강박관념을 일으키는 갖가지 충동을 너무나도 잘 퍼뜨릴 뿐 아니라, 우리의 병든 본성에서 저절로 생겨나는 갖가지 충동들을 충분히 조장하고 조작할 수 있기 때문이 다. 따라서 우리는 하나님의 영이 갑작스럽고 떨쳐 버릴 수 없는 생각 들을 우리에게 주었다고 성급하게 결론 내리기 전에, 주의 깊게 점검 (다른 사람들에게 조언을 구하는 것이 바람직하리라)해야 한다. 그리할 때 우리는 그러한 생각이 갖는 강박증세가 사실은 하나님께로부터 나오 지 않았다는 것을 확인할 수 있다.

임재

우리는 이제 모든 사람이 성령의 사역을 이런저런 식으로 적어도 그리스도 안의 새 생명과 연결시키려고 애쓰는, 다시 말해 살아 있는 기독교 세계로 돌아왔다. 그럼 우리의 화두(話頭)를 보자. 오늘날 성 령께서 하시는 사역의 본질, 심장, 핵심은 무엇인가? 그분의 다양한 사역 가운데 중심이 되고 초점이 되는 요소는 무엇인가? 능력을 주 고, 능하게 하고, 정결하게 하고, 진실을 드러내는 그분의 사역을 꿰 는, 그러니까 이 모든 사역을 제대로 이해하기 위해 우리가 기본적으 로 꼭 알아야 할 성령의 활동이 있는가? 생명을 주시는 성령의 모든 사역들을 하나의 핵심으로 모으시는 하나님의 전략이 있는가?

나는 그러한 것이 정말 있다고 생각하며, 그것에 대한 나의 견해를 제안하려 한다. 이 견해는(지금까지 따라온 'p'에 맞추어) 임재(presence)라는 개념에 초점을 맞추었다. 즉 성령께서는 역사(歷史)에 나타나신 예수, 부활하시고 통치하시는 구주, 믿음의 주이신 그리스도께서 당신의 교회와 그리스도인 안에 인격적으로 임재하심을 알리신다는 말이다. 성경은 사도행전 2장의 오순절 이후, 예수님의 임재를 알리시는 일이야말로 성령께서 죄인들에게 죄와 유혹을 이길 힘을 주시고, 그들을 깨끗하게 하시고 인도하사 하나님이 살아 계심을 직면하게 하시는 목적임을 보여 준다. 성령이 이렇게 하시는 이유는 그리스도께서 알려지고, 사랑받고, 신뢰받고, 존경받고 찬양을 받으시도록 하기 위해서이다. 이것이야말로 성령의 일관된 목표이자 목적이며, 또한 성부 하나님의 목적이자 목표이기도 하다. 내가 이 마지막 분석에서 보여 주고자 하는 점도, 성령의 새 언약 사역도 바로 이것이다.

여기서 말하는 임재 곧 '함께하심'은 전통적으로 신학에서 말하는 하나님의 무소부재(無所不在)가 아니다. 무소부재란 시편 139편, 예레미야 23장 23, 24절, 아모스 9장 2절부터 5절, 사도행전 17장 26절부터 28절 같은 본문에서 볼 수 있는 대로, 하나님께서는 모든 존재와 그들의 활동을 떠받치고 계시기 때문에, 모든 곳에 있는 모든 것을 알고 계시다는 사실을 한 마디로 표현한 말이다. 무소부재는 중요한 진리이다. 지금 내가 하는 주장은 물론 무소부재를 전제한 말이지만, 임재라는 단어를 쓸 때 나는 뭔가 다른 것을 염두에 두었다. 내가 이 단어에서 정작 얘기하고 싶은 말은 바로 성경의 기자가 말한 내용이다. 즉 하나님이 그의 백성에게 임재하셨다는 사실은, 하나님께서 어떤 특정한 상황에 행동하사 신실한 사람들에게 복을 내려 당신의 사랑과 도우심을 그들이 알게 하고, 또한 그들의 예배를 받으신다는 것을 의미한다. 그러나 하나님께서는 때때로 심판하기 위해 '찾아오시고' '접근하기'(말 3:5)도 하신다. 왜냐면 사람들에게 그들의 소행을 하나님께서 기뻐하지 않는다는 것을 깨닫게 하기 위해서이며, 실제로 지금도 그렇게 하고 계신다. 하지만 성경에서는, 하나님께서 자기 백성에게 오셔서 그들에게 당신의 임재를 허락하신다는 사실은 대개가 그들에게 내리는 축복으로 통했다.

이 말은 종종 하나님이 그들과 '함께하셨다'는 말로 표현되기도 했다. "여호와께서 요셉과 함께하시므로 그가 형통한 자가 되어"(창 39:2). 이 부분에 틴들(Tyndale)은 '운 좋은 친구'라고 주석을 달았다. 모세가 자기 머리에 현상금이 걸려 있는 애굽으로 돌아가 궁전에서 바로와 맞서야 한다는 생각에 경악하고 있을 때, 하나님께서는 말씀하셨다. "내가 정녕 너와 함께 있으리라"(출 3:12, 33:14-16). 바로 모세의 소심함을 일거에 사라지게 하기 위한 하나님의 약속이었다. 모세가 죽고 난 뒤 여호수아가 지휘권을 넘겨받았을 때, 하나님께서는 여호수아에게도 동일한 약속을 하셨다. "내가 모세와 함께 있던 것같이 너와 함께 있을 것임이라 마음을 강하게 하라 담대히 하라 네가 어디로 가든지 네 하나님 여호와가 너와 함께하느니라 하시니라"(수 1:5-9; 신 31:6,8). 이스라엘 백성 또한 똑같은 말로 위로를 받는다. "네가 물 가운데로 지날 때에 내가 함께할 것이라…… 두려워 말라 내가 너와 함께하여"(사 43:2, 5). 마태는 하나님이 복을 주시려고 자기 백성과 함께하신다고 굳게 믿었다. 그래서 그는 예수님의 탄생을 이사야 선지자의 임마누엘(하나님이 우리와 함께하신다) 예언이 성취된 것이라고 선포하면서 마태복음을 시작한다(마 1:23). 그리고 모든 족속으로 제자를 삼으라는 사명을 띤 모든 사도들을 향한 예수님의 약속을 기록하면서 복음서를 끝

맺고 있다. "볼지어다 내가 너희와 항상 **함께** 있으리라"(마 28:20). 구원의 창시자요, 전달자인 예수님 자신이 성육신하신 하나님이며, 예수 그리스도가 함께하심은 정확히 하나님이 함께하심이기 때문이다.

이 문제의 핵심은 바로 여기에 있다. 새 언약 아래에서 계속되는, 성령의 특별하고도 변함없는 사역은 그리스도의 임재를 신자들에게 전하는 일이다. 자세히 말하면, 그들에게 예수께서 그들의 구원자요 주인이며 하나님이 되셔서 그들과 함께하신다는 지식을 제공하여, 세 가지 일들이 일어나게 하는 것이다.

첫째, 예수님과 인격적인 교제를 나눈다. 예수께서는 더 이상 지상에 육체로 계시지 않고 하늘 영광에 좌정하고 계신다. 그러나 팔레스타인 지역에서 예수님의 첫번째 제자였던 사도들이 예수님과 누렸던 끈끈한 사제지간의 정을 우리도 실제로 경험하게 된다(이 부분이 드러냄[presentation]의 개념이 제대로 자리 잡을 수 있는 곳이다. 성령께서는 우리에게 살아 있는 예수님을 창조주와 친구로 드러내 주신다. 그래서 우리가 그분의 사랑과 부르심에 응답하여 자기를 희생하며 사는 길을 택하게 하신다).

둘째, 우리의 성품이 예수님을 닮아 인격이 변화하기 시작한다. 예수님을 자신들의 본으로 삼아 예수께 힘을 얻기를 바란다. 그분을 예배하고 사모하여 자신을 준비하고, 예수님과 다른 사람들을 위해 기꺼이 자기 목숨을 버리는 일을 배우면서부터 우리에게 이런 변화가 찾아온다. 이 부분이 능력, 은사 수행 그리고 성결이라는 주제가 들어맞는 부분이다. 이 주제들은 우리가 천성적으로 가지고 있는 이기심을 넘어서, 의와 섬김과 죄를 정복함이라는 그리스도를 닮은 길로 움직여 가는 것이 무엇을 뜻하는지 가르쳐 준다.

셋째, 성령은 그리스도의 사랑하심과 구속하심으로 우리가 성부 하나님의 가족으로 입양되어 '하나님의 상속자요, 그리스도와 더불어 공동 상속자'(롬 8:17)가 된다는 확신을 우리에게 **주신다. 이러한 확신으로 믿는 자의 가슴에는 감사와 기쁨, 소망, 그리고 더 큰 확신, 요컨대 **자신감**이 넘치게 된다. 그리스도인들이 회심한 뒤에 체험하는 경험의 절정 중 대부분은 이렇게 이해해야 타당하다. 예수께서 요한복음 14장 21절부터 23절에서 한 약속, 즉 성부와 성자가 우리 안에 오신다는 약속은 성령을 통해 성취되며, 그 때문에 믿는 자는 더욱 강한 확신을 갖게 된다.

성령께서는 이와 같은 놀라운 체험을 통해 그리스도의 임재를 알게 해 주신다. 새뮤얼 테리언(Samuel Terrien)은 이러한 임재를 "붙잡을 수도, 만질 수도, 예측할 수도, 통제할 수도 없고, 실증적 검증이 불가능하며, 겉으로는 보이지 않으나 안으로 저항할 수 없다"[11]라고 묘사한다.

하나님에 대한 인식

성경 전체에 걸쳐 하나님의 임재를 알기 위해서는 두 가지를 동시에 인식해야 한다. 첫째로, 하나님이 **저기**에 계신다는 인식이다. 시공간에 존재하는 모든 것의 창조주, 관리자, 주인, 근원이시며 객관적으로 실재(實在)하시는 하나님께서 좋건 나쁘건 간에 우리를 완전히 손에 쥐고 계신다는 인식이다. 둘째로, 하나님께서 **여기**에 계셔서 우리에게 다가오시고 말씀하시고, 질문하시고, 마음을 살피시며 우리의 약점과 죄와 죄의식을 밖으로 드러내셔서 우리를 낮추시지만, 그것과 동시에 바로 같은 자리에서 용서의 말씀과 약속으로 우리를 높이신다는 인식이다. 존 던(John Donne)의 시구처럼 "하나님께서 세분" 이시라는 사실이 계시되기 전에는, 임재하시는 하나님에 대한 지식은 세분화되지 않았다. 하지만 이제 예수님의 성육신과 신약성경에 해명된 계시를 통해, 하나님을 아는 지식이 성부, 성자, 성령을 아는 지식이 되었다. 또한 성령의 활동 덕분에 하나님의 임재를 아는 지식이, 바로 성자를 통해 성부와 대면하고 교제하는 것이 되었다. 따라서 하나님의 임재를 아는 일은, 도마가 "나의 주 나의 하나님!"(요 20:28)이라고 불렀던 갈릴리의 예수님을 중심으로, 하나님이 멀리 계시지만 또한 가까이 계신 분이라고 인식하는 것을 뜻한다. 사도 바울은 이러한 지식을 묘사하면서 이렇게 쓰고 있다. "어두운 데서 빛이 비춰리라 하시던 그 하나님께서 예수 그리스도의 얼굴에 있는 하나님의 영광을 아는 빛을 우리 마음에 비춰셨느니라"(고후 4:6).

오순절 이래 그리스도의 적극적인 임재를 나타내는 일이 성령의 특별한 사역이라는 사실은 신약성경에서 분명히 드러난다. 성경 해석자들이 지적하듯이, 성령은 언제나 하나님의 아들 예수 그리스도의 영으로 불린다(행 16:7; 롬 8:9; 갈 4:6; 빌 1:19; 벧전 1:11). 우리 안에 내주하시는 성령은 예수님 안에 그리고 하늘 위에 계셨던 바로 그 성령이시다(눅 3:22, 4:1, 14, 18, 10:21; 요 1:32, 3:34; 행 10:38). 예수님은 성령을 받았을 뿐 아니라 성령을 주시는 분이시며(요 1:33, 7:37-39, 15:26, 16:7, 20:22; 행 2:33; 요일 2:20, 27), 예수께서 들려 올라가신 후에 제자들에게 성령이 오셨다는 것은 실제로 예수님이 제자들에게 다시 돌아오셨다는 뜻이다(요 14:16, 18-21). 또한 그리스도의 영인 하나님의 영이 거하면 바로 그리스도가 거하는 것이며(롬 8:9-11), 고귀한 그리스도께서 내리시는 개인적인 메시지는 다름 아니라 '성령께서 교회들에게 하시는 말씀'(계 2:1, 7, 8, 11, 12, 17, 18, 29, 3:1, 6, 7, 13, 14, 22)이다.

바울은 "주께로 돌아가면 [마음에 씌어진] 그 수건이 벗어지리라"(고후 3:16, [ ]는 저자 표기. 이 부분을 읽으면 모세가 하나님과 말할 때 자신의 수건을 어떻게 벗는지 적고 있는 출 34:34이 연상된다)고 말한 다음, 계속해서 이렇게 언급한다.

"주[예수님]는 영이시니[따라서 '주님께 돌이킨다'는 말은 '성령을 통해 주어지는 하나님의 새 언약을 받아들인다'(고후 3:6)는 뜻이다] 주의 영이 계신 곳에는 자유함이 있느니라 우리가 다 수건을 벗은 얼굴로 거울을 보는 것같이 주의 영광을 보매[혹은 '비춘다'라고도 표현하는데, 두 가지 의미가 다 가능하며 둘 다 심오한 진리를 나타낸다] 저[예수님]와 같은 형상으로 화하여 영광으로 영광에 이르니 곧 주의 영으로 말미암음이니라"(고후 3:17, 18, [ ]는 저자 표기).

이상의 성경 본문들이, 신약성경의 저자들이 성자와 성령의 명확한 위격(位格)상의 구분을 깨닫지 못했다는 점을 보여 주는 것은 아니다. 사실 일부 사람들이 그렇게 여기고 있지만, 이 본문들은 오히려 성령의 본질적인 사역이 보좌에 계신 그리스도의 임재와 그분의 말씀과 활동을 전달하는 일이라고 말해 준다. 우리는 이러한 신약성경의 기본 입장을 파악한 다음에야 본격적으로 성령에 초점을 맞출 수 있다.

계획

이 책은 성령께서 온 힘을 다해 그리스도의 임재를 드러내신다는 생각이야말로 그분 사역의 주요한 일면을 이해하는 단서라고 본다. 나는 기존의 성령의 사역에 대한 연구서들이 거의 기대에 못 미치고 있는 이유도, 자신들의 연구를 그리스도의 임재를 드러내시는 성령을 중심으로 통합하지 못했기 때문이라 생각한다. 성령께서 신약성경 시대에 어떻게 나타나셨고, 또 신약성경 저자들이 성령의 출현에 대해 뭐라고 말하는지 겉으로 드러나는 부분만 다루어서는 안 된다.

더 나아가 성경 기자들의 진술이 하나님과 하나님의 진리와 그 사역에 대한 그들의 총체적 전망, 다른 말로 하자면 그들의 신학 전체와 어떻게 조화되는가를 물어야 한다. 그렇지 않으면 우리 자신의 삶에서, 정도 차이는 있겠지만 성령에 대해 인간 중심적이고 경험에 기초한, 이른바 아무런 기준이 없는 사색을 하는 데 그치고 말 것이기 때문이다. 그 부분만 보강되었더라면 성령에 관한 탁월한 지도서가 되었을 뻔한 수많은 책들이 바로 이런 이유로, 기대만큼 독자들을 돕지 못하거나 독자들이 읽으면서 도움이 된다고 여겼던 것만큼 실제로는 도움이 되지 못하고 말았다.

지금 우리에게는 성령 안에서 살기 위해서 그분께 우리의 마음을 열라는 설교가 필요한 게 아니다. 그런 설교라면 이미 충분히 들었다. 바로 성령의 사역에 대한 숙고로 얻은 신학적 견지(見地)가 있어야 한다. 그러한 견지야말로 우리에게 교회나 소그룹이나 개인의 삶에 매이지 않고 자유로우며, 다양한 형태를 취하는 성령의 움직임이 무엇을 위한 움직임이며 무엇을 돕기 위한 움직임인지, 그것에 대한 일관된 관점을 제공해 줄 것이다. 신약성경에서 성령에 대해 가르치는 구절 중 가장 중심이 되는 내용은 성령께서 그리스도의 임재를 알리시고 그분과 사귀도록 우리를 도우신다는 것이다. 나는 이러한 성경의 가르침을 연구하고 발전시켜서 독자들에게 성령의 사역에 대한 신학적 견지를 대강이나마 제공할 수 있었으면 하고 소망한다.

이 책의 목표와 관점은 성경을 인용해서 이렇게 표현할 수 있겠다. 예수께서 당신이 잡히시던 날 밤 성령에 대해서 말씀하셨다. "그는 나를 영광되게 하실 것이다." 이 말은 이런 뜻이다. "그는 이미 내 것인 영광을 사람들이 깨닫게 만들어 나를 사람들 앞에서 영화롭게 하실 것이며, 내가 십자가와 부활과 승천을 거쳐 성부께 돌아가 내 왕국에 좌정하면 그 영광은 더욱 커질 것이다"(요 16:14). **성령이 오신 목적**을 기본적으로 이렇게 정의하고 나면, 우리는 성령에 대해 생각하는 방향을 제시하는 틀을 갖게 된 셈이다. 이러한 준거체계 내에서 성령의 새 언약 사역 전체를 보아야 하며, 이것을 떠나서는 성령 사역의 어떤 특징도 제대로 이해할 수 없다.

예수께서는 이어서 당신이 어떻게 영화롭게 되실지 말씀하셨다. "내 것을 가지고 너희에게 알리겠음이니라." 예수께서 말씀하신 "**내 것**"은 무엇을 말하는 걸까? 그것은 최소한 '성육신하신 하나님이요, 천지를 창조하고 섭리와 은혜를 베푸는 하나님의 대행자이며, 이 세상의 정당한 주인, 사람들이 인정하든 말든 세상의 진정한 지배자로서 나에 대한 진실하고 실제적인 모든 것'(요 17:2)을 뜻하셨을 것이다. 또한 '너를 사랑하는 하나님, 너의 중재자, 너를 위한 새 언약의 보증, 너의 선지자, 제사장, 왕, 죄책감과 죄의 권세와 세상의 부패와 악마의 손아귀에서 너를 구원하는 구원자인 나에 대한 진실하고 진정한 모든 것'이라는 뜻도 들어 있을 것이다. 그리고 "너의 목자, 남편, 친구, 너의 생명과 소망, 너의 믿음의 창시자이자 완성자, 너 개인의 역사의 주인, 언젠가 너를 데려와 나와 함께 있게 하고 나의 영광을 나눌 자, 이와 같이 너의 길이며 너의 상급인 나에게 해당하는 모든 것"도 의미하셨을 것이다. 따라서 "**내 것**"이란 말은 '네가 너와 맺은 관계와 네가 나와 맺은 관계로 생겨난 네 것'을 뜻한다.

내가 어릴 적에는 사람들이 지금보다 훨씬 감상적이었다. 그때 유행하던 발라드 한 곡이 떠오른다. '그대 전부'(All the things you are)라는 그 곡은 이렇게 끝난다. "그리고 언젠가 난 신성한 순간이 뭔지 알게 될 거예요. 그대 전부가 내 것이 될 그때." 성령께서는 우리 그리스도인들에게 예수님의 존재와 그분이 영광 가운데 가진 모든 것이 진실로 우리를 위한 것이라고 — 고전 2:7에서 사도 바울의 표현을 빌리자면 "우리를 영광스럽게 하시려고"(표준새번역) — 확신시켜서, 우리가 예수님께 영광을 돌리게 하신다. 이 사실을 아는 것은 흘러간 노래의 그 낭만적인 순간보다 더더욱 신성한 일이다.

예수님은 "그가 내 것을 가지고 **너희**에게 알린다"고 말씀하셨다. 여기서 너희는 사도들만 가리키는가? 아니면 그들과 더불어 모든 그리스도인들을 뜻하는가? 일차적으로는 직접적인 계시를 받은 사도들이지만, 이차적으로는 성령께서 사도들의 말과 글로 선포되는 증거를 가지고 동일한 내용을 가르치실 모든 믿는 자들이 해당된다. 사도들의 영적인 깨달음은 모든 하나님의 백성과 나누기 위해서였으며, 참으로 지금도 그러하다.

그 다음 15절은 사실상 부연설명이다. 예수께서는 앞 문장의 "내 것"이라는 단어가 어디까지 미치며 어떤 것들을 포함하는지 놓치지 않게 하려고 계속해서 말씀하셨다. "무릇 아버지께 있는 것은 다 내 것이라 그러므로 내가 말하기를 그가 내 것을 가지고 너희에게 알리리라 하였노라"(요 16:15).

이렇게 보충설명을 덧붙인 의도는, 다름 아니라 예수님의 존재나 그분이 하시는 일이 성부 하나님의 존재나 그분이 하시는 일보다 못하다거나, 혹은(뒤집어 말하면) 성부의 속성, 권리, 능력, 계획, 기대와 영광이 조금이라도 예수님의 그것보다 더 위대하거나 크다고 단정짓지 말라고 경고하기 위해서이다. "무릇 아버지께 있는 것은 다 내 것이라." 성부와 성자가 동등하다는 것은 기정사실이며, 이 점은 또한 성부께서 의도하시는 일이다. "이는 모든 사람으로 아버지를 공경하는 것같이 아들을 공경하게 하려 하심이라"(요 5:23). 궁극적으로 기독교의 참된 신앙과 예배와 올바른 관행은 모두 이러한 하나님의 뜻을 기꺼이 받아들이는 데 기초하고 있다.

나는 다음 장에서 이러한 관점으로 성령의 사역을 해석해 보고자 한다. 예배를 통해 성자에게 영광을 돌리도록 인도하셔서, 성부의 기쁨을 더하게 하시는 일이 성령의 사역이라고 보는 관점을 제시할 생각이다. 이때에 우리는 이 사실을 선포함으로 성령께서 성자를 영광스럽게 하신 일에 대해 반응한다. 나는 성령에 대한 설명 ─ 전문용어를 쓰자면 **성령론** ─ 이 참으로 기독교적이 되려면, 성자를 알리고 사랑과 존경과 찬양을 받게 하며, 가장 존귀한 존재로 인정받게 하시려는 성부의 '목적'이라는 관점과, 당신의 성령을 보내셔서 지금부터 계속해서 당신의 백성과 함께 거하시겠다는 성자의 '약속'이라는 관점에서 성령의 다양한 사역을 분명히 밝혀 주어야 마땅하다고 생각한다. 이 일을 위해 나는 우선 제대로 된 기독교 성령론의 주요 요소를 짚어 보려고 한다. 그 일은 요한복음 14장 16절부터 23절, 16장 14, 15절에서 예수님이 말씀하신 생각들을 나의 발판으로 삼고, 거기서 벗어나지 않겠다는 나의 의지를 나타낸다. 부디 나의 이런 계획이 환영받았으면 좋겠다. 나는 이 일이 정말 필요하다고 생각한다. 그럼 이제 본론으로 들어가 보자.

2 — 성경에 나타난 성령[1]

나는 여러분에게 이 책의 주제를 제시했다. 이 주장은 새삼스러운 것이 아니라, 신약성경만큼이나 오래된 생각이며 그리스도인들에게 자신들의 근본을 상기시키는 일일 뿐이다. 이 주장의 내용은 이러하다. 성령께서 하시는 사역의 핵심은 주 예수 그리스도를 증거하는 일이다. 필자인 나나 독자인 당신이나 그리스도인들은 모두 이러한 성령의 사역 가운데 살고 있는데도, 이 점에 대한 이해는 현실보다 한참 뒤쳐져 있다.

내가 말하는 예수님의 임재는 공간적인 개념이 아니라 관계적인 개념으로 생각해야 한다. 나는 예수님의 임재라는 표현을 사용해 세 가지 사실을 인식하게 하고자 한다. 첫째로, 나사렛 예수요 성경의 그리스도이시며 십자가에 못 박혀 죽었지만 이제는 영화로운 몸으로 **여기에 계신** 그분이, 개인적으로 내게 찾아와서 말을 거신다는 사실이다. 둘째로, 예수께서 **활동하셔서** 나를 다른 사람들과 더불어 능력으로 깨우치고 생기가 넘치게 하며, 변화시킴으로 우리의 나태함을 흔들어 놓고, 우리의 통찰력을 날카롭게 하며, 죄진 양심을 위로하고, 우리의 성질을 온화하게 하며, 압박 속에 있는 우리를 격려할 뿐 아니라 의로운 일을 행하도록 우리를 강하게 하신다는 사실이다. 셋째로, 예수님의 사역과 함께 예수님 자신 또한 지극히 **영광스러운** 분으로, 우리가 드릴 수 있는 모든 경배, 예배, 사랑, 충성을 받기에 합당한 분이라는 사실이다. 따라서 예수님의 임재를 증거하는 일이야말로 인간의 삶을 통해서 위의 세 가지 사실을 인식하게 하고, 그 인식을 유지하고 심화시켜서 인간들이 이것을 표현하게 하시는 모든 성령 활동의 핵심이다. 그 내용을 따져 보면 몇 가지 대단히 친숙한 테마들이 따라온다. 그리스도 안에서 말씀하시는 하나님과 그리스도를 통한 하나님과의 교제, 성경말씀의 해석과 심령을 비추심, 죄인을 회심시키고 거룩하게 하심, 은사와 선행을 일으키심, 우리가 하나님의 자녀임을 증거하고 인간의 약점을 도우심, 믿음, 기도, 소망, 사랑과 그리스도를 닮은 모든 성품들을 초자연적으로 생겨나게 하심 등등. 여기서 새로운 사실이라고는 내가 이 모든 일에 그리스도가 중심이라고 강조한다는 점뿐이다. 그러나 언제나 그렇게 강조되었던 것은 아니다. 그래서 이번 장에서는 나의 이러한 접근 방법이 오로지 성경의 인도를 따르고 있음을 보여 주고자 한다.

그렇다면 영(靈)이라는 명칭과 그 영이 무엇을 가리키는지 살펴보는 일로 출발점을 삼아 보자.

하나님의 영

요즘 대부분의 사람들에게 영(靈, spirit)은 막연하고 재미없는 단어이다. 그 단어를 들으면 십중팔구 사람의 어떤 기분이나 태도가 생각나리라(의기양양하거나 풀이 죽은 영, 선한 영 그리고 동물의 정령, 들뜨거나 가라앉은 기분, 장난기 또는 호의, '바로 그 기백이야' 등등). 옛날에는 영이란 인간 이외의 육체가 없는 지성을 가진 온갖 존재들(천사, 악마, 요정, 난쟁이, 작은 요정, 귀신, 망자의 혼, 산과 돌이나 나무 등에 사는 지역신)을 가리키는 보통명사였다. 이런 연유로 1691년, 리차드 백스터 (Richard Baxter)라는 한 청교도는 말년에 이런 것들의 존재를 지지하는 〈영들의 세계의 확실성〉(*The Certainty of the Worlds of Spirits*)이라는 색다른 책을 썼다. 하지만 그런 영적 존재들에 대한 믿음은 최소한 서양에서는 사라져 갔다. 이제 많은 사람들에게 영이라고 하면, 사전에 적힌 대로 '알코올 도수가 높은 술' 정도를 의미하며 그 외의 다른 뜻으로 영을 믿는다면 기껏해야 이성적 판단력이 부족하다는 정도로 여기리라. 결국 하나님의 영이 연구의 주제일 때, 영미권의 문화는 거의 도움이 안 된다는 말이다.

사실 하나님을 지칭하는 다른 모든 성경 용어와 마찬가지로 성령의 영도 생생하고, 정확하며 다채로운 의미를 지닌 그림 같은 단어이다. 이 단어는 내쉬거나 가쁘게 내뱉는 숨을 그리고 있는데, 생일 케이크의 촛불을 불어서 끄거나, 풍선을 불거나, 달릴 때 숨을 헐떡이는 모습을 연상하면 된다. 이런 의미의 영이야말로, 크고 못된 늑대가 아기 돼지 삼 형제를 위협하며 "내가 훅 불고, 확 불고, 세게 불어서 너희 집을 쓰러뜨려 버릴 테다" 하고 말할 수 있었던 무기였다. 이것은 강하고 맹렬하게 움직이는 공기의 흐름을 보여 주고, 방출된 에너지, 침략하는 전투 병력, 휘두르는 힘, 활동하는 생명력을 표현한다.

성경의 영에 해당하는 히브리어와 헬라어 단어(루아흐[*ruach*]와 프뉴마) 모두가 이러한 기본적인 생각을 담고 있으며, 관련 의미나 범위도 같다. 이 두 단어가 사용된 곳은 첫째, 하나님의 성령이다. 그분은 인격적이고 목적이 있으며, 눈에 보이지 않지만 저항할 수 없는 분이다. 둘째, 개인의 의식이다(이런 의미의 영은 영혼과 동의어이며, 그러한 예는

눅 1:46, 47에서 찾아볼 수 있다). 셋째, 바람이다. 나뭇잎을 날리고, 나무를 뿌리째 뽑고, 건물들을 불어서 쓰러뜨린다. 이러한 용법의 예를 보려면 에스겔 37장 1절부터 14절을 읽으면 된다. 마른 뼈 환상에서 루아흐가 호흡과 바람, 그리고 하나님의 영이라는 뜻으로 연이어 사용된다. 그리고 요한복음 3장 8절에서도 프뉴마가 하나님의 영과 바람이라는 뜻으로 쓰이고 있다. 정말 영어에도 이 모든 의미를 다 전달할 수 있는 단어가 하나 있었으면 좋겠다. 'puff' 와 'blow'는 폐에서 공기를 내쉬는 것과 바람이 부는 것 둘 다를 가리키는 영어 단어들(내 생각엔 유일한)이지만, 영어에는 이런 뜻과 함께 하나님과 이성을 가진 그분의 피조물의 지적 · 의지적 · 감정적 개성을 포괄할 단어가 없다. 그에 반해 영어의 'spirit'은 행동하고 반응하는 의식 있는 인격체를 뜻하지만, 호흡이나 바람에는 쓸 수가 없다. 'spirit'이라는 단어가, 성경에서 쓰인 루아흐나 프뉴마처럼 사람들에게 활동하는 능력에 대해 알려 주지 못하는 데는, 이런 점이 한 가지 이유가 된다는 것은 틀림없는 사실이다.

활동하는 능력은 사실 하나님의 영을 언급할 때마다 드러나는, 성경의 기본적인 생각이다. 구약성경에서 '하나님의 영'은 항상 일하시는 하나님으로, 무언가를 변화시키셨다. 하나님의 영이 등장하는 성경구절은 모두 100군데가 조금 못 되는데(최소 88곳, 최대 97곳으로 학자마다 다르다), 정리하면 이러하다.

1. **창조세계를 빚어 형태를 갖게 하시고 피조물에 생명을 주신다**
   (창 1:2, 2:7; 시 33:6; 욥 26:13, 33:4).
2. **자연과 역사의 흐름을 지배하신다**(시 104:29, 30; 사 34:16, 40:7).
3. 당신의 사자(使者)들에게 직접 말씀하시고 순전한 통찰력을 주

서서 **하나님의 진리와 뜻**을 계시하신다(민 24:2; 삼하 23:2; 대하 12:18, 15:1; 느 9:30; 욥 32:8; 사 61:1-4; 겔 2:2, 11:24, 37:1; 미 3:8; 슥 7:12).

4. 이러한 계시들을 통해 하나님의 백성이 신실해지고 **열매를 맺도록** 가르치신다(느 9:20; 시 143:10; 사 48:16, 63:10-14).

5. 성경은 **하나님의 말씀에 인격적으로 응답하는 것**이 하나님을 아는 지식이라고 기록하고 있으며, 성령은 그렇게 응답하도록 우리를 이끈다. 그래서 우리가 믿음을 가지고, 회개하고, 순종하고, 의를 행하며, 하나님의 지시에 순종하고, 찬양과 기도로 그분과 교제하게 하신다(시 51:10-12; 사 11:2, 44:3; 겔 11:19, 36:25-27, 37:14, 39:29; 욜 2:28-29; 슥 12:10).

6. 개인에게 **리더십**을 부여하신다(창 41:38의 요셉, 민 11:17의 모세, 11:16-19의 70인의 장로, 27:18과 34:9의 여호수아, 삿 3:10의 옷니엘, 6:34의 기드온, 11:29의 입다, 13:25, 14:19, 15:14의 삼손, 삼상 10:10, 11:6, 19:20-23의 사울, 16:13의 다윗, 왕하 2:9-15의 엘리야와 엘리사, 사 11:1-5, 42:1-4의 메시아).

7. 개개인이 창조적인 일을 해낼 수 있도록 **기술과 능력**을 주신다 (출 31:1-11, 35:30-35의 브살렐과 오홀리압, 왕상 7:14의 히람, 성전 건축을 위해 필요한 예술적인 숙련기능에 대해서는 학 2:5, 슥 4:6).

요약하면, 구약성경의 성령은 **창조자, 지배자, 계시자, 촉진자, 능하게 하는 자**로 활동하시는 하나님이시다. 그리고 성령 하나님은 이렇게 사람들에게 자신을 드러내신 것처럼, 이제는 단호하고 강력하게 주 예수님을 그리스도인들에게 드러내신다. 시편 기자가 "내가 주의 신을 떠나 어디로 가며 주의 앞에서 어디로 피하리이까?"(139:7)

라고 물었을 때, 그 두 질문은 서로를 설명하고 있다. 두 질문은 결국 동일한 의미를 담고 있기 때문이다. 하지만 성령이 삼위 가운데 한 분, 바로 하나님이라는 사실은 여기에 드러나지 않는다. 구약성경에서 논리상 '하나님의 영'(호흡!)과 동일한 위치에 있는 것으로는, 하나님의 손이나 팔 같은 신인동형론(神人同形論, 하나님이 인간과 유사한 존재인 것처럼 말하는 관점-옮긴이)적인 표현이 있다. 이 표현들은 하나님의 강한 능력을 의인화한 '하나님의 열심' 과 마찬가지로 하나님의 굳은 결심을 나타낸다.

구약성경에 나오는 '하나님의 영'이라는 표현을 보고, 전능하신 하나님이 결연한 의지로 일하시며, 그분의 팔과 열심이 함께 작용한다는 뜻이라고 말하는 건 지극히 옳다. 하지만 하나님의 영을 언급할 때 성경 기자가 한 분이신 하나님 안에 여러 위격(位格)이 있다는 자신의 생각을 나타내려 했다면 잘못 생각한 것이다. 삼위일체는 신약성경에서 계시된 진리이기 때문이다.

또한 성경에 따르면 하나님이 구약성경 기간에는 일위(一位, 한 분)였다가, 예수님이 탄생하심으로 삼위(三位)가 되었다고 생각하는 사람이 있다면, 그 또한 틀렸다. 사실상 여기서 문제는, 하나님이 영원부터 어떤 모습으로 존재하셨는가가 아니라, 역사 속에서 하나님의 존재가 어떻게 계시되었는가 하는 점이다. 구약시대에는 삼위일체의 제 삼위(三位)가 되시는 성령이 존재하지 않았다거나 활동하지 않았다는 말이 아니다. 구약시대 성령의 존재와 활동에 대해서는 신약성경의 기자들이 분명히 밝혀 주고 있기 때문이다. 나는 단지 성령이 삼위 가운데 한 분 하나님이라는 사실을 구약성경 기자들이 드러낸 것은 아니라는 사실을 말하려는 것뿐이다. 하나님의 삼위일체는 영원한 사실이지만, 오직 그리스도를 통해 알려졌기 때문이다.

여기다가 이 점을 덧붙이자. 예수 그리스도를 따르는 사람들이 구약성경을 바르게 읽으려면, 그리스도의 삶과 가르침 그리고 신약성경의 계시에 비추어서 읽어야 한다. 사도들은 자신이 기준점이자 성경의 성취자라는 예수님의 자기이해(마 5:17, 26:54-56; 눅 18:31, 22:37, 24:25-27, 44-47; 요 5:39, 45-47)를 근거로, 구약성경 전체가 그리스도인에게 주신 하나님의 명령이라고 주장했다(롬 15:4; 고전 10:11; 딤후 3:15-17; 벧후 1:19-21, 3:16). 그리고 그들은 구약성경을 읽으며 하나님의 진리와 지혜를 발견할 때마다 그리스도를 아는 지식과 기독교의 실재가 그 안에 반영되어 있음을 발견했다. 신약성경을 보면 구약성경을 이런 식으로 인용하고 있다는 것을 알 수 있다. 사도 시대의 그리스도인들은, 구약성경에서 하나님의 영의 사역에 대한 언급을 접하면, 성령이 인격적인 하나님이시라는 신약성경의 계시에 비추어 읽어야 했다. 그와 마찬가지로 한 분 하나님, 주 여호와, 창조주, 구원자, 거룩하게 하는 자, 예배하기에 합당한 유일한 대상에 대한 구약성경의 언급 또한 하나님이 삼위(三位)시라는 신약성경의 계시에 비추어 읽어야 했다. 여기에는 독단적인 요소는 찾을 수 없다. 이러한 절차를 밟으며 구약성경을 읽어야 올바르다는 정당성은 신구약성경의 하나님이 같은 분임을 알게 되면 저절로 따라오기 때문이다.

확실히 이러한 독법(讀法)은 현대학자들이 말하는 역사적 주해 방식은 아니다. 역사적 해석은 저자가 염두에 두었던 독자들로부터 저자가 기대했던 결론은 무엇이었을까 정도만 묻고 거기서 더 이상 나아가지 않는다. 신약성경에 비추어 구약성경을 읽는 것은 신학적 해석이라 보는 편이 더 타당하며, 요즘에는 '성경에 의한 성경 해석'이라 부른다. 신학적 해석이란, 그리스도인들이 구약말씀을 읽을 때 신약성경의 진리와 나머지 구약성경 전체를 하나의 맥락으로 보고는 이렇게 물어보는 것이다. '각 성경 저자를 감동하게 하신 성령께서 지금 우리가 구약을 읽을 때 무엇을 발견하기 원하시는가?' 반면 역사적 해석은 구약성경에 나오는 '하나님의 전능하신 호흡'을 접할 때, 성경 저자가 이 구절을 통해 하나님의 삼위일체 되심을 소개하려 한 것이 아님을 알게 해 준다. 하지만 신학적 해석에 기초하면 우리는 주 예수와 사도들이 준 계시에 따라 삼위일체 하나님 중 한 분이신 성령께서 구약시대에도 활동하고 계셨으며, '하나님의 전능하신 호흡'에 대한 구약성경의 진술은 사실상 삼위 가운데 한 분이신 성령 하나님의 활동을 가리킨다고 인정해야 한다.

이 사실에 대한 단서가 제공된 본문을 살펴보면 이러하다. 마가복음 12장 36절과 사도행전 1장 16절, 4장 25절에서는 사무엘하 23장 2절에서처럼 다윗이 성령의 감동을 받아 말했다고 기록하고 있다. 예수께서는 누가복음 4장 18절부터 21절에서, 삼위 가운데 한 분이신 성령의 능력으로 충만해서(1:35, 41, 67, 3:22, 4:1, 14), 자신의 가르침이 바로 이사야 61장 1절부터 4절에 예언되어 있는 성령의 기름 부음에 대한 이사야 선지자의 증거를 성취하는 것이라고 주장하신다. 또한 요한복음 3장 5절에서 10절의 "물과 성령으로" 거듭나는 것에 대한 가르침은, 명확하게 에스겔 36장 25절에서 27절, 37장 1절에서 14절을 회고하고 있다. 그래서 이스라엘의 선생 니고데모는 이 말씀을 모른다고 예수님께 꾸지람을 들었다(10절). 사도행전 28장 25절과 히브리서 3장 7절, 10장 15절부터 17절에서는 구약성경의 가르침을 신약에 적용하면서, 성령께서 하신 말씀이라고 못을 박는다. 무엇보다 베드로는 결정적인 본문인 사도행전 2장 16절부터 18절에서, 삼위 하나님의 한 분이신 성령의 오순절 강림을 요엘 2장 28, 29절에 예언된 말씀 ("내가 내 신을 만민에게 부어 주리니")이 이루어진 것이라 말한다.

따라서 나는 하나님의 영에 대한 구약성경의 언급이, 사실상 신약성경의 삼위일체 가운데 한 분 하나님이신 성령의 역사를 증거한다는 전제 아래 논의를 계속하겠다.

인격적인 하나님이신 성령

보혜사이신 성령

신약성경에서는 성령을 제3위(位) 하나님으로 설명하는데, 성부와 성자가 연결되어 있으면서 서로 구별되는 것처럼 성령 또한 그들과 구별된다고 말한다. 그분은 "보혜사"(요 14:16, 25, 15:26, 16:7)—경우에 따라 위로자(기운을 북돋우는 자라는 뜻), 상담자, 도움을 주는 분, 후원자, 조언자, 변호인, 동지, 노련한 친구 모두를 뜻한다—이신데, 이 모든 역할을 감당할 수 있는 것은 인격체뿐이다. 좀더 정확히 표현하면 그분은 "또 다른" 보혜사(14:16, 이렇게 말해도 된다면), 곧 주 예수의 다음 주자로서 예수님의 사역을 계속하신다. 그런데 예수님처럼 인격체만이 그런 사역을 행할 수 있다.

사도 요한은 이 점을 강조하기 위해 예수님이 성령을 말씀할 때마다 남성대명사(에케이노스[ekeinos], 그)를 사용하고 있다는 데 중점을 두어 말한다. 이 부분을 헬라어 문법에 맞추자면, 중성명사인 '영'(프뉴마)과 맞추어 중성대명사(에케이노[ekeino], 그것)가 들어가야겠지만, 요한은 성령이 '그분'이지 '그것'이 아니라는 사실을 독자들이 조금도 의심하지 않기를 원했던 것이다. 더욱 인상적인 사실은 14장 26절, 15장 26절, 16장 8, 13, 14절에서 동일한 남성대명사를 사용한 반면, 성령을 처음 소개하는 14장 17절에서는 문법적으로 하자가 없는 중성대명사(호[ho]와 아우토[auto])를 쓰고 있다는 점이다. 요한은 이런 사실을 통해 그 다음부터 성령을 남성대명사로 바꾸어 쓴 이유가, 헬라어 실력이 부족해서가 아니라 심오한 신학적 진리를 표현하기 위해 의도적으로 그랬다는 점을 분명히 밝히고자 했다.

그 밖에도, 성령께서는 들으시고, 말씀하시고, 증거하시고, 확신시키시고, 그리스도께 영광을 돌리시고, 이끄시고, 인도하시고, 가르치시고, 명령하시고, 금지하시고, 갈망하시고, 그리스도인에게 선포할 말씀을 주시고, 도움을 주시고, 그리스도인을 위해 말할 수 없는 탄식으로 중보하시며, 성도들이 기도할 때 친히 하나님께 부르짖으신다 (요 14:26, 15:26, 16:7-15; 행 2:4, 8:29, 13:2, 16:6,7; 롬 8:14,16,26,27; 갈 4:6, 5:17,18). 또한 우리는 성령께 거짓말을 할 수도, 성령을 근심하게 할 수도 있는데(행 5:3,4; 엡 4:30), 그런 말은 인격체에 대해서만 할 수 있는 법이다. 따라서 결론을 내리자면, 성령께서는 단순한 영향력이 아니라 성부나 성자와 마찬가지로 인격적인 하나님이시다.

하나님이신 성령

또한 성령은 삼위 가운데 한 분 하나님이시다. 그분은 다른 어떤 분이기에 앞서 하나님이시다. 거룩할 성(聖)자가 그분의 신성을 말해 주고, 몇몇 성경 본문은 이 점을 명확히 밝히고 있다. 예수께서는 당신의 제자가 되는 사람들이 삼위 하나님의 이름인 '성부와 성자와 성령의 이름으로'(마 28:19) 세례를 받는다고 선포하신다. 칼 바르트 (Karl Barth)는 기분 좋게 이것을 하나님의 '세례명'이라고 부른다! 게다가 사도 요한은 일곱 교회에 보낸 편지 서두에서 그들에게 "이제도 계시고 전에도 계시고 장차 오실 이와 그 보좌 앞에 일곱 영과 또 충성된 증인으로 죽은 자들 가운데서 먼저 나시고 땅의 임금들의 머리가 되신 예수 그리스도로 말미암아"(계 1:4,5) 은혜와 평강을 빈다. 요한계시록에서 숫자가 갖는 상징적인 의미로 보자면, 일곱은 하나님의 완전성을 나타내고, "일곱 영"은 충만한 능력과 사역을 행하시는 성령을 가리키는 게 확실하다(3:1, 4:5, 5:6). 요한계시록 1장 4, 5절에서 순서상 성부가 첫번째, 성자가 세번째, 그 사이에 성령이 있다는 것을 보면 성령이 성부와 성자와 동등하다는 사실은 의심의 여지가 없다. 이 점을 뒷받침하여 '삼위 하나님이 동시에 등장하는' 잇따른 성경 구절에서는 은혜라는 하나의 계획 아래 성부와 성자 그리고 성령이 완전히 하나로 연결되어 있다(고전 12:4-6; 고후 13:13; 엡 1:3-13, 2:18, 3:14-19, 4:4-6; 살후 2:13, 14; 벧전 1:2). 결론적으로 말해 성령께서는 천사처럼 단순히 힘센 피조물이 아니라, 성부와 성자와 더불어 전능하신 하나님이시라는 뜻이다.

그래서 나는 간청한다. 절대로 성령을 비인격적인 존재로 생각하거나 무슨 물건처럼 부르지 말라! 사실 나도 가끔 그럴 때가 있지만, 그리스도인들이 삼위이신 성령을 '그분'이 아니라 '그것'으로 부르는 소리를 들을 때면, 내 마음은 무너지고 위축된다. 이런 말은 하나님에 대한 속마음이 드러난 실언에 해당한다. 나도 리전트 신학교 채플 시간에 말씀을 전하며, 학생들에게 "기억하십시오. 이곳은 신학교(seminary)입니다"라고 말하려 했는데, 정작 튀어나온 말은 "기억하세요. 이곳은 공동묘지(cemetery)입니다"였던 적이 있었다. 결국 신학교를 지독히 깎아내리는 꼴이 되고 말았지만, 그 말은 결코 고의도 진심도 아니었다. 나는 성도들이 성령을 '그것'이라 부르는 경우도 이것과 유사한 말실수일 뿐, 결코 진의가 아니기를 바란다. 왜냐하면 당신은 성령께서 삼위 가운데 한 분 하나님이심을 파악하기 전까지는 성령의 사역을 이해할 수 없으며, 성령의 사역에 대한 강렬한 의식이나 명료한 이해가 없는 바로 그 지점에서 성령이 하나님이시라는 사실이 부정되기 때문이다. 개신교 내의 자유주의와 급진주의, 유대교, 이슬람, 유니테리언주의(Unitarianism; 이성의 자유로운 활용을 강조하는 종교운동-옮긴이), 크리스천 사이언스(Christian Science; 1879년 메리 베이커 에디가 미국에 세운 교단-옮긴이) 등이 그 증거가 되겠다. 성경을 믿는 그리스도인 사이에서 이 부분이 흔들리는 일이 없기를 바란다. 사실상 오순절파가 교회에 끼친 커다란 유익 중 하나가 성령을 인격적인 '그분'보다 못한 다른 무엇으로 부르기 어렵게 만들었다는 데 있다. 하지만 신자들에게 성령이 인격적인 하나님이시라는 진리를 확고히 심어 주는 가장 확실한 방법은, 그분의 사역에 대한 신약성경의 증거를 그들 앞에 실제로 펼쳐 보이는 것이다. 이제부터 그 작업에 들어가기로 하자.

성령과 그리스도

요한복음의 역사적 신빙성을 두고 한 세기에 걸쳐 학계에서 벌어진 논쟁 덕분에, 신약성경의 테마를 탐구할 때 요한복음부터 시작하면 유행에 뒤떨어진다는 취급을 받게 되었다. 관례에 따르자면, 마태복음, 마가복음, 누가복음, 사도행전을 통해, 때로는 베드로와 바울 서신까지 거쳐서 요한의 증언에 접근해야 한다. 마치 이들 다른 성경 기자들의 눈을 통하지 않으면 요한의 말을 이해할 수 없다는 말이나 마찬가지다. 하지만 나는 요한이 기록한 내용의 정통성이나 명료함을 의심할 어떠한 이유도 없기 때문에 요한복음을 출발점으로 삼아 성령의 새 언약 사역을 해명하려 한다. 왜냐하면 예수님의 육성을 통해, 성령의 사역을 이해할 수 있는 핵심 단서를 들을 수 있는 곳이 바로 요한복음이기 때문이다. 이 주제에 대해서 어쨌든 우리는 요한의 도움을 받아야만 마태, 마가, 누가, 베드로, 바울이 성령에 대해서 들려주는 이야기를 제대로 이해할 수 있다.

성령의 약속

요한의 기록에 따르면, 예수께서는 잡히시던 밤에 당신이 곧 떠날 것이고 영광을 얻게 될 것을 감안하여, 열한 제자들에게 그들이 앞으로 가져야 할 제자도에 대해 길게 말씀하셨다(13-16장). 예수님은 여러 번 보혜사에 대해 말씀하시며, 그분을 진리의 영(14:17, 15:26, 16:13), 거룩한 영(14:26)이라고 부르셨다. 예수께서는 당신이 떠나신 다음(14:16,26), 성부께서 성자의 요청으로 보혜사를 보내실 거라고 말씀하셨는데, 그렇다면 성부의 대행자인 성자가 보혜사를 파견했다고 말해도 괜찮을 것이다(15:26, 16:7). 예수께서는, 보혜사가 '예수님의 이름으로'(14:26), 다시 말해 예수님의 특사, 대변인, 그리고 대표로서 파견되어, 예수님의 제자들과 '영원히' 함께 거하실 것이라고 말씀하신다(14:16). 이 말은 곧 성령께서 오심으로, 영광스러운 주(主)이신 예수님 자신이 실제로 제자들에게 되돌아온다는 뜻이다(14:18-23). 성령께서는 새 언약 사역을 행하면서 자신을 내세우지 않으시고, 모든 관심을 성령 자신이 아니라 그리스도께로 향하게 하시며, 사람들을 믿음, 소망, 사랑, 순종, 경배, 헌신으로 이루어진 그리스도와의 교제로 이끄신다. 이것이야말로 말하자면 에큐메니컬운동, 은사주의운동, 전례(典禮)운동(20세기 초에 주로 가톨릭교회 안에서 일어난 예배 쇄신 운동-옮긴이), 소그룹운동, 평신도사도운동, 세계선교운동 등등 소위 '영적인' 운동과 '영적인' 체험이 진짜인지 가늠할 수 있는 변함없는 시금석이다.

성령과 그리스도의 임재

따라서 그리스도를 사랑하는 자들은 그분의 말씀에 순종한다. 성령께서는 그들이 그리스도의 임재를 체험하고, 성부, 성자와 실제로 교제할 수 있도록 해 주신다(14:21-23). "사람이 나를 사랑하면 내 말을 지키리니 내 아버지께서 저를 사랑하실 것이요 우리가 저에게 와서 거처를 저와 함께하리라"(14:23). 이 말씀은 그리스도인에게 약속한 놀라운 체험에 대한 선언문이다. 사도 요한은 이 체험에 대해 증거하면서 "우리의 사귐은 아버지와 그 아들 예수 그리스도와 함께함이라"(요일 1:3)고 기록했다. 그리스도께서는 요한복음 14장 23절 말씀을 통해, 우리 모두에게 이러한 체험이 있는 교제를 추구해야지 절대로 그 이하의 상태에는 안주하지 말라고 지금도 권면하고 계신다.

하나님의 영의 가르침

그 외에도, 예수께서 3년의 소중한 지상 사역 기간 동안 가르치셨던 것처럼 성령께서도 가르치신다. 성령은 제자들이 예수님이 직접 하셨던 말씀을 기억하고 이해하도록 이끄시는 식으로 가르치신다(16:13의 "모든 진리"라는 예수님의 표현은 14:26의 "모든 것"과 마찬가지로 '알 만한 것은 무엇이건 전부'가 아니라 '나에 관해 알 필요가 있는 모든 것'을 뜻하고, 16:13의 "장래 일"은 '너희에게 닥칠 일'이 아니라 '나에게 닥칠 일', 즉 십자가, 부활, 통치, 재림 등의 모든 것을 회복시킨다는 뜻이다). 이 점을 시금석으로 삼으면, 오늘날 우리의 관심을 호소하는 다양한 유형의, 이른바 기독교 신학 하나하나에 성령이 얼마나 내주하시는지 알 수 있을 것이다.

성령의 증거

마지막으로 성령은 그리스도를 증거하신다. 범죄자로 십자가에 못 박혔지만 그분은 결코 죄인이 아니고, 성부의 영광으로 되돌아가심으로 그분의 의로움이 실제로 입증되었으며, 십자가에서 이루어진 심판으로 '이 세상의 사악한 임금'(12:31)을 권좌에서 쫓아내셔서 세상을 다스리시는 분으로서 그 역할을 담당하기 시작했다고 증거하신다. 또한 이런 의미에서 예수님을 인정하지 않으면 바로 불신앙의 죄(15:27, 16:8-11)라는 사실을 사람들에게 알리신다. 증거하시는 성령은 그런 연유로 인류에 대해 검사하는 직무를 수행하셔서, 계속해서 사람들의 마음속에서 '나는 잘못했다. 난 유죄다. 나는 용서받아야 한다'는 자백을 받아 내시며, 예수님을 거절하거나 적어도 예수님을 충분히 진지하게 생각하지 않는 일이 얼마나 극악무도한 일인지 절실히 깨닫게 하신다(16:8). 이것이 바로 복음을 전할 때 주시겠다고 약속한 성령의 도우심이다. 교회가 사도들의 메시지를 전달하듯이, 성령께서는 복음을 전하는 그리스도인을 통해 사람들이 죄인임을 깨닫게 하신다. 그분의 이러한 증거는, 사람들의 내면의 귀를 열어 복음 전도자가 펼쳐 보이는 진리를 각 개인의 양심에 적용하시는 일을 가리킨다(15:27, 17:20).

이와 같이 성령께서는 영광스러운 구세주께 영광을 돌려(16:14), 예수님에 관한 진리를 명확하게 이해시키는 해설자 역할과, 무지한 영혼이 그 진리를 받아들이도록 조명하는 역할을 감당하신다. 처음부터 끝까지 성령 사역의 중심은 주 예수 그리스도이시다.

투광조명 사역

성령이 새 언약에서 맡으신 독특한 역할은, 주 예수 그리스도에 대한 '투광조명'(건축물의 외부나 동상, 기념비, 경기장 따위를 돋보이게 하기 위해 투광기를 사용하여 조명하는 방법-옮긴이) 사역이라 부를 만한 일이다. 이 역할에 한정해서 본다면, 예수께서 지상에 계시는 동안에는 성령께서 '와 계시지 않았다'(7:39, 헬라어 글자 그대로 풀이했음). 사람들에게 예수님의 영광을 인식시키는 성령의 사역은 오직 성부께서 성자를 영화롭게 하신 다음에야(17:1,5) 시작될 수 있었다.

어느 겨울 저녁, '그가 나를 영화롭게 하리라'는 말씀을 설교하려고 교회로 걸어가던 기억이 난다. 모퉁이를 돌 때 건물에 비친 투광조명을 보고, 이거야말로 내 설교에 필요한 그림 같은 예라는 사실을 깨달았다. 투광조명이 잘되면 조명등 자체는 안 보이는 법이다. 조명이 어디서 나오는지 몰라야 정상이기 때문이다. 우리 눈에는 투광조명이 비춰지는 건물만이 보일 뿐이다. 그 기대효과는 조명이 없었다면 어두워서 보이지 않았을 건물을 보이게 만드는 일이며, 건물의 세부적인 부분까지 눈에 띄게 만들어 건물의 위용(威容)을 극대화시킴으로 건물을 제대로 볼 수 있도록 하는 일이다. 이것은 성령의 새 언약 역할을 보여 주는 완벽한 그림이다. 성령께서는 구세주 예수를 비추는, 이른바 숨겨진 투광조명등이다.

아니면 이런 식으로 생각할 수도 있다. 우리 뒤에 서 계신 성령께서 우리 어깨 너머로 빛을 비추어 우리 정면에 서 계신 예수님을 비추신다. 성령이 우리에게 주시는 메시지는 결코, '나를 봐, 내 말을 들어, 내게로 와, 나를 알아야 해'가 아니라, 항상 '그분을 보고, 그분의 영광을 보라. 그분의 말씀을 듣고, 그분의 말씀에 귀를 기울이라. 그분께 가서 생명을 얻으라. 그분을 알고 그분의 기쁨과 평화를 맛보라'는 내용이다. 성령께서는 중매쟁이 곧 천상의 결혼중매인이라고도 할 수 있다. 그분은 우리와 그리스도를 결합시켜 함께 머물게 하시기 때문이다. 두번째 보혜사이신 성령은 계속해서 첫번째 보혜사이신 예수님께로 우리를 이끄시며, 위에서 본 대로 두번째 보혜사가 우리에게 오심으로 첫번째 보혜사가 가까이 다가오신다(14:18). 이와 같이 우리가 첫번째 보혜사를 알아보게 하시고, 우리를 감동시켜 우리를 만나기 위해 보좌에서 내려오시는 그분께 손을 내밀게 하신다. 그리하여 성령께서는 예수께서 친히 말씀하신 대로 그리스도를 영화롭게 하신다.

성령과 그리스도인

이미 말한 대로 요한복음에 나오는 예수님의 가르침이야말로, 신약성경이 말하는 그리스도인들에 대한 성령의 사역 전반을 해석하는 실마리이다.

우리는 성령의 사역을 너무나 자주 우리의 결핍과 필요에만 결부시키고, 우리가 지금 배우고 있는 진리, 곧 성령께서는 그리스도를 영화롭게 하시려고 이곳에 와 계시며, 그분의 변함없는 주 임무는 우리에게 예수님의 임재를 전달하는 일이며, 예수님을 온전히 알려 주어서 예수님이 우리의 모든 것이라는 신뢰를 가지게 만든다는 진리의 관점에서 충분히 숙고하지 못했다. 그 결과 성령의 사역을 그리스도 중심이 아니라 기독교인 중심으로 보게 되었으니, 다시 말해 하나님 중심이 아니라 인간 중심의 견해가 되어 버린 셈이다.

이와 같이 성령의 사역을 인간 중심으로 보게 된 이유 중 한 가지는 분명하다. 개인에 대한 성령의 사역을 가장 많이 다룬 곳이 서신서이지만, 거기에는 주 예수님과의 사랑이나 예수님과 성도가 누리는 교제에 대해서는 거의 말이 없다. 반면 예수님에 대한 온전한 반응이 무엇인지 가장 많이 설명하고 예증한 곳이 복음서이지만, 거기에는 요한복음 14장부터 16장을 제외하고는 성령에 대한 언급이 거의 없다. 하지만 우리가 반드시 기억해야 할 사실이 있다. 우선 복음서는 이미 서신서의 교리들을 상당히 잘 알고 있는 사람들을 대상으로 저술되었다는 점이다. 마찬가지로 서신서의 수신자들은 복음서의 이야기들에 이미 친숙한 사람들이었기에, 서신서에서 그리스도에 대한 믿음과 사랑을 간략하게만 언급하더라도 무슨 말을 하는지 다 알 수 있었다는 점도 염두에 두어야 한다. 참으로 우리도 그들과 마찬가지로, 그리스도의 임재를 전달하는 일이야말로 성령께서 새 언약 아래 수행하시는 변함없는 주 임무임을 결코 잊어서는 안 된다. 이 사실을 기억하면, 우리의 일반적인 사고방식에 어떠한 영향을 미치는지 다음 몇 단락을 통해 보기로 하자.

새로운 출생

우선, 그리스도인으로 새로운 삶을 시작하게 만드는 큰 변화, 즉 예수님이 '새로운 출생' 또는 '거듭남' (요 3:3-8; 벧전 1:23; 약 1:18)이라고 비유하신 이 변화는 '성령으로 말미암았다' (요 3:6). 요한복음 3장 5절의 "물"은 어떤 사람들의 생각처럼, 세례 요한의 세례나 기독교식 세례, 자연 출산 때의 양수처럼 성령의 내적 사역을 보완하는 외적인 다른 무엇을 가리키는 것이 아니다. 에스겔 36장 25절부터 27절 말씀에서 묘사했듯이, 내적인 갱생(更生) 자체가 갖는 깨끗하게 하는 측면을 가리킨다(5절의 물이 성령의 소생시키는 활동의 한 측면만을 보여준다면 6절에 물에 대한 언급이 없어도 아무 문제가 되지 않는다).

바울이 이 과정을 "중생"(딛 3:5)과 '새 창조' (고후 5:17; 갈 6:17)라 부르고 그리스도의 죽음과 부활에 연합할 때, 중생한 자의 삶이 변화한다고 설명한다는 것은 잘 알려진 입장이다(롬 6:3-11; 골 2:12-15). 사도 바울은 그리스도께서 친히 말씀하신 대로, 믿음을 통해 온전한 그리스도인이 된다고 말한다. 또 그 믿음이란 그리스도를 의지하고 그의 흘린 피와 그 피가 보증하는 사죄의 약속을 신뢰하는 것이라고 단언한다(롬 4:16-25, 10:8-13; 골 2:12; 요 3:15-21, 5:24, 6:47, 53-58). 덧붙여서 바울은 성령께서 우리를 이끌어 예수님에게 신뢰와 순종을 직접 표현하게 하시고(고전 12:3), 우리를 당신의 몸인 교회의 지체(손발, 장기[臟器])로 삼으시는 이유는, 우리가 믿음으로 당신의 능력 안에서 초자연적인 삶을 살게 하기 위해서라고 말해 준다. 이 모든 사실은 정확하며, 성경을 하나님의 말씀으로 믿는 사람들에게는 상식에 가깝다.

하지만 새로운 출생에 대한 우리의 생각은 지나치게 **주관적**이다. 여기서 주관적이라는 뜻은 지나치게 인격적이라는 말이 아니라(그럴 수가 없다) 지나치게 안으로 굽어 있어, 우리의 모든 관심의 초점이 구원하시는 그리스도가 아니라 믿는 개인에게 쏠려 있음을 가리킨다. 이러한 잘못된 생각은 두 가지 유감스러운 결과를 낳는다.

첫째는, 회심할 때 특정한 감정체험(죄에 대한 엄청난 애통, 해답을 찾기 위한 엄청난 고뇌, 넘쳐나는 기쁨)을 해야 한다는 기대에 집착하게 만든다. 이런 기대는 바울, 어거스틴, 루터, 버니언, 웨슬리 같은 사람들의 잘 알려진 회심 이야기나 우리 자신의 경험에서 비롯된다. 우리는 이 기대를 잣대로 삼아 우리와 동시대의 사람들이 중생을 했는지 그 여부를 판단한다. 이것은 서글프고 어리석은 일이다.

체험이 어느 한순간에 일어나서(우리 가운데 그럴 수 있는 사람은 소수에 불과하지만) 날짜를 기억할 수 있다 해도, 회심의 체험은 하도 가지각색이라 어떠한 표준기대치에도 끼워 맞출 수가 없다. 때문에 그런 기대를 잣대로 사용하면, 종종 결과적으로 지금 거듭난 상태라는 충분한 표시가 있는 많은 사람들은 회심하지 못했다고 제쳐 놓는 반면, 오히려 한때 간증하던 회심시의 체험이 이제는 완전히 닳아 없어진 사람들은 계속해서 중생한 사람으로 대접받게 된다. 청교도들과 조너선 에드워즈의 말처럼, 그 어떠한 감정 상태나 결과 혹은 개별 체험이라도 그 자체만으로는 중생했음을 보여 주는 맹백한 증거가 될 수 없다. 이런 입장과 다르게 생각하고 판단한다면, 우리는 끊임없이 실수를 거듭할 수밖에 없다는 것 또한 진실이다. 중생했음을 보여 주는 현재의 삶만이 그 사람이 과거 어떤 시점에 회심했다는 확신을 정당화할 수 있다.

두번째 유감스러운 결과는, 우리가 복음을 증거할 때, 그리스도께서 인생의 의미를 여는 열쇠가 되시는 분으로 집중적인 관심을 받지 못하고, 단순히 우리 자신이 현재 안고 있는 몇 가지 자기중심적인 질문(어떻게 하면 내가 양심의 평화를 찾을 수 있을까? 압박받을 때 마음과 정신의 평화는? 행복은? 기쁨은? 삶에 필요한 능력은?)에 답하기 위해 불러들이는 인물 정도로 치부된다는 사실이다. 예수님의 충성스러운 제자가 되어야 한다는 사실과, 그에 따르는 요구사항들을 강조하지 않기 때문에(심지어 원칙적으로 그것들을 강조하면 안 된다고 생각하는 사람들도 있다), 예수님을 따르는 데 드는 비용은 계산하지 않는다.

결과적으로, 우리가 복음을 전하여서 수확한 작물은, 예수님께 우드하우스(P. G. Wodehouse)의 소설에 등장하는 만능 하인 지브즈(Jeeves) 같은 역할을 맡길 수 있다고 생각하고, 필요할 때 호출해서 구세주와 보혜사로만 써먹고 주인으로 모시지 않는, 여전히 중생하지 않은 수많은 사람들이다. 이 사람들은 우리가 전하는 반쪽짜리 메시지에 오도(誤導)되어, 그리스도를 의지하면 그리스도께서 자기 사람들을 큰 어려움으로부터 모두 막아 주신다고 지레짐작하여 모여들었다. 첫번째 집단은 완전히 믿음에서 떠나가지는 않지만, 교회 안에서 고목(枯木)이 되어 버린다. 두번째 집단은 큰 상처가 남는 좌절을 겪게 된다. 그들은 좋은 일만 생기기를 기대했기 때문에 불행이 닥칠 때 더욱 큰 상처를 받게 마련이다.

다음의 증언은 모 기독교 신문에서 임의로 인용한 내용이다. "남편과 저는 교회에서 주일학교 부장으로 섬기고 있었는데 2살 6개월 된 아들이 사고로 물에 빠져 죽고 말았습니다. 우리 부부는 주님을 위해 살아왔고, 한 영혼도 잃지 않았습니다. 우리는 우리 같은 사람들에게는 이런 일이 일어나지 않을 줄 알았습니다. 저는 4년을 멍하게 지내며 제 속의 분노를 이해하지도, 받아들이지도 못한 채 계속 강해지려고 노력했습니다. 저는 제가 겪고 있는 고통에 대해 정말 아무에게도 이야기하지 않았고, 마침내 심각한 우울증에 빠졌습니다."

그리스도인들에게 여기서 고백한 것과 같은 헛된 기대를 품게 하고 어려움이 닥치면 이를 악무는 일 외에는 그 어떤 도움도 주지 못하는 양육은, 결함이 있다기보다 잔인하다고 해야 옳다. 그렇다면 이러한 기대들은 도대체 어디에서 나왔을까? 그 기대들은 다만 희망적인 생각에 불과한가, 아니면 외부요인들로부터 생겨났는가? 어쨌든 반드시 지적해야 할 근본 원인 가운데 하나는, 우리가 복음을 전할 때 많은 경우 인간 중심이 되어 무슨 영업사원처럼 그리스도인의 삶이 갖는 혜택은 부풀리고 져야 할 부담은 최소화시켜서 결국 새신자들이 딴 생각을 할 수 없도록 사고 자체를 고정시켜 버린다는 사실이다.

그러면 우리가 복음을 증거할 때, 이처럼 지나친 나머지 해롭기 그지없는 주관적인 생각들을 어떻게 제거할 수 있을까? 해답은 간단하다. 성령의 새 언약 사역과 보조를 맞추는 법을 배우고, 구원자 하나님이시며 인류의 모범이요 앞으로 오실 심판자이시고, 약하고 가난하며 사랑스럽지 못한 사람들의 연인이시며, 친히 십자가를 지셨고 십자가의 길을 가는 사람들의 인도자이신 예수 그리스도께 더욱 직접적으로 초점을 맞추는 법을 배우면 된다. 그러면 본질적인 것은 감정이 아니라 한 분 그리스도에 대한 인격적인 헌신이라고 강조함으로, 중생 때에 전형적인 체험을 겪는다는 생각을 바로잡을 수 있을 것이다. 더불어 과거의 회심에 대한 유일한 증거가 현재의 회심한 상태뿐이라고 강조함으로, 중생의 체험만을 따로 떼어서 진정한 기독교인의 표시라고 여기는 습관도 고칠 수 있을 것이다. 또한 성육신한 하나님께서 찬양과 섬김을 통해 온전히 경배받으셔야 한다고 강조함으로, 주 예수를 언제든지 써먹을 수 있도록 대기시킨다는 불경한 생각을 교정할 수 있을 것이다.

게다가 리차드 백스터가 "그리스도께서 우리를 안내하셔서 통과하게 하시는 어두운 방들은 그분께서 친히 통과하셨던 방들보다 결코 어둡지 않다"라고 말한 대로, 그리스도의 길은 죽음을 경험한 뒤에 부활을 체험하는 길이다. 그러므로 우리는 예수께서 친히 가셨던 십자가의 길을 우리도 따라갈 수 있도록 인도해 주시리라고 기대해야 한다고 강조함으로, 그리스도인의 삶에 대한 장밋빛 환상을 바로잡을 수 있을 것이다.

마지막으로, 성경 전체를 읽되, 특별히 사복음서를 끊임없이 묵상해야 한다. 이 일을 통해 그리스도를 따른다는 것이 무엇인지에 대한 안일한 견해를 바로잡을 수 있을 것이다. 복음서를 연구하면서 우리 주님을 계속해서 선명하게 바라보고, 우리 머릿속에 '예수님에 대한 제자도'라는 관계의 틀을 유지할 수 있기 때문이다. 사실 제자도에 대한 교리가 제일 잘 설명된 곳은 서신서이지만, 제자도의 본질이 가장 생생하게 그려진 곳은 복음서이다.

그런데 복음서보다 서신서를 더 좋아하고, 복음서를 졸업하고 서신서로 입문하는 것이 무슨 영적 성장의 표시라도 되는 양 말하는 사람들이 있는 듯한데, 이러한 행태는 우리가 주 예수님과 나누는 인격적인 교제보다 신학적인 개념에 더 관심이 많다는 뜻이 아닐까. 무엇보다 우리는 서신서의 신학이야말로 복음서에 나오는, 그리스도를 따르는 우리의 제자도를 더 잘 이해할 수 있게 준비시켜 준다고 생각해야 한다. 종종 지적했듯이, 복음서는 지상에서 가장 놀라운 책들이라는 사실을 결코 잊어서는 안 된다.

위에서 말한 잘못된 생각들을 모두 바로잡는다면 틀림없이 대단한 소득을 얻을 것이다.

하나님을 아는 것과 사랑하는 것

그리스도인의 삶에 대한 어떤 진리들은 성경을 믿는 그리스도인에게는 상식이기도 하다. 예를 들어, 믿는 자는 모두 성령을 '받는다' (행 2:38; 갈 3:2)는 진리는 너무나도 잘 알려진 기본이다. 이렇게 받은 성령은 "보증" 즉, 신자가 하나님께 속했다는 소유권을 나타내는 표시이다(고후 1:22; 엡 1:13). 그 이후로 성령은 신자 안에 '내주하신다' (롬 8:11). 다시 말하면 성령은 유숙객과 같아서, 성령이 거하시는 신자의 마음속과 그의 삶에서 생기는 모든 일에 주의를 기울이고 관심을 갖고 개입하신다. 성령께서는 '은혜롭고 주도적인 손님'의 역할에 충실하면서 변화의 주도자로 활동하신다. 그리하여 우리를 변화시켜 도덕적으로 예수님을 더욱 닮아 '점점 더 큰 영광에' (고후 3:18) 이르게 하신다. 여기서 독창적인 주장은 하나도 없으며, 모두 통상적인 가르침일 뿐이다.

이러한 변화의 과정을 가리키는 데 일반적으로 쓰이는 단어가 바로 성화(聖化)이다. 성화의 길은, 우리의 관점에서 보자면, "성령을 좇아 행하"(갈 5:16)는 길이다. 성화의 길을 간다는 것은 육체의 욕망(몸과 마음의 악한 욕심)을 거부하고, 성령께서 우리 안에 그리스도를 본받는 아홉 가지 목록인 성령의 "열매"를 맺도록 허용해 드린다는 뜻이다(22, 23). 성화의 삶을 또 다르게 표현하면, 겸손, 사랑 그리고 죄를 피하고 의를 실천하는 가운데 예수님을 본받는 것(요 13:12-15, 34, 35, 15:12, 13; 엡 5:1, 2; 빌 2:5-8; 벧전 2:21-25; 히 12:1-4)이다. 예수께서는 친히 성화란 당신이 말씀한 대로 행하는 일이라고 계속 정의하시고, 하나님을 기쁘시게 하는 삶은 하나님을 사랑하고 이웃을 사랑하는 삶이라고 요약하신다(막 12:29-31; 눅 10:25-37). 어쨌든 복음주의 기독교인들은 이러한 입장을 잘 정리하여 받아들이고 있다.

하지만 성령 안에서의 삶이 갖는 체험적 측면(지적·의지적·규율적 측면과 별개로)이 주제가 되면, 사정은 전혀 달라진다. 여기서 우리는 완전히 생소한 영역으로 옮겨 가게 되는데, 이곳에서 대부분의 복음주의 기독교인들은 어찌할 줄을 모르는 것 같다. 하나님에 대한 '직접 지각', 즉 하나님의 위대하심과 선하심, 하나님의 영원성과 무한성, 하나님의 진리, 하나님의 사랑, 하나님의 영광 등 그리스도와 관련이 있고 그리스도를 통해 우리와도 관련이 있는 모든 것에 대한 지각은, 오늘날보다 과거에 훨씬 더 잘 이해하던 영역이다. 이 분야에서 우리는 다시 배울 필요가 있다.

그러한 지각에 대해서 이렇게 말하면 무방하리라. 성경에 대한 이해가 없으면 '직접 지각'은 생겨날 수 없으며, 성경적 기준이 없으면 그러한 지각을 식별할 수가 없고, 성경적 신학이 없으면 그것을 해석할 수가 없다. 그럼에도 불구하고 직접 지각 자체는 돌발적이고 주권적이다. 그것은 우리의 통제권 밖에 있어서 요구하거나 예측할 수도 없고, 다만 하나님이 뜻하시는 대로 생겨난다. 통상(여기서는 모든 것이 개인별 맞춤이기 때문에, 이 단어가 아무 의미가 없을 수도 있지만) 성령께서는 그리스도를 사랑하고 그분께 순종하는 그리스도인에게 이러한 지각을 주시며, 그것은 그러한 신자에게 성부와 성자가 찾아와 함께 거하고 자신들을 나타내 보이시리라는 그리스도의 약속(요 14:18, 20-23)이 성취되었다는 의미이다. 그러한 지각('체험'보다는 이렇게 부르는 편이 낫다. 물론 우리가 '체험'이라고 할 때 바로 이러한 직접 지각을 뜻하는 것은 사실이다)은 하나님의 크신 사랑을 전해 주기 때문에 우리에게는 큰 기쁨이 된다.

우리는 외부 감각기관을 통한 지각으로 사람들이나 사물을 알게 된다. 그런데 직접 지각은 내면세계에 속하므로 이러한 외부 감각을 통한 지각과는 구별해야 한다. 다시 말해 직접 지각은 우리가 사람과 사물에 대해 갖는 지식과는 구별해야 한다는 말이다. 물론 언제나 그러한 지식을 거치고 나서야, 다시 말해 지식이 주어지는 순간이 아니라 그것에 대한 기억 속에서 하나님에 대한 지각이 일어나는 양 보이는 것도 사실이다. 실제로 하나님을 지각하려면 자기인식이 사라지거나 약화되어야 한다는 생각은 떨쳐버려야 할 혼동에 불과하다.

하지만 바로 그 혼동이 널리 퍼져, 결과적으로 기독교의 체험적 측면을 다시 강조하려는 모든 시도를 부정적으로 보는 편견이 적지 않다. 지금 말하고 있는, 하나님과 교제하는 체험을 흔히 힌두교 성자(聖者)들의 신비주의와 같다고 치부하기도 한다. 힌두교 성인들은 범신론자들이라서 의식을 가진 자아를 환상에 불과하다고 여긴다. 그래서 그들의 주 관심사는 의식을 가진 자아를 초월하고 제거하는 일이다. 만약에 그리스도인들이 힌두교식 목표를 추구한다면 배교까지는 아니라 해도 분명히 이단적인 행동임에는 틀림없다.

그렇다면 왜 과거와 현재의 경건한 믿음의 '신비주의자'들이 바로 이런 짓을 한다는 의심을 받아야 할까? 그 대답은 그들이 사용하는 용어들에 있는 것 같다. 그들은 이성간에 나누는 사랑의 언어를 사용해 하나님에 대한 인식과 사랑을 마음껏 노래했기 때문에 이런 의심을 받게 되었다. 그러나 연인간의 사랑의 밀어야말로 그런 용도로 사용하기에 제격이라는 점을 고려하면 역설(逆說)이 아닐 수 없다. 하나님이 우리와 얼마나 뜨거운 사랑의 관계를 맺기 원하시는지 남녀간의 사랑만큼 잘 보여 주는 예는 없기 때문이다.

인간의 사랑은 하나님과 깊은 사랑에까지 나아갈 수 있게 도와주는 데 그 의의가 있다. 사람과 나누는 사랑이든 하나님과 나누는 사랑이든, 일단 사랑에 빠진 사람은 자신을 더욱 분명하게 인식하게 마련이다. 하지만 남녀간의 사랑의 절정은 자신이 상대방의 일부가 되어 두 사람이 새로운 하나의 존재(아마 창 2:24의 "한 몸"이 가리키는 것이리라)가 되는 데 있다. 이와 같은 상황을 표현하는 예를 들자면, 셰익스피어의 〈사랑 속의 숫자가 깨어졌다네〉(*Number there in love was slain*)[2]나 바그너의 작품에 나오는 대사가 있다.

> 트리스탄 : 당신은 트리스탄. 나는 이졸데 ─ 더 이상 트리스탄이 아니네.
> 이졸데 : 당신은 이졸데. 나는 트리스탄 ─ 더 이상 이졸데가 아니네.
> 함께 : 우리의 이름은 사라지고…… 영원히 하나임을 고백하네…….

하지만 이것은 공감을 통해 개성이 강화된 것이지, 비인격화되어 개성이 약화된 것이 아니다.

어떤 이들은 기독교 신비주의자들이 하나님께 사랑받고 또 하나님을 사랑하면서 느끼는 심정을 사랑의 언어를 사용해 비유적으로 표현했다는 점만을 꼬투리 잡아, 종종 그들이 힌두교에 빠져 들었다고 주장하기도 했다. 하지만 그들의 주장은 어불성설이다. 힌두교에는 인격적인 신이 없으며, 신과 나 자신과의 인격적인 구분도 없고, 신들과 함께 누리는 사랑의 교제도 없다. 힌두교인에게 구별된 자아란 벗어던져야 할 환상에 불과하다. 하지만 기독교 신비주의자는 성부와 성자 하나님을 묵상한다. 하나님과 피조물인 그는 전혀 다르지만, 대속하시는 사랑의 끈으로 연결되어 있다. 그가 하나님과의 일체를 말할 때는, 그는 곧 하나님께 사랑받고 그 사랑에 반응하는 자신에 대한 인식을 더욱 분명하게 표현하는 것이다. 그는 힌두교와는 아무 상관이 없다. 기독교 신비주의 영성을 연구하는 사람이라면 이것이 사실임을 금세 알게 될 것이다.[4] 하지만 여전히 하나님과 나누는 실감 나는 교제를 표현하는 언어를 적대시하는 편견이 심하기 때문에, 이러한 시각이 뒤바뀌지 않는 한 사실을 제대로 이해하기 바라는 건 무리이다.

오늘날 하나님을 지각하는 체험이 낯선 데는 또 다른 이유가 있다. 도시화, 기계화, 집단화, 세속화된 현대 생활이 딴 생각을 할 겨를이 없게 너무 빨리 돌아가서, 어떤 종류든 간에 내면 생활(사회에 부적응해서 생기는 실존주의적 불안과 극심한 생존경쟁의 희생자들을 제외하고)을 유지하기가 대단히 어려워졌다. 예전에 수많은 그리스도인들이 수도원 안팎에서 했던 것처럼 삶에서 기도를 우선순위로 삼는 일은, 발바닥에 땀이 나도록 뛰어다녀야 하고 숨 돌릴 틈도 없는 지금의 세상에서는 놀랄 만큼 어려운 일이다. 그리고 만약 당신이 그런 일을 시도한다면, 동료들에게 괴짜 취급을 받을 게 뻔하다. 오늘날에는 '치밀한 계획을 통한 활동'이라는 흐름에 동참하면 명백히 '유행에 맞고', 조용하게 묵상하는 삶은 오래된 이상일 뿐 명백히 '유행에 뒤떨어진다'고 취급받기 때문이다.

오늘날 하나님과 교제할 때, 친밀감과 따스함, 애정에 대해 갈증을 느끼는 사람들이 점점 많아지고 있다. 청교도들의 체험을 다룬 저서들이나, 토머스 머튼(Thomas Merton) 등이 해설한 묵상기도의 전통에 관해서 기록한 책들에 대한 관심이 새롭게 일고 있는 현상도 같은 맥락에서 이해할 수 있겠다. 하지만 아직도 그리스도인의 삶이란 거룩한 일을 분주하게 해 대는 삶이라는 생각이 지배적이어서, 결과적으로 기독교적 성결에서는 이 체험의 측면이 상당 부분 봉인된 책으로 남아 있다.

알렉산더 와이트(Alexander Whyte)와 터우저(A. W. Tozer) 같은 20세기 사람들은 하나님과 나누는 체험의 교제에 대해 저술한 작가들을 높이 평가해서 자주 인용하기도 했으며, 조너선 에드워즈 같은 청교도와 웨슬리의 후계자 존 플레처(John Fletcher)도 이 주제를 깊이 있게 다룬 적이 있다.[5] 하지만 오늘날의 복음주의자들은 이 주제를 기피해 왔다. 왜냐면 이런 입장의 주창자 가운데 일부 사람들(예를 들어 조지 폭스, 야콥 뵈메, 윌리엄 블레이크 같은 이상한 사람들)이 눈에 띄게 이단적인 모습을 보이고 교리에 대해 무관심했으며, 결과적으로 종종 광신적이고 반율법주의적인 태도에 문을 열어 주는 셈이 되었기 때문이다. 또 한편으로는 반지성적인 입장이라고 생각했기 때문이기도 하고, 로마가톨릭의 잔재로 간주해서 불건전하다고 여겼기 때문이기도 하다. 또한 복음주의 신앙이 성경말씀을 읽으며 하나님이 성경 본문 속에서 무엇을 말씀하려고 하는지 들으려고 귀 기울이는 쪽으로 사실 너무도 확고히 굳어져 있어서, 거기서 조금이라도 넘어간다 싶으면 금세 의심의 눈초리를 보내기 때문이다.

하지만 원인이야 무엇이 되었건 그 결과는 분명하다. 오늘날 우리 대부분은 체험을 통해 하나님을 알게 해 주는 성령의 거룩하게 하시는 활동들에 대해 할 말이 거의, 아니 전혀 없다. 사도들이 전한 예수 그리스도를 확신시키는 "기름 부음" 되신 성령(요일 2:27, 20)에 대해서도 역시 듣기 힘들다. 그리스도를 통해 그리스도와 함께 하나님의 자녀이자 상속자가 된다는 확신을 신자들에게 주시는, 다시 말해 증인이신 성령(롬 8:15-17; 갈 4:6)에 대해서도 별 말이 없다. 우리는 성령께서 어떤 의미에서 믿는 사람들이 상속하는 천국의 삶(고후 1:22; 엡 1:14)에 대한 '담보' ─ 착수금, 나머지를 보증하는 할부 선납금, '첫 열매' (롬 8:23) ─ 가 되시는지도 설명할 수 있을 것 같지 않다. 그렇다고 우리가 성령 안에서 하는 기도(엡 6:18; 유 20)와 성령 안에서 하는 사랑(골 1:8; 롬 15:30)이 가지는 의미에 대해서 제대로 아는 것도 아니다. 이것은 정말 최악의 평가이다. 오늘날 이 주제들에 대한 침묵으로 거의 귀가 먹을 지경이다. 지금의 복음주의 신자들이 다른 면에서는 강할지 몰라도 내면 생활에 서툴다는 사실은 명백하며, 이러한 점은 밖으로도 드러난다.

설사 내게 그런 역량이 있다 해도, 여기서 이러한 테마들을 충분히 다루기 어렵다. 다만 나는 이러한 테마들을 이해하는 열쇠가 요한복음 16장 14절에서 명시한 성령의 사역이라고 확신한다는 점만 밝혀 두겠다. 우리에게 십자가에서 죽으시고, 부활하셔서 통치하시는 우리의 구세주 예수 그리스도를 순간순간 실감 나게 하시고, 영화롭게 만드시는 성령의 사역 말이다.

기름 부음, 증인, 담보

그 밖에 사도 요한은 바로 이러한 성령의 사역을 염두에 두고, 예수님에 대한 영지주의(靈智主義; 기독교의 이단 종교 사상. 하나님이 계시한 비밀인 영지[靈智]가 인간의 기원이자 운명이며 그것을 통해 구원받을 수 있으며, 그리스도는 잠시 몸을 빌려 그 안에 거했을 뿐 본질적으로 인간의 육신을 입지 않았고 죽지도 않았다고 주장-옮긴이)자들의 잘못된 믿음을 거부하며, "너희는 주께 받은바 기름 부음이…… 모든 것을 너희에게 가르치며"(모든 것은 예수님과 당신의 영광에 관한 모든 것을 뜻함)라고 선포했다. 또한 우리를 이끌어 "그 안에 거하게"(즉, 예수님에 대한 바른 고백만이 아니라, 예수님을 살아 계신 주님으로 모시는 제자가 됨) 하신다고 선언했다. 사도 요한이 성령을 '증인', 문자적으로는 '증언하는 사람'(사실상 세 증인 가운데 첫째 증인. 둘째, 셋째 증인은 '물과 피', 즉 예수님의 세례와 죽음이라는 객관적 사실을 가리킨다)이라고 부른 까닭은, 사도들이 전한 그리스도가 실재하며 우리의 소유(요일 5:7,8)라는 사실을 확신시키는 성령의 사역을 염두에 두었기 때문이다. 어거스틴, 버나드, 루터, 칼뱅, 오언, 휘트필드, 스펄전, 그리고 찬송가 작사자들과 더불어 그 외 많은 사람들이 숨 막힐 듯한 마음의 확신을 갖고, 너무도 자신 있게, 황홀한 심정으로 주 예수님을 찬양하고 칭송하는 일이야말로, 성령의 이러한 사역이 맺은 직접적인 열매이다. 이러한 성령의 사역으로 충만한 삶을 사는 사람들은, 모두 그리스도에 대해 이처럼 말할 것이다. 그리고 **신약성경**에 나타난 그리스도에 대해 하나님이 주시는 이러한 확신이 반드시 있어야 한다. 믿음과 사랑, 순종과 경배를 통해 그리스도 안에 거하는 거룩한 습관 또한 없어서는 안 된다. 이 두 가지가 없으면 진정한 그리스도인의 삶도, 순전한 성결도 없다. 그런 사람은 진정으로 중생한 사람이 아니다.

또한 성령께서는 우리에게 믿는 자인 우리가 진정 하나님의 자녀이자 상속자라는 진리를 증거하신다. 첫째, 성령께서는 지상에 계실 때 우리를 사랑하셔서 우리를 위해 죽으셨던 그리스도가 지금 영광을 누리는 가운데 우리를 사랑하시며 우리의 중재자가 되셔서, 우리가 당신과 더불어 영원한 생명으로 영광을 누릴 것을 보증하신다는 사실을 깨닫게 하신다(롬 8:15-17). 게다가 성령께서는 십자가에 나타난 그 측량할 수 없는 우리를 향한 그리스도의 사랑을 알게 하시고 그 사랑과 더불어 우리를 위해 자기 아들을 내어주신 성부의 사랑(롬 8:32)도 알게 해 주신다. 로마서 5장 5절부터 8절에서 이런 생각의 흐름을 볼 수 있으며, 성령께서는 그러한 흐름을 따라 우리를 인도하시면서, 거듭거듭 "하나님의 사랑이 우리 마음에 부은 바" 된다.

그리고 성령께서는 우리가 이제 그리스도를 통해서, 그리스도 안에서, 그리고 그리스도와 함께 하나님의 자녀가 됨을 무의식적이고 본능적으로 — 자연적 본능뿐 아니라 영적인 본능이 있다 — 알게 하시고, 거기서부터 우리를 인도하사 하나님을 하늘 아버지로 생각하고 또 그렇게 부르게 하신다(롬 8:15; 갈 4:6). 하나님이 아버지이심을 나타내기 위해 바울이 두 차례 사용한 '아바'는 친밀감과 심령의 확신을 강조한다. 예수님이 친히 하나님을 부를 때 즐겨 사용하신 '아바'는 기도 역사상 유례없이 스스럼없는 호칭으로서, 아람어로 '아빠'를 뜻한다.

하나님이 우리의 하늘 아버지이시며 양자인 우리를 독생자 예수님 못지않게 사랑하신다는 사실을 알고, 우리에게 하나님의 사랑과 영광을 영원토록 누리게 해 주겠다고 약속한 것을 알고 나면, 우리는 엄청난 내적 희열을 경험하게 된다. 이것 또한 성령께서 하시는 일이다. 바울은 로마서 14장 17절에서 '성령 안에서의 희락(喜樂)' 이라는 관점으로 하나님의 나라를 정의하고 있다. 그 희락은 로마서 5장 2, 11절에서 '하나님 안에서 즐거워함' 으로 표현하였고, 성령께서 우리를 향한 하나님의 사랑을 증언함으로 이러한 기쁨을 불러일으킨다.

성령의 증언은 보통 성적 쾌감이나 정신적 충격이나 당황스러움, 또는 음악이나 자연의 아름다움으로 생겨나는 '황홀감' 이나 카레를 먹는 것과 같은, 이른바 우리의 의식에 남아 기억의 대상이 되는 그런 의미의 경험이 아니라는 점을 덧붙여야겠다. 확실히 어떤 '경험' 들 안에서는 성령의 증거가 갑자기 강력하게 나타나기도 한다. 블레즈 파스칼의 그 유명한 1654년 11월 23일의 경험이 그런 유형이다. 파스칼은 자신의 경험을 기록하며 이렇게 서두를 연다.

저녁 약 열 시 반부터 약 열두 시 반까지

불

철학자들과 학자들의 하나님이 아닌,

아브라함의 하나님, 이삭의 하나님, 야곱의 하나님.

확신. 확신. 감동(감정). 기쁨. 평화.[6]

1738년 5월 24일, 존 웨슬리의 유명한 체험도 같은 종류이다. 그날 그는 "정말 마지못해 올더스게이트 가에서 열린 어느 모임에 참석했는데, 거기서 어떤 사람이 루터의 로마서 서문을 읽고 있었다. 대략 여덟 시 사십오 분, 그 사람이 하나님께서 그리스도 안에서 믿음을 통해 심령에 어떤 변화를 일으키시는지 묘사하는 부분을 읽고 있을 때였다. 내 심장은 이상하게 점점 더 뜨거워져 갔으며, 나는 내가 그리스도, 바로 그리스도 한 분만을 구원자로 신뢰했다는 사실을 실감했다. 그리고 그리스도께서 내 죄, 바로 내 죄를 제거하셨고, 나를 죄와 사망의 법에서 구원하셨다는 확신이 생겼다."

그리고 이러한 '체험'들은 사람마다 정도 차이는 있지만, 처음부터 모든 믿는 자에게 실재하는 체험의 본질을 한층 더 강화시키는 일을 한다. 바울도 성령의 증거에 대해 말할 때, 현재시제를 사용함으로써("성령이 친히 우리 영으로 더불어 우리가 하나님의 자녀인 것을 증거하시나니"[롬 8:16]), 성령이 끊임없이 작용하여 하나님에 대한 확신을 계속해서 주신다는 뜻을 내비친다. 항상 생생하게 느껴지지는 않아도, 그리고 때때로 회의와 절망의 감정으로 흐려진다 해도, 이 확신은 흔들림이 없으며 결국 모든 것을 이겨 낸다. 성령께서 친히 그것을 책임지신다!

그 외에도, 우리에게 주신 성령은 정확히 이런 의미에서, 우리 유산의 '보증'이 되신다. 성령께서는 우리에게 영화로운 그리스도의 영광을 보여 주시고, 우리의 중재자이신 그리스도와 우리의 아버지이신 성부와 교제하며 살 수 있게 해 주신다. 그래서 우리에게 천국 생활의 심오한 진수(眞髓)를 소개하신다. 천국을 특정한 장소나 상태로 생각한다 해서 잘못은 아니다. 성경 기자들이 이미 그렇게 하고 있으니까.

우리가 천국에 대해 생각할 때 중심으로 삼아야 할 천국의 본질은, 그곳에서 우리가 성부와 성자와 누릴 온전한 관계이다. 성령의 현재 사역은 우리에게 바로 이러한 천국 생활에 대한 계약금이라 할 수 있다. 하나님을 뵙고 그리스도와 영원히 함께 살면서, 두 분에 대한 우리의 사랑을 점점 더 깊이 체험하는 곳이 천국이다(마 5:8; 고후 5:6-8; 살전 4:17; 계 22:3-5). 내주하시는 성령의 사역 덕분에 우리에게는 천국이 지금 여기서부터 시작된다. 다시 말해 우리가 그리스도를 통해 그리스도 안에서 그리스도의 부활생명에 참여한 덕분이다. 바울은 믿는 자들에게 이렇게 쓰고 있다. "너희가 죽었고 너희 생명이 그리스도와 함께 하나님 안에 감취었음이니라"(골 3:3, 2:11-14; 롬 6:3-11; 엡 2:1-7). 이 "생명"은 영원한 생명, 천국의 생명이며 다른 어느 곳이 아니라 바로 여기에서 시작된다.

또한 성령 안에서 하는 기도에는 네 가지 요소가 있다. 첫째로, 성령 안에서 기도하는 신자는 그리스도로 말미암아 하나님께 가까이 나아간다(엡 2:18). 둘째로, 그리스도인들이 그리스도를 통해 자신을 받아 주시고, 그리스도를 통해 자신들의 기도를 들어주신 하나님을 찬양하고, 하나님께 감사한다. 셋째로, 자신의 삶에서 진실하기 위해 몸부림치며 기도할 때, 성령과 그리스도께서 친히 자신을 위해 중보하심을 알기 때문에 그리스도께 무엇으로 영광을 돌려야 할지 깨달아 실천할 수 있도록 도와 달라고 성령께 기도한다(롬 8:26, 27, 34). 마지막으로, 성령께서는 믿는 자를 인도하여, 초자연적으로 생겨난 경우가 아니면 결코 볼 수 없을 강렬한 열망을 가지고, 하나님과 그리스도 안에 있는 하나님의 영광에 계속 집중하도록 하신다.

성령 안에서 하는 기도는 하나님, 자신, 타인, 필요, 그리고 그리스도를 인식하는 데서 생겨나는, 말하자면 마음에서 우러나오는 기도이다. 그 기도가 성경에 기록된 기도나 찬양들처럼 말로 표현되느냐, 아니면 사랑으로 하나님을 묵상하는 '바라봄'이나 은사를 받아 방언을 하는 경우처럼 표현되느냐의 여부는 대수롭지 않다. 그 심령이 그리스도를 통해 하나님을 추구하는 사람이라면 누구나 성령 안에서 기도하기 때문이다.

성령 안에서 하는 사랑은 하나님에 대한 감사와 사람들을 향한 선의로 나타난다. 이 사랑은 성자를 주신 성부의 사랑과, 자신을 내어주

서서 우리를 구원하신 성자의 사랑을 아는 데서 생겨난다. 성령 안에서 하는 사랑은 이러한 하나님의 사랑을 본받아서 자신을 주는, 이른바 '섬기는 습관'으로 나타나고, 끊임없이 자기 생명의 일부를 버리고 다른 누군가를 위해서 내놓게 한다(요 15:12, 13). 사도 바울은 고린도전서 13장 4절부터 7절에서 그 윤곽을 그리고 있다. 그런 사랑의 핵심은 진취적인 이타주의, 다른 사람들이 위대해지고, 선해지고, 성결해지며, 행복해지는 모습을 보고 싶어하는 욕구이다. 이 타락한 세상은 도저히 이해할 수 없는, 그 자체만으로도 완전히 초자연적인 열정이다. 신약성경에서는 이러한 사랑을 가리킬 때 '아가페'라는 단어를 사용하는데, 사실 이 단어는 기독교가 등장하기 전까지는 이런 의미로 쓰인 적이 없었다. 그도 그럴 것이 이러한 사랑은 그리스도의 삶과 죽음을 통해서 비로소 드러났기 때문이다. 이제 아가페는, 하나님을 안다고 주장하는 많은 사람들 중에서 참으로 순전하게 하나님을 아는 사람을 식별하는 표시가 되었다(요일 3:14-16, 4:7-11). 그것은 자연적인 재능이나 개발할 수 있는 성질이 아니라, 성령의 초자연적인 열매(갈 5:22)이며, 성령을 통해 하나님의 사랑을 깨달아 아는 심령의 소산이다.

내면으로의 여행

이 문제들을 충분히 검토할 수 있다면(앞 단락들에서 그렇게 못했으니까) 참 좋겠지만, 이쯤에서 접어야 할 것 같아서 마지막으로 한마디만 더 하자. 우리 인생이라는 여행은 이중의 여행이다. 외적인 대결과 발견, 관계로 들어가는 이른바 외부로 향하는 여행이 있는가 하면, 자기인식과 자신에게 무엇이 있어야 한 개인으로서 자기를 표현하고, 자아를 성취하며, 자유와 내적인 만족을 얻을 수 있는지에 대한 발견으로 이끄는 내면으로의 여정이 있다. 그리스도인에게 외부로의 여행이란, 하나님의 영광을 위해 적극적인 목표를 갖고 세상과 타인들, 즉 하나님의 모든 피조물과 관계를 맺는 법을 배우는 일이다. 한편 내면으로의 여행이란, 성부 하나님과 성자 예수님과 친분을 갖고 이러한 관계를 더욱더 돈독히 하는 일이다.

오늘날 북적거리는 서구 사회에서는, 사람의 균형이 근본적으로 깨어져서, 교육이나 사업에 대한 관심, 언론매체, 지식폭발, 그리고 우리의 활동적인 집단정서가 모조리 결합하여, 사람들을 외부로의 여행길로 떠나보내 최대한 빨리 가게 종용하며, 더불어 사람들의 주의를 빼앗아 내면으로의 여행은 조금도 개의하지 않도록 만든다. 서구 기독교도 사정은 마찬가지다. 우리 대부분은 불행히도 우리 주위의 세대를 본받아 자신도 모르게 균형이 깨어진 활동주의자가 되었다. 우리는 대단한 활동가였던 바리새인들처럼(마 23:15), 가혹하고 율법에 얽매여 있으며, 바쁘게 살고, 관습을 좇아 득의만만하게 살아가며, 사람보다는 프로그램에 훨씬 더 신경을 쓰는 듯하다. 우리가 사업가들이 자신들의 영혼을 회사에 팔아먹었다고, 회사의 이익을 위해 인격도 팔아먹었다고 비난한다면, 그건 똥 묻은 개가 겨 묻은 개 나무라는 격이다. 아마 오늘날 그리스도인들이 무엇보다 시급히 배워야 할 성령에 관한 진리가 있다면, 그것은 바로 내면으로의 여행, 즉 하나님과 교제하는 내면 생활에 대한 일이다(이것을 '위로 향하는 여행'이라 불러도 좋다).

이제 당신은 내가 왜 이 부분의 검토를 마무리 짓고, 다음으로 넘어가야 한다고 애석해하는지 눈치 챘을 것이다. 하지만 이제 다른 문제들에 대해서도 이야기를 해야겠다.

영적 은사

1장에서 영적 은사를 조금 다루었지만, 여기서는 좀더 본격적으로 검토할 필요가 있다.

바울이 그리스도인들이 받는 영적 은사의 보편성에 대해 강조한 자연스런 결과로, 근년에 그리스도의 몸인 교회에서는 전 교인 사역이 이루어져야 한다는 입장을 아주 널리 받아들였다. 대부분의 교회가 천 년이 넘는 세월 동안 '성직자주의'라는 굴레에 매어 있었으니 (감리교단, 플리머스형제단, 구세군이 명예로운 예외이다), 이것은 실로 대단한 발전이 아닐 수 없다. 사실상 아직도 많은 교회에서는 평신도들이 여전히 수동적인 태도로 남아 있고, 많은 성직자들이 평신도가 그런 태도를 취하도록 조장하며, 자신들의 입지를 확고히 하려 한다.

하지만 평신도 사역에 대한 기독교계 여론의 대세는 특별히 민감한 사람들에게만 선택적으로 허용해 주는 데서, 모든 사람의 제자도에 필수적인 부분으로 생각하는 쪽으로 기울었다. 그리스도인들에게 자신의 은사를 알아내어 자신이 감당할 사역을 발견하라고 도전을 주는 일을, 한때는 경건주의 계열의 개신교 일각에서만 벌어지는 일인 양 취급했지만, 오늘날에는 그러한 생각 자체가 완전히 바뀌었다. 로마서 12장 3절부터 13절, 고린도전서 12장, 그리고 에베소서 4장 7절부터 15절의 요지를 제대로 파악하여, 이제는 가톨릭과 개신교, 진보파와 보수파, 은사주의, 에큐메니컬, 그리고 교단을 막론하고 모든 복음주의권이 모든 그리스도인에게는 은사가 있으며, 교회 사역 전체에서 맡을 과업이 있다는 데 동의한다. 기쁜 소식이 아닐 수 없다!

영적 은사란?

하지만 은사에 대한 우리의 생각은 여전히 편협하다. 일단 은사가 성령으로부터 나온다는 말은 옳다(바울은 은사를 '성령의 나타나심'[고전 12:4-11]이라고 부른다). 하지만 우리는 은사를 말할 때, 이른바 '재능'(일을 능숙하게 잘 처리해 내는 인간의 능력)이나 초자연적인 새로운 경험(방언, 신유, 하나님에게서 직접 메시지를 받아 다른 사람에게 전하는 능력) 그 자체로만 보는 경향이 있다. 우리는 은사를 정의할 때, 머리이신 그리스도를 먼저 떠올리고, 은사란 그리스도께서 하늘에서 우리에게 내려와 행하시는 일이라는 사실을 염두에 두는 습관이 아직 몸에 익지 않았다. 바로 이 점에서 우리는 성경적이지 않다.

바울은 고린도전서 서두에서 "그리스도 예수 안에서 너희에게 주신 하나님의 은혜를 인하여"(1:4) 감사드리며, "이는 너희가 그의 안에서 모든 일 곧 모든 구변과 모든 지식에 풍족하므로 너희가 모든 은사[카리스마]에 부족함이 없"도록 하기 위한 것이라고(1:5,7) 기록했다. 여기서 그는 영적 은사란 그리스도 안에서만 받을 수 있다는 사실이 명백히 드러나게 단어를 사용하고 있다. 영적 은사는 그리스도께 받은 풍족함이다. 이것은 고린도전서 12장과 1장 4절부터 7절에서 확립한 견해, 즉 그리스도를 중심으로 성령을 보는 견해를 취한 것이다. 우리가 이 사실을 깨닫는 일은 대단히 중요하다. 그렇지 않으면 우리는 죽을 때까지 자연적인 재능과 초자연적인 은사를 분간하지 못할 테니 말이다.

바울을 포함한 신약성경 저자 가운데 그 누구도 우리를 위해 영적 은사를 따로 정의해 주지는 않았다. 하지만 은사의 사용이 덕을 세운다('세우다'. 고전 14:3-5, 12, 16, 17; 엡 4:12, 16)는 바울의 주장은 은사가 무엇인가에 대한 그의 생각을 보여 준다. 바울은 오직 그리스도를 통해서 그리스도 안에서 그리스도를 배우고, 그리스도께 응답할 때에만 세움을 입는다고 본다. 현재 이 단어의 세속적 용례는 바울의 용법에 비해 훨씬 광범위하고 느슨하다. 반면, 바울에게는 '덕을 세운다'는 의미가, 그리스도에 대한 이해와 그것과 관련한 다른 모든 것들에 대한 이해가 더욱 깊어지고 충만해지며, 그리스도와 인격적 관계가 더욱 심오해진다는 뜻이다. 그 외의 다른 해석은 없다. 따라서 영적 은사를 제대로 정의하기 위해서는(이런저런 방법이나 말과 행동으로) 은사란 그리스도를 표현하고, 기리고, 나타내고, 전하기 위해 발휘하는 능력으로 보아야 한다. 다름 아니라 그리스도를 중심으로 설정해야 한다는 말이다. 그렇지 않으면 은사는 덕을 세우지 못할 것이다.

영적 은사의 사용

우리는 '일반' 은사와 '특별' 은사, 또는 '자연적' 은사와 '초자연적' 은사라는, 일반화되었지만 사실은 그 경계가 분명하지 않은 구분보다는, '말씀의 은사'와 '자비의 은사'(타인의 육체적·물질적 필요를 사랑으로 도우려고 하는 반응)로 구분하는 쪽이 더 적합함을 알아야 한다. 이 두 범주 사이를 자유롭게 넘나들며, 로마서 12장 6절부터 8절에서 나열한 예들 가운데 첫째, 셋째, 넷째에 각각 위치한 예언과 가르침 그리고 위로는 '말씀의 은사'이며, 둘째, 다섯째, 여섯째, 일곱째 항목인 섬기는 일(디아코니아[diakonia]), 구제, 다스림, 긍휼을 베풂 등은 '선한 사마리아인이 되는 은사'이다. 그러나 바울은 인간이 은사를 실제로 수행할 때 그 형식이 다르기는 하지만, 이 두 은사 사이에 궁극적인 신학적 차이는 없다고 보았다.

여기서 우리가 붙잡아야 할 진리는, 우리가 영적 은사를 사용할 때, 바로 그리스도께서 친히 당신의 몸을 통해 당신의 몸과 성부 하나님과 모든 인류를 돌보고 섬기신다는 사실이다. 천국에 계신 그리스도는 그리스도인들을 당신의 입, 당신의 손, 당신의 발, 심지어 당신의 미소로 사용하신다. 그리스도께서는 바로 당신의 백성인 우리를 통해서 지금 여기 이 세상에서 말씀하시고, 행하시고, 만나시고 사랑하시고 구원하신다. 이것이 바울이 교회를 그리스도의 몸으로 묘사하면서 말하고자 했던 내용이다. 고로 교회 안에서 모든 신자는 그리스도의 수족이나 신체 장기라는 의미에서 "지체"이다. 머리는 몸의 지휘 본부이고, 수족은 머리의 지시에 따라 움직인다.

바울은 그리스도께서 "또 오셔서 먼 데 있는 너희에게 평안을 전하고 가까운 데 있는 자들에게 평안을 전하셨으니"(엡 2:17, 나는 에베소서가 회람용(回覽用) 서신이어서, 에베소교회가 편지를 읽는 교회 중 하나라고 본다)라고 에베소와 다른 곳에 있는 그리스도인들에게 썼다. 그리스도께서는 어떻게 평안을 전하셨을까? 부활하신 당신의 육체가 아니라, 당신께서 바울 같은 사람들에게 주신 은사, 즉 선포하고 가르치는 은사를 사용해서 그렇게 하셨다. 그 밖에 바울은 빌립보 교인들에게 이렇게 썼다. "나의 하나님이 그리스도 예수 안에서 영광 가운데 그 풍성한 대로 너희 모든 쓸 것을 채우시리라"(빌 4:19). 하나님이 어떻게 그런 일을 하실 수 있을까? 그리스도께서는 적어도 부분적으로는, 빌립보 교인들에게 자비의 은사를 수행하게 하는 성령을 통해 이러한 일들을 행하실 것이다. 그리스도인들이 그리스도의 이름으로 서로 이야기하고(살후 3:6), 그리스도인이기 때문에 다른 사람들을 돌볼 때면(막 9:41), 사실은 그리스도께서 그리스도인들을 통해 친히 복을 주시는 것이다. 그리스도께서 "너희가 여기 내 형제 중에 지극히 작은 자 하나에게 한 것이 곧 내게 한 것이니라"(마 25:40)라며 무조건 다른 사람을 보살피라고 말씀하신 것처럼 다른 그리스도인들이 어떤 식으로든지 우리를 새롭게 이해하고, 격려하고, 우리의 필요를 채워 준다면, 이는 그리스도께서 그들을 통해 우리를 친히 보살피고 은혜를 베푸신다고 확실하게 말할 수 있으리라(고후 13:3; 롬 15:18).

은사의 축복

나는 은사(카리스마타)를 그리스도를 확연히 드러내는 '실현된 능력'으로 정의했었다. 여기서는 '실현된'이라는 형용사가 중요해 보인다. 특별한 방식으로 말하고 행하는 능력—수행 능력이라 부를 수 있겠다—은 하나님이 덕을 세우려는 목적으로 사용할 때만 은사가 된다. 하나님께서는 당신이 사람들에게 준 일부 타고난 능력은 이런 식으로 결코 사용하지 않으신다. 반면에 종종 유능한 사람들의 눈에는 수준 이하로 보일 사람에게 은사를 주셔서 덕을 세우신다. 이러한 사실은 하나님 당신이 구원하셔서 사용하는 사람들의 약함을 드러내셔서, 그 어느 것도 당신의 영광과 겨루거나 그 영광을 흐릴 수 없도록 하시는 전형적인 예이다(고전 1:27-29; 고후 4:7, 12:9).

따라서 그리스도인들이 '은사가 있다'(롬 12:6)고 말할 때, 그 의미는 어떤 면에서건 그들이 탁월하게 머리가 좋다거나 일을 효율적으로 한다(그럴 수도 있고, 그렇지 않을 수도 있다. 사람마다 다르다)는 뜻이 아니다. 하나님이 이미 그들을 특정한 방식으로 사용하여 주목할 만한 덕을 세우셨고, 그 일이 하나님이 동일한 사역을 다시 하시리라고 기대할 수 있는 보증이 된다는 뜻이다. 우리는 인간의 수행 능력과 하나님이 주시는 축복 사이를 분명히 구분할 필요가 있다. 우리의 능력 자체가 아니라, 우리의 능력을 하나님께서 사용하시는 것이 은사이기 때문이다. 우리가 하는 일을 통해서 다른 사람들과 우리 자신에게 분명하게 덕을 끼치지 못한다면, 그 일을 해내는 우리의 역량을 영적인 은사라고 생각해서는 안 된다.

스펄전이 세운 목회자대학의 첫 신입생을 뽑는 절차에서 동일한 원칙이 적용되었다. 먼저 입학 지망자가 설교와 가르침을 통해 다른 사람들에게 축복을 주었다는 증거를 찾아보고, 그러한 증거가 없으면 다른 부분에서 아무리 유능해도 그 응시자는 목회를 하기에 적합한 은사가 없다고 판정하고 입학을 거부했다.

오순절파와 은사주의자들은 하나님께서 자신들에게 신약성경의 표적 은사(방언, 통역, 예언, 신유)를 회복시키셨다고 주장한다. 나는 이 책의 후반부에서 내가 왜 그들의 주장을 곧이곧대로 받아들이지 않는지 말할 생각이다. 하지만 설령 내가 틀렸고 그들의 주장이 옳다 해도, 덕을 세우는 일이 우선이라는 원칙은 가르침이나 직무에 능한 그리스도인들뿐 아니라 이들이 말하는 표적 은사에도 여전히 유효하다. 예를 들어, 방언과 안수를 통해 신체의 기능장애를 완화하는 능력은 교회 안뿐만 아니라 교회 밖에서도 찾아볼 수 있을 것이며(사실 나는 그럴 수 있다고 생각한다), 교회 안에서 이런 능력을 가진 모든 사람들을 영적 은사를 받았다고 여길 수는 없다. '드러나는 은사'라는 하나의 요소만으로 카리스마를 제대로 정의할 수는 없기 때문이다. 제대로 정의하려면, 은사 사용을 통해 그리스도 안에서 하나님이 주시는 덕을 세우는, 이를테면 관계적인 요소를 포함시켜야 한다. 이것이 없다면, 다른 사람에게 있었던 진정한 '성령의 나타남'과 외관상 일치한다 해도, '은사'라고 생각했던 그것은 '영적인 나타남'이 아니라 '육적인 나타남'에 불과하다. 전에 오순절파나 은사주의자들 중에는, 돌이켜 보면 자신들이 했던 방언이 육신에 속한 것이었다고 고백하는 사람들도 있다. 물론 나는 그들에게 동의한다. 그러나 모든 방언을 그와 같은 육적인 나타남이라고 결론지을 필요는 없다고 생각한다. 은사를 식별하는 핵심은 활동의 형태가 아니라, 하나님의 축복이니 말이다.

오순절의 의미

이제 우리는 많은 논란거리가 되었던, 사도행전 2장의 오순절에 임한 성령의 의미가 무엇인지에 대한 질문에 정확히 대답할 수 있다.

오순절에 성령께서 이 땅에 처음 나타나셨는가? 이 질문을 글자 그대로 이해한다면 그 대답은 '아니오'이다. 우리는 이미 구약성경 시대에 그분의 활동 가운데 얼마를 접했으며, 거기다가 예수님의 지상 사역과 생애 속에는 성령께서 일하신 풍부한 기록이 있다. 예수께서는 제자들에게 보혜사, 곧 오실 위로자의 임무에 대해 "저는 진리의 영이라 세상은 능히 저를 받지 못하나니"라고 알리시고 이렇게 덧붙이신다. "너희는 저를 아나니 저는 너희와 함께 거하심이요 또 너희 속에 계시겠음이라"(요 14:17). "너희는 아나니"와 "저는 계시겠음이라"에서 볼 수 있는 현재시제는 관용적인 용법으로, 이런 상황이 이제 곧 시작된다는 뜻에 불과할 수도 있다(요한은 다른 부분에서 현재시제를 사용해 가까운 장래에 있을 일을 나타냈다). 하지만 예수께서는 '너는 성령을 이미 알고 있다(물론 자신이 그분을 안다는 사실을 아직 모를 수 있지만). 성령께서 내 안에 내주하시는 것처럼 지금 여기 너와 함께 거하시기 때문이다'라는 뜻으로 말씀하셨을 가능성도 만만치 않다. 아니 어쩌면 이 해석이 더 타당할 수도 있다. 왜 시제와 전치사가 서로 다른지("저는 너희와 함께 거하심이요 또 너희 속에 계시겠음이라")는 어떤 근거로도 설명하기 어려우며, 예수님의 지상 사역 기간 내내 예수님과 함께하셨던 성령의 임재에 대해서 계속해서 강조하며 기록하고 있다.

예수님의 기적적인 잉태는 성령에 의한 것이었다(마 1:18, 20; 눅 1:35). 예수께서 세례 받으실 때 비둘기가 강림한 일은, 예수님이 하나님의 기름 부음을 받은 자, 성령이 충만한, 다시 말해 성령을 받은 자라는 표시가 되었다(마 3:16; 막 1:10; 눅 3:21, 22, 4:1, 14; 행 10:38; 요 1:32-34, 6:27. 이 구절들은 아마도 성령의 기름 부음을 가리키는 듯하다. 그리고 요 3:34의 "하나님이 성령을 한량없이 주심이니라"를 보라). 예수께서는 '성령에게 이끌리셔' 시험을 받으셨다(눅 4:1; 마 4:1; 막 1:12). 그는 성령의 능력으로 선포하셨다(눅 4:18). 그는 성령으로 귀신을 쫓아내셨다(마 12:28). 그는 성령으로 기뻐하셨다(눅 10:21). 그는 "영원하신 성령으로 말미암아"(히 9:14) 자기 자신을 십자가 위에서 흠 없는 희생제물로 하나님께 바쳤다. 그는 성령으로 살아나셨고 부활하셨다(벧전 3:18). 그는 승천하시기 전에 제자들에게 바로 '성령을 통해서' 진격명령을 내리셨다(행 1:2). 하나님의 성육하신 성자는 이처럼 '성령의 사람'의 원형이었으며, 이 점에 대해서는 전혀 의문의 여지가 없다! 그러면 이제 오순절 이전 성령의 사역에 대해 좀더 깊은 차원으로 들어가 보자.

난해 구절: 요한복음 20:22

사도 요한의 중심사상은 성령이 임한 분이 성령을 주시는 분이 되셔서 성령으로 '세례를 베푸시고', 당신의 제자들에게 성령을 '보내신다'(요 1:32, 15:26, 16:7)는 사실이다. 요한은 예수님이 부활하신 바로 그날, 예루살렘에서 제자들에게 처음 나타나셔서 그들에게 위임하신—"아버지께서 나를 보내신 것같이 나도 너희를 보내노라"—뒤, 곧 이어 "저희를 향하사 숨을 내쉬며 성령을 받으라"(20:21, 22)고 말씀하셨다고 기록한다. 예수께서 폐 속의 공기를 제자들 쪽으로 훅 뿜어내셨던 것이다. 바로 이때 성령이 실제로 오셔서 제자들이 중생했다는 주장이 제기되어 왔다. 하지만 그렇지 않다는 것을 보여 주는 세 가지 타당한 이유가 여기에 있다.

첫째, "너희가 깨끗하나"(요 13:10, 15:3)라는 예수님의 말씀은, 제자들이 예수님의 고난 이전에 중생했음을 드러낸다. 이 '깨끗하다'(죄가 주는 죄의식과 더러움이 깨끗하게 씻겨져서 정화되었다)라는 말은, 예수님이 니고데모와 대화하면서 "물과 성령으로 거듭나는 일"이라고 설명했던 바로 그 중생의 '물로 거듭나는' 부분에 해당한다. 예수께서 니고데모에게 하신 말씀은 완곡하게, 아니 어쩌면 도리어 조금은 노골적으로 표현한 믿음으로의 초청이었고(니고데모는 이 초청에 응한 것 같다[7:50, 19:39]), 성경에 나오는 예수님의 가르침 전체를 볼 때, 믿음 없는 중생이 없듯이 중생 없는 믿음 역시 없다는 사실을 분명히 알 수 있다. 그렇다면 예수님의 3년 사역 기간 동안에 믿은 자들은 모두 중생하였으며, 거기에는 예수께서 선택하신 열둘 가운데 열한 명의 제자들도 포함된다.

둘째, 숨을 내쉬는 예수님의 몸동작은 문맥상 중생과 연결된 게 아니다. 바로 그전에 하신 위임("너희를 보내노라")과 그 다음에 이어지는, 복음을 적용할 때의 분별력과 권한에 대한 약속("누구의 죄든지 너희가 용서하면 그들의 죄는 용서받을 것이고, 용서하지 않으면 용서받지 못한 채 남아 있을 것이다")과 연관이 있다. 이처럼 복음 전도자와 목양자(牧羊者)로서 직무를 감당할 수 있도록 준비시키는 차원에서, 예수님은 숨을 내쉬는 동작을 통해 성령을 받으면 복음 증거와 목양의 직무를 감당할 힘을 얻는다고 말씀하려 하셨던 것이다.

셋째, 예수님이 주시는 성령의 은사는 예수께서 **영광**을 받으신 다음, 곧 예수께서 '승천하시고, 높임을 받으시고, 보좌에 앉으신' 다음에야 받을 수 있었다. 먼저 예수께서는 "아버지께로 돌아가"(13:1, 14:28, 16:10, 17:11, 20:17)셔야 했다. 영원부터 성부와 함께 계셨던 그 영광의 보좌로 돌아가셔야 했던 것이다(17:5). 그런 다음에 예수께서는 아버지께로부터 성령을 보내실 것이다(15:26). 그래서 명예를 회복하고, 보좌에 앉으신 왕이신 구세주께서는 지금 누리는 영광을 제자들에게 계시하심으로, 그들의 목전에서 당신을 영화롭게 하실 것이다(16:14).

사도 요한은 요한복음 초반부에서 성령의 은사를 받는 순서가 이러하다고 강조했다. 예수께서는 말씀하셨다. "누구든지 목마르거든 내게로 와서 마시라 나를 믿는 자는 성경에 이름과 같이 그 배에서 생수의 강이 흘러나리라"(7:37, 38. 예수께서 여기서 인용하는 성경말씀은 회복된 성전에 대한 환상이 나오는 겔 47:1-12이며, 예수께서는 이 부분을 기독교 신자에 대한 모형으로 보셨다). 요한은 이 말씀을 전한 다음, 다시 이 말씀을 보충 설명한다. "이는 그를 믿는 자의 받을 성령을 가리켜 말씀하신 것이라("예수께서 아직 영광을 받지 못하신 고로, 성령이 아직 저희에게 계시지[주어지지] 아니하시더라")(7:39, [ ]는 저자 표기). 요한의 헬라어를 글자 그대로 읽으면 '성령께서 아직 계시지 않았다', 즉 예수님이 부활 이후에 새로운 역할을 감당하실 성령께서 아직 존재하지 않으셨다는 말이 된다. 이 말은 1984년 지금은 존재하지 않지만, **영국의 황태자 찰스와 다이애너 황태자비가 언젠가는 국왕과 왕비로 등극하게 되리라고 말하는 것과 같다**(엘리자베스 여왕이 2002년 현재까지 생존하는 덕분에 찰스 황태자는 아직 왕으로 등극할 수 없었다. 다이애너 비는 교통사고로 사망한 바람에 영원히 왕비가 될 수 없게 되었다-옮긴이). 일부 학자들은 요한이 예수께서 부활하신 날 저녁에 이미 영광을 받으셨다고 생각했다고 주장한다. 그러나 나는 그 주장을 인정할 수 없다. 아마도 요한은 우리가 20장 21절부터 23절을 읽을 때, 7장 37절부터 39절에서 약속한 성령의 은사가 20장 21절부터 23절의 그 시점에 임할 수 없다는 사실을 유추해 내기를 바랐을 것이다.

이 논증은 요한복음 20장 22절을 제자들이 중생한 순간으로 보는 사람들에게 뿐 아니라, 해당 본문을 근거로 누가가 사도행전 2장에서 기록한 오순절 사건보다 성령의 새 언약 사역이 40일 먼저 시작되었다고 보는 사람들의 입장에도 반증이 된다. 이 두 가지 입장 모두 옳지 않다.

따라서 예수님이 제자들에게 숨을 내쉰 일은 대부분의 주석가들이 전통적으로 이해해 왔던 방식으로 이해하고 받아들이는 편이 모든 면에서 더욱 자연스럽고 이치에 맞는 것 같다. 즉, 제자들에게 숨을 내쉰 일은 예언을 행동으로 표현하신 것으로 이해하고, 요한의 말("성령을 받으라")은 제자들이 아주 빠른 시일 내에 성령의 새 사역을 체험할 거라는 약속으로 받아들이는 입장이다. 성령의 사역을 체험하면 제자들은 자신들의 새로운 임무에 따라오는 모든 요구를 감당할 수 있는 능력을 받게 될 것이다.

오순절의 본질

그러면 예수님이 부활한 날로부터 40일 후, 오순절 아침에 발생한 일을 어떻게 이해해야 하는가? 이 역사적인 사건의 본질을 회리바람 소리나, 각 사람의 머리에 사람의 혀가 임하는 광경 또는 언어의 은사에서 찾으면 안 된다(이런 것들은 이차적인 문제들로서, 장식품과 같은 것이다). 오순절의 본질을 제대로 이해하려면, 그날 아침 9시 성령의 새 언약 사역이 시작되었고, 성령께서 제자들에게 하나님의 계획 안에서 예수님이 차지하는 위치를 알려 주심으로, 제자들이 예수님의 사람으로서 자기 정체성과 권위에 대해 확고한 인식을 가지고 하나님의 보좌에서 나오는 예수님의 능력을 선포할 무한한 담대함을 갖게 하셨다는 점에 주목해야 한다. 오순절 이전에 베드로가 어떤 사람이었는지 떠올려 본다면, 이 모든 사실은 베드로의 설교를 더욱 경이롭게 만드는 새로운 요소가 된다.

예수께서는 성령이 오시면 성령께서 제자들에게 증거할 수 있는 능력을 주신다고 약속하셨다(행 1:5,8). 또 누가가 자신의 복음서에서 베드로의 여러 실패를 낱낱이 기록한 이유는, 베드로를 통해 예수님의 약속이 성취된 전형적인 사례를 보여 주려 했기 때문이다. 또 누가는 이 새 언약인 '성령의 은사', 다른 말로 당신의 백성들 안에서, 또 그들을 통해 예수님을 영화롭게 하는 성령의 새로운 사역을 체험하고 누리는 일은 회개하고 세례를 받는 모든 사람에게, 그들이 제자가 되는 그 순간부터 약속된다(2:38, 16:31-33)는 사실을 이해하기 바랐음이 분명하다.

하나님께서 베드로와 요한이 도착할 때까지 사마리아에서 방언과 예언을 미루신 사건(8:12-17)과 에베소의 열두 제자가 기독교인으로 세례를 받은 후 성령이 임하여 방언과 예언을 행한 일(19:1-6)을 어떻게 이해하든 간에 — 이 두 가지 문제에 대해 누가가 어떤 생각을 가졌는지 분명하지 않다 — 그리스도인이 회심할 때에 성령의 충만한 사역이 시작되리라는 기대가 사도행전 전반에 걸쳐 나타나고 있다는 데엔 의심의 여지가 없다. 그 중에서도 방금 언급한 두 가지 사례에서 특히 두드러지게 나타난다. 오늘날에도 오순절 이후 나타난 '표적 은사' 전부나 일부를 기대해야 하느냐의 여부를 묻는 질문은, 여기에선 우선 접어 두기로 하자(그 문제는 이 책의 후반부에서 다룰 예정이다). 어쨌거나 성령께서는 예수님을 따르는 모든 사람들에게 그 획기적인 오순절 오전 9시 이래, 예수께서 요한복음 14장부터 16장에서 예언하셨고 신약성경 전체가 찬양하고 있는 성령의 충만한 사역을 여러 방법으로 이루어 주신다고 분명하게 말할 수 있다. 성령의 이러한 사역은 오늘도 계속된다.

총장으로 선출된 어느 신학교 교수는, 기존에 맡았던 강좌를 계속 가르치기로 하고 기꺼이 총장직에 취임을 했다. 그 교수는 총장으로서 새로운 책임을 맡으면서도 기존의 역할을 잃지 않았던 것이다. 그와 마찬가지로 성령의 사역은 오순절에 확대되었으나, 성령의 기존 사역이 줄어든 것은 결코 아니다. 우리가 보았듯이 오순절 이전에도 성령은 창조세계를 보존하셨고, 심령을 새롭게 하셨으며, 영적인 이해력을 주셨고, 지도자나 다른 직위에 합당한 섬기는 은사를 주셨다. 그리고 성령께서는 이 모든 일을 지금도 변함없이 하고 계신다. 오순절 이후에 생긴 차이라면, 성령이 신자들에게 행하는 현재 사역이 구약성경 성도들처럼 초림하실 그리스도를 예언하거나(요 8:56-59; 고전 10:4; 히 11:26; 벧전 1:10), 시므온과 안나가 예수님을 알아볼 때(눅 2:22-38)나 예수님의 공생애 삼 년 사역 기간 동안처럼, 지상에 계신 그리스도를 깨닫고 믿게 하는 것이 아니라, 바로 이미 오셨다가 죽으시고 부활하셔서 지금 영광중에 통치하시는 그리스도에 대한 사역이라는 점이다. 성령에 관한 한, 바로 이러한 관점에서 하나님의 새 시대가 갖는 새로움을 정의해야 한다. 마찬가지로, 영광중에 통치하시는 그리스도와의 교제라는 데 입각해서, 오순절 이후 그리스도인들이 누리고 있는 새로운 삶을 설명해야 한다.

오늘날의 성령세례와 성령충만

그렇다면 사도행전 2장에 근거한 견해 즉, 하나님은 모든 그리스도인의 삶을 성령세례를 전후로 두 단계, 두 수준으로 이루어지게 하셨고, 회심 다음에 나타나는 두번째 사건(행 1:5을 근거로 성령세례, 또는 2장 4절을 근거로 성령충만이라고 부르는)은 영적인 삶을 새로운 높이로 끌어올려 준다는 견해에 대해 우리는 뭐라고 말해야 할까? 모든 그리스도인에게는 이런 종류의 '두번째 손길'(그리고 세번째, 네번째, 그리고 얼마든지 많은 횟수로)이 필요하며 또 거듭 필요하지만, 이런 손길이야말로 하나님이 모든 그리스도인들을 위해 정하신 프로그램이라는 발상은 오해이다. 하나님께서는 모든 그리스도인들이 회심하는 바로 그 순간부터 오순절의 충만한 내적 축복(반드시 방언 같은 외부적인 장식들이 아니라 그리스도와의 마음의 교통함과 거기서 흘러나오는 모든 것)을 누리도록 하신다.

최초의 제자들이 두 단계, 두 수준의 유형을 거쳐야 했던 유일한 이유는 그들이 믿은 때가 오순절 이전이었기 때문이다. 하지만 오순절 이후 이 천 년 가까이 지나서 그리스도인이 된 사람들은 예수님을 믿는 '처음'부터 성령의 새 언약 사역을 온전히 누릴 수 있게 되었다. 이 사실은 이미 바울이 신약성경에서 고린도 교인들이 회심할 때에 성령세례를 받았다고 설명(고전 12:13)하면서 명확히 밝히고 있다. 거기서 유추해 볼 때 오순절 이후에 회심한 모든 사람들도 성령세례를 받았다. 바울은 '성령충만'을 모든 그리스도인들이 회심한 시점부터 실천해야 마땅한 일종의 생활방식이라고 설명한다(엡 5:18-21 전체가 헬라어에서는 한 문장으로 되어 있으며, KJV와 ASV도 그렇다). 누구든 바울이 묘사한 생활방식에서 벗어난 사람이라면 하나님이 그렇게 하실 뜻이 없었기 때문이 아니라, 우리가 알게 모르게 어떻게든 하나님의

성령을 소멸해 왔기(살전 5:19) 때문이다. 고로 이런 사태는 변화해야
마땅하다.

분명히 말하지만, 그리스도인들은 성령의 충만한 새 언약 사역을
통해, 그 사역 안에서, 그 사역 아래에서 영적으로 성장해야 하며(엡
4:15; 살전 3:12; 살후 1:3; 벧후 3:18), 그러기 위해서는 새로운 영적 체험
을 많이 해야 한다. 그리할 때 기존의 체험들이 깊어지고 풍성해질 것
이다. 하지만 나는 여기서 영적 성장에 대해 말할 의도는 없다.

성령과 우리

이번 장을 통해 제시해 온 논의들이 옳다면, 종종 성령에 대해 묻
는 두 가지 질문은 잘못되었다고 볼 수 있다.

첫째, 우리는 이렇게 묻는다. 성령을 아는가? 이 물음은 잘못되었
다. 대신에 우리는 이렇게 물어야 한다. 예수 그리스도를 아는가? 그
분에 대해서 충분히 아는가? 그분을 잘 아는가? 성령께서는 이런 질
문을 원하신다. 앞에서 살펴봤듯이, 성령께서는 자신을 드러내지 않
으시기 때문이다. 그분의 사역은 예수님에 대한 투광조명사역이다.
우리 영의 눈 앞에서 예수님의 영광에 스포트라이트를 비추며, 우리
와 예수님을 짝 지워 주신다. 성령께서는 자신에게 관심을 유도하지
않으시며, 성부와 성자와는 달리 우리와 직접 교제하기 위해 스스로
를 드러내지 않으신다. 그분의 역할과 기쁨은 오직 우리가 성부와 성
자와 더욱 깊게 사귀도록 만드는 일이다. 그래서 성령께서는 믿음의
대상이신 예수님을 영화롭게 하시고, 예수님을 통해 우리가 하나님
아버지의 가족으로 입양되었음을 증거하신다.

우리의 관심이 예수님을 아는 데서 성령을 아는 것으로 옮겨 간다

면, 그 즉시 두 가지 해로운 결과가 생긴다. 우선, 골로새에 있던 천사 숭배자들처럼 "머리를 붙들지 아니"함으로 점점 더 약해질 것이다. "온몸이 머리로 말미암아 마디와 힘줄로 공급함을 얻고 연합하여 하나님이 자라게 하심으로 자라느니라"(골 2:19). 다음으로, 그리스도와 무관하고, 실제 존재하는 것과는 아무런 상관 없는, 다만 사탄이 던지는 기만의 그물과 진리와 선에 대한 끝없는 왜곡 가운데 존재하는 가짜 '영적'인 감정과 몽상의 세계에 빠져들 수 있다. 이 길에 한 발짝이라도 내디뎌서는 안 된다. "나를 포함한 모든 그리스도인들이, 참으로 온 세상이 어떻게 하면 예수 그리스도를 알고 그분을 더 잘 알 수 있을까?"라는 기본 질문 외에 성령에 대한 다른 질문을 해서는 안 된다. 이것은 성령이 우리에게 요구하는 기본 규율이다. 골프를 치려면 공에 눈을 맞추라고 권고하듯이 말이다.

둘째, 우리는 이렇게 묻는다. 성령이 있는가? 이 질문 역시 그리스도인이 물어서는 안 될 질문이다. 모든 그리스도인에게는 믿는 순간부터 성령이 내리기 때문이다. "누구든지 그리스도의 영이 없으면 그리스도의 사람이 아니라"(롬 8:9). 하지만 어떤 사람이 아직 성령을 받지 못했다면, 계속해서 성령을 찾기보다 오히려 그리스도를 믿고 회개해야 한다. 그러면 성령을 받게 될 것이다. "회개하여 각각 예수 그리스도의 이름으로 세례를 받고…… 그리하면 성령을 선물로 받으리니 [죄 용서와 성령의] 이 약속은 너희와 너희 자녀와 모든 먼 데 사람곧 주 우리 하나님이 얼마든지 부르시는 자들에게 하신 것이라"(행 2:38, 39, [ ]는 저자 표기). 성령은 그리스도를 영접할 때에만 받을 수 있다. 그 외 다른 어떠한 방법도 없다. 부활하신 주님과 인격적인 만남이 없어도 성령으로 '영적인 사람'이 될 수 있다는 발상은 위험한 오류이다.

우리가 서로 물어야 할 질문은 이런 것들이다. 성령께서 우리를 소유하셨는가? 성령께서 우리의 전부를 소유하셨는가, 아니면 우리의 일부분만 소유하셨는가? 우리는 성령을 근심하게 하는가?(엡 4:30), 아니면 성령의 이끄심을 받는가(롬 8:12-14; 갈 5:18-24). 우리는 성령께서 격려하는 대로 언제나 예수님께 제대로 반응할 수 있는 힘을 얻기 위해 성령을 의지하고 있는가? "너희 몸은 너희가 하나님께로부터 받은 바 너희 가운데 계신 성령의 전인 줄을 알지 못하느냐"(고전 6:19). 우리는 우리 안에서 성령이 하시는 일을 공경하고, 그 일에 협조하는가, 아니면 경솔함과 부주의, 훈련 부족과 무절제로 성령을 방해하는가?

물론 여기서도 구체적인 질문들은 예수 그리스도를 중심으로 이해해야 한다. 사실 이 모든 질문은 구주이신 그리스도께서 삶의 주인이신지 물어보는 또 다른 방식에 불과하기 때문이다. 그런 질문들을 성령과 연관지어 묻는다면, 그 질문들은 더할 나위 없이 구체적이고 강력한 질문들이 될 것이다. 왜냐하면 성령께서는 우리를 변화시키시기 위해 우리 안에 내주하시며, 우리 심령과 머리 안에서 끊임없이 일하셔서 우리를 그리스도께 가까이 이끌어 그 자리에 머물게 하시며, 또한 친히 우리가 빠져 드는 비열한 생각과 행동에 가장 가까이 계시기 때문이다. 필름을 스크린에 투사하는 일을 업으로 삼는 영화계에서는 이것을 일컬어 초점을 맞춘다고 하리라.

다음 두 장에서는 '기독교인의 성결'이라는 주제를 검토해 보자.

3 — 성결로 향하는 길

성령의
진로
그리기

1

좋은 현상인지 어떤지는 모르겠지만, 우리 대부분에게 섹스는 전기가 오는 단어이다. 그 단어를 들으면 관심이 쏠리고 졸음이 확 달아나며, 그것과 관계가 있다 하면 무엇이나 뚫어져라 살피고, 그 외의 것은 귀에 들어오지도 않는다. 이 단어에는 감정적인 여운이 실려 있어 우리의 정서에 영향을 준다는 말이다. 왜 그럴까? 섹스는 정상적인 성인들에게 끝없는 관심을 일으키는 주제이기 때문이다(당신 스스로도 이 단락을 다른 부분보다 훨씬 더 집중해서 읽지 않았는가? 내 말이 바로 그 말이다).

기독교인의 우선순위

건강한 그리스도인에게는 '성결'이 '섹스'와 유사하게 전기가 오는 단어이다. 왜? 하나님께서 모든 거듭난 심령 안에 성결에 대한 열정을 깊이 심어 놓으셨기 때문이다. 성결은 '하나님을 가까이 함' '하나님을 닮음' '하나님께 끌림' 그리고 '하나님을 기쁘시게 함'을 뜻하며, 믿는 사람들이 세상 다른 어떤 것보다도 더 원하는 것이다.

그들이 성결에 관심을 갖는 이유는, 성령의 주된 임무 가운데 하나가 우리를 거룩하게 하시는 일이라는 인식 때문이다. 그리스도인들이 성령의 거룩하게 하시는 능력을 이해하고 직접 검증받기를 원하는 마음은, 지극히 당연하고 정상적이다. 성결에 무관심한 신자라면 그 믿음 상태가 매우 좋지 않다고 할 수밖에 없다. 이번 장은 자기 안에 이러한 그리스도인의 마땅한 관심이 있는 사람들을 대상으로 썼다.

우선, 성결이란 성경에서 비중 있게 다루어지는 용어임을 깨달아야 한다. 그 어원이 분리와 구별을 뜻하는 이 단어는 첫째, 하나님을 인간과 구별되게 해 주는 모든 것과 둘째, 하나님을 위해 그리스도인이 구별해야 할 모든 것을 뜻한다. 여기서 특히 두번째 의미로서의 성결이 우리의 관심을 끈다. 자, 다음 성경 본문을 보자.

"오직 너희를 부르신 거룩한 자처럼 너희도 모든 행실에 거룩한 자가 되라 기록하였으되 내가 거룩하니 너희도 거룩할지어다 하셨느니라"(벧전 1:15, 16; 레 11:44, 45).

"하나님의 뜻은 이것이니 너희의 거룩함(sanctification)이라…… 하나님이 우리를 부르심은 부정케 하심이 아니요 거룩케(holiness) 하심이니……[영어로는 위의 두 단어가 다르게 번역되어 있으나 헬라어에서는 같은 단어이다] 평강의 하나님이 친히 너희로 온전히 거룩하게 하시고 [완전히 거룩하게 만드시고] 또 너희 온 영과 혼과 몸이 우리 주 예수 그리스도 강림하실 때에 흠 없게 보전되기를 원하노라"(살전 4:3, 7, 5:23, [ ]는 저자 표기).

"곧 [하나님이] 창세 전에 그리스도 안에서 우리를 택하사 우리로 사랑 안에서 그[그리스도] 앞에 거룩하고 흠이 없게 하시려고…… 남편들아 아내 사랑하기를 그리스도께서 교회를 사랑하시고 위하여 자신을 주심같이 하라 이는 곧 물로 씻어 말씀으로 깨끗하게 하사 거룩하게 하시고 자기 앞에 영광스러운 교회로 세우사 티나 주름 잡힌 것이나 이런 것들이 없이 거룩하고 흠이 없게 하려 하심이니라…… 우리는 그의[하나님의] 만드신 바라 그리스도 예수 안에서 선한 일을 위하여 지으심을 받은 자니 이 일은 하나님이 전에 예비하사 우리로 그 가운데서 행하게 하려 하심이니라"(엡 1:4, 5:25-27, 2:10, [ ]는 저자 표기).

"그러므로 형제들아 내가 하나님의 모든 자비하심으로 너희를 권하노니 너희 몸을 하나님이 기뻐하시는 **거룩한** 산 제사로 드리라 이는 너희의 드릴 영적 예배니라"(롬 12:1).

"하나님을 두려워하는 가운데서 **거룩함을** 온전히 이루어 육과 영의 온갖 더러운 것에서 자신을 깨끗케 하자"(고후 7:1).

이상의 본문을 보면, 금세 성결이 하나님의 선물인 동시에 명령이라는 사실을 알 수 있다. 따라서 우리는 성결을 구하는 기도를 해야 하며, 삶에서 매일 성결해지기 위해 노력해야 한다. 성결은 하나님이 우리에게 기본적으로 요구하시는 일이며, 우리를 선택하고 구속하신 목적이자 우리를 향한 하나님의 모든 섭리의 목적이다.

그렇다면 신자의 성결을 어떻게 정의해야 할까? 거룩한 사람의 성결은, 곧 그의 삶을 구별되게 해 주는 자질이며, 하나님을 위해 구별된 자기 존재의 표현이기도 하고, 하나님의 은혜로 새로워진 내면이 드러난 결과이기도 하다. 존 오언은 요란한 수사를 동원해 성결을 설명했는데, 하나님이 그리스도인을 변화시키는 일이 성화(聖化)이고, 이렇게 변화한 사람의 생활방식이 성결(聖潔)이라고 정의했다. 이러한 정의는 유익하다고 생각하기에 전문을 인용한다. 오언은 이렇게 쓰고 있다.

성결이란 하나님이 직접 신자의 영혼에 행하시는 사역으로, 죄의 오염과 불결로부터 신자의 본성을 정화시키고 깨끗하게 하며, 그들 안에 있는 하나님의 형상을 회복시켜서, 은혜가 가진 영적이며 보편적인 원칙에 따라 그들이 하나님께 순종하도록 하는 이끄심이다. 이것은 새 언약의 취지와 조항에 따랐으며, 예수 그리스도의 삶과 죽음 덕분에 가능한 일이다 …… 결국 성결은 우리 안에서 마무리되는 이 사역의 열매이자 결과이다. 성결은 우리 안에, 새롭게 회복된 원칙 또는 하나님의 형상을 구성한다. 성결은 예수 그리스도를 통해, 은혜의 언약의 조항에 따라, 새로운 본성의 원칙대로 행하는, 하나님을 향한 거룩한 순종이다.[1]

이렇게 볼 때, 성결은 성령의 열매이며, 성령과 동행할 때 드러난다(갈 5:16, 22, 25). 또한 성결은 하나님과의 '신성한 친밀함'이다. 성결은 본질상 하나님께 순종하고, 하나님께 맞춰 살며, 하나님을 위해 살고, 하나님을 본받고, 그분의 율법을 지키고, 죄와 대항해 하나님 편에 서고, 의를 행하고, 선행을 베풀고, 그리스도의 가르침과 본을 따르고, 성령 안에서 하나님을 예배하고, 그리스도를 경외함으로 하나님과 사람을 사랑하고 섬기는 일이다. 하나님에 대한 성결의 형태는 사랑과 충성과 헌신과 찬양으로 하나님을 기쁘시게 하려는 온전한 열정이다. 죄에 대항하는 성결의 형태란 저항 운동, 즉 육체의 욕망을 억제하고 몸의 행실을 죽이는 자기절제(갈 5:16; 롬 8:13)이다. 성결은 한마디로, 성령께서 하나님이 가르치신 대로 우리가 그리스도를 닮아 가도록 만드시는 일이다. 이러한 성결은 헌신된 제자도의 총체와 정수(精髓), 사랑으로 행하는 믿음의 데모, 중생한 사람들의 심령에서 초자연적인 생명이 하나님께 반응하여 '의로움'이라는 형태로 유출되는 것을 말한다. 이 성결이 이번 장의 주제이다.

소홀히 여긴 우선순위

성결을 추구하는 일이 그리스도인의 우선순위임은 너무나도 자명하다. 그런데도 오늘날 신자들은 흔히 이 일을 소홀히 여긴다. 안타깝게도 성결을 추구하는 일을 너무 간단하게 보기 때문이다. 우리의 경건에서 발견할 수 있는 인간 중심적인 면을 살펴보자.

자아중심의 경건

현대 그리스도인들은 만족을 자신들의 종교로 삼는 경향이 있다. 하나님을 기쁘시게 하기보다 자기성취에 관심이 더 많다. 오늘날의 기독교, 적어도 영어권 기독교의 전형적인 특징은, 기독교 신자를 위해 엄청나게 쏟아져 나오는 실용서들이다. 이런 책들은 섹스에서 더 큰 쾌락을 얻도록 안내하고, 좀더 성공적인 관계를 이루는 법, 좀더 사람다운 사람이 되는 법, 가능성을 실현하는 법, 매일 더 짜릿한 재미를 얻는 법, 살 빼는 법, 식단 개선법, 자금 관리법, 가정을 좀더 행복하게 제대로 만드는 법 등을 알려 준다. 물론 열정적으로 하나님을 영화롭게 하는 사람들도 이런 일들에 관심을 가질 수 있다. 하지만 이러한 실용서들을 자세히 살펴보면, 하나님의 영광보다는 인생을 즐기는 쪽을 주 관심사로 삼아, 자기도취적인 방식으로 이러한 관심사들을 다루고 있다. 나름의 대중 심리학과 상식의 잡탕에다가 성경의 가르침을 한 겹 얄팍하게 씌웠다 해도, 그 책들의 전반적인 접근법은 나르시시즘, 소위 '자기중심주의' 또는 '나주의'를 드러내며, 그것이야말로 현대 서구에서 볼 수 있는 세상의 길이다.

사실상 자기도취는 아무리 종교적인 냄새를 피우더라도 성결과는 정반대되는 개념이다. 성결은 경건을 뜻하며, 경건의 뿌리는 하나님을 중심으로 삼는 데에 있기 때문이다. 하나님을 찬양하기 위해 자신들이 존재한다고 생각하지 않고, 하나님이 자신들의 이익을 위해 존재한다고 생각하는 사람들은 거룩한 사람이 될 자격이 없다. 이러한 그들의 마음가짐을 묘사하기 위해서는 전혀 다른 용어를 써야 한다. 자아를 중심에 두는 경건은 아주 사악한 경건이다.

적극적 행동주의의 위험

자, 이번에는 우리의 활동에서 적극적 행동주의의 면모를 살펴보자. 현대 그리스도인들은 분주함을 자신들의 종교로 삼는 경향이 있다. 제일 분주한 신자가 언제나 가장 좋은 신자라고 단정 지으며, 일에 중독된 신자를 떠받들고 모방하며, 급기야 자신도 일 중독자가 되어 버린다. 물론, 주님을 사랑하면 그분을 위해 바쁘게 뛰어다니게 마련이다. 거기에 대해서는 의심의 여지가 없다. 하지만 분주함에 대해 갖는 생각은 잘못된 경우가 많다. 하나님을 위해 여러 가지 일을 하느라고 이리저리 뛰어다니다 보면, 기도할 시간조차 남아 있지 않을 때가 허다하다. 그러면서도 개의하지 않는 이유는 '당신이 너무 바빠서 기도할 시간이 없다면 당신은 정말로 너무 바쁘다'라는 오랜 격언을 잊었기 때문이다. 그리고 자신의 일에 너무나도 자신만만하여 하나님이 도와주지 않아도 충분히 자립할 수 있게 되었기 때문이다. 또한 자신의 기술과 자원, 양질의 프로그램으로 당연히 열매를 맺을 수 있다고 믿는다. 그리스도(신뢰하고, 순종하고, 바라보고, 의지할 대상이신 그리스도)를 떠나서는 아무것도 이룰 수 없다(요 15:5)는 사실을 잊어버렸던 것이다. 이것이 바로 적극적 행동주의이며, 여기서 행동이란 자신을 높이고 하나님을 의지하지 않아서 초라해진 활동을 가리킨다. 적극적 행동주의는 성결도, 성결의 열매도 아니며, 적극적 행동주의자가 자신의 계획과 구상이나 노하우에 집착하면 할수록 성결을 구하거나 더욱 성결하고자 하는 마음에서 오히려 멀어지게 된다.

하지만 적극적 행동주의자들이 이미 우리 모두를 감염시킨 듯하다. 예를 들어, 교회에서 사역할 목사를 뽑을 때, 목사의 역할을 따져 보면서 습관적으로 '성결'보다는 숙련된 기술을, 신앙심보다는 활동력을 더 높이 평가하게 마련이다. 마치 사역의 능력은 그가 할 수 있는 특정한 일에서 나오는 것이 아니라, 사역의 배후에 있는 분에게서 나온다는 사실을 모르는 양 말이다. 우리는 어쩌면 우리의 선조들과 달리 이 사실을 정말 모르고 있을지도 모른다. 만약 정말 모른다면, 지금이라도 배워야 한다. 우리는 스코틀랜드의 부흥강사였던 로버트 맥체인(Robert Murray McCheyne) 목사에게서 이러한 잘못된 의식을 개선하기 위한 방법을 찾을 수 있다. 그는 한 세기 반 이전에 이런 말을 했다. "우리 교인들에게 가장 필요한 것은……." 자, 이 사람이 목사임을 감안하고 한번 추측해 보자. 그는 이 문장을 어떻게 완성할까? 새로운 프로그램이나 어떤 특정 기술을 언급할까? 상황을 바라보는 새로운 관점을 제시할까? 맥체인은 그 문장을 이렇게 맺는다. "…… 저 개인의 성결입니다." 오래된 찬송가 중 '거룩해질 시간을 내라' (Take time to be holy)라는 찬송이 있다. 우리 모두는 그러한 태도를 새롭게 배워야 한다. 자신을 의지하는 '분주함'은 성결의 형태이거나 표현이기는커녕, 오히려 성결을 부정하는 일이며 성결에서 벗어나는 일이다(이 '분주함'을 제대로 묘사하기 위해서는 전혀 다른 용어를 사용해야 한다). 근본적으로 자신을 의지하는 성결이란 불경건한 성결이다.

그러나 그보다 더 나쁜 조짐이 있다. 성결이 현대 교회 전반에 걸쳐 대체로 그 우선순위에 비해 소홀히 취급되고 있듯이, 성결은 오늘날 복음주의권에서 전성기를 지나 쇠퇴하고 있음이 분명하기 때문이다. 역사적으로도 성결은 언제나 복음주의권 사람들을 구별하는 중요한 표시였으며, 복음주의권 교사들 사이에서 그 중요성이 강조되어 왔다. '믿음이 선행을 낳는다'라고 루터가 얼마나 강조했는지, 그리고 칼뱅이 율법의 제3의 용도가 하나님의 자녀들에 대한 규범이자 자극이라고 얼마나 역설했는지 생각해 보라. 변화한 삶을 중생의 증거로 요구하고, 개인과 공동체의 삶에 있는 모든 것이 하나님 앞에서 거룩해져야 한다고 강하게 주장한 청교도들을 생각해 보라. 순전한 마음이 순전한 삶으로 표현되어야 한다고 강조한 화란과 독일의 경건주의자들, '성경적 성결'을 감리교의 주요 메시지로 선포한 존 웨슬리를 생각해 보라. 19세기 후반의 이른바 성결부흥운동과 라일의 (지금도 출간되고 여전히 잘 팔리는) 고전인 〈성결〉(Holiness), 오스왈드 체임버스(Oswald Chambers), 앤드루 머레이, 터우저, 워치먼 니(Watchman Nee), 존 화이트(John White) 같은 근래의 교사들의 중심사상이 무엇인지 생각해 보라. 과거에 복음주의의 성결에 대한 타협할 줄 모르던 추구는 외경스러울 만큼 강렬했다. 하지만 예전에 최우선 과제이자 열정이던 이것이, 오늘날 복음주의라는 이름을 달고 있는 그들에게 이제 부차적인 문제가 되어 버렸다. 왜? 거기에는 적어도 네 가지 원인이 있다.

빛을 잃은 성결

첫째, 복음주의자들은 오늘날 논쟁에 몰두해 있다. 우리는 성경에 기초한 믿음이 희석되고 왜곡되지 않도록 보호하기 위해 싸운다. 그리고 복음주의 학문을 발전시켜 자유주의, 급진주의, 주관주의의 조류를 막고, 가능한 한 그 형세(形勢)를 일변(一變)시키려고 노력한다. 우리는 좀더 넓은 지역 사회에서 선교와 복음 전도 활동을 하려고 애를 쓴다. 게다가 '세속적'이라고 여겨지는 활동을 일체 금하는 것을 성결의 본질이라고 믿는 미신을 타파하기 위해 힘을 쏟고 있다. 그러한 활동은 실제로 적법하며, 가치 있고, 교육적이며, 참으로 심신을 나날이 새롭게 하기 때문이다. 또한 "그리스도 안에서 신자에게 어떤 자유가 있으며, 그 자유를 어떻게 사용할 수 있을까?" 하는 질문에 구체적으로 답하기 위해 노력한다. 사실 이러한 움직임들은 그 자체만 본다면 충분히 타당하다. 하지만 이런 일에만 몰두한다면 우리는 우리 선조들만큼 성결을 열정적으로 추구하지 못하게 될 게 뻔하다.

둘째, 복음주의자들은 오늘날 오랫동안 자신들이 받아 온 '성결의 가르침'(고상한 삶, 더욱 깊이 있는 삶, 승리하는 삶, 케직, 완전한 성화 또는 여러 가지로 표현한 '제2의 축복'이라는 주제)에 환멸을 느낀다. 이제 그들은 지금까지 들어 온 가르침들이 메마르고 피상적이며 허세에 불과할 뿐 아니라, 오늘날처럼 갈등 많고 복잡한 그리스도인의 삶에 비추어 볼 때 부적절하다고 느낀다. 도심에서 사역하는 어느 목사에게 이런 종류의 가르침이 강조하는 '더 높은 삶'을 어떻게 생각하냐고 물었더니, 이렇게 대답했다. "좋다고 생각합니다. 그렇게 할 시간과 돈만 있다면요." 이 말에 한바탕 웃고 말았지만, 나는 그 말 안에 숨어 있는 일종의 환멸감을 엿볼 수 있었다.

셋째, 오늘날 복음주의권의 재능 있는 사람들은 다른 주제를 연구하는 일에 몸 바친 터라, 성결이 토론 주제로 등장해도 그 비중에 걸맞게 다루지 못한다. 종교개혁 시대와 청교도 시대에는 탁월한 지적 재능을 가진 신학 및 목회 지도자들인 마틴 루터, 존 칼뱅, 존 오언, 리차드 백스터, 토머스 굿윈(Thomas Goodwin), 존 하우(John Howe), 리차드 십스(Richard Sibbes), 윌리엄 거늘(William Gurnall), 토머스 왓슨(Thomas Watson), 토머스 브룩스(Thomas Brooks) 등이 성결에 대해 계속해서 연구하고 가르쳤다. 하지만 20세기에 들어선 지금, 대부분의 복음주의권 지성인들은 다른 분야에서 일하고 있다. 그 결과 최고의 복음주의 신학 가운데 상당수가 성결에 대해서는 피상적인 수준에 머물러 있게 되었다. 현대 복음주의 신학자들에게는 '성결'이란 주제를 제대로 다루기 위해 필요한 성경적 통찰, 신학적 깊이, 그리고 인간에 대한 이해가 결여되어 있었기 때문이다. 가장 저명한 복음주의 신학자가 가장 열성적인 성결 옹호자는 아니며, 성결에 대해 가장 열성적인 복음주의자가 언제나 가장 신뢰할 만하고 사려 깊은 신학자는 아닌 것이다.

넷째, 복음주의권에서 성결을 소홀히 대하게 된 원인 중에 가장 당혹스러운 점은 오늘날 복음주의자들이 하나님의 거룩하심에 대해 민감하지 못하다는 사실이다. 그들은 그리스도의 보혈이 우리 죄를 덮지 않는다면, 우리 죄에 대한 하나님의 진노가 얼마나 무서울지 판에 박은 듯이 외치기만 할 뿐, 실제로 하나님께서 양자로 삼은 자녀의 죄를 얼마나 미워하시는지 별로 생각하지 않는다. 우리 선조들처럼 하나님의 진노를 두려워하며 '그분의 말씀에 떨지도' 않을 뿐 아니라 (이 66:2; 슥 10:3), 유다가 "그 육체로 더럽힌 옷이라도 싫어하여"(유 23)라고 말할 때 염두에 두었던 불경건한 것들에 대한 혐오도 잊은 지 오래다. 또한 습관적으로 성부와 성자와 성령을 거룩한 분이라기보다는 친한 분으로 생각한다. 게다가 하나님은 우리를 다루실 때, 우리가 현재의 즐거움을 한껏 누리게 하는 데에 일차적인 관심이 있다고 본다. 먼저 우리를 의로 훈련하기를 원하신다는 생각은 저급한 발상이라고 여겨 배격한다. 죄를 대하는 우리의 방식은, 하나님이 죄를 오염으로 보신다는 성경의 관점과 맞지 않으며, 하나님이 분명하게 혐오하시는 행동들에 대한 성경말씀을(시 5:4-6, 7:11-13; 잠 6:16; 사 1:14,

61:8; 암 5:21; 눅 16:15), 풍부한 상상력이 낳은 과장에 불과하다고 치부해 버린다. 이런 상황을 볼 때, 복음주의권에서 성결에 대한 추구가 그토록 심하게 약화된 점이 전혀 이상하지 않다.

성결이 이렇게 복음주의의 커다란 걱정거리가 될 정도로 상대적으로 빛이 바랬다는 사실은 비극이 아닐 수 없다. 나는 오늘날같이 수적으로나 제도적 자원으로나, 선교전략이나 학문의 성취나, 공적인 위치나, 그 외 많은 다른 면에서 복음주의가 놀라운 진전을 보이고 있는 이 시점에 이러한 상황이 더 이상 계속되지 않기를 바란다. 만일 복음주의의 놀라운 진전들이 성결의 회복으로 이어지지 않는다면, 그 모든 것들이 무용지물이 되어 버릴 것이다. 복음주의자들이 사상적으로 자유주의자들을 앞서겠노라는 이상이 한 세대 전에, 대서양 양단에서 뛰어난 기독 지성인들을 사로잡았다. 실제로 그러한 이상은 여러 해에 걸쳐 많은 결실을 거두었고, 나 또한 기독 지성인의 한 사람으로서 그러한 이상이 아직도 생명력을 가지고 많은 사람들에게 동기 부여를 해 주고 있다는 데에 감사한다. 오래오래 그렇게 되기를! 하지만 이제는 더 나아가 복음주의자들이 다른 사람들보다 더 성결한 삶을 살아야 한다는 이상이 우리의 관심을 사로잡아야 한다. 그래서 학문과 목회적 통찰과 개인의 경험의 가장 깊은 영역에서 성결의 실체를 새롭게 탐구해야 한다.

20세기에 들어 로마가톨릭, 영국국교회의 고교회파(영국성공회 3대 교파 가운데 하나로서 가톨릭의 전승을 강조하고 교회의 권위와 예배의식을 중시하는 교파-옮긴이) 등 모든 종파의 중세 연구가들이 영적 생활, 예를 들어 믿음, 기도, 평화, 사랑, 자기인식, 자기부인, 자기절제, 십자가 지고 가기, 사심 없는 이웃사랑 등을 심오하고 민감하게 다루었는데, 그들이 복음을 얼마나 완전하게 이해했든지 간에 그것들은 성결에 관한 현대 복음주의권의 저작들과 도무지 상대가 안 될 정도로 탁월한 영적 민감성과 도덕적 일관성을 갖고 있다. 이 사실이 나를 몹시 슬프게 했으며, 이 글이 다른 복음주의자들에게 이런 상황에서 무엇을 해야 하는지 각성시켜 준다면 기쁠 것이다.

세속화에 저항하는 성결

탈기독교화한 서구 사회의 방종한 세속화가 오늘날 기독교 공동체를 휩쓸고 있다. '관용주의'라고도 불리는 이 거대한 집단적 부도덕이 해일처럼 우리를 덮쳤다. 신앙의 유산을 제대로 지키고 있는 교회들이 그렇지 못한 교회들보다 침범하는 물결에서 좀더 벗어날 수 있었지만, 그 어느 쪽도 그 물결을 완전히 피하는 데 성공하지는 못했다. 더욱이 젊은층의 교인은 더더욱 확실히 실패했다. 성, 가족, 사회, 재정, 상업, 개인의 최전선에서 기독교의 도덕 기준은 요란하게 무너져 내렸고, 현재 제안되고 있는 '새로운 도덕'도 실제로는 고대 이방 민족의 부도덕이 다양한 가명 아래 통용되는 것에 불과하다는 사실이 드러났다. 무디(D. L. Moody)는 이렇게 말했다. "배가 있어야 할 곳은 바다이지만, 바다(물)가 배 속에 들어가면 그때는 하나님의 도우심이 필요한 때이다." 이 말이 불편하게 들리는 이유는, 이미 세속의 파도가 현대 교회에 치고 들어와 아주 위험하리만큼 물이 차 버렸기 때문이다. 그리스도인들은 세상에 저항하기 위해 부르심을 입었다. 하지만 이런 경우 어떻게 저항할 수 있을까? 세속적인 사상에 대한 저항이라면 말과 글을 통해 드러날 수 있지만, 부정함에 대한 저항은 오직 거룩한 삶을 살 때 드러난다(엡 5:3-14). 요즘 교회의 전반적인 목표가 사회 정의와 경제 정의를 모색하고 인종차별의 철폐를 추구하는 일이라지만, 우리가 이루어야 할 첫째 목표가 모든 신자의 내적 · 외적 삶에서 나타나는 성결이라는 데 동의할 수 있다면 훨씬 바람직할 것이다. 현대인들에게 '경건' 이야말로 인간다운 면임을 보여 주기 위해서, 또 공동체 생활이 썩어 망하지 않게 보호하기 위해서는 기독교 진리의 영향만큼이나 기독교 성결의 영향이 절실히 필요하다. 성결을 추구하는 일은 이처럼 단순한 개인의 취미가 아니며 단순히 선택된 소수만을 위한 길도 아니다. 성결은 오늘날 기독교 선교 전략에서 핵심적인 요소이다. 세상에서 가장 필요한 게 있다면, 바로 그리스도인들 개개인의 성결이다.

그러나 안타깝게도 이 시대에 성결에 대한 권위 있는 연구는 매우 부족하다. 상황이 이러하니, 나는 미력하나마 성결에 대해 몇 가지 성경에 근거한 기본적인 생각들을 제시하고, 급한 대로 그것들을 기준점으로 삼아 나머지 이야기를 계속해 나가겠다.

성결에 대한 성경의 기본 원칙

내가 여기 제시하는 성결에 대한 일곱 가지 원칙은 복음주의자들이 성결을 논의할 때면 언제나 공통 기반으로 삼아 온 원칙이다. 신약성경을 읽어 본 사람이면 누구나 이 사실을 확신할 수 있을 것이다.

1. 성결의 본질은 헌신을 통한 변화

신약성경에는 성결에 해당하는 단어가 두 개 나온다. 첫번째, 하기아스모스(hagiasmos, '성화' 라고도 번역. 형용사 하기오스(hagios)는 성인[聖人]으로 번역하고, 동사 하기아조(hagiazo)는 '성화시키다' 로 번역)는 관계를 나타내는 단어로, 하나님을 위해서 분리되고 구별된 상태를 뜻한다. 인간의 입장에서 본다면, 섬기기 위해 자신을 드리는 것이고,

하나님 편에서 바라본다면 인간을 당신의 뜻대로 사용하기에 합당한 자로 용납해 주는 것이다. 두번째 단어는 호시오테스(*hosiotēs*)로, 형용사형은 호시오스(*hosios*)이다. 이 단어는 도덕적 · 영적 특성을 의미하는데, 하나님 앞에서 외적으로는 의롭고 내적으로는 순결한 상태를 말한다. 이 두 개념을 결합시키면 성결이라는 개념을 제대로 파악할 수 있는데, 관계를 나타내는 성결이 더 중요하다. 이러한 성결은 자신을 구원자 하나님께 헌신하고자 하는 지속적인 노력을 통해 실현되며, 그리스도인이 평생 실천해야 할 회개의 또 다른 측면이다. 순서상 그 다음에 오는 도덕적 · 영적 성결은 우리의 인격을 하나님의 양자라는 특별한 새 지위에 걸맞게 바꾸는 작업이며, 하나님께 대한 헌신을 완전하게 다듬는 일이다.

하나님께서 신자 개개인을 받아 주시는 일은 처음부터 완벽하지만, 우리의 회개는 우리가 세상에 있는 한 계속해서 더욱 확장해 나가야 한다는 점을 깨달아야 한다. 회개란 우리가 아는 우리의 모든 죄에서 돌이켜 우리의 전부를 우리 하나님께 드리는 것이다. 이 세 가지 면에서 우리의 지식이 계속 자라나야 하고, 우리가 하는 회개 역시 더욱 확대되어 나가야 한다.

따라서 성결의 핵심은, 구주이신 그리스도를 통해 우리 죄인들을 하나님의 것으로 구별하신 후 이제 그리스도를 닮아가도록 변화시켜 가시는 그 은혜를 아는 지식을 행동으로 표현하는 것이다. 사도 바울이 빌립보서 2장 12, 13절에서 말했듯이, 우리가 계시된 하나님의 명령에 순종함으로써 하나님이 우리 안에 일으키신 구원을 두렵고 떨림으로 '이룬다'(실현하고 표현한다)는 말이다. 이때 "두렵고 떨림으로"란 말은 공포와 무서움이 아니라, 하나님이 우리 삶에서 하실 일에 대해 경외감을 갖는다는 의미이다. 하나님의 성령이 우리 안에서,

우리가 하나님을 기쁘시게 하기를 염원하고 또 실천하게 하시리라는 것을 알기 때문이다. 두렵고 떨림으로 구원을 이루어 가는 삶의 특성이 바로 성경에서 말하는 성결이다.

하나님의 성별과 용납에 합당한 성결은, 우리가 성화를 말할 때 일반적으로 머리에 떠올리는 것, 즉 인격의 변화를 강조한다("거저 주시는 하나님의 은혜로 말미암아 우리의 전 존재가 하나님의 형상을 따라 회복되어, 점점 죄에 대해서는 죽고 의에 대해서는 살 수 있게 된다"라고 웨스트민스터 소교리문답 제35번 문항의 답변이 정리해 주고 있는 것과 같다). 그리스도인이 이 세상의 인간사에 참여하고 개입할 때에는, 근저에 자신이 피조계의 모든 사람, 모든 사물과 분리되어 자신의 창조주 한 분께만 속했다는 인식을 분명히 깔고 있어야 한다. 배우자, 자녀, 부모, 고용주, 직원, 그리고 자신의 모든 이웃들과 근본적으로 분리되어 오직 하나님(성부, 성자, 성령 하나님)께만 속했다는 전제 아래, 주님을 위해 그 모든 사람들에게 희생을 무릅쓰고 무조건 헌신하는 것이 진정 거룩한 삶이 갖는 변함없는 모습이다. 그 외의 다른 삶도 엄청나게 종교적일 수 있겠지만, 그리스도인의 삶이 위에서 묘사한 내용에서 벗어날수록 그만큼 하나님을 향한 '거룩'에서 멀어진다.

잠시 멈춰서 이 진리가 안고 있는 영광스러운 역설(逆說)을 살펴보자. 하나님을 사랑하기 위해 모든 피조물로부터 완전히 분리되면, 다른 그 어떤 방법으로도 행하기가 불가능한 일들을 오직 기도와 성령의 능력으로 행할 수 있다. 다시 말해 사람들과 그들이 필요로 하는 일에 더욱 완전히 참여할 수 있으며, 자신을 더더욱 기꺼이 드려 그들을 도울 수 있다. 경건한 족속들은 다른 사람들에게서 멀찍이 떨어져 있는 법이라는 일반적인 생각만큼 엉터리도 없다. 한 시인이 "내가 명예를 더 사랑하지 않았다면 그대를 그토록 사랑하지 못했을 테니"

라고 노래한 것처럼(리차드 러블레이스가 옥중에서 애인 루카스타에게 보내는 아름다운 서정시-옮긴이), 그리스도인이 다른 사람들에게 헌신적인 사랑을 보일 수 있는 이유는 오직 그들을 사랑하기보다 예수님을 더 사랑하기 때문이다(요 21:15-17). 하나님을 위한 이런 분리야말로 진정한 성결에서 빠질 수 없는, 이른바 타인에게 헌신할 수 있는 원동력이 된다. 이 사상이 중요하기는 하지만, 여기서 그만 말을 맺기로 하자.

2. 성결의 배경은 예수 그리스도를 통한 칭의

하나님이 거저 주시는 선물인 칭의, 다시 말해 십자가에서 우리의 죄를 대신 짊어지시는 데까지 이른 그리스도의 완전한 순종을 통해 지금 여기서 받는 용서와 용납은 성화의 전 과정에서 기초가 된다. 우리를 위해 죽으셨으며, 우리가 믿어 의롭다 하심을 얻는(롬 3-5장) 그리스도와 성령을 통해 믿음으로 연합하면서부터, '성결'이라는 그 이후의 삶을 살 수 있다(롬 6-8장). 실제로 거룩한 사람들은 자신들의 성결이 아니라 그리스도의 십자가를 자랑으로 여긴다. 가장 거룩한 성인도 의롭다 하심을 입은 죄인에 불과하며, 그를 달리 볼 수 있는 방법은 없기 때문이다. 알고 지내던 모든 사람들이 입을 모아 영국의 종교 개혁가 가운데 가장 거룩한 사람이라고 칭송하는 존 브래드퍼드(John Bradford)는 편지에 서명할 때, 항상 자신을 완악한 죄인이라고 표현했다. 한 청교도는 죽을 병에 걸려 이렇게 간증했다. "이제야 나는 그리스도의 보혈이 얼마나 필요한지 절감하게 되었다. 그리고 이제야 그 보혈을 제대로 의지하게 되었다." 존 웨슬리는 임종할 때 이렇게 중얼거렸다고 한다. "지성소에 들어갈 길은 예수의 피밖에 없다." 사도 바울 자신도 나이가 들어가고 점점 더 거룩해짐에 따라, 자신의 무가치함에 대해 더 생생하고 겸손하게 의식한 것 같다. 왜냐하면 고린도전서 1장(기원후 54년)에서 자신을 사도 중에 지극히 작은 자라 불렀고, 에베소서(기원후 61년)에서는 자신을 모든 성도 중에 지극히 작은 자보다 더 작은 자라고 불렀으며, 디모데전서(기원후 65년)에서는 자신을 죄인 중의 괴수라고 묘사했기 때문이다(고전 15:9; 엡 3:8; 딤전 1:15). 물론, 동떨어진 성경구절 세 개를 가지고 곡해했을 수도 있지만, 어찌 됐건 그리스도인이 어떤 상황에서든지 자기 자신을 죄인의 괴수로 여기는 것만큼 자연스러운 일도 세상에 없으니, 사도 바울의 말은 하등 놀라울 게 없다.

그런데 왜 이것이 모든 그리스도인이 자기 자신에게 내리는 자연스러운 평가일까? 그 이유는 바로 다른 사람의 속사정은 알 수 없지만, 자기 삶의 속사정, 예를 들면 도덕적 패배, 위선, 비열함, 교만, 거짓, 시기, 탐욕, 남을 착취해 먹으려는 생각, 근본동기의 비겁함, 그리고 그 외의 자신만 아는 모든 수치스러운 일은 속속들이 알고 있기 때문이다. 더욱더 거룩해진다는 표현은 무엇보다도 하나님이 어떤 분인지에 대해 더욱 민감해지고, 따라서 자신의 죄악과 결점을 더욱 분명히 파악하게 되고, 그래서 하나님의 용서와 깨끗하게 하시는 은혜가 끊임없이 필요하다는 사실을 점점 더 강하게 깨닫게 된다는 뜻이다. 은혜가 자란다는 말은 이런 면에서 볼 때 아래로 자라는 것이다. 그렇게 볼 때, 자기만족의 성결이나 스스로 의롭게 여기는 성결, 하나님이 주시는 의가 그다지 필요하지 않다고 주장하는 성결은 모두 기만적이며 사람을 호리는 불경건한 생각이다. 그것들은 참으로 궤변에 불과하다. 그것들의 진짜 이름은 바리새주의이며, 결코 기독교의 성결이 아니다.

3. 성결의 뿌리는 예수와 함께 십자가에 못 박히고 부활하는 것

사도 바울은 로마서 6장에서 믿는 자는 모두 그리스도 안에서 새로운 피조물이라고 설명한다. 그들은 그리스도와 함께 부활하여 새로운 삶을 살게 되는데, 이 말은 예수님을 부활하게 한 그 능력이 지금 그들 속에서도 활동하여 그들이 예전과는 다른 삶을 살게 되었다는 뜻이다. 참으로 그들은 존재의 중심에서부터 달라졌기 때문이다. 바울식으로 말하면 "내 속사람"(롬 7:22)이 달라진 것이고, 베드로식으로 표현하면 "내 마음에 숨은 사람"(벧전 3:4)이 변화받은 것이다. 그들이 변화한 이유는, 그들 안에 있는 하나님의 율법에 대한 알레르기인 죄가 권좌에서 밀려났고, 그 안에 루이스 팔라우(Luis Palau)가 자신의 책제목으로 썼던 '하나님을 추구하는 마음'이 창조되었기 때문이다. 그러니까 하나님을 알고, 하나님께 가까이 가며, 하나님을 추구하고, 하나님을 찾고, 하나님을 사랑하고, 하나님을 높이고, 하나님을 섬기고, 하나님을 기쁘시게 하려는 깊고 지속적인 욕망이 생겨났단 말이다. 이제 하나님을 추구하는 마음이 지배적인 동기가 되어, 그들의 삶 전체는 이것을 중심으로 재구성되어야 한다. 존 웨슬리와 사도 요한은 이러한 변화의 원동력을 '예수님을 따라 거듭남'(요 1:12, 3:3, 5, 7-21)이라고 불렀다.

신자의 성결이란 다름 아닌 마음속 자신의 됨됨이를 실천하는 법을 배우는 일이다. 다른 말로 하면, 그것은 삶을 살아가는 문제이며, 하나님이 그리스도 안에서 그를 새롭게 창조하심으로, 그 안에서 일으키신 기질과 본능(새로운 본성)을 표현하는 문제이다. 우리는 이 사실을 깨닫고 기억해야 한다. 이러한 성결이 영적으로 살아난 사람의 **자연스러운 상태이듯이**, 죄는 영적으로 죽은 사람의 자연스러운 상태이다. 또한 성결을 추구할 때, 하나님께 순종하는 그리스도인은 실제로 자신의 회복된 속사람이 원하는 가장 원초적인 충동을 따른다. 하나님을 향한, 아니 더 정확하게는 성부를 향한 그리스도인의 사랑과 충성과 헌신은 그리스도인 안에서 일종의 삶의 동기(動機)가 된다. 그것은 하나님을 위해 살아가는 부활하신 그리스도의 삶의 동기와 같다(롬 6:10, 11). 우리는 이 동기를 그리스도인에게 존재하는 그리스도의 천성 또는 그리스도의 본성이라고 부를 수 있다.

그리스도의 죽으심과 부활하심에 연합하지 않은 사람이 거룩한 동기를 갖기란 불가능하다. 왜냐하면 그의 삶의 동기를 살펴보면 언제나 죄가 지배하고 있기 때문이다. "육신의 생각은 하나님과 원수가 되나니 이는 하나님의 법에 굴복치 아니할 뿐 아니라 할 수도 없음이라"(롬 8:7). 중생하지 않은 사람에게는 마음과 뜻과 목숨과 힘을 다해 하나님을 사랑하는 일이 모두 능력 밖의 일이다. 하지만 믿음과 성령으로 그리스도와 연합한 사람에게는 거룩한 동기가 자연스럽게 우러나온다. 육체의 욕심에 굴복해서 자신의 새로워진 본성을 해치는 일이야말로 부자연스러운 일이다(갈 5:16-26). 이렇게 생각하면, 신앙을 버린 사람들의 내면이 예외 없이 비참한 이유를 알 수 있다. 성결한 삶이란 제일 하고 싶은 일은 뭐든지 한사코 거부하는 삶으로 생각하는 것은 중생하지 못한 사람들의 오해로 일축해야 마땅하다. 하나님의 성화시키는 사역(이 갖는 '복음의 신비'라고 청교도들은 불렀다)으로부터 솟아나는 진정한 성결은 그리스도인의 진정한 성취이다. 진정한 성결이야말로, 그리스도 안에서 새롭게 된 지배적인 본능에 따라 자신의 가장 은밀한 곳에서 가장 원하는 일이기 때문이다. 하지만 이 사실을 제대로 헤아릴 만큼 자기 자신과 충분한 교감을 유지하는 그리스도인이 너무 적다고 해서, 그 진실성이 훼손되는 것은 아니다.

4. 성결의 주체는 성령

우리는 전 장에서 내주하시는 성령은 그리스도의 영이며, 그 영이 어떻게 그리스도인을 성결하게 하시는지 알아보았다. 하나님이 우리 안에서, 우리가 하나님을 기쁘시게 하기를 염원하고 실천하도록 인도하신다고 말할 때, 사도 바울은 성령의 능력을 전제하고 있었음이 틀림없다. 이러한 성령의 능력은 어거스틴식의 구분으로 말하자면 **선행**(先行)하는 은혜(우리 안에 순종하려는 마음을 갖게 하신다)와 **동행**(同行)하는 은혜(우리가 순종할 수 있도록 지탱시킨다)로 나타난다. 그리스도인은 성령의 능력으로 옳은 일을 하기로 결심하고, 실제로 그 일을 해냄으로 옳은 일을 하는 습관을 형성한다. 그리고 이러한 습관에서 올바른 인격이 나온다. "행동을 뿌리면 습관을 거두고, 습관을 뿌리면 인격을 거둔다"는 속담이 말해 주듯이, 이것은 자연적인 삶에서처럼 은혜의 삶에서도 마찬가지다. 바울은 이런 식의 인격 형성 과정을, 그리스도와 같은 모습으로 변화해서 점점 더 큰 영광에 이르는 과정으로 묘사하고는(고후 3:18), 인격 그 자체를 성령의 열매라고 불렀다. 실제로 성령의 열매를 찬찬히 살펴보면, 다름 아닌 제자들 속에 나타난 예수 그리스도의 모습이라는 사실을 알 수 있다. 이 점은 이미 여러 차례 말한 적이 있어(갈 5:22-24), 이제는 친숙하게 여겨지리라 생각한다.

하지만 종종 그것들을 망각한 채 살아가는 우리는 여기서 두 가지 사실을 기억해야 한다. 첫째는 성령께서 도구를 통해, 즉 성경의 진리, 기도, 교제, 예배, 성찬 등의 객관적인 은혜의 도구와 더불어, 생각하기, 경청하기, 자문하기, 자신을 살피기, 자책하기, 심중에 있는 생각을 다른 사람과 나누기, 신중하게 행동하기 등 우리 자신을 열어 변화하게 만드는 주관적인 은혜의 도구를 가지고 일하신다는 사실이다. 그렇다면 성령께서는 우리 안에서 당신의 능력을 어떻게 보이시는가? 환상을 보여 주거나 어떤 느낌을 갖게 하거나 직접 말씀하심으로 우리가 위에서 나열한 도구들을 사용하는 데 개입하시는, 말하자면 우리에게 이미 완성된 통찰력을 접시에 담아 일일이 전해 주시지는(하나님이 그런 식으로 전달하시는 경우는 드물다. 어떤 신자들에게는 아예 그런 식으로 전달하시지 않는다) 않는다. 단지 이러한 일반적인 도구들을 효과적으로 사용하게 만들어 우리를 좀더 개선시키고, 더욱 지혜롭게 만드신다. 거룩한 습관은 자신을 자제하며 올바른 행동을 계속할 때 생겨난다. 성령에 관한 교훈이 이 사실을 놓친다면 제대로 된 교훈이 아니다. 습관을 형성하는 일이야말로, 성령께서 우리를 성결의 길로 계속 인도하시는 일반적인 방법이기 때문이다. 성령의 열매 그 자체는 어떤 면에서는, 작용과 반작용으로 구성되어 있는 일련의 습관들이다. 다시 말해 사랑과 희락과 화평과 오래 참음과 자비와 양선과 충성과 온유와 절제는 모두 습관적인 기질이다. 즉 길들여진 방식으로 생각하고 느끼고 처신한다. 이러한 습관은 거룩한 삶에서 무엇보다도 중요하며, 성경에 기록되어 있는 습관들은 특히 중요하다. 하지만 이러한 습관은 고통스러울 만큼 몸에 익히기가 매우 어렵다.

두번째, 거룩한 습관이란 자기절제와 노력으로 자연스럽게 형성되지만, 결코 자연적인 결과물은 아니라는 사실이다. 이것은 성령께서 도구를 통해 일하신다는 사실과 대구(對句)를 이루며, 또한 그만큼 중요하다. 거룩한 습관을 위한 절제와 노력은 성령의 축복을 받아야만 한다. 그렇지 않으면 어떠한 성과도 거두지 못할 것이다. 따라서 우리가 균형 있는 삶을 살기 위해 행하는 모든 시도는, 우리가 우리에게는 스스로를 변화시킬 능력이 없음을 받아들이고 오직 감사함으로 이 점을 인정하면서 끊임없는 기도에다 자신을 푹 담구는 일이어야 한다. 해리엇 오버(Harriet Auber)는 이렇게 노래했다.

우리에게 있는 모든 미덕, 그리고 우리가 거둔 모든 승리 그리고 모
든 거룩한 생각은 오직 그분의[성령의] 것이라네.

거룩한 습관을 형성함으로 이루어지는 성결은, 자기노력으로 생긴
자기성화가 아니다. 성령의 방법을 그대로 이해하고 그분과 동행하
는 문제이다.

5. 성결의 체험은 갈등의 체험

"육체의 소욕은 성령을 거스리고 성령의 소욕은 육체를 거스리나
니 이 둘이 서로 대적함으로 너희의 원하는 것을 하지 못하게 하려 함
이니라"(갈 5:17). 이 말씀은 긴장하고 노력이 필요하며 성취한 모든
것이 불완전하다는 사실이, 실제로는 이 세상에서 거룩한 삶을 살고
있다는 표시임을 상기시켜 준다. 바울의 글에서 영의 소욕은 우리의
거듭난 심령의 기질이며, 육체의 소욕은 영의 소욕과 반대되는 "내
속에 거하는 죄"(롬 7:20)의 기질이다. 우리 안에 거하는 죄는 유혹과
기만, 광기 등의 형태를 띠고, 하나님을 거역하는 에너지를 끊임없이
방출해서 우리가 '전적 완전함'에 도달할 수 없게 한다. 웨슬리는 이
'전적 완전함'을 '천사 같은' 완전함이라고 불렀다. 이 말은 모든 것
이 더할 수 없이 올바르고, 지혜로우며, 전심으로 하나님을 높이는 상
태를 뜻한다. 영적으로 건강하며 거듭난 신자는 매일매일 완전한 순
종과 완전한 의를 가지고 자신의 천부를 온전히 기쁘게 하는 일에 열
심을 낸다. 이미 살펴본 대로 그렇게 하는 것이 그의 본성이다. 그러
면 그는 한 번이라도 그 일을 이룰 수 있겠는가? 이 세상에서는 아니

다. 이 점에서 그는 자신이 원하는 일을 할 수 없다.

그는 과연 자신의 매일의 삶을 어떻게 보고 있는가? 그는 천사 같은 완전함은 천국에 가서야 얻을 수 있다고 생각한다. 하지만 가능한 한 지금 이 세상에서 천사 같은 완전함에 가까이 가기로 결심한다. 그는 자신이 완전함에 이르게끔 인도와 도움을 받고 있다고 느끼며, 하나님이 이미 자신에게 죄를 저항하고 의를 행할 수 있는 힘을 주신 것과, 자기 혼자서는 도무지 그렇게 할 수 없다는 것을 알고 있다. 자칭 그리스도인이라면서 그렇게 말하지 않는다면 정말로 거듭났는지 의심스럽다. 하지만 그럼에도 불구하고 신자는 거룩한 삶을 살려고 할 때, 세상과 육체 그리고 마귀의 격렬한 저항에 직면할 수밖에 없다. 그는 이 세 가지 모두와 맞서 싸운다. 하지만 천사 같은 완전함에는 번번이 미치지 못하며, 그가 치르는 어떠한 전투도 그 전쟁을 종결짓지는 못한다.

'거룩한 삶'은 고전으로 불리는 존 화이트의 소책자 제목처럼 언제나 '전투'이다. 바울이 충만한 기쁨에 넘쳐 "오직 한 일 즉 뒤에 있는 것은 잊어버리고 앞에 있는 것을 잡으려고 푯대를 향하여 그리스도 예수 안에서 하나님이 위에서 부르신 부름의 상을 위하여 좇아가노라"(빌 3:13, 14)라고 선언할 때, 그는 끊임없는 전투(그는 이것을 단호한 결심과 노력이 필요한 달리기 시합으로 묘사하고 있다)를 가리키고 있었다. 그리스도인은 밖으로 끊임없는 저항에 맞서고, 안으로는 도대체 어디서 나오는지 모르는(바울을 통해 그것이 성령을 거스르는 육체의 소욕임을 깨닫게 된다) 꺼림칙한 순간과 그런 기분들에 맞서서 계속 전진한다. 그리고 한 세기 전에 알렉산더 와이트가 유혹을 겪지 않는 삶에 대한 과장되고 비현실적인 주장을 신랄하게 꼬집으며 "그렇다. 그것은 계속되는 고된 싸움이요, 격렬한 전투이다"라고 한 말이 사실임을 알게 된다.

외적으로든 내적으로든 간에 세상에서 성결을 추구함으로 갈등에서 벗어날 수 있다고 하는 모든 발상은 도피주의자의 망상에 지나지 않는다. 사실 우리는 성결을 추구하면서, 매일 이것과는 반대의 경험을 한다. 그래서 결국 환멸을 느끼고 의기소침해진다. 우리는 우리속의 모든 거룩함이, 주님이 그랬던 것처럼, 언제나 격렬한 공격을 받게 되리라는 것을 알아야 한다. 히브리서 저자는 이렇게 썼다. "너희가 피곤하여 낙심치 않기 위하여 죄인들의 이같이 자기에게 거역한일을 참으신 자를 생각하라 너희가 죄와 싸우되 아직 피 흘리기까지는 대항치 아니하고"(히 12:3, 4). 하지만 언젠가 예수님이 앞서 행하셨던 것처럼, 우리도 피 흘리기까지 싸워야 하리라. 이 싸움에는 예외가없기 때문이다. 따라서 우리는 예수님이 겟세마네 동산에서 잠든 제자들에게 하신 말씀을 마음에 깊이 새겨야 한다. "[틀림없이 다가올]시험에 들지 않게 깨어 있어[주의하고, 정신을 바짝 차리고, 감시하라] 기도하라 마음[거듭난 자신]에는 원이로되 육신[여기서는 거하는 죄 자체가아니라, 죄가 활동하는 통로가 되는 인간의 본성]이 약하도다"(마 26:41, [ ]는 저자 표기). 깨어 기도하고 기도하며 경계하지 않는 한, 우리는 세상과 우리 안에 거하는 죄와, 악한 자에게 대항해서 굳건히 설 수 없다. 오히려 그들의 농간과 감언에 희생될 뿐이다.

6. 성결의 규칙은 하나님이 계시한 율법

바울은 복음이 "오직 심령으로 새롭게 되어 하나님을 따라 의와 진리의 거룩함으로 지으심을 받은 새사람을 입으라"(엡 4:23, 24)는 하나님의 호출이라고 말한다. 사실상 **의로움과 거룩함**(이 단어는 호시오테스로 내적·외적인 정결이다)은 동전의 양면과 같다. 본질적으로는 동일한 의미인데, 다른 각도에서 바라보았을 뿐이다. 성결은 하나님의 것으로 구별된 우리 존재의 표현이라는 의미에서 '의로움'이다. 또한 의로움은 하나님의 율법을 준행한다는 의미에서 성결이다. 고로 그 둘은 하나이다.

성경에서 율법이란 단어는 몇 가지 다른 뜻을 가지고 있다. 여기서는 인간의 삶에 대해 하나님의 요구 사항이라는 기본 의미로 사용하고 있다. 이러한 요구 사항은 십계명의 명령과 금령(禁令)으로 구체화되었고, 선지자와 사도, 그리고 그리스도께서 친히 해설하고 적용했으며, 하나님을 기쁘시게 했던 성경인물의 생애에서 잘 드러난다. 이런 관점에서 볼 때, 그리스도의 생애는 그 명단의 첫머리에 위치하는 성육신한 율법이라고 묘사할 수 있겠다. 이런 의미의 율법은 바울의 말처럼 거룩하고, 바르고, 선하며, 신령하다(롬 7:12, 14). 율법의 요구 사항은 창조주의 성품을 드러내고 반영한다. 율법을 준행하는 일은, 인간의 타락으로 상실되었던 하나님의 형상, 즉 하나님을 닮은 측면이 이제는 은혜로 우리 안에 회복되는 것을 뜻한다. 하나님이 변하지 않으시듯이 율법이 정하는 기준도 변하지 않으며, 거룩함의 절정은 시간을 초월해서 주어진 의로운 규칙을 계속 지키는 일이다.

그러나 하나님의 율법을 우리의 규칙으로 삼는 것과 **율법주의**를 혼동하면 안 된다. 율법주의는 우리가 아는 대로 그리스도인이 마땅히 피해야 할 오류이다. 율법주의는 두 가지를 의미한다. 첫째, 율법의 요구 사항 전부를 모든 상황에 적용할 수 있는 표준 행동규정으로 여기는 것이다. 그러나 그러한 규정은 행동하는 사람의 동기와 의도, 마음에 대해서는 아무것도 말해 주지 못한다. 둘째, 그 규정의 준수가 어떤 식으로건 구원의 제도로 작동해서 영광에 이르게 하거나, 다른 방법으로는 누릴 수 없을 정도로 하나님의 눈에 들게 해 준다고 믿는 것이다. 복음서의 바리새인들과 갈라디아교회에 밀고 들어왔던 유대인들 모두가 이러한 율법주의의 두 측면을 다 가지고 있었다. 하지만 바리새인들의 율법주의는 율법에 대한 예수님의 결정적인 말씀으로 격파되었다. 예수님은 율법을 지키는 것과 지키지 않는 것은 실제로 행동하고 수행하는 문제이기 이전에, 마음으로 원하고 결심하는 문제라고 인식하셨다. 그리고 율법을 지켜 구원을 얻는다는 유대인들의 주장은, 오직 그리스도만을 통해 믿음으로 단번에 의롭게 된다는 바울의 복음으로 논파되었다.

오늘날 복음주의 그리스도인들은 율법주의의 두번째 측면을 더 잘 피해 간다. 그들은 일단 믿음으로 용서받고 용납받는다는 공식에 대해서는 명확히 이해하고 있다. 하지만 우리 자신과 다른 사람들을 위한답시고 성경이 시키지도 않은 규칙들을 만들어 놓고, 그 규칙들을 잘 지키는 사람이 영적인 엘리트인 양 대한다. 그러나 집단의 압력으로 그리스도인 개인의 자유를 제한하는 것은 거룩한 방법이 아니다. 나는 우리 시대에 그 일에 대한 맞대응이 있었다는 사실이 기쁠 따름이다.

그러나 프라이팬이 뜨겁다고 불 속으로 뛰어드는 어리석은 행동처럼, 율법주의를 피한답시고 법은 안중에도 없고 제멋대로 한다면, 우리의 마지막 상황은 처음보다 훨씬 나빠질 게 뻔하다. 어쨌거나 그리스도인은 끊임없이 율법준수를 자신들의 이상으로 삼아야 한다. 이점은 예수께서 산상설교를 통해 친히 강조하신 부분이다. "진실로 너희에게 이르노니 천지가 없어지기 전에는 율법의 일 점 일 획이라도 반드시 없어지지 아니하고 다 이루리라"(마 5:18, 예수께서는 강조하기위해 과장해서 말씀하시는데, 예수님뿐 아니라 성경의 많은 교사들도 그렇게 한다. 예수님의 말씀은, 십계명에서 구체화되고 구약성경 전체를 통해 설명된 도덕률이 결코 손상되지 않을 것이라는 뜻이다). "그러므로 누구든지 이 계명 중에 지극히 작은 것 하나라도 버리고 또 그같이 사람을 가르치는 자는 천국에서 지극히 작다 일컬음을 받을 것이요 누구든지 이를 행하며 가르치는 자는 천국에서 크다 일컬음을 받으리라"(마 5:19). 예수님의 말씀은, 좋은 제자가 되려면 양심적으로 율법을 지켜야 한다는 뜻이다.

분명 그리스도인이 율법을 지키는 일은 율법주의와는 무관하다. 생명을 얻기 위해서가 아니라 생명을 얻었기 때문에, 이득을 얻기 위해서가 아니라 감사에 겨워 율법을 지킨다(롬 12:1). 그는 구원을 얻기 위해 애쓰는 죄인이 아니라, 이미 자신의 소유가 된 은혜의 구원을 누리는 하나님의 아들로서 하나님께 순종한다. 하지만 바울이 말한 대로 자신이 "율법 없는 자가 아니요 도리어 그리스도의 율법 아래 있는 자"(고전 9:21)임을 결코 잊지 않는다. 그래서 주인의 명령을 지켜 주인을 기쁘게 하려고 노력한다. 진정한 성결의 길을 걷는 것은 하나님을 사랑하는 증거가 되기 때문이다(요 14:15). 그러나 지름길로 가려고 꾀를 부리지 말고 주의해서 따라가야 한다. 도덕적 부주의는 영적인 육욕(고전 3:1-3)이며, 거룩함을 부인하는 일이다.

7. 성결의 핵심은 사랑

이 점은 너무 분명하고 친숙해서 장황한 설명이 필요 없을 듯하다. 예수께서는 하나님을 사랑하고 이웃을 사랑하는 것이 율법이 요구하는 전부라고 말씀하신다(마 22:35-40). 바울은 사랑이 성령의 첫 열매이며, 사랑이 없으면 그리스도인이라는 주장이 아무런 설득력이 없다고 말한다(갈 5:22; 고전 13:1-3). 사랑은 규정과 원칙을 넘어(별개라는 뜻이 아니라) 사람 자체를 바라보며, 상대의 행복과 영광을 추구한다. 사랑은 애정의 감정만이 아니라, 처신하는 방식이다. 감정으로 시작했다 해도 진정한 사랑이 되기 위해서는 감정에서 더 나아가야 한다. 사랑은 무엇인가를 하고, 주는 것을 통해 자기정체성을 확립시킨다. "그가 우리를 위하여 목숨을 버리셨으니 우리가 이로써 사랑을 알고 우리도 형제들을 위하여 목숨을 버리는 것이 마땅하니라 누가 이 세상 재물을 가지고 형제의 궁핍함을 보고도 도와줄 마음을 막으면 하나님의 사랑이 어찌 그 속에 거할까 보냐 자녀들아 우리가 말과 혀로만 사랑하지 말고 오직 행함과 진실함으로 하자"(요일 3:16-18). 또한 "사랑하는 자들아 우리가 서로 사랑하자 사랑은 하나님께 속한 것이니…… 사랑은 여기 있으니 우리가 하나님을 사랑한 것이 아니요 오직 하나님이 우리를 사랑하사 우리 죄를 위하여 화목제로 그 아들을 보내셨음이니라 사랑하는 자들아 하나님이 이같이 우리를 사랑하셨은즉 우리도 서로 사랑하는 것이 마땅하도다"(요일 4:7, 10, 11).

성결을 가장 순전하고 완전하게 표현하기 위해서는, 성육신한 율법이자 사랑이신 예수님이 보여 주신 길, 당신 자신을 주신 그분의 길을 따라야 한다. 엄격하고 가혹하고 냉혹한 성결은 개념상 모순이다. 그것과 반대로, 신명기 6장 5절을 인용하여 마태복음 22장 37절에서 명하고 시편 18편에서 노래하고 있는 하나님에 대한 사랑과, 고린도전서 13장 4절부터 7절에서 정의하고 예수님의 선한 사마리아인 비유에서 예시한(눅 10:29-37) 이웃 사랑에서 성결의 힘찬 박동을 들을 수 있다. 그러한 사랑이 얼마나 값진지 상술하지는 않겠다. 사실 그 사랑을 실천하려면 엄청난 희생이 따른다. 그러나 여기서는 다만 사랑이 없으면서 거룩한 척하는 그 어떤 것도 하나님이 보시기에는 아무것도 아니라는 점만 지적하기로 하자. 다시 말하면 그것은 속이 텅 빈 속임수이다. 우리는 이 점에 비추어 자신을 자주 점검해 보아야 한다.

현장 재건축

그리고 어떤 것도 믿지 말거라.
천연색 그림으로 표현될 수 없다면.

이것은 체스터턴(G. K. Chesterton)이 어떤 똑똑한 아이에게 준 마지막 조언이다. 그 주요 논점 배후에 있는 순전한 지혜를 찾아내기란 쉽다. 만일 어떤 생각이 실체가 전혀 없어서 예를 들 수 없다면, 비현실적인 추상적 개념이거나 단순히 머릿속에서 지리멸렬하는 그 무엇에 불과할 가능성이 농후하다. 진정한 통찰은 구체적이다. 그래서 설명하고 검증하는 데 도움이 되도록 생생하게 표현할 수 있다. 우리 지성의 절반에 해당하는 상상력을 활용하여 제대로 된 심상(心象), 그러니까 현대어를 쓰자면 모형을 그리면, 이성의 분석만으로 얻을 수 있는 것보다 훨씬 깊은 이해를 얻을 수 있다. 이것이 예수께서 비유를 들어 가르치신 이유이며, 모든 의사전달자에게 분석적일 뿐 아니라 상상력이 풍부한 의사전달 방식을 개발하는 일이 필요한 이유 중 하나이다. 루이스(C. S. Lewis) 같은 작가나 스펄전 같은 설교가가 그랬고, 제임스 패커도 분별력이 있다면 그렇게 할 것이다. 특히 '거룩함'에 관한 교리를 검토할 때는 더욱 그렇다.

왜 그럴까? 잘못된 그림이 상상력을 사로잡으면 그 마음에 잘못된 개념을 미리 주입시키는데, 최근에 무엇보다도 성결에 대한 교리에서 잘못된 그림이 많기 때문이다. 성결을 표현하고 그리는 잘못된 방식은 이런 것들이다. 마치 우리 삶에서 성령의 능력을 자동적으로 가동시킬 수 있다는 생각, 거룩한 사람은 심리적인 수동성 안에서 그냥 떠밀려 가면 된다는 생각, 자신의 생각과 감정을 주님께 넘겨드리기만 하면 자신의 현재 생각과 감정을 무비판적으로 신뢰해도 좋다는 생각, 그리스도께서 자신의 몸 안에서 사시는 한 자신들의 자아는 정지된다는 혹은 정지되어야 한다는 생각들이다. 이런 잘못된 생각에 젖어 있는 사람은 성경이 말하는 '회개'와 '순종'에 대해 이야기할 때, '하나님이 하시게 한다' '자신의 의지를 내려놓는다' '자아에 대해 죽는다' '자신을 제단에 바친다' '그리스도께 자신을 내어드린다' 등의 느슨한 비성경적 표현들만 사용한다(회개에 대해서는 고후 7:9-11, 12:21; 딤후 2:25; 계 2:5, 16, 3:3, 19. 순종에 대해서는 롬 1:5, 6:16-19, 16:19; 고후 10:5, 6; 갈 5:7; 빌 2:12, 13; 벧전 1:2, 22; 요일 1:6). 잘못된 개념과 엉터리 그림이 머릿속을 가득 채우고 있는 한, 우리 생각이 딴 길로 빠지는 것은 놀랄 일이 아니다. 기본개념이 정리되었으니, 이제 거룩한 삶을 제대로 그려 보일 만한 예들을 찾아보자. 가장 좋은 예는, 내가 런던의 히스로 공항과 밴쿠버의 리전트 대학에서 지난 수년간 겪으면서 체득한 사실들이다. 두 군데 모두 복잡한 행정업무를 담당하는 복합건물이었고, 도무지 끝날 기미가 보이지 않는 재건축공사가 진행되고 있었다.

활발하게 운영되고 있는 사업체가 들어서 있는 부지가 하나 있다고 상상해 보자. 이 부지에서는 지금 공사가 진행중이다. 해당 업체가 점유하고 있는 건물들이 하나씩 철거되고, 그 건물들이 서 있던 자리에 더 좋은 새 건물들이 세워지고 있으며, 개축 과정에는 원래 철거된 건물에 속했던 자재들을 사용한다. 이 작업이 진행중인 동안에도 기업은 평소처럼 돌아가지만, 갖가지 임시시설들이 배치되어 이용자들에겐 인내심이 필요하다(히스로 공항에서는 한때 여러 임시천막을 지나서 버스를 타고 터미널에서 1마일 떨어진 곳에 대기하는 비행기에 탑승해야 했다. 대단히 영국답다고 느껴지긴 했지만, 공항을 운영하는 이상적인 방법은 아니었다). 특히 업무를 계속 진행시켜야 하는데, 자신들의 일상적인 업무가 계속 방해를 받는 건축계획을 사전에 제때 통보받지 못한 사람들에게는 대단히 피곤한 일이다. 하지만 사실, 건축가는 재건축의 모든 과정에 필요한 기본계획을 작성했으며, 가장 유능한 작업감독이 매 단계를 지시하고 감독한다. 또 일일 단위로 모든 건축 과정이 제대로 진행되도록 관리하는 프로그램도 있다(그렇게 계획되었다). 여하튼 기업체에 종사하는 사람들은 매일 공사현장을 보면서, 그들의 기대만큼은 아니라도, 자신들이 불편을 감수하며 공공에 봉사할 책임을 완수했다고 느낄 수 있다.

내 비유는 바로 이것이다. 현장이나 거기에서 업무를 계속하는 기업체는 우리의 삶을 가리킨다. 하나님은 그 현장에서 끊임없이 일하셔서, 우리의 못된 습관을 허물고 그 자리에 그리스도를 닮은 습관을 형성하신다. 성부 하나님께서는 이 점진적인 공사에 대한 마스터플랜을 가지고 계신다. 그리스도께서는 성령을 통해 이 계획을 일일 단위로 집행하신다. 이 과정에서 우리의 일상이 깨어지고, 하나님이 지금 뭘 하시나 하고 당혹스러울 때가 한두 번이 아니다. 하지만 작업이 진행됨에 따라 그 작업의 전반적인 결과로서, 하나님과 다른 사람을 섬길 수 있는 역량이 늘어나게 된다(옛날보다 지금 더 잘할 수 있다는 사실보다는 우리가 지금 하고 있는 일의 결점을 더 잘 인식하게 되며, 또 그렇게 인식해야만 한다). 그 계획 자체가 기독교인 전체에 적용 가능하며, 에베소서 5장 25절부터 27절에는 이렇게 묘사되어 있다. "그리스도께서 교회를 사랑하시고 위하여 자신을 주심같이 하라 이는 곧 물로 씻어 말씀으로 깨끗하게 하사 거룩하게 하시고 자기 앞에 영광스러운 교회로 세우사 티나 주름 잡힌 것이나 이런 것들이 없이 거룩하고 흠이 없게 하려 하심이니라."

개개인의 재건축이 계속 진행되는 이 혼란스러운 와중에, 우리는 현재 자신의 결점을 깨닫게 되고, 하나님을 섬기면서 좌절감에 빠져든다. "우리 곧 성령의 처음 익은 열매를 받은 우리까지도 속으로 탄식하여 양자 될 것 곧 우리 몸의 구속을 기다리느니라"(롬 8:23). 일반적으로 성화는 편안한 과정이 아니다. 그렇기 때문에 성화되어 가는 동안 내면의 편안함을 기대해서는 안 된다. 우리를 다시 건축하시는 하나님의 작업은, 또 다른 관점에서 보면, 하나님의 도덕규율과 훈련을 우리에게 내리시는 일이다. 얼핏 보면 "무릇 징계가 당시에는 즐거워 보이지 않고 슬퍼 보이"지만, "후에 그로 말미암아 연달한 자에게는 의의 평강한 열매를 맺나니", 이처럼 하나님은 "우리의 유익을 위하여 그의 거룩하심에 참예케 하"(히 12:11, 10)신다.

피터 윌리엄슨(Peter Williamson)은 이렇게 썼다.

"내가 아는 어떤 그리스도인들은 이런 문구가 적힌 푯말을 흔든다. '제발 참아 주세요. 하나님은 아직 절 다듬고 계신 중이거든요.' 이 말은 전적으로 옳다. 우리는 하나님의 형상과 하나님의 닮은꼴로 변경되는 과정의 한가운데에 있다…… 바울은 이렇게 기록하고 있다. '나의 자녀들아 너희 속에 그리스도의 형상이 이루기까지 다시 너희를 위하여 해산하는 수고를 하노니'(갈 4:19)…… 바울은 그리스도의 생명이 그리스도인 안에서 형성되어야 한다고 믿는다. 그러나 그것은 갑자기 생겨나지 않는다. 거기에는 시간과 노력이 든다. 우리는 그 과정의 중간 어디쯤 있다."[2]

맞다. 바로 그렇다.

성령과 보조 맞추기

바울은 성령의 '인도를 받는다'는 표현을 두 번 사용한다(롬 8:14; 갈 5:18). 두 번 다 죄악을 행하려는 자기 자신의 충동에 저항하는 것을 가리킨다. 이 둘은 항상 붙어 있다(문맥을 보려면 롬 8:12-14; 갈 5:16-18). 여기서 인도하심은 '길 안내'를 뜻한다. 이 '안내'라는 말은 지금까지 알려지지 않은 하나님의 지시사항을 머릿속에 계시해 준다는 의미가 아니다. 우리에게 이미 익숙한 하나님의 성결을 추구하고 실천하고 굳게 붙잡도록 우리의 의지를 강권하신다는 뜻이다. 바울은 이와 같이 인도를 받고 안내를 받는 일이야말로 그리스도인의 표시라고 말한다. "무릇 하나님의 영으로 인도함을 받는 그들은 곧 하나님의 아들이라"(롬 8:14). 그들이 보여 주는 삶을 통해 그들이 하나님의 아들임이 드러난다. 너희가 만일 성령의 인도하시는 바가 되면 율법 아래 있지 아니하리라(롬 6:14). 이제 우리는 새 창조에 참여함으로 은혜 아래 살고 있다(갈 6:15). 어떤 사람이든지 그러한 인도를 받고 있지 않다면, 우리는 그가 신자인지 아닌지를 의심해 봐야 한다. 그리고 의로움을 좇는 데 실패하고, 성결하지 못해서 성령을 근심시키고 있다면(엡 4:30), 성령의 사역과 보조를 맞출 수 없다. 그러니 소중한 일을 먼저 하자!

나는 그리스도인이 성결을 무엇보다 우선시해야 한다고 강조하면서 이번 장을 시작했다. 이 장을 마치는 시점에서 이 사실을 다시 한 번 강조하고 싶다.

성결이란 하나님께서 당신 백성을 구원하기로 계획하실 때부터, 그들을 향해 뜻하셨던 일이라는 점을 기억하라. "곧 창세 전에 그리스도 안에서 우리를 택하사 우리로 사랑 안에서 그 앞에 거룩하고 흠이 없게 하시려고"(엡 1:4).

성결이란 그리스도께서 우리를 위해 죽으신 목적임을 기억하라. 그는 "교회를 사랑하시고 위하여 자신을 주심같이 하라 이는 곧 물로 씻어 말씀으로 깨끗하게 하사 거룩하게 하시고"(엡 5:25, 26. NIV의 "교회를 거룩하게 하고 깨끗하게 하심"이라는 번역이 더 낫다).

우리가 그리스도 안에서 살아난 이유도 거룩해지기 위해서라는 사실을 기억하라. "우리는 그의 만드신 바라 그리스도 예수 안에서 선한 일을 위하여 지으심을 받은 자니 이 일은 하나님이 전에 예비하사 우리로 그 가운데서 행하게 하려 하심이니라"(엡 2:10).

우리를 그리스도께로 부르는 복음은 또한 우리를 '거룩함'으로 부른다는 점을 기억하라. "모든 사람에게 구원을 주시는 하나님의 은혜가 나타나 우리를 양육하시되 경건치 않은 것과 이 세상 정욕을 다 버리고 근신함과 의로움과 경건함으로 이 세상에 살고"(딛 2:11, 12). "진리가 예수 안에 있는 것같이 너희가 과연 그에게서 듣고 또한 그 안에서 가르침을 받았을진대 너희는 유혹의 욕심을 따라 썩어져 가는 구습을 좇는 옛사람을 벗어 버리고 오직 심령으로 새롭게 되어 하나님을 따라 의와 진리의 거룩함으로 지으심을 받은 새사람을 입으라"(엡 4:21-24).

성결이란 죄에서 구원받은 삶의 다른 이름이며, 성결 자체가 예수께서 우리에게 주시는 구원의 한 부분임을 기억하라. "그가 자기 백성을 저희 죄에서 구원할 자이심이라"(마 1:21).

"거룩해지지 않고서는 아무도 주님을 보지 못할 것"(히 12:14, 현대인의성경)임을 기억하라. 이 말은 그리스도인이 하나님께 용납받기 위해서는 거룩한 삶을 살아야 한다는 뜻이 아니다. 시력이 좋아야 아름다운 경치를 볼 수 있는 것처럼, 순결한 마음을 통해서만 하나님을 볼 수 있기 때문에 그렇게 말한 것이다(예수께서도 이처럼 말씀하셨다[마 5:8]).

거룩한 자만이 하나님과 교제하는 행복을 누릴 수 있으며, 거룩하지 않은 자는 그럴 수 없음을 기억하라. "주님, 누가 주님 계신 곳에서 살 수 있는 사람입니까? 주의 거룩한 산에 머무를 사람은 누굽니까?"라는 질문에 대한 대답은 "정직하게 행하는 사람, 의를 실천하는 사람"이다(시 15:1, 2).

또한 성결은 하나님께 쓰임받기 위한 전제조건임을 기억하라. "누구든지 이런 것에서 자기를 깨끗하게 하면 귀히 쓰는 그릇이 되어 거룩하고 주인의 쓰심에 합당하며 모든 선한 일에 예비함이 되리라"(딤후 2:21).

마지막으로, 성결은 어떤 상황이나 중생한 모든 사람에게 자연스럽고 보람 있는 삶을 살게 하는 유일한 생활방식임을 기억하라. 거룩하지 않은 하나님의 자녀들은 자신들의 새 본성에 역행하는 행동을 하기 때문에 늘 만족하지 못하게 마련이다. 하늘 아버지께서는 그들을 새 본성에 맞게 고치시기 위해 징계하실 수도 있다. 그것은 그들의 죄가 하나님의 사랑을 소멸시켜서가 아니다. 하나님께서는 그들을 너무나도 사랑하시기 때문이다. 도저히 그들이 끝없이 잘못된 길을 가는 것을 두고 볼 수 없으시기 때문이다(히 12:5-14).

설사 성결의 본질과 그 미묘한 뜻에 대해서 의견 차이가 있다 해도(여기에 대해서는 다음 장에서 다룰 생각이다), 우리를 향한 성령의 사역 가운데 가장 우선하는 것은, 그리스도를 구주와 주인으로 받아들이는 우리의 믿음을 통해 우리를 인도하시고, 거룩한 행동과 인격을 갖춘 삶으로 이끄시는 일이다. 따라서 그리스도인인 우리 모두는 로버트 맥체인이 150년 전에 드렸던 기도를 우리 자신의 기도로 만들어야 한다는 데 동의하고, 이것을 기억해 두기 바란다. "주님, 구원받은 죄인이 거룩해질 수 있는 데까지 저를 거룩하게 해 주세요." 우리는 그기도에 '아멘'으로 화답할 것인가? 그렇다면 이 책을 계속 읽어 갈 마음 자세가 되어 있는 셈이니, 계속 읽어도 헛수고가 아닐 게다.

4

—

성결에 대한 세 가지 견해

성령의
진로
그리기
2

전투 속으로

'성결'에 대해 의견 대립을 벌이는 기독교라 하면, 반전주의를 홍보한답시고 전쟁뉴스를 전하는 일만큼이나 미덥지 못하며, 제 무덤을 스스로 파는 꼴로 들린다. 온유와 관용이야말로 '성결'의 한 부분이 아니던가? 그렇다면 그러한 '성결'에 대한 교리를 사이에 두고 논쟁을 벌인다면, 어느 편이든 간에 논쟁 당사자와 그 추종자들은 거룩하지 않다는 뜻이 아닌가? 그러한 논쟁은 영적이지 않을 뿐 아니라 성령을 소멸시키는 일이 아닌가? 그 점에 대해서는 두 가지 답변을 제시할 수 있다. 첫째, 그리스도와 바울의 논쟁이 그랬듯이, 영혼의 유익을 위해 논쟁이 필요할 경우, 논쟁 상대의 건전한 믿음을 존중하는 한 논쟁 자체가 영적이지 않다고 말할 수는 없다. 둘째, 논쟁을 피하는 것을 미덕으로 삼는 사람들의 동기는, 진리의 가치를 인식하지 못하는 오만하고 자존심 강한 사람들이 취하는 방어 자세보다 조금도 나을 게 없다. 사실 논쟁은 때로는 교사의 의무이다. 그가 성결을 가르치고 있으며, 그의 변론에 수긍하는 사람이 손가락으로 꼽을 정도라 해도 말이다.

그래서 나는 이번 장에서 논쟁에 참여하려 한다. 내가 도와주고 싶은 사람들이 긴급한 상황에 처했기 때문에, 도저히 모른 체할 수가 없다. 냉정을 유지하기 위해 최소한의 이름만 거론하고, 내가 거부하는 견해의 대변자 가운데 생존해 있는 사람의 이름은 거론하지 않겠다. 독자들 중에는 나와 다른 입장에 서 있는 사람도 있을지 모른다. 책을 읽다 보면, 내가 부정하는 부분을 정작 자신은 받아들이고 있었다는 사실을 새삼 깨달아 당황할 수도 있다. 설혹 그렇다 해도, 내가 싸움을 좋아해서가 아니라(싸움을 언제나 피하기만 할 수는 없지만, 그래도 난 싸움이 싫다), 독자들과 마찬가지로 사람들을 아끼는 마음에서 논쟁자로 나섰음을 알아주었으면 좋겠다.

나를 비롯해서 여러 사람들의 경험을 통해서 볼 때, '거룩함'에 대해 오해를 품은 사람은, 그 오해가 아무리 진지하다 해도 현실을 제대로 직시하지 못하고 길을 잃어버려, 결국엔 내면 생활의 기쁨을 누리지도, 스스로에게 정직하지도 못하게 되게 마련이다. 그래서 할 수만 있다면 독자들이 그런 처지에 빠지지 않게 지켜 주고 싶다. 내가 말하는 내용은 거부한다 해도, 내가 왜 그 말을 했는지만은 꼭 기억해 주기 바란다.

목회의 차원에서 볼 때 첫번째 전투는 그리스도인들에게 성결에 대한 필요성을 확신시키는 일이다. 지난 장에서 말한 내용이 그 일에 대해 확신을 주기에 충분했기를 바란다. 하지만 일단 그리스도인이 성결을 자신의 목표로 삼고 헌신하면, 이어서 이번에는 '매일의 삶 속에서 거룩해지는 방법'이라는 주제를 놓고 두번째 전투가 시작된다. 지난 장에서 살펴보았던, 성경이 말하는 성결에 대한 일곱 가지 척도가 그 주제의 범위를 정해 주었으리라 생각한다. 그 일곱 가지 원칙에 대해 동의한 후 입장 차이를 보인다면, 그것이 무엇이건 간에 이미 부차적인 문제가 된다. 그러나 그 주장과 강조에서 입장 차이가 분명히 나기 때문에, 그것을 개괄해 내는 일이 다음 순서가 되어야 하리라. 그러기에 아래 세 가지의 주요 견해는 구별해야 마땅하다.

어거스틴주의의 거룩함

첫번째는 어거스틴주의의 접근방식으로, 어거스틴이 펠라기우스(Pelagius; 354-418 영국의 수사이자 신학자. 영혼이 구원받으려면 인간의 노력이 우선한다고 주장-옮긴이)에 대항해서 주장했고, 종교개혁가들이 중세의 행위구원론에 대항해 재천명했으며, 아직도 보수적인 루터파와 개혁파 교사들이 견지하고 있는 입장이다. 그 근본 원칙은 하나님께서 우리 안에 은혜로 말미암아(우리 죄인들에게 값없이, 아무 공로 없이 베푸는 사랑을 뜻함), 은혜로써(우리 개인의 삶에서 활동하는 성령을 뜻함) 역사하셔야만 우리가 하나님께서 요구하시는 믿음, 소망, 사랑, 경배, 순종 가운데 다만 얼마라도 이룰 수 있으며, 또 실제로 하나님이 그렇게 되도록 역사하신다는 데 있다. 어거스틴의 용어를 쓰자면, 하나님은 우리에게 명하시고 또 그 명하신 것을 주신다는 뜻이다. 그럴 수밖에 없는 이유가, 우리 모두는 본래 마음으로 하나님을 거역하며, 어떤 단계에 이르더라도 죄의 영향력으로부터 완전히 자유롭지는 못하기 때문이다. 우리는 은혜가 없다면 결코 하나님께 반응할 수 없다. 심지어 은혜의 성령께서 우리 삶에서 역사하시는 그 순간조차도, 우리의 모든 반응과 의로움은 완벽하기는커녕 죄악으로 손상되어, 오로지 거절만이 합당한 대가일 정도이다.

어거스틴주의가 일관성 있게 발전한 곳은 개혁 교회뿐이다. 개신교 밖에서는, 9세기의 고트샬크(Gottschalk of Orbais; 803-868 수사이자 시인이며 신학자-옮긴이), 14세기의 브래드워딘(Thomas Bradwardine; 1290-1349 캔터베리 대주교이자 신학자이며 수학자-옮긴이)과 위클리프(John Wycliffe; 1330-1384 잉글랜드의 신학자이자 철학자이며 교회개혁가-옮긴이), 그리고 17세기의 얀센주의자들(네덜란드의 가톨릭 신학자 코르넬리스 얀세니우스가 주창한 교리로 하나님의 은혜를 강조하고 인간의 자유의지를 부정-옮긴이)을 빼고는, 어거스틴주의를 공공연히 옹호하는 사람들조차도 주권적인 은혜의 핵심을 어느 정도 변형시켰다.

개신교에서는 위에서 상술한 그 근본 원칙에다 두 가지 새로운 강조점을 추가해서 더욱 강화시켰다. 첫째는, 하나님께서는 지금 우리를 완전히 용납하시며(칭의), 그리스도에게서 전가된 의가 그것에 대한 유일하고 충분한 근거라는 종교개혁가들의 주장이다. 어거스틴은 은혜로 말미암아 구원을 받는 데 합당한 능력을 얻는다고도 생각했었고, 역사적으로 로마가톨릭이 이 견해를 따랐다. 둘째는, 중생(신생[新生])의 확실성, 즉 돌이킬 수 없는 은혜의 역사로 말미암아 그리스도와 연합하고, 그래서 심령이 변화되어 믿음이 생겨나며, 그러한 믿음은 결코 사라지지 않는다는 청교도와 경건주의자들의 주장이다. 어거스틴 자신은 하나님께서 당신이 은혜로운 삶으로 인도한 모든 사람에게 견인(堅忍)이라는 선물을 주시지는 않을 거라고 생각했으며, 역사적으로 로마가톨릭이 이 견해를 따랐다. 이와 같이 적절히 수정한 틀 안에서, 하나님이 그리스도인의 삶에서 명하신 것을 또한 공급하신다는 원칙을, 명쾌하고 일관성 있게 정리한 사람들이 바로 오언, 보스턴, 휘트필드, 에드워즈, 스펄전, 라일, 카이퍼 등이다.

워필드(B. B. Warfield)는 어거스틴주의를 "비참한 죄인의 기독교"[1]라고 규정했다. 자화자찬과 정신건강의 유지를 중요하게 여기는 작금의 시대에 이러한 묘사를 처음 들으면 아주 생경하다. 하지만 그렇게 들리는 이유는 그 말 뜻을 제대로 이해하지 못했기 때문일 것이다. 우선 그 어휘가 고어(古語)라는 사실을 염두에 두어야 한다. 1549년, 아주 어거스틴주의적인 영국국교회 기도서에는 재(灾)의 수요일의 기도가 들어 있는데, 예배하는 사람들은 그 기도문에서 자신들을 "비천한 흙덩이와 비참한 죄인들"로 고백했으며, 현대 영국국교회에서 정기적으로 "우리 안에 건강함이 없으니…… 우리 비참한 범법자들에게 자비를 내리소서"라고 함께 고백하는 관습도 비슷한 시기에 시작되었다. 하지만 그런 단어를 썼다고 해서 비참한 상태를 조장하려 한다거나, 그러한 단어 사용을 중세 후기의 병적인 음울함의 잔재나 신경과민의 자기혐오 내지는 스스로의 가치를 부정하는 뜻으로 읽어서는 안 된다(하지만 우리 시대에도 실제로 이렇게 해석하는 사람들이 있다!). 비참한(miserable)의 어원은 라틴어 *miserandi*로서, 죄인인 우리는 언제나 하나님의 자비와 긍휼이 필요하다는 개념으로 쓰였으며, 이것은 신경쇠약 증세로 나타나는 병적인 비현실주의가 아니라, 건강한 그리스도인이 가지는 현실에 대한 올바른 인식이다. 따라서 "비참한 죄인의 기독교"가 거룩함에 대한 다른 어떤 설명보다도 우리의 죄악성을 더 잘 부각시킨다는 데는 의심의 여지가 없다. 그 말은 명민(明敏)한 현실주의에 대한 표현이지 정신의 메마름이나 성격의 파탄을 나타내는 표현이 아닌 것이다.

어거스틴주의의 특성

어거스틴주의의 견해에는 특히 세 가지 강조점이 있다.

겸손

어거스틴주의는 무엇보다 하나님과 우리의 모든 교제에는, 자신을 신뢰하지 않고, 스스로를 의심하는 가장 신중한 겸손이 필요하다고 강조한다. 왜냐하면 하나님은 더할 나위 없이 거룩하시고, 순전하시며, 선하시고, 약속을 변함없이 신실하게 실행하시는 반면, 우리는 이 가운데 어느 것도 갖추지 못했기 때문이다. 우리는 로마서 7장 후반부에 나와 있는 것처럼 "원함은 내게 있으나 선을 행하는 것은 없"(롬 7:18)다. 아담 안에서 죄인으로 태어났기에, 이제 그리스도 안에 있는 우리는 악한 성향에 지배당하지는 않지만, 그러한 성향은 아직도 완전히 파괴되지 않은 채 여전히 우리 안에 남아 있다. 그래서 우리는 끊임없이 유혹과 기만, 무지막지한 오만과 열정을 향한 욕구, 하나님께 반항하는 자기주장과 충동적인 방종에 사로잡힌다(어거스틴은 자만과 욕망으로 불렀다).

따라서 우리는 우리의 구세주 하나님 앞에서 자신을 깊이 낮추고 (이런 것들을 예수께서는 심령이 가난하다고 칭하셨다[마 5:3]) 자신의 공허함과 무능함을 깨달아 하나님께 의존하는 감각을 익혀야 한다. 그렇지 않으면 교만이 우리가 눈치 채기도 전에 우리를 우쭐하게 만들 게 뻔하다. 교만은 이렇게 늘 우리를 넘어지게 한다(고전 10:12). 어거스틴주의자들은 버니언(Bunyan)이 이 문제의 진상을 알고 이렇게 노래했다고 확신한다.

낮은 곳에 처한 자 넘어질까 두려워할 필요가 없고,
천한 자는 교만을 두려워할 필요가 없다네.
겸손한 자에게는 언제나,
하나님이 안내자가 되시리.

그들은 이 시가 하나님의 영광스러운 거룩함과 우리 자신의 치욕스러운 죄악 사이의 대조를, 우리가 점점 더 분명하게 인식하도록 도우시는 성령의 사역 중 하나라고 본다. 이렇게 거룩하게 하시는 성령의 사역이 계속되고, 우리는 좀더 하나님을 닮아가며 그분과 더욱 친밀해진다. 그래서 우리는 그 이전보다 우리와 하나님 사이의 차이를 더욱 분명하게 인식하게 된다.

활동

두번째로, 모든 하나님의 종들은 각계각층에서 **누구보다도 진취적으로 활동해야** 한다고 강조한다. 왜냐하면 우리 속에 있는 죄는 본질상 하나님의 뜻을 행하기 싫어하기 때문이다. 그래서 우리가 '선한 일'에 무감각하고 게으르며 나태하게 만들 뿐 아니라, 우리 자신과 하나님을 농락하라고 우리를 유혹한다. 분명 하나님은 선한 일을 하라고 우리를 구원하셨지만, 우리 안의 죄는 그 일을 소홀히 하는 우리 자신을 정당화시키기 때문이다(엡 2:10; 딛 2:11-14).

따라서 어거스틴주의는 존 웨슬리가 반박해야 했던 복음주의 '정적주의자들'(靜寂主義者; 자기의 의지나 행위를 부정하고 묵상으로 신을 발견하려고 한 17세기 말경의 종교적 신비주의인 정적주의(quietism)를 따르던 사람들-옮긴이)의 '부동'(不動)과는 정반대의 입장이다. 정적주의자들은 성경의 가르침이나 이웃의 필요를 알고 나서, 상식적으로 취하는 행동만으로는 하나님을 기쁘시게 할 수 없다고 말한다. 그러기 위해서는 성령으로부터 행동하라는 구체적인 내적 충동이 있어야 한다고 주장한다. 이것이 없다면 영적으로 중요한 그 어떠한 시도도 해서는 안 된다고 단언한다. 즉 성경도 읽지 말고, 기도도 하지 말고, 교회도 가지 말고, 하나님의 사업에 헌금하지도 말고, 어떠한 종류의 봉

사도 하지 말라고 말한다. 성령께서 우리를 충동하시기 전까지는 오로지 수동적 무위(無爲)만이 올바른 행동노선이라고 믿었다. 존 웨슬리는 거기에 동의할 수 없었다! "당신이 할 수 있는 모든 선한 일을 하라." 이 말은 그가 가르쳤던 거룩함의 근본 원칙 가운데 하나였으며, 그는 이 일을 위해 주도권을 쥐고 행동하라고 권장했다는 점에서 훌륭한 어거스틴주의자였다.

확실히, 그리스도인의 진취적인 활동은 되는 대로 하거나 어리석어서도 안 되며, 활동하면서 자신을 믿고 의지해서도 안 된다. 우리의 활동은 우리가 얻을 수 있는 최고의 충고와 가장 명료한 통찰력의 인도를 받아야 한다. 또한 기도하며 하나님을 의지하고, 살아가면서 기꺼이 자신의 계획을 바꾸고 개선시키겠다는 겸손한 자세로 추진해야 한다.

어거스틴주의가 거룩함에 대해 가르치면서 권장하는 활동은 강도가 아주 높다. 이런 사실은 어거스틴 자신이나 칼뱅, 휘트필드, 스펄전, 카이퍼 같은 경건한 사람들의 엄청나게 바빴던 경력을 보면 알 수 있다. 그러나 이것은 결코 자신을 의지하라는 뜻이 아니다. 이 활동은 다음 네 단계의 절차를 밟게 된다. 1) 자신이 할 수 있는 한 모든 선한 일을 하기 원하는 사람답게, 자신이 어떤 임무와 기회, 그리고 책임에 직면하고 있는지 주목한다. 2) 이 모든 활동을 할 때 그리스도가 없이는 아무것도 할 수 없다는 사실, 즉 어떠한 열매도 맺을 수 없다 (요 15:5)는 사실을 인정하고 도와 달라고 기도한다. 3) 선한 뜻과 숭고한 마음으로 도와 달라는 기도를 했으므로 도와주시리라고 믿고 가서 일한다. 4) 도와주신 하나님께 감사하고, 일하는 과정에서 생긴 자신의 실패에 대해 용서를 간구한다. 그리고 다음 번에 일할 때에는 더 많이 도와 달라고 간구한다. 어거스틴주의식 거룩함은 이러한 과정을 끝없이 반복하는 이른바 열심히 일하는 거룩함이다.

변화

세번째는 **영적 변화의 현실성에 대한 확고한 강조**이다. 청교도식
으로 말하면, 우리의 은혜를 살리고 우리의 죄를 죽여 점점 더 충만하
게 그리스도를 닮은 모습으로 성장하고 진보한다는 것이다. 어거스
틴주의자들은 하나님의 사랑이 가지고 있는 무한한 능력을 강조하
고, 그렇기 때문에 인간 본성에는 중생할 가능성을 찾을 수 없다고 비
관하면서도, 그에 못지않게 성령의 역사를 통해 신자의 삶이 변화할
수 있다고 낙관하고 있다. 그들은 하나님의 완전한 기준으로 판단할
때, 그리스도인이 매일 얼마나 부족한지에 대해서도 매우 현실적이
다. 어거스틴주의자들은 하나님의 은혜의 역사가 먼저 심령을 새롭
게 한 후 점진적으로 안에서부터 바깥으로 한 사람을 온전히 변화시
킨다고, 즉 겸손하고 사랑 많으신 예수님을 닮아 가도록 변화시킨다
고 본다. 따라서 그들은 그리스도인이 타고난 기질이나 성향을 극복
하고 점점 더 성령의 열매를 많이 드러내 보일 거라고 기대한다. 또한
갑자기 되살아나는 미묘한 유혹들에 대항해 승리하며, 성령의 능력
으로 '몸의 행실을 죽일'(롬 8:13; 골 3:4) 수 있다고 믿는다. 다시 말해
그리스도인들을 얽어매는 죄의 생명력을 고갈시켜, 더 이상 죄에 얽
매이지 않을 것이라고 기대한다는 말이다.

1) 어거스틴주의자들은 자신들을 오로지 은혜로 구원받은 죄인이
라 주장한다. 2) 그들은 이 세상의 어떤 것도, 어떤 사람도 도덕적·
영적으로 완전할 수 없다고 주장한다. 3) 그들은 어떠한 형태이든 완
전론자들의 가르침에 반대한다. 4) 그들은 자신들의 결점을 매우 솔
직하게 털어놓는다. 이상의 네 가지 사실은 종종 어거스틴주의에 대

해 두 가지 인상을 남기곤 했다. 먼저, 그들은 조지 폭스의 표현을 쓰
자면 '죄에 대해 목청 높여 설교하는 일', 즉 그리스도인들에게 죄가
항상 그들과 함께 있다는 사실을 상기시키는 일을 중요하게 생각한
다는 것이다. 그 다음은, 그들이 이 세상에서 죄의 권세로부터 해방되
리라는 기대를 사실상 포기했다는 것이다. 하지만 그렇지 않다. 예를
들어 존 오언은 '죄를 죽임'에 대한 논문에서, 그리스도인이 자기 속
에 막강한 죄가 거하고 있어서 자신을 죄의 법의 포로로 이끌고, 심령
을 고뇌로 소진시키며 생각을 혼란하게 하고, 하나님과 교제하는 의
무를 수행하지 못하게 자기의 영혼을 약하게 하고, 평안을 누리지 못
하게 하며, 자신의 양심을 더럽히고, 완고하게 만든다는 사실을 알게
되면 무엇을 해야 할지를 일러 준다. 오언은 다음과 같은 지침으로 글
을 맺는다.

> 그리스도에 대한 믿음이 활동하게 해서 당신의 죄를 죽이라. 그리
> 스도의 보혈은 죄로 병든 영혼에 탁월한 약효가 있는 치료제이다.
> 그 안에서 살라. 그러면 당신은 정복자를 죽일 수 있으리라. 참으
> 로 당신은 하나님의 선하신 섭리를 통해, 생전에 자신의 탐욕이 당
> 신의 발 앞에서 죽는 것을 보리라.[2]

그러므로 어거스틴주의자들이 죄에서 해방되는 일을 크게 기대하
지 않는다고 비방하는 일은 그만두기로 하자. 물론 그들은 구체적인
'몸의 행실들'을 죽인다고 해서, 죄 그 자체로부터 완전히 해방되는
건 아니라는 사실을 알고 있다. 오히려 하나님을 거역하는 에너지는
계속 그리스도인에게 남아서 그의 나이와 기질에 맞는 새로운 출구
를 모색한다. 때문에 다양한 형태로 표출되는 죄와의 싸움은 평생 지

속된다. 그러나 성령께서 우리의 성품을 근본적으로 바꾸어 가시므로 죄와 유혹에 대한 승리 또한 평생 이어질 것이다.

로마서 7장 14-25절

그리스도인의 성결에 대한 설명에서는 로마서 7장 14절부터 25절이 핵심본문이 되게 마련이다. 이 구절은 어거스틴주의의 성결에 대한 가르침에서도 처음부터 중요한 위치를 차지했다. 어거스틴주의에서는 보통 이 본문을 다음과 같이 해석했다.

바울은 로마서 6장 1절부터 7장 6절에서, 신자들은 그리스도와 연합함으로 죄에서 풀려나 의에 속하게 되고, 율법의 속박에서 벗어나 성령 안에서 하나님을 섬기게 된다(6:12-14, 22, 7:6)는 내용의 '해방신학'을 선언한다. 그런 다음, 바울은 율법이 사람들의 양심을 교육시키고 죄를 깨닫게 하는 선한 것이라고 변호하면서도, 율법이 그들에게 생명을 줄 수는 없다는 점을 확증하기 위해(3:19, 20, 5:13, 20), "율법과 죄는 무슨 관계가 있는가?"라는 질문을 던진다. 그리고 그 질문에 대한 답변으로 율법을 이렇게 설명한다. 첫째, 율법은 우리에게 무엇을 해야 하고 무엇을 하면 안 되는지 가르쳐 준다. 둘째, 거기서부터 우리의 타락한 본성을 격동시켜, 우리에게 우리가 하지 말아야 하는 일을 해 보고 싶은 충동을 일으킨다. 셋째, 그리고 그러한 충동에 굴복하는 일은 나쁜 일이라고 말해 준다. 넷째, 반면에 그러한 충동에 저항할 수 있는 어떠한 능력도 우리에게 주지 못한다(7:7-25).

바울은 7절부터 13절에서 자신이 회심하기 전의 과거 경험을 회상한 다음, 현재의 경험에 대해 말한다. 그는 이제 6장 1절부터 7장 6절에서 자세히 설명한 것과 같은 삶을 살기 때문이다. 따라서 14절부터

25절은 바울이 로마서를 쓸 당시에 하나님의 율법에 대해 체험한 것을 기록한 내용으로 보인다. 그는 그리스도 안에서 살았기 때문에, 그의 심령은 율법을 즐거워하며, 선하고 옳은 일을 행하고, 율법을 완벽히 지키기 원한다(7:15-23, 8:5-8). 하지만 그는 자신이 목표하는 일을 완전히 달성할 수 없다는 사실을 깨닫는다. 그는 자신이 행한 일을 따져 볼 때마다, 자신의 부족함을 발견한다(23). 그래서 그는 하나님을 거역하려는 충동, 즉 죄가 자신의 심령에서는 폐위되었지만, 자신의 결함 있는 본성(육체, 18, 20, 23, 25) 안에는 여전히 머물고 있음을 알게 된다. 이처럼 그리스도인의 '도덕적 경험'(바울이 자신의 경험을 다른 사람들도 겪는 전형적인 예라고 여기지 않았다면, 자신의 경험을 이야기하면서 신학적인 논점을 말하지는 않았을 터이다)이란, 계속해서 자신의 목표에 이르지 못하며, 완전함을 바라는 갈망 또한 자신 안에 거하는 죄의 훼방으로 평정을 잃고 좌절하는 그런 경험을 말한다.

바울은 자신에 대해 이러한 서글픈 사실을 진술하는 중에, 거기에 대해 품고 있던 고민이 되살아난 듯 24, 25절에서 하나님을 더욱 영화롭게 할 수 없는 괴로운 심정을 이렇게 토로한다. "오호라 나는 곤고한 사람이로다 이 사망의 몸에서 누가 나를 건져 내랴." 그리고는 즉시 자신의 질문에 대답한다. '하나님께 감사하리로다. 그가 예수 그리스도를 통해 나를 건지시리라!' 바울은 원하지 않은 자신의 불완전함(25)이, 몸의 구속으로 언젠가 과거지사가 될 거라고 선언한다(8:23. 7:23은 여기서 신음하는 부분에 해당한다). 그리스도인은 그 미래의 구속을 갈망하고 기다리면서, 자신이 이 세상과 천국에 동시에 속한 자, 본향으로 돌아가는 자, 영광을 소망하는 자라는 전망을 견지해야 한다. 이러한 전망은 신약성경 전체에 깔려 있다.

이어지는 로마서 8장은 5장 1절부터 11절의 테마들을 발전시킨 내용이다. 8장 1절부터 39절까지가 전부 그리스도인이 가진 확신의 내용을 열정적으로 설명하고 있다. 그리스도 안에 있으면 하나님의 사랑에서 끊을 수 없기 때문에 결코 정죄함이 없고, 불안함도 없으며, 다만 그리스도를 통해 하나님이 주실 것들을 기대할 뿐이라는 테마들이 8장을 그토록 힘 있게 만들고 있다. 그 모두가 신학이요 실제적인 설교라고 할 수 있다. 그리스도인을 향한 율법의 말(나는 실패했다! 약해 빠졌다! 죄인이다!)을 복음의 말(나는 사랑받았다! 구원받았다! 안전하다!)로 균형을 잡아 주기 때문이다. 이렇게 하는 목적은 율법이 아닌 복음이야말로 로마서를 읽는 교인들의 양심에 결정권을 갖고 있으며, 하나님과 자기 자신과 삶에 대해 궁극적으로 어떠한 태도를 취할지 결정하게 한다는 사실을 확실히 알려 주기 위해서이다.

그리스도인의 삶을 햇볕을 받고 있는 집으로 생각해 보자. 로마서 7장은 해를 등지고 있는 차가운 음지를 묘사하고 있으며, 로마서 8장은 햇볕이 비치는 따스한 양지를 보여 준다. 우리가 로마서 7장을 나와서 로마서 8장으로 들어간다고 하면, 이것은 율법이 무엇이라고 말하는지 듣고 난 다음에 새롭게 복음에 귀 기울인다는 뜻이다. 하지만 우리는 불완전함에서 오는 괴로움과 함께 확신, 소망, 영적 진보에서 오는 즐거움을 계속해서 겪어야 한다. 말하자면 우리는 매일의 삶에서 로마서 7, 8장 모두를 체험하며 살아야 하고, 사실 그렇게 살고 있다. 알렉산더 와이트가 교인들에게 손가락을 까딱이며 "제가 여러분을 맡고 있는 목사인 한, 여러분은 로마서 7장에서 벗어나지 못할 겁니다!"라고 말한 적이 있는데, 그때 그는 흔히 8장만 선호하는 교인들이 바로 이 사실을 염두에 두었으면 하고 바랐던 것이다.

강점과 약점

타협하지 않음

성결을 이렇게 가르치는 어거스틴주의의 전통에는 특별히 세 가지 강점이 있다. 첫째, 어거스틴주의는 하나님의 도덕법에 대해 **타협하지 않는다**. 율법은 내적인 갈망과 외적인 행동으로 하나님을 사랑하고 사람을 사랑하라고 명령하며, 이 명령과 반대되는 모든 태도와 행동방식을 정죄한다. 예수께서 지상에 계셨을 때 상세히 가르치셨고 몸소 이대로 실천하셨던 이 율법을 고스란히 받아들이는 것이다. 율법의 날을 무디게 하거나 그 내용을 축소시키는 따위는 용납하지 않는다. 어거스틴주의는 사도 요한을 따라(요일 3:4) 죄를 불법이라고 정의한다. 또한 죄란 "하나님의 율법을 지키는 데 조금이라도 부족하거나 하나님의 율법을 어기는 것"이라는 웨스트민스터 소요리문답 14항의 내용처럼, 죄에서 구원받는다는 뜻은 율법을 지킬 수 있는 자유와 능력을 의미한다고 주장한다. 그래서 어거스틴주의는, 이상적인 목표를 설정함으로써 하나님의 자녀들이 계속해서 하늘 아버지를 기쁘시게 하려고 최선을 다해 일하도록 자극한다는, 칼뱅이 말한 율법의 제3의 용도를 문율(門律)로 받아들인다. 따라서 적어도 주류에서는 어거스틴주의는 율법폐기론(불법적인 생활)과는 전혀 다르다.

현실주의

둘째, 어거스틴주의는 우리 자신이 하는 일들에 대해 **현실적이다**. 우리가 하는 일들은 어떠한 것도 아직 완전하지 않다고 주장하며, 이 세상에서 신자들이 정말 불완전한 존재임을 직시한다. 나 역시 돌이켜 보면, 기도를 하거나, 설교를 하거나, 저술을 하거나, 아내에게 사랑을 표현하거나, 아이들을 돌보거나, 친구들을 후원하거나, 간단히 말해 무엇을 하건 간에, 더 잘할 수 있었다든지 더 잘했어야 했다고 깨닫지 않았던 적은 단 한 번도 없었다는 사실을 알고 있다. 또한 지금까지 살아오면서 단 하루도 내가 했어야 했는데 다 끝내지 못했다는 후회를 하지 않은 적이 없었다는 것 또한 알고 있다. 나는 이 책의 독자들도 모두 똑같은 고백을 하리라 기대한다. 설사 그럴 필요를 못 느끼는 사람이 있다 해도, 나는 솔직히 그 사람에게 별다른 존경심을 갖지는 않을 생각이다. 한번은 어떤 사람이 스펄전에게 자신은 지난 두 달 동안 죄를 짓지 않았다고 말했다. 스펄전은 그 말의 진위를 확인해 보고 싶어서 그의 발을 힘껏 밟았는데, 그의 교만한(교만한이 적절한 단어임이 분명하다!) 기록은 즉시 불명예스럽게 끝나고 말았다. 어거스틴주의자들은 사람들이 죄가 없다고 하는 모든 주장이 기만임을 알고 있으며, 그들 스스로도 결코 죄가 없는 척하지 않는다. 대신 그들은 자신들같이 불완전한 그리스도인들을 향한 하나님의 인내와 자비를 끊임없이 찬양한다.

기대

셋째, 어거스틴주의자들은 **기대하며** 하루하루를 살아간다. 천국에서 완전해질 날을 소망하고 갈망할 뿐 아니라, 매일같이 그들은 곤란에 처할 때마다 하나님이 도우시며, 맡은 일에 순종하도록 하나님께서 능력을 주시고, 그런 와중에 몸에 익은 거룩함으로 성령이 우리의 성품을 점진적으로 변화시켜 나가시리라고 기대한다. 따라서 그들이 영적으로 침체되어 있을 때에도, 그들의 삶에서 무정함이나 게으름이 들어설 자리는 없다. 그들은 하나님이 주시는 위대한 일들을 기대하고, 하나님을 위해서 위대한 시도를 하여, 오래 참고 자신을 절제하며 굳은 결심으로 꾸준하게(영국에서는 '참을성', 북미에서는 '끈기'라고 부른다) 거룩한 임무를 더 많이 수행해 나간다. 그들은 자신들이 '도우심'을 기대할 수 있는 여력만 있다면, 성령께서는 바로 그러한 기대를 사용하셔서, 매일의 단조로운 일상에서 '계속 전진할 수 있는' 에너지를 주신다는 사실을 알게 된다. 또한 그들은 우리의 진정한 거룩함(종종 우리가 속아 넘어가는 엉터리 태도와 다른)을 구성하고 있는 내용이 상당 부분 바로 이러한 인내임을 발견한다.

하지만 이러한 전통에는 강점 외에 문제점은 없는가? 아니다. 있다. 시초부터 어거스틴주의자들은 사람이 자신의 공로로 구원을 얻을 수 있다는 생각 — 처음에는 펠라기우스주의, 다음에는 로마가톨릭, 그리고 합리주의적 아르미니우스주의에서 믿음을 사실상 공덕(功德)을 쌓는 행위로 만들어 버렸다 — 에 대항하느라고, 이 세상에서는 어떠한 인간의 행동도 전적으로 완전하지 않다는 자신들의 믿음을, 윤리적으로 부정적이며 매우 비관적인 용어를 사용해서 표현했던 게 기본적인 문제점이다. 예를 들어 웨스트민스터 대요리문답 149번 항의 답변은 매우 위협적으로 들린다. "어떤 사람도 자기 자신의 힘이나 이 생에서 받은 은혜로는 하나님의 계명을 완전하게 지킬 수 없으며, 매일 생각과 말 그리고 행동으로 계명을 어긴다." 이런 선언을 보면, 우리는 율법을 지키려고 노력할 하등의 가치도 없다고 결론 내리기 쉬울지도 모른다. 좀더 최근에 와서 어거스틴주의자들은 존 웨슬리와 보수파감리교가 주장하는 '심령의 완전함'과, 케직을 비롯 그것과 관련한 운동에서 주장하는 '행위의 완전함' 모두에 반대하는 입장을 재천명했다.

이러한 그들의 부정적인 표현 방식을 접하고 의문이나 의심이 생겨나는 것은 자연스러운 일이다. 비판자들은 계속해서 문제를 제기한다. 이 입장을 취하면 죄에서 해방되고 인격이 변화되는 데 대한 기대치가 정말 형편없이 낮아지는 게 아닌가? 이것은 사실상 성화시키는 은혜를 거의 추구하거나 간구할 엄두가 안 나게 만들어, 결국 우리가 그러한 은혜를 너무 적게 받으면서도 거기에 안주하게 만드는 건 아닌가? 그런 식으로 결국 성령을 소멸시키고 하나님을 제한하는 것은 아닌가? 그런 입장은 찰스 웨슬리(Charles Wesley)의 승리의 시구인 "그가 말소된 죄의 권세를 깨뜨리시네"에 나오는 진리의 상당 부분을 놓치는 건 아닌가? 이것은 거룩함을 진지하게 추구하는 자들이 '죄의 권세로부터의 해방'에 대해 배우려고 할 때, 어쩔 수 없이 다른 곳으로 가도록 유도하지는 않는가? 이 입장의 최고 대변가들(예를 들어, 칼뱅, 존 오언, 라일)만을 보자면, 분명히 아니라고 대답하겠지만, 그러한 문제 제기가 타당한 이류 어거스틴주의자들도 있다. 실제로 그들의 관심은 오로지 정통교리 사수와 완전론에 반대하는 일에만 한정되어 있으며, 긍정적인 방향으로 '거룩함'을 확장하지 못한다. 하지만 모든 입장은 그 입장을 제일 잘 대변하는 사람을 보고 판단해야 마땅할 것이다.

웨슬리의 완전론

우리가 살펴보아야 할 두번째 입장은, 18세기에 존 웨슬리가 '그리스도인의 완전함'이라는 이름으로 발전시켰던 견해이다. 그것은 보통 회심한 후에 나타나지만, 중생(회심)과는 별개의 문제로서, 두번째 변화시키는 은혜의 역사를 주장한 데에 그 독창성이 있다. 하나님은 이 두번째 역사를 통해 그리스도인의 심령에서 모든 죄악의 동기를 뿌리 뽑으심으로, 그의 지성과 감정의 에너지 전부가 하나님과 이웃을 향한 사랑으로 뻗어 나가게 하신다. 그 사랑은 그리스도를 닮았고 초자연적이며, 강력하고, 지속적이며, 분명한 목적이 있고 열정이 넘치며, 이것과 상반되거나 경쟁할 만한 다른 어떤 애정은 없다.

역사적으로 웨슬리가 지명한 후계자인 영국성공회의 존 플레처, 구세군인 윌리엄 부스(William Booth)와 새뮤얼 브렝글(Samuel Logan Brengle), 침례교도인 오스왈드 체임버스 같은 사람들은 이것을 고상한 교리라고 흠모했다. 수천 수만의 사람들이 이 교리를 좇아서, 성결을 선물로 받기 위해 간절히 추구할 때 하나님의 사랑을 체험하고 변화를 했다. 딱히 그 영향 때문이라고 단정 지을 수는 없지만, 대체로 그 영향으로 초기 감리교도들은 큰 소리로 찬양하거나 함성을 지르며 찬양하고 오랜 시간 가슴을 찢으며 기도하며 주님을 위해 담대하게 일했다. 마치 그들의 영혼들은 엄청난 크기로 팽창한 것 같았다. 웨슬리의 교리는 대형 감리교회에서는 이제 거의 사라졌지만, 아직도 다른 집단에서는 살아 있다. 경건한 사람들은 여전히 이러한 '두 번째 축복'에 들어감으로써, 자신들의 삶이 변화했다고 증언한다. 뭔가 중대한 일이 그들에게 일어났다는 데는 의심의 여지가 없다. 문제가 있다면, 오로지 웨슬리의 교리가 그 일을 제대로 묘사하느냐, 다시 말해 웨슬리의 교리가 하나님의 진리이냐 하는 문제이다. 우리는 이제 그의 교리를 살펴보면서 이 점에 대해 판단하려 한다.

제일 먼저, 웨슬리의 교리는 어거스틴주의를 버린 게 아니라 보강했다는 점부터 언급해야겠다. 여기서 언급하는 내용은 어거스틴주의의 전통 가운데 성결에 대한 가르침을 가리킨다. 웨슬리가 취한 아르미니우스주의는 어거스틴의 '은혜의 교리'가 갖는 본질을 저버린 건 사실이지만, 그 부분은 여기서의 관심사가 아니다. 존 웨슬리가 물려받은 신앙유산을 살펴보면, 그의 부모가 모두 청교도 집안 출신이었다. 그러니 원숙기에 접어든 웨슬리의 성결에 대한 가르침이, 우리가 살펴본 일곱 가지 성경적 표준에 부합되고, 전형적인 어거스틴주의와 똑같이 하나님의 율법이 그리스도인을 규제하며, 모든 그리스도인의 성취는 절대적인 기준으로 볼 때, 불충분하고 삶을 살아갈 때 매일 하나님의 도우심이 얼마나 실제적인지를 강조하고 있다 해서 놀랄 이유가 없다. 그는 감리교의 특징으로 '그리스도인의 완전함'을 대단히 강조했다. 그것이야말로 자신이 처음으로 명확하게 드러낸 성경의 진리라고 생각했다. 그때부터 지금까지 칼뱅주의자들은, 어거스틴도 이 세상에서 달성할 수 없다고 인정했던 '죄 없는 상태'를 웨슬리가 이룰 수 있다고 주장했다며 그를 공격했다. 이제 살펴보겠지만 그것은 오해이다. 그러나 거기에 대해서는, '죄 없는 완전함'이라는 표현을 철회하기 거부했던 웨슬리 자신에게도 일말의 책임이 있다. 사실상 그의 교리는 어거스틴 교리의 전통에 있던 요소들을 재편했을 뿐, 어거스틴 교리와 결별을 선언한 건 아니라고 이해하는 편이 훨씬 정확하리라. 사실 웨슬리는 자신을 다스리고 기도하면서 새로운 도전을 시도했으며, 하나님의 주권적인 사랑과 능력에 완전히 의지했고, 인간의 삶에서 하나님이 하실 일에 큰 기대를 품었다. 이러한 사실들을 볼 때, 웨슬리는 전적으로 어거스틴주의자였다. 게다가 웨슬리는 정직한 자기평가를 통해 자신이 완전하다고 주장할 수 없었다는 점과, 그러기에 1765년 "나는 나 스스로가 완전하지 못하다고 온 세상에 말했다…… 나는 내가 묘사하는 인격을 달성하지 못했다"[3]라고 말한 점에서 영락없는 어거스틴주의자였다. 완전하다는 주장은 결코 어거스틴주의가 아니지 않는가!

하지만 웨슬리가 교훈적인 시로, 그의 동생 찰스가 황홀한 찬송으로 표현한 대로, 웨슬리주의가 말하는 그리스도인의 삶이란, 칼뱅, 청교도, 초기 경건주의자들보다 훨씬 강한 열정과 환희와 기쁨이 충만한 삶이다. 여기서 말하는 기쁨이란, 하나님의 사랑을 알고 그분의 은혜를 찬양하고 그분의 손에 자신을 맡겨 드리는 기쁨이다. 어거스틴주의의 전통에서는, 어거스틴 자신과 버나드, 리차드 백스터가 그러한 기쁨을 설명하고 찬양했지만, 현대 작가가 보기에는, 어쨌든 웨슬리 형제의 열정적인 논증과 찬양은 그리스도인의 기쁨을 그 어느 누구보다 탁월하게 표현했다.

완전함에 대한 웨슬리의 풍성한 가르침을 보면, 그의 가르침은 아주 다양한 재료에서 나왔음을 알 수 있다. 그는 완전함을 자주 '성경적 거룩함'이라고 부르곤 했다. 하지만 그는 다양한 출처를 통해 성경이 거룩함에 대해 가르치고 있는 내용들을 이해했다. 철저한 절충주의자였던 그는, 영국성공회의 기도서와 천국을 앙망하는 고교회의 어거스틴주의에다가, 완전함(신약성경에 나오는 용어를 쓰자면 텔레이오시스[teleiōsis], 텔레이오스[teleios]한 상태)이라는 개념을 발전시키는 모태였던 도덕주의를 더했다. 그가 완전함에 대해 배운 곳은 헬라 교부들의 문헌이었고, 그 중에서도 '애굽인 마카리우스'(Macarius the Egyptian, 실제로는 5세기 시리아의 수도사)와 에프라임 시러스(Ephraem Syrus; 가톨릭 성인-옮긴이)의 문헌이 주를 이루었다. 그들은 완전함을 죄가 없는 상태가 아니라, 모든 면에서 점점 더 선해지는 과정으로 보았다. 웨슬리는 이러한 견해에, 이른바 '신비주의 저술가'(영국성공회의 윌리엄 로[William Law], 로마가톨릭의 몰리노스[Molinos], 페늘롱[Fénélon], 가스똥 드 랑띠[Gaston de Renty], 프랑시스 드 살르[Francis de Sales], 마담 귀용[Madame Guyon], 루터교 사제 프랑케[Francke], 종교 개혁 이전의 독일신학[Theologia Germanica] 등이 이 범주에 속한다)들에게서 배운 교훈을 덧붙였다. 그 교훈이란, 참다운 경건의 본질을 하나님과 사람을 사랑하게 하는 정신으로 보는 시각을 가리킨다. 이러한 경건의 본질이 빠져 버린 모든 신앙심은 내용 없는 공허한 신앙에 불과하다.

웨슬리가 1738년 올더스게이트 가에서 복음에 대해 확신을 갖게 되기 이전부터, 여기까지는 그에게 분명했다. 그가 종종 주장한 대로, 그가 완전함에 대한 생각을 형성한 시점은, 그가 말하는 '아들의 믿음'으로 들어가기 훨씬 전이었다. 하지만 그는 일단 이러한 믿음이 생기자 그리스도인이 완전함을 얻는 방법을 전파하기 시작했다. '완전함'을, 심령에 오직 하나님과 사람에 대한 사랑만 있는 상태(어떤 경우건 간에 신자들이 죽어 육신을 떠날 때 성령께서 주시는 상태)라고 이해할 때, 이러한 완전함은 끈덕지게 기대하며 빈손으로 나아가 보혈을 힘입고 약속에만 의지하는, 그러니까 우리가 전에 의롭다 하심을 받는 수단이었던 바로 그 믿음을 사용하면, 즉시 이생에서도 우리 안에 생겨날 수 있다고 웨슬리는 주장하기 시작했다. 그리고 중생 때와 마찬가지로, 이러한 은혜의 두번째 사역이 일어나면 성령께서 직접 신자의 심령에다 확신을 주는 증거를 신호로 보내신다고 가르쳤다. 그러면 그는 한때 완전함을 향해서 자라 갔듯이 이제는 완전함 안에서 영적으로 계속 성장해 나갈 것이다.

그렇다면 웨슬리가 주장하는 이 '완전함'이라는 교리는, '죄 없음'이 아니라 '성장'과 관계가 있다. 웨슬리는 자신이 종종 '완전한 사랑'이라고 불렀던 '완전함'을 율법이 아니라 목적론적으로 이해했다. 즉 그가 말하는 완전함이란 타락하기 전의 '아담' 혹은 '천사'처럼 율법적으로 흠이 없다는 말이 아니라, 인류를 관심과 인격, 그리고 감정과 의지 면에서 하나님을 점점 더 닮아가는 상태로 이끄시겠다는, 이른바 하나님이 인류를 창조하고 구속한 목적에 부합한다는 뜻이다.

그렇다면 '완전함'이란 일종의 상태라 할 수 있다. 정적인 상태가 아니라, 오직 사랑의 힘만으로 순종하고 예배하며 섬기면서 전심으로 하나님과 함께 계속 나아가는 상태를 말한다. 본질적으로 완전함은 외적인 성과가 아니라 내면 생활의 자질이다. 웨슬리가 말하는 완전한 사람은 여전히 지식이 부족할 수도, 판단할 때 착오가 있을 수도, 따라서 어리석게 행동할 수도 있다. 그는 여전히 어느 정도, 어쩌면 많이 안팎으로 도덕적 성질과는 다른 '불완전함'을 보일 수 있다……. 이해력의 부족이나 느림, 판단 능력의 둔함이나 혼란, 모순된 생각, 상상력의 지나친 비약이나 빈곤, 기억력의 부족…… 말의 어눌함, 언어의 오용, 촌스러운 발음……. [4] 그는 여전히 때때로 고결함을 지키기 위해 자신을 공격해 오는 유혹에 맞서 싸워야 할 것이다. 하지만 그의 완전함에는 변함이 없다. 여기서 '완전함'이란 하나님과 사람을 향한 사랑이 끊이지 않는 삶을 살아가게 만드는 추진력을 가리키기 때문이다. [5]

따라서 웨슬리가 말하는 완전함이란, 그리스도인이 마음을 다하고 뜻을 다하여 성령이 증거하는 하나님의 사랑을 확실히 이해하고, 하나님과 이웃에 대한 기쁨이 넘치는 사랑을 기도하면서, 순종과 섬김으로 실천하는 데 집중하는 것, 즉 성령께서 만드시고 유지하시는 주관적인 상태를 가리킨다.

하나님과 이웃에 대한 사랑이 가장 분명히 드러나는 때는, 예배하고 찬양하며, 우리 자신을 하나님의 손에 기꺼이 맡기고, 하나님이 우리에게 명하시는 일을 수행하고 감수하려는 마음을 가질 때이다. 무엇보다도 그 사랑이야말로 우리의 삶에 새로운 차원의 능력과 기쁨을 가져다주는 귀중한 축복이다. 신약성경에는 그런 사랑을 주시겠다는 약속과, 그러한 사랑을 받은 사람들에 대한 기록이 있다. 신약성경의 신자들이 이 축복을 누렸다면 오늘날의 신자들도 누릴 수 있기 때문이다. 이 축복은 하나님께서 주권적인 지혜로 가장 적합한 시기에 적합한 방법으로 주시며, 특정한 경우에는(웨슬리 자신의 경우처럼?) 일부러 거두어 가기도 하신다. 하지만 그 사랑을 받기 원하는 사람은 그것을 받을 때까지 계속해서 구해야 한다. 마지막으로, 그 사랑은 소홀히 여겨서 잃어버릴 수도 있지만, 회개하고 다시 구하면 회복할 수도 있는 축복이다.[6]

비판

웨슬리의 거룩함에 대한 교의(敎義)는 꽃다발과 돌 세례를 동시에 받을 만하다. 우선 꽃다발부터 시작하자면, 거룩함에 대한 그의 개념은 대단한 강점을 가지고 있다.

웨슬리는 사람의 동기를 성결의 척도로 삼는다. 예수께서도 동기에 초점을 맞추어 기준을 정하고 죄를 추적하셨다(마 5:21-30, 15:18-20). 그래서 모든 윤리의 외형주의와 틀에 박힌 경건, 모든 바리새주의적 형식주의와 숫자 놀음, 그리고 종교를 고작 본질적으로 판에 박힌 의식의 거행으로밖에 보지 않는 모든 견해를 극복한다.

웨슬리는 하나님을 사랑하고 이웃을 사랑하라는 그리스도의 위대한 두 계명을 실천하려는 마음이 성결의 뿌리라고 강조한다. 따라서 성결을 단순히 더럽게 여기는 것들을 멀리하는 일 정도로 여기는, 그 모든 소극적인 개념을 극복하고 있다. "'정결하게 하다'와 '거룩한'이라는 단어들은…… 분명히 불결함을 정화시킨다는 의미를 전달하지만, 기운차게 선한 일을 행한다는 인상은 전혀 주지 않는다. '완전한 사랑'은 그것을 역전시킨다……."[7]

마지막으로, 웨슬리는 믿음, 즉 스스로에 대한 절망에서 나오는 하나님에 대한 확실한 신뢰가 성결을 추구하고 발견하는 수단이라고 강조한다. 스스로 노력해서가 아니라 하나님이 우리를 거룩하게 하시리라는 소망을 갖고 노력하고 절제해야 한다는 말이다. 이 모든 주장은 감탄할 만하다. 아니 감탄할 만큼 어거스틴주의적이기도 하다! 웨슬리가 거룩한 생활을 불굴의 활동으로 보고, 율법폐기론, 정적주의, 감정지상주의, 적극적인 선행을 저해하는 각종 윤리사상에 저항하며, 지금 여기 우리 안에 계신 성령의 변화시키는 능력을 제한하지 않으려 한 점은 높이 살 만하다.

완전함의 문제점

하지만 웨슬리가—웨슬리가 붙인 이름은 아니지만 웨슬리주의자들이 말하는 '두번째 축복'—성령께서 완전함, 혹은 순전한 마음, 완전한 성결로, 그리스도인의 심령에서 사랑을 제외한 나쁜 동기를 모두 한 번에 제거하신다고 주장한 데서 문제가 발생한다. 만약 웨슬리가, 하나님은 충성스런 제자들에게 당신의 임재를 생생하고 가슴 벅차게 드러내실 때가 있으며(요 14:20-23), 그럴 때 그들은 이전에 자신들을 괴롭히던 유혹들에 대해 한동안 초연할 수 있기 때문에, 모든 그리스도인은 주님께서 찾아오셔서 그런 축복을 주시기를 구해야 한다고 말했다면 아무 문제도 없었을 것이다. 그의 주장은 성령 안에서 생활할 때 드러나는 명백한 사실들을 있는 그대로 표현한 셈이 되었으리라. 하지만 웨슬리는 완전함에다가 중생의 교리처럼 하나님의 역사를 설명하는 성경적인 핵심 교리의 지위를 부여하려 했기 때문에 문제가 되었고, 지금도 여전히 문제가 되고 있다.

중생과 마찬가지로, 웨슬리는 완전함에도 객관적 · 주관적 측면이 모두 존재한다고 생각했다. 객관적으로, 중생은 죄의 지배력을 꺾고 개인의 태도를 겸손하고 덕스럽게 변화시킨다. 주관적으로는, 하나님이 예수 그리스도를 통해 우리의 죄를 사하시고 우리를 당신의 자녀로 입양해 주셨다고 확신하는 믿음을 갖게 한다. 웨슬리는 '완전함'의 구조도 중생과 유사하다고 보았다. 객관적으로, '완전함'이란 '내재된 죄'를 뿌리 뽑고 파괴시켜서 심령을 최종적으로 깨끗하게 하며, 마음과 뜻과 감정과 힘을 다해 끝까지 하나님 사랑과 이웃 사랑을 실천하는 것이었다. 주관적으로는, 성령이 인도하셔서 우리의 속사람이 근본적으로 변화하여, 오로지 사랑 때문에 살아가고 언제나 뜨거운 마음으로 기도하고 즐거워하며 감사하게 되었다는 사실을 깨닫는 것을 뜻했다. 따라서 완전함은 우리의 속사람에 내재되어 있는 죄를 제거하고, 대신 사랑으로 채우시는 성령의 사역이다. 많은 사랑을 받고 있는 웨슬리의 독창적인 견해는 두 단계를 거쳐 생겨났다. 첫째, 웨슬리는 젊은 시절에 주로 헬라교부들에게서 차용한 완전함의 개념을 구체화시켰다. 둘째, 그는 올더스게이트 가에서의 체험 이후, 완전함도 '칭의'와 마찬가지로 믿음을 통해 단번에 받는 것이지 행위로 서서히 이루어 가는 것이 아니라고 유추했다. 그러나 다른 기독교인들이 보기에는 완전함의 교리에는 심각한 문제점들이 있었다.

그 문제점들을 살펴보기 전에, 나는 지난 2세기 동안 수많은 오해와 불필요한 비판을 자초했던 웨슬리의 혼란스럽고 도발적인 견해 표명방식은 이들 문제점에 포함시키지 않았음을 밝힌다. 웨슬리가 여러모로 불완전한 상태에다가 **완전함**이라는 이름을 붙인 것은 참으로 혼란을 초래하는 일이었다. 죄에 관해서도 '고의로 율법을 어기는 일'이나 '너무나 분명한 일' 등 주관적으로만 정의했지, 알았건 몰랐건, 고의였건 고의가 아니었건 간에 '하나님이 계시한 모든 표준에

도달하지 못한 실패'라고 객관적으로 정의하지 않았기 때문에 혼란
은 더욱 커졌다. 성화한 사람들은(고의로 율법을 어기지 않았으므로) 죄
가 없는 상태라고 말하면서도, 동시에 그들에게는 매 순간 실제로 존
재하는 결점들을 덮어 줄 그리스도의 보혈이 필요하다고 주장하는
부분에 가서는 혼란이 절정에 달한다. 하나님의 '완전한 율법'[8]이라는
객관적인 기준으로 볼 때, 모든 성화한 죄인은 매일 용서가 필요하다
고 주장하는 반면, 고상한 그리스도인의 삶은 완전한 상태로서 죄를
짓지 않는다고 말하는 것을 보면 웨슬리가 억지를 부리는 것 같기도
하다. 그리스도인이라면 언제나 하나님 앞에서 공로가 없다고 선포
해야 마땅하다고 생각하는 사람들이 웨슬리의 이러한 주장을 듣고
이제나 그때나 멍텅구리에다 고집불통이라고 생각해도 전혀 놀랄 일
이 아니다! 사실상 웨슬리는 자신이 말하려는 내용을 완전함이니 죄
없음이니 하는 단어를 쓰지 않고도 충분히 표현할 수 있었으리라. 그
용어들이 성경과 옛 문헌에 등장한다는 점을 참작한다 해도, 얼마나
많은 혼란이 생겨났는지 알면서도 그 용어들을 고집한 웨슬리의 괴
팍함이나 둔감함 또는 고약한 성질(어느 단어가 제일 적합할지 분간하기
어렵다)은 쉽게 용서가 되지 않는다.

　이제 나는 웨슬리의 견해를 보완하기에 앞서, 그의 교리를 '**완전
한 사랑 나눠 주기**' 아니면 줄여서 '**완전한 사랑**'이라 부르자고 제안
한다. 이렇게 하면 웨슬리의 단어 사용 때문에 생겨난 문제들을 넘어
갈 수 있을 뿐 아니라, 개념 그 자체에 내재하는 문제점에 초점을 맞
추지 않아도 되기 때문이다. 내가 보기에는 네 가지 문제점이 있다.

　첫째, 성경적 근거가 확정적이지 않다. 웨슬리가 근거 구절로 제시
하는 본문들(주 5번을 보라)은 다음 두 가지 가운데 한 부류에 속한다.
먼저, 하나님이 당신의 백성을 거룩하게 하시겠다는 약속이거나 당

신의 백성에게 거룩하라고 명령하는 본문들이다. 이러한 본문에는 언젠가 당신의 백성들을 죄에서 건지시리라는 성경 저자의 확신이 드러난다. 또한 이 본문은 그리스도인들이 이미 죄에서 어느 정도 해방되었음을 선포하는 신약성경의 말씀들이다. 웨슬리는 그 약속들이 세상에서 빠짐없이 그대로 성취된다고 주장한다. 또한 자신의 결론을 지지하기 위해 성경에 나오는 선포와 기도, 명령에 호소한다. 하지만 그런 선포들은 중생한 죄인들에게 죄는 존재하지만, 더 이상 지배력을 행사하지는 못한다는 의미의 상대적인 해방을 표현한다고 보는 편이 합당하다. 또 하나님의 '해방'에 대한 약속들이 성취되기 위해서는, 중생이라는 거대한 변화와 그 뒤를 잇는 점진적인 성화(웨슬리가 '완전한 사랑'을 나눠 주기 전후에 온다고 보았던), 그리고 그 후에 오는 심령의 최종적인 정화(웨슬리는 완전한 사랑 안에 들어가지 못한 모든 성도들이 죽을 때에 겪는다고 기대했던) 외에 무엇인가가 더 필요하다는 주장 또한 증명할 수 없다. 마찬가지로 하나님이 우리에게 거룩하기를 요구하시고, 사람이 하나님께 거룩하게 해 달라고 기도드리는 일이, 완전한 거룩함을 언제나 우리의 목표로 삼아야 한다는 증거일 수는 없다.

1765년, 웨슬리는 '성경이 말하는 구원의 길'이라는 설교의 말미에서 열변을 토했다. 그는 지금 여기 그리스도 안에 있는 자들이 그리스도께 죄에서 온전히 해방될 때에 오는 완전한 사랑을 간구해야 한다고 촉구한다. "그렇다면 완전한 사랑을 매일, 매시, 매 순간 구하십시오! 왜 이 시간, 이 순간은 안 됩니까?⋯⋯ 그것을 믿음으로 구하면, 당신은 **있는 모습 그대로** 그것을 기대할 수 있으며, 있는 모습 그대로라면 지금 그것을 기대하십시오⋯⋯ 아무것도 아닌 상태에 그냥 머물러 있지 마십시오! 당신이 왜 그래야 합니까? 그리스도께서는 준비가 끝났고 그분이야말로 당신이 원하는 전부입니다. 그분이 당신을 기다리고 계십니다. 그분은 문 앞에 계십니다!"⁹ 웨슬리의 설교를 들으면 그 선물은 믿는 자가 구하기만 하면 바로 얻을 수 있다는 생각이 든다. 하지만 "왜 이 시간에는 안 됩니까?"라는 웨슬리의 질문에 성경은, 하나님께서 완전함을 천국에 약속해 두셨기 때문이라고 답한다. 하나님이 어떤 특별한 그리스도인에게든 이생에서 완전함을 주시리라는 확신은 성경적 근거가 전혀 없다. 이 점에서 웨슬리가 구원을 설명하면서 저지르는 실수는, 하나님 나라를 설명하는 현대신학에서 예수님의 재림으로 성취될 궁극적인 구원이 현재에 일어난다고 보는 '실현된 종말론'의 오류와 유사하다. 그는 하나님의 구원 사역에서 무엇이 아직(not yet)이며 무엇이 이미(now)인지 정확히 구분하지 못하고 있다.

둘째, 신학적인 근거가 비현실적이다. 완전한 사랑을 심거나 일으키는 일은, 심령에 거하는 악한 욕망을 근절하거나 박멸시키는 것이라고 객관적으로 정의할 수 있다. 웨슬리는 이러한 본성의 도덕적 변화에는 본성의 신비한 물리적 변화가 따라온다고 이해했다. 이러한 견해는 1759년, "두 명의 완전한 그리스도인 부부에게 자식들이 있다면, 부모들에게는 죄가 없는데 자녀들은 어떻게 죄 가운데서 태어날 수가 있나요?" 하는 질문에 대한 웨슬리의 답변에서 찾아볼 수 있다. 그는 질문을 곧이곧대로 받아들이면서, 이상한 대답을 했다.

그건 가능하지만, 그럴 듯한 경우는 아닙니다. 저는 그런 경우가 과거에도 한 번도 없었고, 앞으로도 결코 없으리라고 생각합니다(도대체, 왜?). 하지만 저는 이 점은 유보한 채(!) 이렇게 말씀드리겠습니다. 죄는 저의 직계 부모가 아니라 첫 조상(아담)에게서 계승되었습니다…… 우리는 원예에서 여기에 대한 탁월한 예를 찾을 수 있습니다. 야생 능금 줄기에다가 접붙이기를 하면 훌륭한 열매를 맺습니다. 하지만 야생 능금의 씨앗을 뿌리면 어떻게 됩니까? 늘 먹던 그저 그런 야생 능금을 맺을 뿐입니다.[10]

웨슬리는 석든(E. H. Sugden)이 평한 대로 "죄를 종양이나 썩은 이빨처럼 사람에게서 빼내어야 할 물건"으로 보았다.[11] 그래서 그와 그의 동생 찰스는 완전한 사랑을 나눔으로써 죄의 뿌리가 파괴된다고 말할 때, 말 그대로 정신적인 실체로서의 죄가 물리적으로 파괴된다는 뜻으로 말했던 것이다.

하지만 그런 경우라면 '완전한', 아니면 웨슬리의 용어로 '성화한' 사람은, 유혹을 받아 '자기의 욕심에 이끌려서 꾐에 빠지'(약 1:13-15)는 일은 없어야 할 것이다. 그 이론대로라면, 죄가 그 사람에게서 뿌리가 뽑힌 판국에, 도대체 무절제하고 무정하며 자기 배만 채우고 하나님을 경멸하는 그런 욕심이 어디서 나올 수 있단 말인가? 유혹은 이제 인간의 내면과는 아무 상관이 없어야 할 것이다. 주 예수 그리스도나 타락하기 전의 아담에게처럼 아무런 기질적인 장애나 무정한 성향이 없을 테니 유혹이 파고들 여지가 없을 것이기 때문이다.

하지만 경험을 통해 볼 때, 가장 거룩한 사람들조차 어느새 주위 사람들에게 무정하고, 부당하게 대하거나, 심지어 처한 환경에 대해 거칠게 반응할 수 있다. 그들을 거룩하다고 하는 이유는 그런 반응에 저항하고 그런 반응을 극복하려 애쓰기 때문이다. 그럼에도 불구하고 그러한 반응은 당사자가 전혀 예상하지 못한 형태로 언제든지 튀어나올 수 있다. 젊은 시절의 죄, 중년의 죄, 노년의 죄, 지나치게 끼어드는 죄, 부당할 정도로 무심한 죄, 지나치게 민감한 죄 등등 무수한 모양과 허울을 뒤집어쓴 자기숭배와 자기 이익을 도모하는 일을 청교도들은 부패라고 퉁명스럽게 말했다. 새로운 자극으로 우리 안에 있는 부패가 계속해서 터져 나오고, 우리는 망신스럽고 수치스러운 자기발견을 계속하게 된다. 스펄전에게 자신이 완전하다고 자랑하던 사람을 기억해 보자. 발을 밟혔을 때 자신이 얼마나 화를 내며 달려들지 예상했는지의 여부는 모른다. 하지만 고결한 침례교도였던 마이어는, 중년 말엽에 청중들이 자신을 떠나 젊은 캠벨 모건(G. Campbell Morgan)의 설교를 듣기 위해 몰려가는 모습을 본 후, 자신이 설교자로서 시기심에 불타고 있음을 깨닫고 얼마나 큰 충격을 받았는지 적고 있다. 바로 그것이 자신은 결코 품지 않으리라 여겼던 그런 원한이었기 때문이다.[12]

그렇다면 과거에 받은 특정한 축복 때문에 자신은 마이어와 같은 수치스러운 경험을 결코 겪지 않는다고 자신하는 그리스도인이 있다면 우리는 과연 그를 어떻게 여겨야 할까? 현실적으로 볼 때 이 순간, 아니 어느 순간이라도, 아무리 전심으로 하나님과 이웃을 사랑하는 그리스도인이라도 이러한 충격적인 경험, 자신에게 있는 더 깊은 죄악의 본성이 드러나는 경험으로부터 면제된 사람은 한 사람도 없다. 따라서 이 세상에서 그리스도인에게서 죄를 근절시킬 수 있다는 웨슬리의 사변적 개념은 사실이 아니라고 퇴짜를 놓아야만 한다. 자신에게 실제로 그런 일이 일어났다고 생각하는 그리스도인은 어느 누구를 막론하고 자기 자신을 기만하고 있다고 봐야 한다.

이러한 문제점은 웨슬리의 교리가 갖는 다음 문제점으로 바로 이어진다.

셋째, 실제적인 적용이 덕을 세우지 못한다. 웨슬리의 교리에 따르면 모순이 생겨나지만, 만족할 만한 해결책이 나올 수가 없다. 가장 큰 모순은 방금 시사한 대로 이러하다. 자신의 죄가 이미 근절되었다고 믿는 그리스도인이, 자신이 실제로 계속 죄를 짓는다는 사실을 현실적으로 어떻게 인정할 수 있을까? 웨슬리식으로 생각한다면 그럴 수 없다는 대답이 불가피하다. 이번엔 좀더 복잡한 모순이 생겨난다. 그런 그리스도인들은 자신들이 받은 축복에 대해 증언해야 하는가? 그렇다면 어떻게 그럴 수 있는가? 만약 증언하지 않는다면, 그 증언을 통해 하나님께 돌려질 영광과 사람들이 받을 도움을 갈취하는 결과가 될 터이고, 더욱이 어려움이 생길까 봐 겁쟁이처럼 피하는 것처럼 보일 게 뻔하다. 그러나 웨슬리가 상상하고 있는 조건을 사용해서 증언한다면("나는 죄를 느끼지 않고 사랑만을 느낍니다. 나는 쉬지 않고 기도하고 즐거워하고 감사하지요. 그리고 내가 의롭게 되었듯이, 내가 완전히 새롭게 되었다는 너무도 분명한 증거가 내 속에 있습니다")[13] 볼품없는 독선으로 빠져 드는 것을 피할 길이 없을 듯하다.

웨슬리는 탁월한 목회자였다. 특히 '완전히 새로워진' 그리스도인은 자신에게 일어난 놀라운 일을 말해야 하는가?라는 질문과 씨름하는 대목에서 그의 뛰어난 목회적 감각이 잘 드러난다.

그는 이렇게 쓰고 있다. "아마도 그는 처음에는 자제하기 어려울지도 모른다. 불은 그 속에서 너무 뜨거울 테고, 주님의 자비로운 사랑을 선포하고픈 열정이 그를 노도와 같이 쓸고 나갈 것이기 때문이다. 하지만 시간이 지나서 자제할 수 있을 때가 되면, 자신에게 일어난 놀라운 일을 불신자들에게 함부로 말하지 말라고 그에게 충고할 수도 있으리라…… 아니면 어떤 사람에게 말해야 할 특정한 이유가 있거나 특별한 유익을 염두에 두었을 때에만 증거하라고 권고할 수도 있다. 그리고 그때가 되면 그는 뻐기는 것처럼 보이지 않기 위해 각별히 신경 쓸 테고, 겸손하고 두려운 마음으로 하나님께 모든 영광을 돌릴 것이다. 한편 그는 혀로 말하기보다는 할 수 있는 한 삶으로 더욱 설득력 있게 말해야 할 것이다."[14]

참으로 뛰어난 목회적 감각임에는 틀림없다. 하지만 그것만으로는 충분하지 않다! 여기서 웨슬리는 죄의 근절(根絶)이라고 신학적으로 정리한 체험을 오해한 대가를 치르고 있는 듯하다. 사실상 그는 이른바 완전한 사람들의 경험에 대해서 정기적으로 점검을 했다. 그들이 감리교 집회에서 그 경험을 간증하고, 이제 '완전한 사랑' 안에 자리를 잡아가는 경험으로 표현하도록 그들을 격려했다. 하지만 그러한 간증의 결과로 독선과 현실과의 괴리가 나타났다. 그가 그러한 괴리를 얼마나 인식했느냐 하는 점은 분명하지 않다. 뉴튼 플루(R. Newton Flew)는 웨슬리가 다른 사람들에게는 완전함을 주장하라고 권하면서, 실제로 웨슬리 자신은 왜 한 번도 완전함을 주장하지 않았는지 의아해한다. "……그건 까다로운 성미였을까, 아니면 완전함을 인정하면 자기 영혼에 해로울지도 모른다는, 반쯤은 무의식적인 의심이었을까?"[15] 웨슬리 자신의 철저한 헌신, 하나님의 사랑에 대한 기쁨, 그리고 사람들에 대한 선의에도 불구하고 죄가 여전히 자기 안에 살아 있음을 인식할 만큼 자신을 잘 알았기에, 그런 주장을 하면 부정직한 사람이 되기 때문이 아니었을까? 하지만 웨슬리가 자신이 애지중지하던 교리에 경도(傾倒)되지 않고, 자신의 영적인 민감함을 지켰다 해서 그에게 찬사를 보낼 생각은 없다. 비록 그가 의도하지는 않았다 해도, 자신의 영적 민감함은 유지하면서도 완전론자의 압력과 선전을 통해서 다른 사람들 안에 있는 민감함을 무디게 하고, 그들에게 비현실적인 주장을 받아들이게 한 일을 뉘우치지 않았기 때문이다. 존 웨슬리같이 존경받는 훌륭한 지도자들의 강조와 기대는 유순하고 영향 받기 쉬운 추종자들의 생각을 좌우할 만큼 엄청난 영향을 미치는 법이다.

넷째, 로마서 7장 14절부터 25절이 정반대의 요지로 전개되는 일은 불가피하다. 바울은 왜 7장을 과거시제로 써 오다가 14절부터 현재시제로 바꾸었을까? 이러한 의문에 대하여는, 바울이 그리스도인이 되기 전에 하나님의 율법을 체험한 이야기를 하다가, 이제는 그 본문을 쓰고 있던 당시에 겪고 있는 체험을 이야기하는 쪽으로 화두가 옮겨 가고 있다는 설명이 가장 자연스럽다. 그 외의 다른 설명은 하나같이, 바울을 아무런 이유도 없이 불필요하게 시제를 변화시켜 오해를 자초하는, 의사 전달이 서툰 사람으로 몰아갈 뿐이다. 7절부터 25절에 나오는 내가 바울 자신이 아니라 가상의 인물이라 가정해도 똑같은 인상을 준다. 다른 때는 의사 전달이 대단히 명료한 바울이, 유독 여기서만은 우둔하게 굴고 있다고 비난하는 것 또한 전혀 그럴 듯하지 않다. 하지만 "내 지체 속에서 한 다른 법이 내 마음의 법과 싸워 내 지체 속에 있는 죄의 법 아래로 나를 사로잡아 오는 것을 보는도다" (23)라는 표현이 현실적인 상황을 가리킨다면, 바울은 완전한 사랑을 경험하지 못했다는 말이 된다. 아니, 그의 동기는 순수하다 해도 죄가 여전히 그 안에서 활동하고 있으므로, 바울도 웨슬리가 말하는 의미에서는 완전하지 못했던 것이다.

웨슬리는 헬라 교부들과 화란 아르미니우스주의자들처럼, 7절부터 25절 전체가 바울이 기독교인이 되기 이전의 경험을 가리킨다고 보았다. 하지만 이러한 견해로는 14절부터 시제가 바뀌는 이유를 설명할 수 없으며, 18절의 '선을 행하기 원하는' 능력이 어디서 나왔는지, 22절에서 말하듯이 어떻게 하나님의 율법을 알고 즐거워할 수 있는지(8:7, 8에서 "육신에 있는" 사람들의 생각에 대해 뭐라고 말하는지도 보라!)에 대해서도 설명이 불가능하다. 하지만 이러한 견해에 따르면,

25절 상반절에서 바울은 지금 죄에서 건져 주신 하나님께 감사한 것이 되는데, 그렇다면 왜 그 후에 "그런즉 내 자신[RSV처럼 '스스로'가 아니라, '다름 아닌 나 개인']이 마음으로는 하나님의 법을, 육신으로는 죄의 법을 섬기노라"(롬 7:25 하반절, [ ]는 저자 표기)는 말로 상황을 요약하는지도 설명이 안 된다. 웨슬리의 가설에 근거해 볼 때, 이 본문의 자연스러운 의미는 결국 필요한 해방이 아직 이루어지지 않았다는 말이 된다. 만약 그렇게 되면 25절의 전후반이 서로 엇갈려 보인다. 웨슬리도 별 수 없이 "우리 주 예수 그리스도로 말미암아 하나님께 감사하리로다"라는 문장을 뒷 문장과 논리적 연관이 없는 감탄사로 취급하고 있지만,[16] 이것은 매우 부자연스럽다. 사실상 이 본문들에 대한 일관성 있는 해설은 위에서 개괄한, 어거스틴주의의 해설밖에는 없다. 하지만 어거스틴주의의 해설이 웨슬리의 완전함의 교리와 조화될 수 있는 유일한 방법이라면, 웨슬리와 마찬가지로 바울도 어쨌든 완전해지는 축복을 놓쳤고, 그 축복이 없어서 그렇게 말한다고 해야 한다. 하지만 어느 누구라도 이런 견해를 진지하게 옹호하고 싶은 마음이 들지는 않을 것이다.

따라서 나는 성령께서 믿음에 응답하셔서 지금 여기서 현재의 완전함을 주신다는 웨슬리의 교리는, 신약성경에서 찾아볼 수 없다고 결론 내린다. 눈꼽만큼도 자기중심적이지 않고, 오로지 순수한 동기에서 나오는 완전한 사랑은 천국에서 약속된 삶이다. 신자가 하나님과 사람을 사랑하는 그 어떠한 심오한 경지에 이른다 해도, 여기 이 땅에서는 그러한 완전함을 결코 달성할 수 없다. 현재 영적으로 고양되어 있는 그리스도인에게 모든 악한 욕망이 이제는 그에게서 영원히 물러갔다고 생각하라고 가르친다면, 오히려 그 사람을 해롭게 하는 잘못을 저지르는 일이다. 추론 자체도 틀렸거니와, 그러한 추론을 끌어내는 사람은 그 추론을 근거로 자기 자신에 대해 도덕적·영적으로 상당히 비현실적인 판단을 내리게 마련이기 때문이다. 웨슬리주의를 따르는 성도들을 특징 짓던 그 '찬란한 거룩함'은, 죄가 뿌리째 뽑힌다고 믿었기 때문에 달성된 것이 아니라, 그렇게 믿었음에도 불구하고 달성되었다고 해야 할 것이다.

하지만 그리스도인의 성품에 대한 웨슬리의 고상한 이상, 곧 최대한의 기쁨, 감사, 그리고 사랑은 적당한 선에서 안주하라는 유혹에 처한 모든 사람들에게 변함없이 교훈으로 남아 있다. 그리고 '완전한 사랑'이라는 웨슬리의 교리를 토머스 차머스(Thomas Chalmers)의 말처럼 '새로운 애정의 퇴출시키는 능력'에 대해 알려 주는 한 가지 증거, 즉 우리를 구원하신 하나님의 사랑으로 갖게 된 성부 하나님과 예수님에 대한 사랑이 비열함과 반감 그리고 교만을 어떻게 쫓아내는지 우리에게 들려주는 능력 정도로 생각한다면, 이 교리는 우리의 헌신 안에 있는 천박하고, 자기에게만 몰두하며, 방종하는 모든 요소들을 남김없이 드러내 줄 것이다.

케직 교의: 타협점

내게 '케직 교의'라는 말은 하나님의 두번째 결정적인 은혜의 사역이 그리스도인의 심령에서 죄를 근절하시는 일이라는 주장에 대한 비판을 받아넘기기 위해, 웨슬리주의 견해를 지난 한 세기에 걸쳐 약간 더 진전시킨 수정판을 뜻한다. 그것은 또한 '승리하는 생활의 가르침'이라는 이름으로도 통용되었으며, 오늘날에도 여전히 그 이름으로 접할 수 있다. 그 창설자로는 앞에서 밝힌 대로 퀘이커교도 해너 스미스의 남편 로버트 스미스 같은 미국 장로교인들, 이번 홉킨스, 모울 주교 같은 영국국교도들이었다. '케직 교의'라고 부른 이유는, 그 가르침이 1875년 이래 영국 북서부의 호수 지방에 위치한 케직에서 매년 열린 '영적 생활의 심화를 위한 사경회'에서 가르쳤던 내용이었기 때문이다. 이처럼 케직 사경회는 영적 생활을 더욱 깊게 하기 위해 시작되었지만, 오늘날 케직 사경회에서는 '케직 교의'에 대해서는 전혀 가르치지 않고 있다.

케직 교의는 다양한 양상과 형태를 띠고 있지만, 하나같이 바울이 로마서 6장 1절부터 14절에서 말한 내용을 근거로 한다. 거기서 바울 사도는 이렇게 선포하고 있다. 그리스도인들은 "죄에 대하여는 죽은 자요 그리스도 예수 안에서 하나님을 대하여는 산"(11)자이며, "우리 옛사람이 예수와 함께 십자가에 못 박힌 것은 죄의 몸이 멸하여 다시는 우리가 죄에게 종노릇 하지 아니하려 함이니"(6), 따라서 "오직 너희 자신을 죽은 자 가운데서 다시 산 자같이 하나님께 드리며 너희 지체를 의의 병기로 하나님께 드리라"(13). 그 이후로 로버트 스미스 같은 교사들은 '고상한 삶' '최고 수준의 삶', 즉 개인의 심령에는 이전처럼 죄악이 남아 있지만, 잘못된 욕망과 도덕적 나약함에 끌려 더 이상 나락으로 떨어지지 않는 삶으로 들어가는 공식을 도출해 냈다. 19세기 중엽에는, '죄에 대하여는 죽고 하나님을 대하여는 산다'는 구절을 단순히 그리스도인의 회개와 결심(갈 5:24)을 은유적으로 표현한 말로 여겼다. 하나님이 한 사람을 그리스도 안에서 새로운 피조물로 만드실 때, '이미 하신 일'을 선포하는 구절이라고 보는 사람은 거의 없었다. 그래서 스미스와 같은 생각을 가진 사람들은 여기서 바울이 하는 말의 뜻을 깨달았을 때, 즉 그리스도인이 존재의 근원에서 이미 변화하여 새롭게 되어서 이제는 과거와는 달리 죄의 권세에서 벗어나 죄의 지배를 받지 않는다는 사실을 깨달았을 때, 이것을 일종의 계시로 받아들인 듯하다. 그들이 그 말씀의 뜻을 깨달았으니 참으로 기쁜 일이 아닐 수 없다!

하지만 그들이 이 진리를 적용한 방식은, 아무리 좋게 말해도 별난 구석이 있다. 그들은 13, 14절에서 바울이 말한 대로, 그 진리를 기초로 기대하며 의를 실천하라고 요구하는 대신, 그것을 기초로 아주 특별한 의미에서 믿음을 가지도록 요구한다. 이러한 의미의 믿음에는, 수동성이라 부르면 가장 자연스러울, 의도적인 무위(無爲, 그들은 '쉼'이라고 불렀다)가 따라온다. 그들은 이런 식으로 이해한 믿음이야말로 성결의 장엄한 비밀이라고 말했다. 여기서 그들이 말하는 믿음은 첫째, 자신이 죄에 대해 죽고 하나님에 대하여 살았다는 사실을 힘써 꾸준히 믿는다는 뜻이다. 둘째, 그리스도께서 성령을 통해 자신의 삶에서 죄를 무찌르고 의를 촉진하시도록, 꾸준히 매순간마다 그리스도를 힘써 의지한다는 뜻이다. 셋째, 악의 유혹에 넘어지지 않도록 그리스도께 구체적으로 간구하여, 유혹을 받을 때마다 구체적으로 성령의 능력을 사용한다는 의미이다. 그들은 이러한 믿음이 없으면 결코 죄의 권세에서 자유를 체험하지 못할 거라고 단언했다. 자신의 타고난 본성을 믿고 자력으로 선한 일을 하려고 애쓰다 보면 실패하게 마련이라는 뜻이다. 또 그 이유는 마음이 교만하고, 자신에 대해 무지하며, 자기 속에 거하시는 구주의 권세를 불신하고 있기 때문이라고 말한다.

그래서 케직 교사들은 '우리 자신의 노력이 아니라, 예수님을 믿음으로 얻는 성결'을 노래했다. 그들은 교회가, 칭의는 믿음으로 얻지만 성화는 행위로 얻는다고 가르치거나, 혹은 적어도 그렇게 믿도록 조장했다고 성토했다. 순종하기 위한 모든 의도적인 노력을 자기의 존을 드러낸다며 나무랐다. 선한 일을 하려는 몸부림은 모두 '육신의 에너지'(케직 교의에서 이 표현은 잘못된 태도를 가리키는 낙인이 되었다)라고 책망했다. 또한 자신이 무엇을 해 보려고 노력하지 않고, 그리스도께서 자신 안에서 자신을 통해 일하시도록 의식적으로 허용해 드리는 것이야말로 믿음으로 사는 방법이라고 주장했다.

그러나 케직 교의는 성결을 성취하는 문제를 정신적이고 영적인 테크닉의 문제로 만들어 버렸다. 악한 충동들이 생길 때, 우리가 직접 거기에 저항하면 우리는 지고 말 것이라고 말한다. 그러나 만약 우리가 그 악한 충동들을 무찌르라고 그리스도께 넘겨 드리면, 그리스도께서 친히 우리를 대신해 죄를 이기실 것이며, 우리는 해를 입지 않을 것이다. 그리스도께서 모든 일을 하시도록 그분을 간절히 기대하며 잠잠히 바라볼 때, 비로소 '완전한 행함'은 나오게 마련이다. 그리스도께서 홀로 행하신다면 완전하게 행하실 수밖에 없지 않겠는가? 이런 식으로, 설사 마음속에 있는 죄의 격동에서 구원받지 못한다 해도, 우리는 실제로 죄를 범하는 일에서는 구원받을 것이다. 그리스도인의 악한 심령은 이 세상에서 전혀 변화되지 않으리라(는 점을 케직 교사들은 강조했다). 하지만 개인의 내적인 악한 욕망이 아무리 강하다 해도, 일단 그가 매순간 자신의 약함을 의식하고 그리스도께 그러한 욕망을 맡아 달라고 간구하는 법을 배우기만 하면, 그 욕망은 성령의 능력으로 완전히 저지되어 외부적인 행동으로는 표현되지 않을 것이다('저지'는 케직 교의에서 기술적인 용어였다).

이와 같이 케직 교사들은 '죄 없는 심령'이라는 주장을 완전론자의 이단사설이라고 거부하면서도, 고범죄(故犯罪, 그 행위가 나쁜 줄 알면서도 고의로 범하는 죄-옮긴이)로부터 해방된다는 의미에서 우리의 행함에 대해 무죄를 선포했다. 그들은 하나님께서 이 세상에서 완전한 사랑을 주신다는 웨슬리의 믿음과 결별하기는 했지만, '너무나 분명한 죄(율법을 알면서 고의로 어김)[17]라는 웨슬리의 개념은 고수했다. 또한 그들은 그러한 개념을 기초로, 그리스도인의 삶을 잠재적으로, 모든 형태의 유혹과 도덕의 나약함을 물리치고 앞으로 계속해서 완전히 승리해 나가는 삶으로 묘사했다. 거룩해지려고 애쓰거나 발버둥치기를 멈추고, 무능함을 고백하면서 예수님을 신뢰하는 습관을 받아들이면 '더 높은 삶'으로 들어간다고 주장했던 것이다. 그 안에서 사는 삶은 영국 국왕에 대한 국가(國歌)의 묘사 이상으로 끊임없는 '영광과 행복과 승리'의 삶을 가리킨다. 죄에 대한 승리, 예수님 안에서 누리는 행복, 그리고 하나님으로 충만한 삶은 그리스도인이 상상할 수 있는 가장 풍성한 유산이다. 케직 교사들은 이 유산이야말로 성경이 성령의 사역을 통해 그리스도께 속해서 믿음으로 사는 비밀을 배운 사람들에게 약속한 것이라고 말했다.[18]

케직 교의의 강점들

더 나아가기 전에 호평을 먼저 들어 보자.

케직 교의는 신자의 심령에 있는 진정한 혼란에 초점을 맞춘다

당신은 선한 일이기 때문에 하고 싶은 마음이 들 때 어떻게 행하고, 나쁜 일인 줄 알지만 그래도 행하고 싶을 때 어떻게 그런 마음을 피할 수 있는가? 소크라테스는 선한 일이 어떤 일임을 아는 사람들은 자동적으로 선을 행한다면서, '미덕은 지식'이라고 주장했다. 하지만 이 모든 경험을 종합해 볼 때, 그가 틀렸다는 것이 드러난다. 로마의 시인 오비드(Ovid)는 자신이 더 좋은 일이 무엇인지 알고 또 그 일을 인정했지만, 실제로는 더 나쁜 일을 추구했다고 말했다. 그는 이 말로 인간의 의지가 얼마나 약한지를 표현했던 것이다. 조금이라도 자각(自覺)이 있는 그리스도인이라면, 마음이 아프지만 이 말에 공감하지 않을 수 없다. 우리는 바울이 이런 혼란을 그리스도인이 되기 전후에 어떻게 경험했는지 이미 보았다. 모든 목회자는 양분된 마음이나 양쪽으로 마음이 끌리는 경우가 감기만큼이나 널리 퍼져 있으며, 많은 선의의 사람들에게는 그런 마음을 추스를 수 없다는 사실이 거대한 걸림돌이 되고 있다는 것을 안다. 이 문제를 강조하고 직접 다루었다는 점만으로도 케직 교의는 높이 살 만하다. 비록 그 해결책에는 동의할 수 없다 해도 말이다.

케직 교의는 신자가 빠질 수 있는 진정한 함정에 초점을 맞춘다

케직 교의는 자신을 의지하여 기도하지 않는 일이 얼마나 어리석은 일인지 단호하게 경고한다. 의로움과 유익만을 추구하는 자신만만한 노력을 육신의 에너지라고 진단하며, 그러한 노력들이 아무런 성과를 내지 못하고 실패로 끝날 뿐이라고 주장했다는 점에서, 케직 교의는 정곡을 찔렀으며 뛰어나다.

케직 교의는 그리스도인의 진정한 특권에 초점을 맞춘다

신자가 그리스도의 죽음과 부활에 연합하여 생겨난 심령의 변화는, 죄에서 벗어나 의를 행할 수 있도록(롬 6:14,17,18,20-22) 해 주는 근원이자, 순종(롬 12:1)하게 만드는, 다시 말해 하나님에 대한 감사가 넘치는 사랑을 갖게 해 주는 근원이다. 성결을 일상적인 인간의 도덕 정도쯤으로 보는 불신자와는 반대로, 케직 교의는, 성화를 청교도인 월터 머셜(Walter Marshall)이 말한 대로 '복음의 신비'[19](은혜의 초자연적인 역사)이며, 성결한 삶이란 성령의 내적 사역이 없으면 달성할 수 없다고 정확히 강조했다. 이러한 강조 역시 훌륭하다 할 만하다.

케직 교의는 신자들의 진정한 필요를 보살핀다

한 세기 전과 마찬가지로, 오늘날에도 많은 그리스도인들은 어떠한 이유에서건 매일 회개하는 일을 게을리한다. 그 결과, 영적으로 나약하고 메마르고 나태해졌다. 때문에 그들은 무엇보다도 심령의 찔림을 받아 자신을 살피고 겸손해져야 한다. 그래서 하나님께 자신을 전적으로 헌신하는 온전한 회개에 이르도록 도전받아야 한다. 케직 교사들은 언제나 '단호하고 온전한 헌신'이야말로 믿음으로 성결을 체험하는 전제조건이라고 강조했다. 이것은 오직 온전하게 헌신하는 사람들만이 성령으로 충만할 수 있으며, 성령충만한 성도들 안에서만 성령의 능력이 효과적으로 흘러, 모든 유혹을 물리치고 모든 의로움을 이루기 때문이다.

확실히 신학의 사색이라기보다는 강단설교에 가까운 케직 교의의 설명을 듣고 있으면, 그 성령에 관한 가르침에서 흔히 연상되는 광경은 중력으로 물이 공급되는 가정집 옥상의 물탱크에 물이 차 있을 때 수도꼭지만 틀면 수돗물이 나오는 모습이었다. 케직 교사들은 계속해서 '성령으로 충만한'(엡 5:18에서는 교훈조로, 눅 1:41,67; 행 2:4, 4:8,31, 9:17, 13:9에서는 설명조로 쓰임) 상태가, 마치 의롭다 하심을 받고 그리스도와 함께 죽고 부활하는 일에 못지않게(도무지 의심의 여지가 없는) 성경에서 분명히 계시하고 있는 하나님과 우리의 관계에 대한 진리라도 되는 듯이 말했다. 하지만 케직 교사들은 나태한 신자들의 마음에 와 닿도록 강력하게 헌신을 촉구함으로써, 마음이 나뉜 자, 두 마음 품은 자, 세상의 지배를 받고 죄에 빠진 자들, 즉 '세상적인' 사람들에게 효과적으로 사역했고, 그들이 영적으로 막혀 있는 부분을 짚어 주었다. 바울은 고린도전서 3장 1절에서 그들을 "육신에 속한 자…… 그리스도 안에서 어린아이들"이라고 불렀다. 이 부분이 케직 교의에서 칭송받을 만한 네번째 자질이다.

하지만 그런 장점들과는 다른 단점들도 있다.

케직 교의의 문제점들

위에서 말한 대로 케직 교의는, 성화한 그리스도인의 심령에서 죄가 근절된다는 비현실적인 주장을 제거하기는 했지만, 본질적으로는 웨슬리의 완전론이라 할 수 있다. 따라서 케직 교의의 특징은 한마디로 칭의와 성화, 거듭남과 성결을 모두 믿음으로 받는다는 웨슬리의 주장을 계승한 데 있다. 하나님이 용납해 주셔서 거듭나고, 하나님께 순종해서 성결해진다는 차이가 있지만, 두 가지 모두 자신의 노력(행위)을 중단하고, 하나님을 믿음으로 그리스도께 값없이 받는 축복들이다.

19세기의 웨슬리주의자들은 하나님의 구원을, 웨슬리가 살아 있었다면 경악을 금하지 못했을 만큼 너무나 인간 중심적으로(사실은 그가 고집했던 아르미니우스주의가 자연스럽게 발전되었을 뿐이지만), 각각 다른 은혜의 역사를 담고 있는 두 개의 선물꾸러미로 나누었다. 첫번째 꾸러미에는 의롭다 칭하시는 그리스도의 사역이 들어 있으며, 두번째 꾸러미에는 거룩하게 하시는 그리스도의 사역이 들어 있다. '케직 교의'가 날개를 달아 준 19세기 중후반의 '성결 부흥'을 통해, 구원을 죄의식으로부터의 구원과 죄의 권세로부터의 구원으로 나눌 수 있다는 생각은, 고백주의 루터파와 칼뱅주의자들을 제외한 모든 복음주의자들의 생각을 지배하게 되었다. 그리고 아직도 일부에서는 그런 사고방식이 남아 있다.

케직 교의가 드러낸 최악의 문제점(나로서는 이것보다 더한 문제점은 나오지 않기를 바란다. 어쨌건 최근의 문제점인 것은 분명하다)은 '세속적인 그리스도인' ― 즉 그리스도를 구주로는 영접하지만 성화시키는 분으로는 받아들이지 않는 사람 ― 이 되기로 선택하는 일이 가능하다는 주장이다. 물론 그런 선택이 아주 좋은 선택이라는 식으로 말하지는 않았다. 이 주장은 하나님이 성자(聖子) 예수님의 중보자 직분 안에 합쳐 놓으신 불가분(不可分)의 역할들을 한쪽에는 제사장 역할과 나머지 한쪽에는 선지자(교사)와 왕의 역할로 쪼개는 꼴이다. 이것은 구원에 대한 두 꾸러미 사고방식이 맺은 후대의 열매(가히 쓴 열매라고 할 만한)가 분명하다.

원래 케직 교의는 이렇게 빗나가지는 않았다. 비록 구원을 두 꾸러미로 구분하기는 했지만, 그리스도인에게 두번째 꾸러미 없이 첫번째 꾸러미만(회개 없는 믿음, 거룩 없는 구원)을 선택할 자유가 있다는 양 제안하지는 않았다. 오히려 거룩하라고 요구하시는 하나님의 말씀에 순종하여, 우리에게 즉시 "어떻게 하면 거룩해질 수 있을까?" 하고 물었다. 하지만 케직 교의는 칭의와 성화 모두 믿음으로 받는다는 웨슬리의 개념을 끌어다 붙여 많은 문제점들이 생겨났던 것이다.

로마서 6장에 대한 케직의 이해

케직 교의에 따라, 로마서 6장 1절부터 14절, 아니 더욱 넓게 말해 6장 1절부터 8장 13절을 죄짓지 않는 생활에 대한 교훈으로 읽고 적용한다면, 본문에 칭의와 성화 두 가지 축복을 모두 믿음으로 받는다는 웨슬리주의의 개념을 끌어다 붙인 결과라 볼 수 있다. 바울은 로마서 6장에서, 칭의를 받은 사람들이 과연 의를 실천해야 하는가의 여부와, 그렇다면 왜 의를 실천해야 하는가라는, 두 질문에 답하고 있다. 하지만 웨슬리주의의 개념을 통해 읽어 내려가니, 6장은 "어떻게 하면 의로움을 추구하는 데 성공할 수 있을까?"라는 질문에 대한 바울의 답변이 되어 버렸다. 케직 교사들이 전파했던 답변은 이러하다.

외적으로 성결해지기 위해서는, 먼저 내면에서 성화시키는 주님의 축복을 받아야 한다. 즉, 끊임없이 믿음을 발휘해 언제나 죄를 이기는 승리의 삶으로 들어가야 한다. 우리는 우리 자신을 하나님께 온전히 구별해 바침으로써(당연히 이전에는 한 번도 이런 적이 없었다고 간주해야 한다) 그러한 삶에 들어갈 수 있게 된다. 승리의 삶으로 들어간 후에, 우리는 우리가 그리스도와 함께 죽었으며 부활했고, 그리스도께서 당신의 성령을 통해 우리 안에 거하고 계심을 항상 기억해야 한다. 그리할 때 우리는 승리의 삶을 살게 되고, 이러한 삶을 기초로 죄가 머리를 쳐들 때마다 그리스도께 죄악을 물리쳐 달라고 간구하며, 또 그리스도께서 그렇게 하시도록 허용할 수 있다. 이런 식으로 자신을 거룩하게 구별하고 믿음을 행사하는 일은 신자의 본분이다. 그러니 우리는 그 본분을 다해야 한다. 그러면 우리의 성실하신 주님은 틀림없이 당신의 몫을 다하실 것이다. 신자는 이런 식으로, 은혜 아래 있는 모든 사람의 생득권(生得權)이기도 한, 이른바 죄가 더 이상 자신을 주관하지 못한다는 새로운(최소한 당사자에게는 새로운) 사실을 체험하게 되며, 이전과는 다른 평화와 기쁨을 누리고, 영적으로 성장하면서 다른 사람들에게 도움을 주는 자기 자신을 발견하게 될 것이다. 이것을 케직 교의에서는 '위기와 처방'이라 부르며 강조했고, 로마서 6장에서 바울이 설명하는 성결의 비밀이라고 생각했다(12:1-2과 더불어 1-14, 특히 11-14은 위기를 보여 주고, 15-23은 처방을 제시한다). 케직의 견해에 따르면, 이와 같은 것이 바로 '성경적 성결'(웨슬리의 표현을 차용한 것을 보라!)이다.

케직 교의가 대서양 양단에서 영적인 특권의식, 말하자면 심오한 영적 비밀을 알고 있다는 데서 오는 우월감, 자기밖에 모르는 반지성적인 까다로움, 평화와 기쁨과 안식과 축복을 무슨 자신들의 전용 전문용어인 양 사용하면서 잘난 체하는 자기도취를 낳았다고 비난할 수 있을지는 다분히 논란의 여지가 있다. 아마도 그런 교리에 끌린 사람들은 이미 이러한 기질들을 다분히 가지고 있었을 것이다. 케직 교의가 그런 사람들이 가지고 있던 특정한 미성숙함이나 영적인 교만을 바로잡아 주지 못했다는 사실은, 이 가르침이 영적 교훈으로서 얼마나 취약한지를 드러낸다. 하지만 나는 지금까지 말한 사실 말고도 케직 교의에는 여러 가지 근거에서 성경적·신학적 비판의 소지가 많다고 생각한다.

성결에 대한 편협한 견해

케직 교의는 성결을 그리스도인의 도덕적 이상이라고 설명하는데, 이것은 성결에 대한 심각할 정도로 불충분한 가르침이 아닐 수 없다. 이 가르침에는, 찬양하고 순종하고 봉사하고 가치 있는 일을 추구함으로 하나님을 영화롭게 하는 삶을 이상적인 삶이라고 본 어거스틴주의의 전망도, 하나님과 사람을 향한 열정적이고 끝없는 사랑을 목표로 삼은 웨슬리주의의 정열도 없다. 그저 지금보다 좀더 올바르게 살려는 데서 오는 긴장에서 벗어나고, 마땅히 해야 할 일을 다하지 못한 데 대한 양심의 가책에서 벗어나는, 극히 소극적인 형태의 이상(理想)에 집중할 뿐이다. 그들의 목표는 지속적인 기쁨과 마음의 평정이다. 따라서 의로움을 달성하기보다는 도덕적인 면에서 실패감을 모면하는 데 더 관심이 있다. 하지만 이러한 이상은 하나님이나 이웃 중심이 아닌 자기중심적이며, 도덕적·영적 민감함을 오히려 둔하게 만든다. 만약 현재의 행복을 목표로 삼는다면, 성경적인 성결의 길이 아니다. 성경은, 하나님과 제대로 동행하는지, 이웃을 위한 일에 자신이 얼마나 부족한지 고뇌하지 않는, 그야말로 번민이라곤 없는 평온하고 명랑하며 정돈된 삶을 목표로 삼거나 기대하라고 우리에게 말한 적이 없다. 또 그런 삶을 정당화시켜 주지도 않는다. 하지만 사실상 그와 같은 기독교식 중산층의 꿈이 고전적 케직 교의의 달콤한 속임수였다. 따라서 역사적으로 케직 운동이 화이트칼라에다 사회에서 안정된 지위를 갖춘 사람들의, 이른바 돈 많은 부르주아의 행사였다는 점은 그리 놀랄 일이 아니다. 왜 수많은 복음주의자들은 다른 그리스도인들보다 이웃들의 필요에 반응하거나, 세상에서 하나님의 이름이 더럽혀지는 일을 애통하게 여기는 데 그토록 더딘가? 그 이유 가운데 일부는, 우리가 지난 3세대에 걸쳐 케직 교의가 말한 이상적인 삶을 서로에게 투영해 오면서 이웃들의 필요와 하나님의 영광에 대해 둔감해졌기 때문이다.

지나치게, 모자라게

케직 교의는 성화시키는 성령의 활동에 대한 설명으로서도 불충분하다. 케직 교의가 제기하는 주장이 너무 지나친 동시에 너무 모자란 듯 보이기 때문이다. 내가 '보인다'라고 말한 데는 이유가 있다. 케직 교의 주창자들은 웨슬리주의의 두번째 축복이라는 틀을 유지하면서 웨슬리의 완전론과는 분리시키는 일만을 목표로 삼았을 뿐, 자신들이 이러한 목표를 위한 수단으로 생성해 낸 개념들이 신학적으로 어떠한 함축을 갖고 있는지 깨닫지 못했을 수도 있기 때문이다. 하지만 우리가 그들의 말을 액면 그대로 받아들인다면, 그들의 주장이 지나친 동시에 모자란다는 판단을 피할 도리가 없다. 그들은 행위의 완전함을 실제로 긍정하면서도, 하나님께서 회심 후에 우리의 심령을 변화시키신다는 것은 실제로 부정했는데, 두 주장 모두 잘못이다.

우선, 모든 고범죄를 이기는 완전한 승리를 약속하는 케직 교의는, 신약말씀을 근거로 볼 때 우리가 이 세상에서 기대할 수 있는 수준을 넘어간다(요일 1:8-10; 갈 5:17; 롬 7:14-25. 여기에 대해서는 이미 말했고, 곧 좀더 추가하겠다). 그리스도인이 이 세상에서 이루는 의로움이란 상대적인 개념이다. 그가 하는 어떠한 행동도 죄가 없는 그야말로 완전한 행동일 수는 없다. 최상의 성과를 거두었다 해도 그 마음은 너무 미지근하고 그 동기는 순수하지 못하다. 예수님이 바리새인들을 어떻게 판단했는지 보라. 한 행위자의 행동을 평할 때, 그의 동기나 목적을 고려하지 않는다면, 도덕적으로 비현실적이다(마 6:1-6, 16-18, 23:25-28). 게다가 이미 지적했듯이, 그리스도인은 모든 일을 할 때 '더 잘할 수 있었는데' 하는 생각을 접을 만큼 더할 나위 없이 잘할 수는 없다. 하나님의 명령을 준행하기 위해 노력하는 그는, 마치 주어진 곡을 연주하는 음악가나 맡은 역을 소화하는 연기자와 같다. 심지어 그는 자신의 공연이 스스로 생각해도 썩 잘했다고 느껴질 때조차 자신의 연기나 연주에서 항상 개선할 점이 눈에 띄고, 해석자로서 갖는 성실함 때문에 자기 자신에게 가장 엄한 비판자가 된다. 자신들이 한 일이 죄가 없고 완전하다고 상상할 수 있는 사람들은 기껏해야 대단히 둔감하거나 정신의 균형이 깨어진 사람들뿐이리라. 그리스도인이 조금이라도 하나님에 대해 깨어 있고 자신에 대해 안다면, 그는 이러한 사실을 알 테고 그 사실을 상기하며 겸손해질 것이다. 확실히, 신약성경은 그리스도인이 이 세상에서 삶을 영위해 가면서, '고범죄'들로부터 점점 더 해방되어 가기를 고대한다. 하지만 지금 여기서 죄악에 대해 완전히 승리하리라는 약속은 성경이 보증하지도 않았을 뿐 아니라 영적으로도 비현실적이다.

그런데도 케직 교의는 지금 여기서 죄악에 대해 완전한 승리를 약속하고, (이 약속이 얼마나 놀라운 일인지 강조라도 하듯) 우리의 악한 심령은 중생한 순간부터 이 세상을 떠날 때까지 변화하지 않을 것이라는 주장을 병행한다. 하지만 이 주장은 두번째 실수이다. 왜냐하면 이 말은 신자들이 "저[그리스도]와 같은 형상으로 화하여 영광으로 영광에 이르"(고후 3:18, [ ]는 저자 표기)고 "[그들의] 마음을 새롭게 함으로 변화를 받"(롬 12:2, [ ]는 저자 표기)고 있다는 사실을 무시하는 처사이기 때문이다. 성령께서 신자들의 삶에서 역사하셔서, 그들의 신령한 소원과 분별력은 점점 더 강해지며, 악한 욕망과 습관은 눈에 띄게 약해져 간다. 그들은 진행되는 변화를 어느 정도 알아차릴 수 있으며, 그 일을 간증할 수도 있다. 앞에서 말한 대로, 그러한 증거가 없는 그리스도인이라면 자신의 영적 상태를 우려해 볼 필요가 있으며, 자신이 과연 중생했는지를 의심해야 할 것이다.

자, 이처럼 고전적인 케직 교의는 두 가지 면에서 그리스도인의 도덕적인 삶의 실상을 놓쳐 버렸다. 나는 케직 교의의 두 가지 특징적인 가르침은 웨슬리의 완전론을 벗어나기 위해 발전시킨 것이었을 뿐, 위에서 소개한 그 두 가르침이 갖는 실제적인 결과들에 대해 충분히 숙고하지도, 그런 결과들을 제시할 의도를 가졌던 것도 아니라고 생각하고 싶다. 하지만 그렇게 여기는 것이 그들에 대한 정당한 판단인지는 잘 모르겠다.

수동성으로 생겨난 제한

세번째, 케직 교의는 그리스도인이 하나님과 성령과 어떤 관계를 맺는지 설명하는 데 또다시 실패한다. 케직 교의의 초창기에 강력한 정적주의적 요소가 합류했는데,[20] 그 정적주의는 수동성을 명령했다. 우리는 앞에서 정적주의가 어떠한 종류든 간에 인간의 모든 주도권을 육체의 에너지라고 주장한다는 것을 살펴보았다. 또한 정적주의자들은 하나님이 우리에게, 우리 자신의 생각이나 충동이 아니라는 사실을 우리가 충분히 알 수 있도록, 내적인 강권함과 내적인 거부감을 주셔서 우리를 움직이신다고 주장한다. 따라서 우리는 하나님의 생명만이 우리의 육체를 통해 자유롭게 흘러나올 수 있도록, 언제나 우리의 자아를 소멸시키는 일을 추구해야 한다고 주장한다. 우리는 이미 내적 수동성이라는 개념이, 어떻게 거룩한 행위에 대한 케직의 공식에 끼워 맞춰졌는지도 살펴보았다. 케직 교의를 따르는 사람들이 자아를 죽이라는 가르침을 어느 정도 심하게 가르쳤는지, 내가 수동적이 되면 내가 하나님을 가동시킬 수 있는지(하나님을 '사용할 수 있는지'), 아니면 하나님이 나를 가동시키는지 하는 문제에 대해 그들이 어떤 복잡한 상황에 얽히게 되었는가는 대단히 매혹적인 질문들이지만, 여기서 탐구할 수는 없다. 또한 이 지면이, 우리가 운전하는 차나 세탁기를 '사용'하는 것처럼, 우리의 수동성을 통해 성령을 '사용'한다는 개념과 관련이 있는 불합리한 아르미니우스주의에 대해서 상세히 살펴볼 곳도 아니다. 성경에 비추어 볼 때, 이러한 수동성의 개념 틀은 전적으로 잘못이다. 성령께서는 일반적으로 우리의 마음과 의지를 움직여서 역사하시기 때문이다. 이렇게 성령께서 우리를 움직이실 때는, 우리 스스로 그렇게 행동해야 할 이유를 깨닫게 하신다. 따라서 우리의 의식적이고 합리적인 자아가 소멸되기는커녕 오히려 강화되고, 우리는 더욱더 두렵고 떨리는 마음과 순종함으로 우리의 구원을 이루어 나간다. 우리 안에서 행하시는 이는 하나님이시니 "자기의 기쁘신 뜻을 위하여 너희로[우리로] 소원을 두고 행하게 하"(빌 2:13, [ ]는 저자 표기)신다는 사실을 알기 때문이다. 분명히 말하지만 이것이 성결이며, 성결을 완전하게 이루는 과정에서 수동성이란 전혀 없다.

수동성은 일부러 내면에서 아무 행동도 취하지 않는 것, 즉 무위(無爲)를 말한다. 케직 교사들은 성심을 다한 '구별된 수동성'을 요구하시는 성경말씀이 있는 듯이 말하곤 했다. 하지만 정작 해당 본문을 살펴보면 결코 그런 뜻이 아니다. 예를 들어 자신을 하나님께 '드린다'나 '바친다'(롬 6:13, 12:1), 또는 종종 표현하는 대로, 하나님께 자신을 '맡긴다' '의탁한다'는 말들은 수동성을 뜻하는 표현이 아니다. 바울의 이런 표현들은, 우리 자신을 우리의 주인이신 하나님께 넘겨 드리고, 그리스도께서 우리를 움직이시기만을 기다리라는 뜻이 아니다. 오히려 바울이 다메섹으로 가는 길에 "주여 무엇을 하리이까"(행 22:10)라고 말했듯이, 우리는 마땅히 해야 할 일을 하기 위해 단호하게 일어설 준비를 해야 한다. 그리스도께서 당신의 성령으로 당신의 말씀을 통해서 우리에게 지시하실 때, 그 어떠한 제한도 하지 말아야 한다는 말이다. 그것이 활동이다! 다시 말해, "하나님의 영으로 인도함을 받는"(롬 8:14; 갈 5:18) 일도 수동성이 아니다. 바울의 말은 우리의 마음속에 천상의 재촉하심이 있기 전까지는 아무것도 하면 안 된다는 말이 아니라, 우리가 기도하고 수고를 다하여 그리스도의 율법을 순종하고, 죄를 죽이기 위해 단호하게 노력해야 한다는 말이다(갈 5:13-6:10; 롬 8:5-13. 14은 5-13에서 했던 말을 되돌아 본 구절). 이것 또한 활동이다!

그러므로 이제 우리는 여기서 더 이상 긴 설명이 필요 없다. 문제의 요점은 너무나도 분명하다. 정적주의자들은 자신들의 수동성이 성령을 자유롭게 한다고 생각하지만, 실제로는 성령을 거스르고 소멸시킬 뿐이다. 내적 수동성을 익힌 영혼은 점점 더 쇠약해진다. 그리스도인의 좌우명은 '그냥 두고 하나님이 하시게 하라'가 아니라, '하나님을 신뢰하고 일을 진전시켜라!'가 되어야 한다. 예를 들어 당신이 나쁜 습관과 싸우고 있다면, 하나님 앞에서 나쁜 습관에 또다시 빠지지 않도록 전략을 세우라. 그리고 하나님이 그 계획을 축복하시기를 기도하라. 다음 번에 다시 유혹이 올 때는 단호하게 물리칠 준비를 하고, 그분이 주시는 힘으로 나아가라. 또 좋은 습관을 형성하기 원한다면, 동일한 방식으로 전략을 세우고, 하나님의 도우심을 구하고, 그 다음에는 최선을 다해서 노력하라. 수동성은 결코 바른 방법이 아니다. 케직 교의에서 연상되는 수동성('그 문제로 당신 자신이 몸부림치지 말고, 다만 하나님께 넘겨 드리라')은 그 자체가 비성경적이며, 그리스도인의 성숙에도 해롭다.

신앙 생활에 대한 서투른 조언

케직 교의가 신앙 생활에 대한 조언이라고 볼 때, 그 가르침의 폐해는 막심하다. 사실상 케직 교의가 실제 신앙 생활에 도움을 주기 위해 발전되어 왔다는 점을 생각하면, 모든 실패 가운데 이 네번째 실패가 가장 서글프다. 케직 교의가 내세우는 **'수동성'이라는 전략**과 그들이 부추긴 비현실적인 기대들에, 완전한 승리를 거두지 못한다면 전적으로 본인의 잘못이라는 주장까지 더하면 그 결과는 가히 파괴적이다. 내가 이 사실을 아는 이유는, 나 자신이 완전한 승리를 얻으려고 온 힘을 다한 적이 있기 때문이다. 나의 논점을 밝히는 가장 빠른 방법은 그때의 경험을 나누는 일이라 생각한다. 그래서 1945년과 46년 옥스퍼드에서 중생한 지 얼마 안 되던 나의 몸부림을 3인칭으로 묘사한 몇 단락을 인용하겠다.

그의 혼란은 이러했다. 그는 신앙선배들이 죄를 지속적으로 승리하는 상태를 묘사하는 말을 들었고, 그들이 쓴 책을 통해 읽기도 했다. 신앙선배들이 말하는 상태란 평화와 능력의 상태이며, 그 안에서 그리스도인은 성령으로 충만하고, 타락하지 않도록 보호받으며, 하나님을 위해서 자신의 능력 이상의 일들을 행하도록 감동받고 능력을 받는다. 그들은 우리가 하나님께 자신을 바치고 맡기며 구별해 드려야만 그러한 상태로 들어갈 수 있다고 주장했다……하지만 그가 그들의 지시들을 따르려고 노력하면서 겪었던 경험은, 마치 사력을 다해 담을 뚫고 지나가려고 애쓰다가 몇 년이 지나서 자신의 처지를 알게 된 불쌍한 마약중독자의 경험과 유사했을 뿐이다. 그는 자신을 완전히 바치려고 노력했지만, 번번이 자신이 있던 자리에 머물러 있었다. 미숙하고 혼란에 빠진 그 가련한 사람은 고통스러울 만큼 스스로를 잘 알고 있었으며, 젊은 사람들이 그렇듯이 매일 다양한 충동과 불만족과 욕구불만을 겪고 그것들과 싸우면서 살아갔다…… 자신에게 일어나는 그 모든 것들은, 자신을 온전하게 헌신하고 비운 그리스도인이라면 마땅히 누려야 할 승리의 삶, 능력으로 채워진 삶과는 너무나 거리가 멀어 보였다.
그렇다면 그는 어떻게 해야 하는가? 케직 교의에 따르면, 그리스도인들이 이처럼 행복한 삶을 누리지 못하는 이유는 오직 입장료를 내기 주저하는 태도, 즉 자신을 하나님께 드리지 않은 탓일 뿐이었다. 그래서 그가 할 수 있는 일은, 계속해서 자신을 하나님께 헌신하고, 자기 마음속에 상처가 나고 곪을 때까지 파고들어 혹여 하나님께 바치지 않아서 축복을 막고 있을지 모르는 것들을 추적하는 일뿐이었다. 발에 사마귀가 났거나 신발에 돌이 들어가서 한 걸음 내디딜 때마다 주춤하는 것처럼, 그는 계속해서 버스를 놓치고 있다는 느낌에다, 왜 자신이 자꾸 버스를 놓치는지에 대한 혼란까지 안고 살아가기가 이제는 너무 고통스러워졌다.

하지만 일이 순조롭게 풀려서 상당한 책벌레였던 그는, 뜻밖에도 생명줄과 같은 글을 만나게 되었다. 그 글은 당시에 그가 어떻게 자신을 다뤄야 할지 보여 주었고, 그가 추구해 오던 것이 환상에 불과하다는 사실을 깨닫게 해 주었다…… 하지만 한번 불에 덴 적이 있는 아이는 불을 무서워하듯이, 오늘날에도 과열된 성결의 교의가 갖는 잔인하고 고통스러울 만큼 비현실적인 요구들에 대한 혐오감은 그의 가슴에 남아 있다.

바로 그 학생은 나였으며, 내가 읽었던 책은 청교도 존 오언의 전집 6, 7권과 라일의 〈성결〉(Holiness)[21]이었다.

이런 질문이 떠오른다. 그렇다면 한 세기가 넘는 기간에 걸쳐, 케직 교의 때문에 자신의 삶이 변화했다고 증언했던 수천 수만의 사람들은 어떻게 설명할 것인가? 나는 다음 두 가지 사실에 그 질문에 대한 답이 들어 있다고 생각한다. 첫번째, 케직 교의가 예수 그리스도와 그분을 믿는 믿음과 사람들의 삶 속에서 역사하시는 그분의 능력을 높이는 것은 분명하며, 많은 사람들이 그 부분에만 주목했다는 점이다. 그들은 케직 교의의 핵심 개념들이 신학적으로 어떤 결과를 나을지 알아차리지 못했으며, 사실 상관하지도 않았다. 이것은 마치 캐나다의 브리티쉬 콜럼비아 주 사람들이나 영국인들이 연어를 먹을 때, 뼈는 발라내고 살만 마음껏 먹는 일과 같다고 할까. 두번째는, 이 책의 서두에서 말했던 대로, 하나님은 너무나 은혜로우셔서 그들의 신학이 좋거나 신통하지 않거나 간에 전혀 따지지 않으시고, 진심으로 당신을 찾는 모든 사람들에게 자신을 주신다(렘 29:13; 행 10:34, 35)는 사실이다. 지금의 공무원들은 모든 신청 서류를 완벽하게 작성하고 정확하게 기입하기 전까지는 깐깐하게 연금 지급을 보류시키지만, 우리 하나님은 다르다! 하나님이 그렇지 않다는 사실은 참으로 기쁜 일이다. 케직 교의로 많은 사람들이 감동을 받고, 더욱더 헌신하는 마음으로 하나님을 찾고, 자신들의 죄에 대항하려고 더욱 갈급하게 하나님께 도움을 구하게 되었다. 그들은 자신들이 추구하던 것을 찾은 셈이다. 할렐루야!

하지만 이런 사실들 중 과연 어떤 부분이, 케직 교의가 부정확하다는 사실을 정당화시켜 줄 수 있는가? 아니다. 이 교의의 세부 사항을 너무 심각하게 받아들이지 않는 편이 나을 거라는 말이 대단한 추천일 수는 없다. 이 경우처럼 당신이 그 세부 사항을 너무 심각하게 받아들인다면, 결국 당신을 돕기보다는 파괴하기 십상이라고 말해야만 한다면, 그 말은 이 가르침에 참으로 결정적인 문제가 있다는 증거가 된다. 자동차 생산업체는 부품에 결함이 있으면 공개적으로 회수를 하는데, 결함 있는 부품은 위험을 초래하기 때문이다. 과거에 케직 교의를 유포했던 교사들과 기관들은 그 결함 있는 부분이 신앙 생활에 끼칠 수 있는 위험을 파악하고, 자동차 생산업체가 리콜하듯이 솔직하게 그 부분을 철회하기 바란다.

로마서 6-8장의 증거

다섯번째(그리고 가장 강력한 비판)는, 케직 교의가 '의롭다 함'을 받은 신자의 삶을 기록한 로마서 6장부터 8장을 해석하고 적용했지만, 그러한 해석과 적용은 한마디로 불가능하다는 사실이다. 앞에서도 이미 언급했듯이, 로마서 6장은 "의롭다 함을 받은 신자가 어떻게 거룩한 삶을 살 수 있을까?" 하는 질문에 대한 대답이 아니라, 왜 그렇게 살아야 하는가에 대한 대답이다. 동일한 설명이 7장 6절에서도 이어진다. 7장 7절에서는 새로운 질문을 제기한다. "7장 5절에서 기록한 대로, 율법을 통해 죄에 대한 욕구가 생겨나게 되었다면, 율법이 죄악이며 악하다는 비난을 면할 수 있는가?" 바울은 7장 끝까지 이 새로운 질문을 풀어 나가고 있다. 그런 다음 목회할 때 하는 순서에 따라(8:1의 "그러므로"는 '여러분이 들어야 할 다음 사항은'을 뜻하는 것 같다), 이미 살펴본 대로, 그리스도 안에서 새롭게 사는 삶이 얼마나 확실하고 실재적인지에 대해 신학적인 대서사시로 풀어 나간다. 즉 죄로 인한 정죄함이 없는 삶(8:1), 그리스도의 사랑에서 끊을 수 없는 삶(8:38,39), 그리고 더 이상 두려움이 없는 삶(8:15,26-30,32-36) 등으로 묘사했다. 하지만 6장에서 8장 그 어느 곳에서도 "신자가 모든 고범죄에서 완전히 구원받을 수 있는 방법은 무엇인가?" 같은 질문을 제기하지는 않는다. 마찬가지로 어떠한 내용도, 바울이 그 질문에 대답하려고 시도한 것으로 읽을 수는 없다.

또한 6장 13절의 "너희 자신을 하나님께 드리라"는 명령에서도 내적인 수동성을 요구한다고 생각할 수는 없다. 첫째, '너희 지체를 죄에게 드린다'(그 구절 안에서 같은 시제, 같은 동사를 사용)는 말은 적극적인 행위를 뜻하는 말로서, 수동성이 개입할 여지가 전혀 없기 때문이다. 둘째, 이러한 하나님께 '드림'은 17,18절에서 "너희에게 전하여 준 바 교훈의 본을 마음으로 순종"하여 의의 종이 되는 문제라고 명쾌하게 정의하고 있기 때문이다. "드리라"(13)는 명령은, 그리스도 안에서 신자들이 '죄에 대하여는 죽고 하나님을 대하여는 살았다'(11)면, 이제 어떻게 살아야 하는가라는 신학적이고 실제적인 적용이다. 이 명령은 한 사람의 영적인 경험 전체를 변화시킬 만한 개인적인 위기를 가지라는 뜻이 아니다. 단지 그리스도인이 무엇을 해야 하는지 명백하고 결정적으로 진술하는 데 불과하다. 6장 11절부터 14절의 단락은 바울이 "은혜를 더하게 하려고 죄에 거하겠느뇨(우리가 믿기 전에 저지르던 사악하고 불경건한 모든 것들을 계속하겠느냐"(6:1, [ ]는 저자 표기)라는 질문에 대해 직접적으로 답변한 내용이다. 그 답변은 두 부분으로 이루어져 있다. 11절부터 13절은 '그러면 안 된다'고 말하고 있으며, 14절("죄가 너희를 주관치 못하리니 이는 너희가 법 아래 있지 아니하고 은혜 아래 있음이니라")은 '그럴 수 없을 것'이라고 말한다. 당신이 그러면 안 되는 이유는, 하나님은 당신이 새 생명을 가지고 살게 하기 위해서 그리스도와 함께 죽은 자 가운데서 당신을 살리셨기 때문이며(4), 당신이 그렇게 할 수 없는 이유는, 죄를 사랑하고 섬기던 당신의 옛 자아, 즉 예전의 기질이 그리스도와 함께 십자가에 못 박혀서 이미 죽어(6) 과거의 일이 되어 버렸기("은혜 아래" 있다는 말이 바로 이 점을 함축하고 있다) 때문이다. 반면에 내적 수동성에 대해서는 여기서도, 그리고 6장에서 8장 어디에서도 찾아볼 수 없다.

마지막으로, 성령이 충만하고 성별된 그리스도인들은 믿음의 테크닉을 통해, 모든 '고범죄'에서 벗어나 완전한 해방을 누리게 된다고 믿는다면, 우리는 로마서 7장 14절부터 25절을 자연스럽게 읽을 수 없다. 이미 말했지만, 해당 본문은 활기차고 건강한 그리스도인(바울)이 우리를 대표해서, 죄를 금지하고 정죄하는 바로 그 율법 때문에 죄가 자기 안에 기회를 타서 아직도 낱낱이 밝히기 괴로울 정도로 자신에게 통제력을 행사한다고 솔직하게 인정하는 구절로 보는 쪽이 가장 타당하다. 또한 이 본문은, 율법이 거룩하고 의롭고 선하고 영적이기는 하지만 "육신으로 말미암아 연약하여"(8:3), 죄에 저항할 수 있는 어떠한 능력도 주지 못함을 시인하고 있는 구절로 보아야 마땅하다. 그러나 케직 교사들은 이 본문에 대해 새로운 해석을 시도했다. 그들은 그 구절들을, 자신의 힘만으로 죄와 싸우려고 애쓰다가 영적으로 병든 한 그리스도인의 증언으로 읽었다. 또한 성별과 믿음을 통해 성결의 비밀을 배우고, 유혹의 순간에 그리스도께서 성령을 통해 친히 일하시게 허용해 드리면, 그 사람은 '로마서 7장에서 나와 로마서 8장으로 들어가는' 여행을 하게 된다고 주장했다. 그럴 경우, 로마서 8장은 승리하는 삶에 대해 구체적으로 증언하는 장으로 읽힐 것이라고 말했다. 모울은 〈해설성경〉(Expositor's Bible, 1894)의 로마서 해설부분에서, 이러한 견해를 매우 학문적으로 진술했다. 사실 이전에 〈케임브리지 성경 시리즈〉(Cambridge Bible Series, 1879)에서 로마서를 다룰 때는 어거스틴주의의 노선을 취했었는데, 그 이후 다른 견해를 가지게 된 것이다. 하지만 케직의 해설은 여전히 지탱될 수가 없다.

우선 그러한 관점은 근거가 없다. 바울은 로마서 7장 7절부터 25절에서 율법이 악하고 나쁘다는 의심을 벗기려고 애를 쓴다. 여기서 바울의 목표는 그리스도인의 체험에 대해 어떤 교훈을 주려는 것이 아니다. 그가 자신의 경험을 인용한 이유는 자신의 머릿속에 있는 율법과 자신의 심령과 삶에 있는 죄 사이의 관계에 대해 신학적인 논점을 제시하려는 것뿐이다. 그렇다면 왜 바울은 여기서 아무런 설명이나 논평도 없이, 어떤 그리스도인도 처해서는 안 될 영적 상태 — 케직 이론에 따르면 — 에 대해 묘사해야 했는가? 그는 이 구절에서, 죄가 율법을 통해 역사한다 해도 죄와 거룩한 율법은 다르며, 서로 대립한다고 일관되게 주장한다. 만약 14절에서 25절의 내용이 그리스도인의 보편적 체험이라면, 단순히 수준 이하의 그리스도인에게만 해당되는 사실이라고 말하는 것보다 그 논증을 훨씬 부각시킬 수 있다. 이 말을 거꾸로 표현하자면, 바울이 여기서 보편적인 그리스도인의 체험이 아니라 수준 이하의 그리스도인의 체험에 대해 적고 있다면, 그가 의도한 대비효과는 우스꽝스럽게 될 것이다. 자신의 논증을 강화시키기는커녕 오히려 약하게 만드는 격이 될 테니까 말이다. 그러니 케직파의 해석에 따르자면, 바울은 매우 머리가 나쁜 사람이 되는 셈이다.

더욱이, 바울은 14절부터 계속해서 일인칭 현재시제로 문장을 이어 나간다. 물론 그는 자신의 분석이 그리스도인의 입장을 대변하는 보편성을 띠고 있다고 믿었으며, 그 편지를 읽거나 듣는 모든 그리스도인들이 '맞아, 나도 저렇게 살고 있어' 하고 마음속으로 말할 거라고 기대했다. 하지만 여기서 일인칭 현재시제를 사용함으로써 "그 구절이, 로마서를 구술할 시점에 바울 자신의 실제 의식상태에 대한 설명이 아니라면, 왜 그는 그 분석을 이런 식으로 썼을까?" 하는 질문에 더욱 힘을 실어 준다. 우리는 바울이 정말 7장 14절부터 25절을 구술할 순간까지는 영적으로 병든 상태였다가, 로마서 8장을 시작하기 직전에 갑자기 고양되었으며 더욱 건강한 상태로 회복되었다고 가정해야 할까? 그렇지 않다면, 일인칭 단수와 현재시제를 쓰고 있는 이유를 케직 교의에 근거해서 어떻게 설명할 수 있을까?

게다가 7장 14절부터 25절의 어느 부분도 케직파의 해석이 아니면 말이 안 되거나, 그런 해석도 가능하겠구나 하는 생각이 들거나, 케직의 해석과 잘 들어맞는 것도 아니다.[22] 그렇다면 왜 본문에서 읽어 낼 수 없는 해석을 가지고 본문을 해석하려 하는가? 케직파 강해자들이 그렇게 고집한 데는 이유가 있다. 아직도 죄가 자신의 영 속에서 활동하여 자신을 혼란시키고, 주의를 어지럽히고, 마비시키기 때문에, 자신의 예배와 섬김이 완전에 못 미친다는 인식은, 건강한 그리스도인의 인식이 아니라는 그들의 이론을 살리기 위해서이다. 하지만 우리는 이미 갈라디아서 5장 17절과 상충되는 이 이론을 받아들일 수 없는 이유를 살펴보았다. 어쨌든 케직파의 해석을 받아들이는 일은 객관적으로 정당화될 수 없다.

더욱이 케직파의 해석을 도입하면 혼란을 부추길 뿐이다. 일단 다른 어색함은 제쳐 두고라도, 케직파의 해석은 웨슬리의 견해만큼이나 25절을 일관성 없는 견해로 만들어 버린다. 또한 바울의 "하나님께 감사하리로다"라는 고백을 14절에서 묘사한 상태로부터 해방된 것을 찬양하는 말로 바꿔 버린다. 케직파의 해석은 25절에서 감사하는 내용이 현재 일이자 과거 일이며('그가 나를 참으로 구원하신다' 또는 '그가 나를 구원하셨다'), 로마서 8장 1절부터 13절은 우리가 어떻게 해방될 수 있었는지를 말해 준다고 주장한다. 즉 우리는 믿음을 행사하는 그리스도인들에게 승리를 가져다주시는 성령을 통해서 해방된다고 장담한다. 하지만 그렇다면 25절의 상반절과 하반절이 어떻게 연결될 수 있는가? 그리고 바울은 어떻게 현재 구원받은 사실을 감사한 후, 이어서 "그런즉 나 자신이 마음으로는 하나님의 법을, 육신으로는 죄의 법을 섬기노라"라고 말할 수 있는가? 이 질문에 유일하게 가능한 답변이라면(실제로 그렇게 제안하는 주석가들도 있다), 바울이 자신의 격한 감정으로 심한 압박감을 느꼈으며, 그것을 이기지 못해 결국 논리적인 일관성을 잃은 나머지, 23절과 24절 사이에 썼어야 할 문장을 25절 끝에 기록했다는 것이다. 하지만 이처럼 탁월하고 명료한 사상가가, 로마서같이 그토록 세심하게 구성되었고 선교적으로 매우 중요했던 편지에서 그런 실수를 했다니, 전혀 이해가 안 된다. 이제 남은 길은 어거스틴의 해설로 돌아가는 수밖에 없다. 그렇게 되면 문제는 사라진다.[23]

결론

앞에서 살펴본 결과, 우리는 역사와 신학과 경건 생활의 세 측면에서 세 가지 결론을 얻을 수 있다.

첫째, 역사적으로 볼 때, 성결에 대한 웨슬리주의와 케직 교의가 영향력을 발휘했던 이유는, 주로 모든 그리스도인들이 갈망하는 것, 즉 이제까지 경험한 것보다 죄에서 더 많이 해방되고, 그리스도와 더욱 친밀하게 교제하는 방법을 제안하기 때문이라고 결론지을 수 있다. 개혁파 교회의 어거스틴주의는 행위로 칭의를 얻을 수 있다는 주장에 대항하기 위하여 그리스도인에게 죄의 속성이 계속 남아 있다고 강조하였다. 이러한 상황에서 사람들은 자연히 성결을 향한 소망에 대해서는 어느 누구도 말해 주지 않는다는 갈증을 느끼게 되었다. 그런데 때마침 웨슬리주의와 케직 교의가 들어서서 사람들의 갈증을 해소해 주었던 것이다. 사람들은 이런 교리들이 내용이 더욱 충실해서가 아니라, 마음에 호소를 하였기에 그것들을 경청하고 소중히 여기고 추종했다.

둘째, 신학적으로 내릴 수 있는 결론은 이러하다. 성경은 어거스틴주의를 지지하고, 거기서 벗어난 두 입장에는 반대한다. 많은 어거스틴주의자들은 우리가 여전히 죄인이라는 사실을 무척 강조한다. 하지만 그들은 그것에 비해 우리가 성령을 통해 계속해서 더욱 선하게 바뀌어 그리스도의 형상을 닮아 가기를 요구하는 성경의 기대는 정작 너무 가볍게 여겼다는 책망 또한 피할 수 없다.

셋째, 경건 생활과 관련해서 내린 결론이다. 그리스도인들이 하나님께 성령의 능력으로 더욱 예수님을 닮아 가게 해 달라고 간구할 때, 하나님은 그들의 신학에서 어떠한 결함이 나타나더라도 괘념하지 않으시고 응답하신다. 이미 말했지만, 그분은 가장 자비로우시고 관대하신 하나님이시기 때문이다.

중심되신 그리스도

이 책은 오늘날 일부 그리스도인들이 가지고 있는 것처럼 보이는 성령의 신학보다, 더 나은 성령의 신학을 찾아보기 위해 시작되었다. 성령이 하시는 주요한 사역 가운데 한 가지는 신자들 안에 성결을 만들어 내시는 일이다. 우리는 지난 장에서 우리의 성화를 이루시는 성령의 실제 사역을 파악하는 데에 적합한 사고의 틀을, 성경을 통해 명확하게 정리해 보고자 시도했다. 또한 우리는 이번 장에서 성결이라는 성령의 선물에 대한 복음주의권의 3대 견해를 살펴보았다. 그리고 각각의 입장이 가진 강점을 음미하고, 그 가운데 자칫 성령을 소멸하게 할 수 있는 일부 개념을 지적했다. 그러나 그 논의가 결코 충분하지는 않았다. 나는 성결의 사회적 측면, 즉 관계를 거룩하게 하시는 일에 대해서는 한 마디도 언급하지 못했다. 또한 하나님의 뜻을 분간하기 위해 양심을 훈련하는 일에 대해서도 다루지 못했다. 기도 생활은 다뤄 볼 시도도 하지 않았다. 이렇게 언급하지 못한 여러 문제들은 막대한 공백이지만, 현재로서는 그냥 비워 둔 채로 둘 수밖에 없다. 게다가 나는 아직 성령의 새 언약 사역의 본질이 모든 측면에서 우리가 그리스도를 찬양하게 하고, 우리를 통해 그리스도를 영화롭게 하며 우리가 그리스도를 구주와 하나님으로 받아들여 그분을 중심으로 살아가게 하기 위해서라는, 성령 사역에 대한 우리의 지침을 분석하지도 못했다. 3,4장의 논의를 결합시키기 위해서는 어떻게 해야 할까? 아마도 우리의 지침이 안내하는 대로, 성경은 성결에 대해 어떻게 말하고 있는지 그 요점을 세 가지로 정리하는 일이 가장 좋은 방법일 듯싶다. 이미 살펴본 사실들을 참고하면 그 요점을 쉽게 이해할 수 있을 것이다. 그러면 이제 성경이 성결에 대해서 말하는 세 가지 요점들을 살펴보기로 하자.

1. 성결은 그리스도를 중심으로 살아가는 삶의 방식

성결은 예수님의 제자가 되고, 그분의 말씀을 듣고, 그 명령에 순종하며, 그분을 구세주로 받아들여 사랑하고 흠모하며, 우리의 주인이신 그분을 기쁘게 해 드리고 높여 드리는 삶을 추구하는 것이다. 따라서 성결이란 결국 우리가 그분을 직접 대면하며, 그분과 영원히 함께 있게 될 그날을 준비하는 문제이다. 어거스틴주의자들은 종종 펠라기우스주의와 아르미니안주의와 싸우는 데 너무나 몰두한 나머지, 이 문제를 드러내 보이는 데 실패했지만, 실제로는 항상 이 사실을 알고 있었다. 웨슬리주의자들 또한 이 점을 알고 있었으며, 특히 찰스 웨슬리의 찬송은 성결하게 하시는 예수님을 비할 데 없이 생생하게 찬양했다. 케직파 사람들 역시 언제나 이 사실을 알았다. 그들은 "믿음의 주요 또 온전케 하시는 이인 예수를 바라보자"(히 12:2)는 성경의 가르침을 끊임없이 강조했으며, 그들의 이러한 태도는 실제로 그들의 신학에서 생겨날 수도 있었을 악영향으로부터 그들을 지켜 주었다. 3, 4장에 걸친 복잡한 논의로 좌절감을 느꼈을지도 모르지만. 그리스도를 사랑하는 정직한 그리스도인들 역시 이 점을 잘 알고 있다. 세례 요한처럼 그들은 주님이 흥하기 위해서라면 자신들의 쇠함도 기뻐하며, 복음 전도자 조지 휘트필드처럼 자신들에 대해 이렇게 말할 게 분명하다. "휘트필드의 이름은 사라지고 그리스도만 영광을 받을 지어다!" 이처럼 예수님을 중심에 두는 삶이야말로 그리스도인의 성결의 기본형태이며, 성령께서 성화의 사역을 통해 우리를 이끄시는 목적이다. 성결이란 문제 그 자체로 많은 고민을 한다고 해서 가장 성결한 그리스도인이 되는 것은 아니다. 머리와 가슴과 목표와 의도와 사랑과 소망이 온전히 우리 주 예수 그리스도께만 초점이 맞춰진 사람들이야말로 가장 성결한 그리스도인이다. 우리는 이 점에 대해서 확실히 동의할 수 있으며, 마땅히 동의해야 한다.

2. 성결은 사랑을 실천하는 방법으로서 율법을 지킨다는 뜻

성결은 그리스도 안에서 거룩한 하나님의 사랑을 알게 될 때 생겨난다. 거룩한 사람은 갈보리의 십자가를 응시하고, 자신이 엄청난 사랑을 받았다는 사실을 안다. 그래서 하나님과 자신의 이웃들을 뜨겁게 사랑한다. 우리가 살펴본 세 가지 전통 가운데 웨슬리주의자들이 이 부분에서 가장 큰 목소리를 내었다. 어거스틴, 버나드, 그리고 휘트필드 같은 어거스틴주의자들은 자신들의 삶 속에서 그러한 사랑을 충분히 보여 주었다. 하지만 어거스틴주의자가 언제나 웨슬리주의자들만큼 하나님의 사랑을 분명하게 이해하고, 감사함으로 받았다고는 말할 수 없다. 한편 그들과 달리 케직 교의는 계속해서 종교적 이기주의의 냄새를 피웠으며, 위의 두 견해들에 비해 하나님의 사랑을 소홀히 여겼다. 하지만 모든 복음주의 기독교인들은 성결의 핵심이 사랑이라는 사실을 항상 알고 있었다.

그렇다면 하나님을 사랑하고 이웃을 사랑하는 것을 어떻게 표현할 수 있을까? 바로 하나님의 명령을 지키고, 그분이 인간의 삶에 대해 계시하신 이상(理想)을 고수함으로 표현할 수 있다. 다시 말해, 그리스도인들을 위해 신약성경에 해석되어 있는 그분의 율법을 지킴으로 나타낼 수 있다는 말이다. 진정한 성결의 길이란 사랑하기 때문에 율법을 지키는 것이다. 하지만 성경을 믿는 그리스도인들이 이런 사실을 언제나 잘 파악하고 있었던 것은 아니다. 성령이 자신들 안에 내주하셔서 사랑의 동기가 그 안에서 강하게 일어나면 매 순간 하나님이 원하시는 일이 무엇인지 즉각 알게 되기 때문에, 하나님의 뜻을 알기 위해 성경에 있는 그분의 율법을 연구할 필요가 없다고 주장하는 사람들이 항상 있어 왔다. 반면에 율법을 지키려는 열정이 너무나 뜨거운 나머지 그 열정으로 그들의 사랑이 말라 버려, 결국 그리스도인이라기보다는 바리새인에 더 가까운 꼴이 되어 버린 사람들도 있었다.

성결에 관한 세 가지 전통 가운데 어거스틴주의는 이 세상 나라들과 하나님 나라의 삶의 방식에는 차이가 있음을 생생하게 인식하고 있었다. 그러기에 삶의 모든 부분을 기독교화하려는 열정으로, 성경에서 하나님의 뜻과 표준을 분명히 드러내기 위해 열심히 노력했다. 그와 동시에 어거스틴주의자들은 끊임없이 하나님을 찬양했고, 사랑이 진정한 그리스도인의 동기임을 견지했다. 결국 웨슬리가 가르친 헌신과 인류애는 지나친 개인윤리에 그치고 말았지만, 그 내용만 따진다면 성경적이고 철저했다.

케직 교의는, 인간은 항상 하나님의 요구를 알고 있기 때문에 하나님의 요구들을 지킬 능력을 발견하기만 하면 된다고 단정 짓는 경향이 있었다. 케직이 바라본 훌륭한 삶이란 경건하고, 세상을 고려하지 않을 뿐 아니라, 오히려 세상을 부정하는 삶이다. 그러기에 케직 교의가 영향을 미친 곳에서는, 하나님의 율법에 대한 연구가 폭넓게 진행되리라는 기대를 할 수가 없다. 하지만 여기서도 하나님의 사랑에 대한 기본원칙에는 차이가 없다. 성결에 관한 세 전통 모두 언제나 하나님과 사람을 사랑한다는 것을 보여 주기 위해서는, 하나님의 율법을 지켜야 한다는 사실을 분명히 알고 있었던 것이다.

하지만 셋 중 어느 전통도 예수 그리스도께서 성육신하신 율법이며 직접, 혹은 제자들을 통한 간접적인 가르침을 통해 그리스도인에게 율법을 주시는 분이시라는 점을 충분히 강조하지 못했다. 하지만 예수님이 성육하신 율법이며, 율법을 주시는 분이라는 것은 분명한 사실이다. 성령의 본질적인 사역 가운데 하나는, 그리스도인들이 예수님의 가르침에 순종하고 예수님의 본을 따르며 예수님을 인정하고 높여 드리도록 그리스도인들을 인도하시는 일이다. 한 세기 전에, 복음주의자들은 자유주의자들이 '하나님의 아버지 되심'이라는 주제를 너무 강조한다는 이유로 그 주제에서 손을 놓아 버렸다. 이 경우와 마찬가지로, 복음주의자들은 여러 세기 동안 로마가톨릭에서 '그리스도를 본받음'이라는 주제를 강조해 왔다는 이유로 그 주제를 너무 멀리해 왔던 것처럼 보인다. 하지만 그것은 '다르게 굴자'는 반작용의 원칙에서 나온 태도일 뿐이다. 반작용이 의로움을 낳는 경우는 드물다. 우리 모두에게 가장 진정한 성결은 성품과 태도에서 예수님을 닮아 가는 것이다. 그러므로 성령께서는 우리에게 그리스도를 본받는다는 것이 무엇이며, 어떻게 하면 그리스도를 본받을 수 있는지를 더욱 부지런히 탐구하도록 부르고 계심이 분명하다. 이 점에 대해서도 우리는 확실하게 동의할 수 있어야 한다.

3. 성결은 세례를 믿음으로 사는 삶의 패턴으로 체험한다는 뜻

그리스도인의 세례는 물에 잠기든, 물을 붓든, 물을 뿌리든 간에, 먼저 물 아래를 통과하는데, 이것은 죽음을 뜻한다. 그런 다음에는 '물 아래에서 밖으로' 나오는데, 이것은 부활을 가리킨다. 세례에서 죽음과 부활은 육체적인 것(미래)과 영적인 것(현재) 모두를 상징한다. 그리고 여기서 고려 대상이 되고 있는 죽음과 부활은, 그리스도인이 되는 일회적인 사건이 아니라, "항상 예수 죽인 것을 몸에 짊어짐은 예수의 생명도 우리 몸에 나타나게 하려 함이라"(고후 4:10)는 말씀에서 나타나는 지속적인 체험이다. 이러한 체험이 우리 삶 전체의 패턴이 되어야 한다. 우리는 매일같이 사랑과 순종이라는 자기부인과 예수님을 위한 고통과 상실이라는 고난을 통해, 수천 분의 일의 작은 죽음으로 들어간다. 그러나 우리는 성령의 사역으로 그러한 작은 죽음으로부터 되살아남으로, 그리스도와 함께 부활하는 삶을 계속해서 체험하게 된다.

예수님, 당신은 나의 모든 것 되십니다.
수고 가운데 안식이시며, 고통 중에 위로,
내 무너진 가슴의 치료약,
전쟁 가운데 평화, 상실 가운데 나의 보화,
독재자의 찡그림 아래 빛나는 미소,
수치 가운데 나의 영광 나의 면류관.

부족함 가운데 풍부한 공급,
약함 가운데 전능한 능력,
매임 가운데 나의 완전한 자유,
사탄의 어두운 시기에 나의 빛,
비통 가운데 말할 수 없는 기쁨,
사망 가운데 나의 생명, 지옥 가운데 천국이십니다.

찰스 웨슬리는 이렇게 죽음과 부활의 체험을 말로 표현했는데, 이보다 더 잘 표현할 수는 없을 듯하다. 성결한 삶은 성령이 우리의 심령 속에서 은밀히 역사하시고, 그리스도께서 끊임없이 도우시는 초자연적인 삶이다. 이런 뜻에서 성결한 삶은 기대를 버리지 않고 끝까지 믿음으로 사는 삶이다. 성령께서는 우리의 마음을 감동시켜, 우리가 그리스도를 바라보게 하신다. 그래서 우리에게 필요한 도덕적 능력—온유함, 동정, 자발적으로 나누고 용서함, 오래 참음, 불굴의 의지, 일관성, 용기, 공평함, 관용, 친절함을 유지하는 역량—을 얻을 수 있도록 한다. 또한 우리는 기도하고 또 기도하면서 노력할 때, 그리스도께서 우리에게 이러한 미덕들을 실천할 수 있는 힘을 주신다는 사실을 발견한다. 성결에 대한 세 가지 전통은 언제나 이 점을 선포했다. 오늘날 교회는 다른 무엇보다도 그리스도가 가지고 있는 능력, 이른바 성결하게 하시는 초자연적인 능력의 실재를 새롭게 인식해야 한다. 지금과 같은 윤리적 상대주의와 도덕적 붕괴의 시대에 성결해지기 위해서는 그러한 능력이 있어야만 한다. 따라서 모든 그리스도인들은 이 능력을 입증하고 선포하며, 할 수 있는 한 그것을 최대한 활용해야 한다. 이 점에 대해서도 우리 모두는 분명히 동의할 수 있어야 한다.

마지막으로, 나는 그리스도인의 체험을 탁월하게 표현한 찰스 웨슬리의 찬송시를 인용하려 한다. 여기서 그는 성령께서 성결하게 하시는 사람들의 내면을 완벽하게 표현하고 있다. 그리고 만약 그의 시구 중 한두 절이 교리적으로 문제가 있다는 인상이 든다 해도, 우리는 그런 것들을 문제로 삼아야 할 때가 있는가 하면 그냥 흘려보내야 할 때도 있음을 알아야 한다. 찰스 웨슬리의 시에 귀를 기울이고, 그 내면을 느껴 보자.

예수님, 나의 힘, 나의 소망,
당신께 나의 걱정을 맡깁니다,

겸손하게 신뢰하며 앙망합니다.
당신께서 나의 기도를 들으시는 줄 압니다.
당신을 의지해 기다리게 하소서,
내가 모든 것을 할 수 있을 때까지.
당신께 의지합니다, 창조하시기에 능하시며,
새롭게 하시기에 능하신 당신께.

내가 원하는 것은 경건한 두려움,
재빨리 분별하는 눈.
그것으로 죄가 가까이 있을 때 당신을 바라보고,
유혹자가 날아오는 것을 보리니.
내가 원하는 것은 여전히 준비되고,
매우 조심스럽게 무장한 영혼.
영원히 죄악을 경계하며,
깨어 기도합니다.

내가 원하는 것은 진정한 존경,
하나뿐인 한결같은 목표.
위협이나 대가로 흔들리지 않는,
당신에 대한, 당신의 거룩한 이름에 대한.
내가 원하는 것은 경계하는, 정당한 염려,
당신을 위한 불멸의 찬송.
내가 원하는 것은 모두가 당신의 은혜를 알고
당신의 은혜에 영광을 돌리기 바라는 순전한 소원.

당신의 말씀에 의지합니다.

그 약속은 나를 위한 것입니다.

나의 도움과 구원은 주님,

분명히 당신께로부터 올 것입니다.

하지만 저로 안연히 거하게 하소서,

내 소망을 옮기지 마소서.

당신께서 내 인내하는 영을 인도하사

당신의 영원한 사랑으로 이끄실 때까지.

5 — 은사 체험

성령의
진로
그리기

3

새로운 영적 세력

우리는 지금 오늘날 성령과 보조를 맞추는 데 필요한 게 무엇인지 연구하는 중이다. 이번에는 은사주의운동을 시간을 들여 면밀하게 살펴보아야 한다. 이 운동이 자칭 성령께서 현대 교회 안에서나 교회를 통해 역사하시는 주요 통로일 뿐 아니라, 아마도 유일한 통로라고 주장하기 때문이다. 사실 이 운동의 역사는 25년도 되지 않았다. 그런데도 2천만이 넘는 추종자를 뽐내면서, 생활수준과 구성원의 차이나 다양한 신학적인 입장 차이를 막론하고, 전 세계 교회, 곧 로마가톨릭, 정교회, 영국국교회, 그 외 개신교에 상당한 영향을 끼쳤다. 종종 이 운동을 '신(新)오순절운동'(Neo-Pentecostalism)이라고 부른다. 20세기 초반에 전 세계로 퍼졌던 '구(舊)오순절운동'처럼 회심이나 물세례와는 별개로, 성령세례야말로 모든 그리스도인에게 필요하고, 구하기만 하면 누구나 받을 수 있다고 주장했기 때문이다. 하지만 이 운동은, 교파의 구분을 거부하면서 교회 통합을 주장한다고 이 운동을 의심했던(아직도 그런 의심이 남아 있는 곳이 있다) 오순절 교단과는 관계없이 독립적으로 성장했다. 오늘날 이 운동을 주도하는 사람들은 자신들의 은사주의운동을 '은사회복운동'(charismatic renewal)이라고 즐겨 불렀으며, 오랫동안 상실했던 성령의 은사와 사역의 세계로 다시 들어가는, 이른바 은사와 사역을 활성화시키는 운동이라고 주장했다. 그들은 이 운동이 개인의 영적 생활을 헤아릴 수 없을 만큼 깊게 하며, 결국 때가 되면 기독교 세계 전체를 소생시킬 것이라고 보았다. 은사주의자들은 어디서나 까치발을 하고, 이 운동이 점점 더 영향력을 발휘할수록 교회 전체에 일어날 위대한 일들을 기대하며 흥분하고 있다.

이미 이 운동의 대변자들은 은사주의가 교회통합운동에서 중요한 의의를 가진다고 주장한다. 마이클 하퍼(Michael Harper)는 "이 운동은 오늘날 기독교가 하나되는 데 제일가는 운동이다"라고 말하면서, "이 운동 안에서만 모든 줄기를 하나로 합칠 수 있으며, 모든 사역을 받아들이고 실행할 수 있다"[1]고 주장한다. 그의 말은 사실이다. 모두들 전통적인 교회통합 노력이 시들해지고 있다고 불만을 토로한다. 하지만 은사주의자들의 초교파적인 공동체는 그 국제 지도부와 연계 조직과 더불어 점점 더 힘을 얻어 가고 있다.

은사주의운동의 교회통합법은 아주 독특하다. 우선 의식과 사역에서, 그들은 교회가 그리스도 안에서 하나됨을 체험하고 깨닫도록 추구하며 그리할 때 신학의 일치는 저절로 따라온다고 확신한다. 리차드 퀘버더(Richard Quebedeaux)는 "이렇게 열린 자세를 가질 때 (신학이 체험의 전제가 아니라) 성령께서 사람들을 인도하셔서 공통의 체험을 하게 하신 다음, 신학적 진리로 이끄시는 것을 볼 수 있다. 신오순절운동 전반에 걸쳐 강하게 나타나는 이러한 자세야말로(이 운동 안에서) 복음주의자와 자유주의자, 로마가톨릭이 처음으로(적어도 영적으로는) 뭉칠 수 있었던 이유 가운데 하나이다"라고 적고 있다.[2] 실제로 은사주의자들은 모든 주요 교파에서 상대적으로 소수에 불과하다. 하지만 이 운동의 누적 효과는 엄청났으며, 앞으로 그 영향은 점점 더 커질 전망이다.

1953년, 은사회복운동이 시작되기 전 레슬리 뉴비긴(Lesslie Newbigin)은 교회에 대한 개신교와 가톨릭의 견해를 각각 '신자들의 회중'과 '그리스도의 몸'이라고 정의했다. 그는 오순절 계통의 교회들이야말로 개신교와 가톨릭의 뒤를 잇는 정통성 있는 기독교의 세 번째 흐름이며, 교회를 '성령의 공동체'라고 보는 견해를 구현했다고 주장했다. 또 이 견해가 다른 두 견해를 더욱더 풍성하게 하고 활력 있게 해 준다고 말했다. 그는 자신의 논점을 이런 질문으로 표현했다. "가톨릭과 개신교의 대형 교회들이 지금까지 거의 교제가 없었던 오순절 계통의 다양한 집단들과 겸손하게 우정을 나누면서, (성령에 대한 새로운 이해)를 받아들일 수 있는가?"[3] 그 후 25년이 지나 은사회복운동이라는 광범위한 현상을 연구하는 이 시점에도, 뉴비긴의 질문은 적용 영역이 더욱 확대된 채 여전히 대답을 기다리고 있다.

긴장

은사회복운동의 영향을 가장 많이 받은 집단은 로마가톨릭과 복음주의이다. 로마가톨릭은 그 운동을 꿀꺽 삼키고 캑캑거린 다음에, 은사주의가 강조하는 내용을 하나님이 주신 것으로 받아들였으며, 이제는 별 어려움 없이 소화해 내고 있다. 복음주의자들의 경우에는, 그 운동이 거대한 긴장으로 이어졌고, 일부에서는 이 긴장이 아직도 첨예하게 남아 있다. 오늘날 복음주의자들에게서 가장 문제가 되는 열 가지 질문 중 하나는 바로 은사주의에 찬성하느냐 반대하느냐 하는 문제이다. 그 질문은 편가르기식인데다 당파를 조장하는, 고린도교회에서나 던져질 법한 나쁜 질문이다. 때문에 나는 그 질문을 받으면 보통 "나는 성령 편입니다"라고 대답해서 그냥 넘겨 버린다. 하지만 그런 질문이 왜 그렇게 자주, 심각하게 제기되는가? 은사주의운동은 20세기 초에 웨슬리주의의 전통에서 파생되어 나온 오순절운동의 의붓자식이지만, 역사적인 복음주의와 너무 비슷한 나머지, 복음주의와 조금이라도 다른 부분은 무조건 복음주의에 대한 위협이나 도전으로 받아들여졌기 때문이다. 사실 정면 충돌은 근본적인 신념을 공유한 사람들끼리만 일으킬 수 있는 법이다.

차이점과 유사점

구체적으로 말하자면, 오늘날 복음주의운동은 대부분의 개신교 교파에서 소수에 불과하며, 하나님이 계시한 진리에 충성을 다하고 그 진리가 자신들이 속한 교파는 물론 기독교계 전체를 개혁하고 새롭게 만들 거라는 갈망을 그 중심에 두고 있다. 은사주의운동은 그리스도인의 체험을 통해 역사하시는 성령의 사역을 찬양하지만—살펴본 대로 이러한 체험이 복음 증거에서 핵심적인 주제이다—교리의 순수성을 위해 싸우지 않고 성령의 은사를 체험하고 나눌 때 모두가 하나가 될 수 있다고 믿는다. 복음주의운동은 회심하라고, 다시 말해 예수 그리스도께 돌아오라고 촉구하며 신자들을 합리적이고 훈련된 영성 위에 세우려고 한다. 은사주의운동은 신자들에게 그들의 삶을 성령께 열어 드리라고 요구하며, 하나님과 계속 교제하면서 비합리적이며 초합리적인 요소가 나타나기를 기대하라고 부추긴다. 복음주의신학은 수세기에 걸쳐 논쟁을 벌인 결과, 진리가 무너지면 삶도 무너진다는 그들의 확신을 정확하고 날카롭게 정리했다. 그것에 비해 은사주의운동은 때로는 괴상하고 때로는 느슨하며 순진해 보인다. 이 운동은 변종(變種)이라 할 수 있는 견해들, 특히 기도로 받은 '예언'에 대해서는 너무나 관대하다. 이 사실로 미루어 짐작해 보면, 성경의 진리를 제대로 견지하고 있지 못한 것이 분명하다.

하지만 복음주의자들과 은사주의자들은 이른바 복음주의를 구별짓는 특징, 즉 믿음과 회개, 용서하시고 구원하시는 주 예수 그리스도에 대한 사랑, 성령의 능력으로 변화한 생활, 성경을 통해 하나님을 배움, 응답의 확신에 찬 친밀하며 자유로운 형태의 기도, 소모임 사역, 힘찬 찬양을 좋아하는 것 등에 대해서는 분명히 의견을 같이한다. 실제로 복음주의와 은사주의운동은 많은 부분에서 일치한다. 많은 복음주의자들이 자신들을 은사주의자로 정의하는 반면, 많은 은사주의자들은 스스로를 복음주의자로 정의한다. 은사주의운동은 복음주의 신앙노선과 다른 사람들도 일부 받아들인다는 점만 빼면, 지나간 역사나 현재의 모습을 보나 복음주의의 이복동생처럼 보인다. 그렇게 보면, 자의식이 강한 복음주의자들이 은사회복운동이라는 놀라운 사건에 대해 반발하는 모습이 종종 형제간의 경쟁처럼 보였던 이유를 알 것도 같다!

하지만 그런 사실만으로 이야기가 다 끝난 것은 아니다. 둘 사이에는 실제로 신학적인 차이가 존재하며, 그 점을 놓고 논쟁이라도 벌일라치면 첨예한 대립이 나타날 수도 있다. 이처럼 복음주의자들 가운데 일부는 성경이 회심 이후의 성령세례나, 사도들이 사역할 때 함께 나타났던 표적 은사―방언, 통역, 치유의 은사, 기적을 일으키는 믿음, 하나님으로부터 이상과 꿈과 내적인 느낌을 통해 직접 계시를 받아 예언으로 전달함―를 추구하는 일을 단호하게 금지한다고 생각한다. 따라서 그들은 은사주의자들이 이런 것들을 추구하여 무엇인가를 발견한다면, 하나님이 그들을 유익하게 하려고 주신 게 아니라, 사탄이 해를 끼치기 위해 주었다고 추정한다. 한편 성령세례와 표적 은사가 형태는 다를지 몰라도 정통적이고 성경적인 경건이며, 모든 사람에게 필요하지는 않아도 어떤 사람들에게는 유효하다고 보는 복음주의자들도 있다. 또 다른 복음주의자들은 일단 예배하기 원하고 형식에 매이지 않으며 열정적이고 인정 많은 은사주의의 기질을 높이 평가한다. 하지만 은사주의신학은 거부하며, 성령세례나 표적 은사는 많은 사람들이 함께 모여서 한 마음으로 무엇을 기대하고 간절히 바랄 때 자연히 나타나는 심리적인 현상에 불과하다고 주장한다. 은사주의를 이렇게 해석하는 복음주의자들 중에는 은사주의자들의 체험 속에서 나타나는 하나님의 은혜를 과소평가하는 사람들도 있고, 반대로 높이 평가하는 사람들도 있다. 오늘날 은사운동을 주도하는 사람들은 표적 은사를 회복해야 하며, 성령세례가 필요하다고 강조한다. 그리고 그들은 은사운동을 거부하는 집단이 자신들이 발견한 특권을 구하지 않아 성령을 소멸시키기 때문에 책망받아야 한다고 생각한다. 사이좋게 지내는 일은 대부분의 은사주의자들이 갖는 이상(理想) 가운데 하나이지만, 때로는 이상을 존중하기 위해 이상을 어겨야 할 때도 있다는 말이다.

아니나 다를까, 바람직하지 않은 경험도 있었다. 은사주의운동은 종종 형식주의나 지성주의 혹은 제도화를 거부하고, 자유분방한 체험을 옹호하는 반발의 형태로 교회에 밀어닥치기도 했다. 사태가 그렇게 진행되면, 욕구불만으로 생겨난 반동이 언제나 그렇듯이, 지지 세력도 얻지만 분열 또한 생기게 마련이다. 많은 교회들이 분열된 이유는 은사주의자들이 독립해 나갔거나 그 외의 사람들이 쫓겨나다시피 했기 때문이었다. 그럼에도 불구하고 은사주의자들은 어떤 경우든 떳떳했다. 어떤 교회들은, 무리수는 두지 않으면서도 교회를 끊임 없이 자기들 방식대로 이끌어 가려고 시도하면서, 교회를 장악할 때 를 기다리는 교회 안에 있는 은사주의자들의 세력을 견제했다. 진정 한 그리스도인이라면 모두 방언의 은사가 있으며, 오늘날 하나님을 위해서 사소한 업적이라도 이룬 사람들은 모두 은사주의자들이라고 계속 지껄이는 열광적인 사람들은, 다른 보통의 교인들과 어울리기 가 쉽지 않다. 그들은 은사를 받지 못한 그리스도인을 수준 이하라고 단정 짓고, 은사를 체험하지 못한 그리스도인은 은사에 대해 무지하 거나 구하지 않았기 때문이라고 주장한다. 은사주의자들과 보통의 교인을 다독이던 목회자들이 결국 감정만 상한 채, 이런 생각들을 유 포하는 은사주의운동에 대해 냉담해지는 것은 사실 전혀 놀랄 일이 아니다.

하지만 은사회복운동을 공정하게 평가하고, 하나님의 영이 그 안 에서 하시는 일을 정확히 보기 위해서는, 개개인은 이 운동에 대한 자 신들의 개인적인 경험들로부터 거리를 두어야만 한다. 그렇지 않으 면 우리는 그러한 경험만 갖고 무턱대고 보편적인 원리를 만드는 잘 못을 범할 테고, 그렇게 되면 결과적으로 표본이 너무 적어 증거로 채 택할 수 없을지도 모른다. 나는 몇 년 전에 은사회복운동에 대한 글을 출판한 적이 있다. 그때 어떤 사람이 내게 편지로 은사주의자였던 목 사 두 명이 성가대 지휘자와 바람이 나서 가정을 버린 이야기를 해 주 었다. 그는 자신의 이야기를 근거로, 내가 은사주의 성직자들의 행실 에 대해 일반화하기를 바랐으며, 내가 그렇게 할 수 없는 것에 실망했 다. 하지만 제비가 한 마리 보인다고 여름이 온 것은 아니듯, 두 명의 파렴치한 목회자 때문에 은사주의 계통의 성직자를 다 그런 사람들 이라고 말할 수는 없는 법이다. 사실 나는 개인적으로 은사주의자들과 유익하고 즐거운 교제를 나눈 적이 몇 번 있다. 그렇다고 해서 이러한 나의 경험을 일반화시키려고 꾀하지는 않으련다. 나는 은사회복운동을 제대로 이해하기 위해서 가능하면 그물을 넓게 치려고 한다.[4]

은사회복운동의 특성들에 대한 검토

교파를 뛰어넘고 전통을 아우르는 이 운동 나름의 독특한 확신은 무엇인가?

우선 은사주의자들에게는 자신들 나름의 신조와 신앙고백이라고 내세울 만한 점이 전혀 없다는 것부터 지적해야겠다. 신학적으로는, 그들은 사도들의 체험이나 전통적인 '기적신앙' 외에는 제시할 것이 없는 원시인에 가깝다. 삼위일체, 성육신, 대속(代贖)의 객관적 중요성, 성경의 신적 권위에 대한 그들의 입장은 (가끔은 피상적이지만) '건전하다.' 또한 기독교를 전통적으로 파멸(ruin), 구원(redemption), 중생(regeneration)이라는 세 가지 R의 구조로 본다.

하지만 그들은 신학적인 사색에는 별로 흥미가 없다. 그런 것들이 이 운동의 진정한 관심사가 아니라는 사실을 알고 있기 때문이다. 그들의 성경 해석은 유치할 정도로 단순하다. 게다가 이 운동 안에서조차 은사 체험에 대해 신학적인 일치를 보지 못하고 있다는 사실을 우려하거나, 그런 일에 괘념하는 사람이 거의 없는 듯하다. 그들은 자신들이 속한 교단에서 물려받은 교리나 경건의 전통을 되씹기보다 그것들을 되살리는 데 관심을 쏟는다. 따라서 로마가톨릭 신자들은 새로운 열정을 가지고 미사를 올리고 성모 마리아에게 호소하고(그들은 성모 마리아를 최초의 은사주의자로 본다) 묵주기도를 되뇌인다. 또 성공회 신자들은 크랜머(Cranmer)의 공동기도서(영국성공회의 공식기도서-옮긴이)가 자신들에게 놀랍도록 생명력 있게 다가온다는 사실을 발견하고 즐거워한다(중년의 은사주의자 한 분은 내게 "단어 하나하나가 빛이 납니다"라고 말했다).

우리는 타락한 세상에서 사는지라 모든 부흥운동의 주변부에는 제멋대로 행동하는 소수의 광신자들이 있게 마련이다. 그러나 이러한 소수의 광신자들을 제외한다면, 은사주의자들은 자신들의 교파에 대단히 충성스러워서 자신들이 속한 교회의 신앙고백을 믿음으로 받아들여, 그 전통을 되살리는 데 자신들의 생각과 기도와 노력을 몽땅 바친다. 그리고 그러한 전통을 되살리는 통로가 바로 체험의 회복이라는 데에서 은사주의의 특성이 드러난다.

은사주의에는 모두 다섯 가지의 특성이 있다. 각 특성이 드러나는 방식은 강조점이나 복잡함이나 유연성의 정도에 따라 아주 다양하며, 말하는 사람에 따라 반영되는 신학적인 개요들도 다르다. 하지만 그 특성들이 전 세계 은사회복운동의 이념적 골자를 포괄적으로 나타내 준다는 데는 다들 동의한다. 그것들은 다음과 같다.

1. 그리스도인의 체험을 풍성하게 하는 회심 이후의 중대한 사건

은사주의자들은 일반적으로, 그리스도인이 적극적으로 하나님께 반응하기 시작하면, 얼마 뒤 그의 삶에서 중대한 하나님의 역사가 나타난다고 주장한다. 이 역사(役事)는 개념적으로 볼 때, 복음주의 개신교의 회심과도 다르고 로마가톨릭과 정교회, 영국성공회에서 포괄하는 성례전주의자들이 전통적으로 말해 온 세례를 통해 그리스도와 연합하는 것과도 다르다. (은사주의의 주장에 따르면) 보통 이 축복을 받으려면 구체적으로 하나님께 구해야 하고 때로는 오랫동안 구해야 할 때도 있다(이 믿음이 구(舊)오순절주의의 특징인 반면 신(新)오순절주의는 성령의 충만함을 즉시 얻을 수 있다고 강조한다). 보통 이 축복에는 성령 안에서의 세례, 성령으로 받는 세례, 성령에 의한 세례라는 이름이 붙는다. 성경에 나오는 그러한 표현들이 바로 이 축복을 가리킨다고 생각했기 때문이다.

성령세례는 그리스도인이 다음 네 가지 사실에 대해 인식을 대폭 확장할 수 있게 해 준다.

1) 하늘 아버지께서 속죄와 입양을 통해, 우리에게 보여 주신 주권적인 사랑과 자녀에게 부여하는 영광스런 상속자로서의 특권. 이미 천국을 소유한 자로서 천국에서 살아가는 특권

2) 우리를 사랑하는 살아 계신 구주요 주인이며 친구가 되시는 예수 그리스도의 친밀함과, 우리의 필요를 채우시는 예수 그리스도의 은혜

3) 생활의 모든 영역과 모든 차원에 내주하시고, 능하게 하시며 도우시는 성령의 능력

4) 그리스도인의 생활과 섬김에 앞서 명심해야 할 귀신(개인적인 악)의 실재와 "어두움의 세상 주관자들"(엡 6:12)과 치르는 영적 전쟁의 실재

2. 방언으로 말함

방언(자신이 이해할 수 없는 소리를 냄)을 일반적으로 성령세례와 함께 따라오는 표적이라고 주장한다. 방언은 하나님이 성령 안에서 기도하고 찬양하게 하기 위해 주신 역량이다. 이러한 방언을 소중하게 여기는 이유는 경험에서도 알 수 있듯이, 예배자들은 방언을 통해 고

양된 상태로 경배, 참회, 간구, 도고를 지속할 수 있는 힘을 얻기 때문이다. 그들은 다른 방법으로는 결코 그렇게 할 수 없었을 것이다. 이 방언의 은사는 대개 개인 경건을 위해 사용해야 한다고 말한다. 주관적으로, 방언할 때는 자기 마음을 하나님께 올려 드리며, 성대가 자유롭게 울리도록 허용해야 한다. 수영을 배울 때처럼 매체(수영의 경우는 물, 방언의 경우는 재잘거리는 발성)를 신뢰하고, 거기에 자신을 어느 정도 내맡기느냐에 따라 얼마나 성공하고 향유할 수 있을지가 판가름 난다.

방언은 흔히 생각하는 것처럼(NEB에서 고전 14장을 그런 식으로 생각하게끔 오역했다[5]) 황홀경에서 벌어지는 일이 아니다. '그리스도인이 방언으로 말할 때는, 다른 일반적인 언어로 말할 때처럼 감정과 의지를 제대로 통제하면서 정상적인 심리상태하에 객관적으로 이루어진다.'[6] 그리고 일단 처음 느꼈던 새로움이 사라지고 나면, '때로는 방언으로 말하면서도 아무런 감정을 느끼지 못할 때도 있다.'[7] 일반적으로 일단 한번 방언을 시작한 사람들은 계속해서 방언을 하게 되며, 자신들에게 실제적이고 적합한 기도의 형태로 방언을 언제든지 사용할 수 있게 된다. 바울이 고린도전서 14장 1절부터 19절에서 말한 대로, 방언 사용자들은 방언을 경량급 은사로 만들어 버리기도 하지만, 그래도 그들은 방언이 자신들의 경건 생활에 유익을 주기 때문에 방언을 소중히 여긴다. 방언을 자기도 모르게 저절로 시작했건, 아니면 필요한 발성기법을 배워서였건(두 경우 다 일어난다), 일단 방언을 하게 되면 경건 생활에 미치는 가치는 동일하다.

3. 영적 은사

은사주의자들은 은사를 교회에 덕을 세우기 위해 그리스도의 지식과 능력을 표현하고 전달하는 역량(앞에서 본 것처럼, 이러한 이해가 카리스마에 대한 바울의 생각인 듯하다)이라고 이해한다. 또한 여러 세기를 지나는 동안 거의 사라졌던 신약성경 시대의 모든 '표적 은사'가 이제 다시 한 번 우리에게 나타났다고 주장한다. 뿐만 아니라 좀더 일반적인 은사들, 곧 가르치고 다스리고 관리하며 구제하고 위로하는 은사들(롬 12:4-8; 고전 12:28-30)은 기독교가 시작된 이후 계속해서 교회에 부어졌으며, 지금도 부어지고 있다는 사실을 인정한다. 하지만 그들은 표적 은사가 회복됨으로 교회는 금상첨화라고 본다. 은사회복운동이 "너희 믿음대로 되라"(마 9:29)는 주님의 말씀대로, 사도 시대가 막을 내리면서 하나님께서 이러한 은사들을 영원히 거두어 갔다는 잘못된 생각으로 생겨난 불신과 무관심이, 하나님이 귀히 여기시는 열정과 기대하는 믿음에 밀려났음을 보여 준다고 생각하기 때문이다.

은사주의자들은 성령으로 세례를 받은 사람들이라면, 보통 하나 이상의 은사를 가지고 있으며, 은사가 전혀 없는 그리스도인은 없다고 주장한다. 따라서 개개인의 은사를 분별하고 사용해서 전 교인 사역을 이루는 일이야말로, 그리스도의 몸인 교회 전체가 끊임없이 시도해야 할 일이다. 또한 교인들이 충분히 자유롭고 유연하며 여유롭게 행동하여 개개인의 은사를 잘 분별할 수 있도록 그들을 이끌어야 한다. 모든 은사는 그리스도의 몸을 세우려는 데 목적이 있으며, 그 목적을 이루기 위해서는 은사 사용을 조절해야 한다. 바로 이것이 바울이 말한, 이른바 다양한 기능을 갖고 서로를 보살피는 '몸 모형'(고전 12:4-26)의 내용이다.

지금은 사라져 버린 옥스퍼드 그룹(Oxford Group, 일종의 종교운동으로 미국 목사 부흐만이 영국 옥스퍼드 대학생들을 대상으로 전개한 소그룹

운동-옮긴이)처럼, 은사회복운동 초기에는 은사주의자들의 관심사가 교회와는 별도로 영적 체험을 겪은 개인들끼리 집단을 형성하는 데만 있지 않나 하는 우려를 일으킬 만한 요소들이 다분히 있었다. 하지만 은사회복운동의 지도자들과 추종자들은 일관되게 교회의 부흥이야말로 자신들의 중심 기도 제목이자 의도하는 일이며, 성령 안에서 연합하는 일이 자신들의 목표임을 분명히 했다. 또한 다루기 힘들고 분열을 조장하는 은사주의자들이 있다면, 그들이 자신들이 받은 가르침을 따르지 않았기 때문이라고 했다. 어쨌든 이 문제는 은사주의 공동체에 이런 까다로운 사람들만 있는 건 아니라는 점을 지적하는 것으로 충분할 듯하다.

4. 성령 안에서 예배함

하나님을 예배하는 일은, 성령을 통해 성부와 성자와 인격적으로 교제하는 일이어야 하고, 그래서 다른 그리스도인들과 더불어 영적으로 한가족이 되는 일이어야 한다. 예수 그리스도께서는 중보자와 구원자로서 성부와 성령과 함께 사랑과 흠모의 대상이 되셔야 하며 모든 예배의 중심이 되셔야 한다. 예배자들은 하나님이 아버지이시며 예수 그리스도가 맏형이신 가족 안에서, 하나님이 주신 자신들의 정체성을 끊임없이 파악하고 탐구해야 한다. 그래서 예배는 교인들이 예배 순서에 자연스럽게 참여하고, 입을 열 수 있을 정도로 느슨하고 충분히 유연하게 진행되어야 한다. 그뿐 아니라 틀에 매이지 않게 천천히 진행되어서 모두가 하나님과 더불어 하나라는 인식을 가질 수 있어야 한다.

은사운동을 하는 여러 공동체들마다 이러한 예배를 시도하는 방식은 다르지만 그 궁극적인 목표는 동일하다. 조금씩 변화를 주고 반복해서 요점을 강조하면서 느리게 진행하는 은사주의자들의 예배와 유구한 영국성공회와 로마가톨릭의 예배 형식의 관계는 음악으로 말하자면, 브루크너와 하이든이나 바그너와 모차르트의 관계와 같다. 은사주의자들이 반응하는 태도나 감정 표현에 집중한다는 면에서, 은사주의의 예배를 낭만적이라 할 수 있겠고, 오랜 역사를 가진 영국성공회와 로마가톨릭의 예배 형식은 고전적이어서 그 장엄하고 탁월한 예배 형식으로 하나님을 높이고 예배자들을 고양시켰다고 말할 수 있다.

이런 점은 찬송가를 살펴보면 분명하게 드러난다. 은사주의자들은 반복되고 느린 곡조의, 또 때로는 조화가 안 되는 찬양과 합창을 부른다. 그 이전 시대의 신학적이고 시적으로 완성도 높은 가사나 활기찬 곡조와는 극명한 대조를 이룬다. 좌우지간 은사주의자들의 예배는 무엇보다 각 예배자들이 머릿속에서만 개념적으로 헤매고 다니는 데서 벗어나 개인 존재의 가장 깊은 곳에서 하나님께 진심으로 마음을 열어, 스스로 하나님을 발견하고 그분 안에서 살아가는 삶을 찬양하고 즐거워하는 일을 목표로 한다. 여기에는 시간이 필요하고 또 시간을 들여야 한다고 은사주의자들은 주장한다. 은사주의자들이 두세 시간에 걸쳐 드리는 예배가 진이 빠지게 하기는커녕 동기와 감정 깊은 곳까지 정화시켜 주고 상쾌하게 만든다는 사실을 발견하는 일은, 비단 나만의 경험은 아닐 것이다.

5. 하나님의 부흥 전략
은사주의자들은 하나같이 1세기와 20세기 사이에 은사의 출현과 사역의 빈도가 어떠하든지, 현재 당신의 교회를 새롭게 하시려는 하나님의 뜻을 이루는 중심에 은사회복운동이 서 있다고 확신한다. 따라서 이 운동에 일체감을 갖는 사람들은 자신들이 받은 '하나님을 아는 이 특별한 방법'이 중요하다고 믿는다. 그래서 그들은 때때로 다른 그리스도인들에게 천진난만해 보일 만큼 큰소리를 칠 자유와 의무가 있다고 느낀다. 은사회복운동이야말로 오늘날의 교회를 건강하게 하는 열쇠가 된다는 확신은 사람마다 다르게 표현된다. 하지만 이 확신 자체에 대해서는 은사주의자들 모두가 동의한다.

이상이 은사회복운동이 갖는 특징들이다. 그들은 20세기 초반에 전 세계를 뒤덮었던 오순절운동의 물결에서 자신들의 역사적 기원을 찾는다. 성령세례를 언제든지 받을 수 있다고 주장(오순절은 그렇게 말하지 않았다)하고 상호간의 봉사로 이루어지는 '교회 생활'을 강조하는 것을 제외하면, 대다수 은사주의자들은 적어도 대체적인 뼈대만큼은 구오순절운동의 신학을 그대로 받아들였다. 이 신학은 우리가 알고 있듯이 꽤나 전통에 충실한 웨슬리주의 계통의 복음주의적인 경건주의이다. 또 회심 후의 필수품인 성령세례와 성령세례의 표시인 방언 그리고(지금까지는 강조하지 않은 문제지만) 초자연적인 신유(神癒)를 강조한다. 뿐만 아니라 그러한 영성 안에서 그리스도인이 머리로만이 아니라 감정으로 느끼고 실존적으로 체험하며 발견한 증거를 통해 하나님의 생명력을 깨닫는다는 은사주의자들의 목표 또한 구오순절운동의 주장과 일치한다.

은사주의신학: 회복이냐 실현이냐?

하지만 이제 우리는 은사주의운동이 신학적으로 다양하다는 사실을 언급해야 한다. 대부분의 개신교와 로마가톨릭 평신도 은사주의자들은 위에서 말한 대로 웨슬리주의나 오순절운동의 가르침을 받아들인 듯하다. 그러나 가톨릭신학에 뿌리를 둔 사람들(로마가톨릭, 정교회, 영국국교회)은 결정적인 부분에서 다른 길을 갔으며, 그 점에서는 은사회복운동에 참여했던 일부 개혁파 사상가들도 그러하다. 리차드 퀘버더(Richard Quebedeaux)는 정확하게 이렇게 적고 있다.

개신교 신자와 가톨릭 신자, 보수주의자와 자유주의자들이 이 운동으로 화합한다 해서 그들이 자동적으로 신학과 교회론의 차이점을 버린 것은 아니다. 이 운동의 지도자들조차도 성령세례를 엄밀하게 정의하는 문제에서 의견일치를 보지 못한다. 예를 들어 개신교의 신오순절주의자들은 성령세례를 회심 후에 오는 '은혜의 두 번째 사역'이라고 보며…… 로마가톨릭 신자들은…… 성령세례를 바로 물세례라는 성례전을 통해 성령을 받은 신자의 삶을 충만히 채우고 변화시키는 성령의 능력, 다시 말해 내적 체험(보통 외적으로 드러나는)으로 본다. 고린도전서 12장부터 14장에서 개괄한 **카리스마타**(방언이나 신유 같은)의 엄밀한 본질과 그 작용에 대해서도 의견이 분분하다…….[8]

그들의 입장은 대략 이러하다. 대부분의 개신교 은사주의자들은 자신들의 체험을 회복(restoration)이라는 관점에서 다룬다. 또한 믿음에 응답하시는 하나님께서는 오순절과 그 후 사마리아와 가이사랴와 에베소(행 2,8,10,19장)와 고린도에서(고전 12-14장) 하셨던 그 모든 일을 오늘날 재연하고 계신다고 주장한다. 하지만 가톨릭 사상가들은 일반적으로 은사 체험을 잠재된 것의 **실현**(realization), 즉 성령의 내주하심이 각 사람의 특성에 맞게 하나님과 온전한 자신을 재발견하도록 돕는다는 관점으로 본다. 같은 입장을 취하는 사람들 중에는, 영적 은사를 받아서 사용하기 위해서는 먼저 은혜의 두번째 사역인 성령 세례를 거쳐야 한다는 생각을 거부하는 사람도 있고, 성령세례를 체험함으로 성령을 처음 받는다거나 이전보다 더욱 충만하고 강하게 받는다는 생각을 거부하는 일부 개신교 신자들도 있다.

물론 성령세례 이전에 성령의 내주하심에 대한 설명으로 들어가면 다시 입장이 갈린다. 가톨릭 신자들은 성령의 내주하심을 물세례의 직접적인 결과로 보는 반면, 대부분의 개신교 신자들은 성령의 내주하심을 물세례가 상징하는 중생(신생-회심-믿음-회개)과 연결 짓는다. 하지만 개신교 신자들은 은사 체험을 내주하시는 성령의 능력의 실현으로 정리하며, 그런 면에서 성령을 **받는다**고 말하기보다 성령을 **방출한다** 라고 말하기를 더 좋아한다. 바로 이 점에서 개신교 신자들은 가톨릭 신자들과 손을 잡고 오순절운동에서 직접적인 영향을 받은 신학들과 대립하고 있다.

은사주의공동체 내에서 신학적 견해 차이는 또 있다. 오순절운동의 신학은 일반적으로 웨슬리와는 비교도 안 될 만큼 아르미니우스적인 색채가 짙다. 이 신학은, 하나님께서 당신의 백성들에게 무슨 일을 할 수 있는가 하는 문제가 성령세례, 죄에서 건지심, 치유, 혹은 다른 어떤 은사이든 간에 하나님의 백성들이 그러한 '축복을 기대하는 믿음'을 가졌는지, 그리고 그 믿음이 어느 정도인지에 달려 있다고 생각한다. 이 주장을 기초로 할 때, 우리는 쉽사리 — 치명적일 만큼 쉽사리 — 이런 결론을 내릴 수 있다. 즉 하나님께서는 항상 신약성경 시대에 하셨던 모든 일을 당신의 백성을 위해 재현하시기 원하지만, 그들이 특정한 은사를 필요한 때에 적절하게 구하지 않는다면 하나님께서도 어찌할 방법이 없으실 것이라고 말이다. 여기서는 사람이 하나님의 역사로, 곧 우리의 심령에서 먼저 일하시는 하나님의 은혜로 하나님께 구하는 게 아니라, 우리가 구한다는 것 자체가 독립변수가 되어 하나님의 묶인 손을 풀어 드린다고 가정한다. 따라서 오순절운동의 영향을 받은 개신교 은사주의자들은 신약성경에 상세하게 기록된 모든 은사 체험을 패러다임, 즉 하나님께서 구하는 모든 사람에게 하실 일을 약속해 주시는 말씀으로 읽는다. 반면에 사려 깊은 가톨릭 신자들과 위에서 말한 소수의 개신교 은사주의자들은 해당 본문들을, 영적인 필요가 있을 때 하나님께서 하실 수 있는 일을 보여 주는 말씀으로 읽는다.

물론 그 두 견해가 상호배타적이라는 말은 아니다. 은사의 회복이란 적어도 부분적으로는 내주하시는 성령께서 능력을 行하셨기 때문에 일어날 수 있다고 생각할 수 있다. 신구교 신자를 막론하고 분별 있는 사람이라면 어떤 의미에서건 성령께서는 성령세례를 받기 전에 그리스도인에게 내주하신다는 사실을 부인할 사람은 없을 테니까. 사실상 내주하시는 성령의 능력의 실현이라는 말도, 적어도 어떤 부분에서는 그리스도인의 체험에서 상실한 부분들을 회복한 결과라고 볼 수 있다. 실제로 신구교를 막론하고 분별 있는 사람이라면 누구나, 하나님께서 원하시기만 한다면 언제라도 신약성경의 모든 현상들을 재연하실 수 있다는 사실을 심각하게 부인할 수 없을 것이다. 하지만 이 두 견해 중 어떤 견해를 취하여 접근하느냐에 따라 은사의 현상과 부재(不在)에 대해 다른 태도를 갖게 된다. 대부분의 개신교와 일부 가톨릭 은사주의자들은 신약성경에 기록된 성령의 역사는 전부 모든 교회를 위해서 나타났기 때문에 지금도 구하기만 하면 성령을 언제든 받을 수 있으며, 성령을 구하지 않아서 받지 못하는 그리스도인과 교회는 적어도 그 부분에서는 이류임이 드러난 셈이라고 주장하지 않을 수 없다. 하지만 대부분의 가톨릭과 일부 개신교 은사주의자들은 현재 은사회복운동에서 나타나는 현상들이 신약성경에 언급된 은사 체험들과 유사하지만 동일하지는 않으며, 하나님께서는 지금 은사회복운동으로 나타나는 여러 현상들을 유익하다고 보시기 때문에 자유롭게 두신다고 주장할 뿐, 거기서 더 나아가지는 않는다.

나는 후자의 입장이 더 건전해 보인다고 말해야겠다. 현재 나타나는 은사의 현상이 고린도전서 12장부터 14장의 현상과 완전히 일치하지는 않기 때문이며, 하나님께서 1세기에 예루살렘과 고린도에서 하셨던 일을 시대를 초월해 어디서나 재연하기 원하신다는 가정은 지나치다고 생각하기 때문이다. 또 곧 살펴보겠지만, 하나님께서 이러한 현상들을 오늘날에도 재연하기 원하시지만 우리가 분명하게 구하지 않기 때문에 그렇게 하실 수 없을 거라고는 믿지 않기 때문이다. 하지만 여기서는 일단, 은사주의신학은 한 가지만이 아니며 우리의 탐구는 그런 사실을 염두에 두어야 한다는 점만 기억하도록 하자.

믿음과 생활에 대한 시금석

은사주의운동에 대한 가장 기본적인 질문은, 다름 아니라 어떤 점에서건 간에 이 운동이 성령의 감동으로 이루어졌느냐 하는 질문이다. 어떤 사람들은 그 운동이 영적 부흥의 명백한 증거라고 주장한다. 또 일부에서는 표적 은사란 사도 시대만을 위한 것이라고 확신한다. 게다가 중생에 이어 성령세례라는 두 단계를 거쳐 충만한 그리스도인의 체험으로 들어간다는 그들의 공식에서는 성경적인 근거를 찾을 수 없다는 이유로, 이 운동을 기이하고 비현실적이며 심지어는 악마의 운동이라며 배척하는 경향도 있다. 하지만 이러한 주장들은 경솔하기 짝이 없다. 성경은 은사주의운동들이 하나님의 영감을 받았느냐의 여부를 판단할 수 있는 다른 원칙들을 제시하고 있다. 사도들은 하나님의 역사, 하나님의 뜻, 하나님이 일하시는 방법에 대한 이원칙들을 적용해서 갈라디아서, 골로새서, 베드로후서, 요한일서에서 자칭 초(超)영적이라고 내세우는 믿음에 대한 다양한 견해들을 시험한다. 이러한 기본적인 시금석에는 두 가지가 있는데, 하나는 신앙고백과 관련이 있으며 하나는 도덕적인 문제와 관련이 있다.

신앙고백적인 시금석은 요한일서 4장 2, 3절과 고린도전서 12장 3절의 두 본문에서 찾을 수 있다. 첫번째 본문은, 어떤 영이건—성령의 감동하심을 받았다고 주장하는 어떤 사람이건—성육신을 시인하지 않는다면 절대로 하나님께 속한 영이 아니라고 말한다. 이 말씀의 요지를 제대로 파악하려면, 성육하신 하나님의 아들이 우리 죄를 위해 대속 제물로 죽임을 당했기 때문에(1:1-2:2, 3:16, 4:8-10) 성육신을 부정하면 당연히 그분의 죽음도 부정하게 된다는 요한의 말을 기억하면 된다. 두번째 본문은, 하나님의 영으로 말하는 사람은 아무도 '예수를 저주할(아나테마anathema) 자라' 말할 수 없고, 오히려 성령으로 말미암아 예수님을 주(主, 퀴리오스(kyrios))시라고 부르게 된다고 선언한다. 성령의 힘이 아니면 어느 누구도 진심으로 그렇게 할 수 없다(고전 2:14)는 말이다. 두 본문 모두 이 책의 중심이 되는 진리, 즉 성령의 지속적인 임무가 사람들이 예수 그리스도의 영광을 분별하고 인정하도록 만드는 일이라는 진리를 보여 준다. 다른 모든 그리스도인들과 마찬가지로 은사주의자들에게도 역시 '성부 하나님께서 주(主)로 만드신 성자를 신앙고백과 태도와 행동으로 어느 정도 공경하는가'라는 문제는 신앙고백적인 시금석이다.

도덕적인 시금석은, 참으로 하나님을 알고 사랑하는 사람은 하나님의 계명을 지키고 모든 죄를 피하고 그리스도 안에서 형제들을 사랑하게 마련이라는 사도 요한의 여러 말씀(요일 2:4, 3:9, 10, 17, 24, 4:7-13, 20, 21, 5:1-3)에서 드러난다.

우리가 이상의 시금석들을 은사주의운동에 적용해 보면, 하나님이 그 운동 안에 계시다는 사실을 분명히 알 수 있다. 어쩌면 이 운동의 주변부 이곳저곳에서 어떤 위협이나 마술, 사이비 영성의 예를 감지할 수 있다고 생각할지 모른다(도대체 어떤 부흥운동이든 간에 이런 것들이 없었던 적이 있는가?). 하지만 은사회복운동을 통해 도처에서 볼 수 있는 주요 결과는, 그들이 굳건한 삼위일체신앙과 신약성경에서 만나는 구세주이자 주인이신 하나님과 나누는 인격적인 교제, 회개, 순종, 그리고 갖가지 형태의 사역으로 동료 그리스도인들에 대한 사랑 등이 더욱 깊어지는 일이다. 게다가 더욱 많은 지역을 복음화하려는 그들의 열정은 훨씬 안정된 부류의 교인들을 부끄럽게 만든다.

이제 은사회복운동으로 발생하는 이득과 손실을 나누어 살펴보자. 이 운동을 좀더 명료하게 볼 수 있게 해 줄 것이다. 첫째, 성경을 가지고 평가할 때 이 운동의 어떤 요소들을 긍정적인 측면으로 받아들일 수 있을지 생각해 보자. 당장 한 다스나 되는 장점이 떠오른다.

긍정적인 측면들

1. 그리스도가 중심 되심

성경에 나오는 살아 계신 그리스도에 대한 믿음, 그분에 대한 헌신, 그리고 그분과 나누는 인격적인 교제가 이 운동의 심장부에 있다. 은사주의자들의 저서들과 노래들을 보면, 각각의 개인들은 어떨지 몰라도 은사회복운동의 주류는 삼위일체를 분명하게 인정하고 성령의 사역을 강조한다. 그들이 몸의 머리이자 지체인 각 사람들의 주와 구세주이신 예수님을 그 당연한 위치에서 몰아내거나 하는 일은 없으며, 애정과 흠모하는 마음으로 성자와 성부를 예배하는 데 끊임없이 초점을 맞춘다. 오히려 은사회복운동이 확고하게 자리 잡은 곳이라면 어디서나, 신자들은 예수님에 대한 성령의 투광조명사역을 제대로 이해하고 확신을 가지고 긍정하며 풍성하게 누리고 있다.

2. 성령의 권능을 받은 생활

이 운동은 우리가 성령으로 충만하게 되고 성령의 능력을 드러내 보이는 삶을 살아가야 한다고 강조한다. 신약성경과 은사주의자들은 그리스도께서 신자들에게 성령을 통해 그들의 본성으로는 불가능했을 일을 할 수 있는 능력을 주신다는 점에서, 그리스도인의 삶을 초자연적인 삶이라고 강조한다. 이러한 주장은 도덕적인 문제에 대해 형식주의와 자기만족에 빠져 추한 모습을 보였던 많은 기독단체들을 부끄럽게 한다.

3. 풍부한 감정 표현

모든 사람에게는 감정적인 요소가 있게 마련이다. 이것은 친구나 부부의 사랑 혹은 그리스도 안에서 나누는 하나님의 사랑이나 어떤 경우이건 간에 다른 사람의 사랑을 받아들이고 진정으로 그 가치를 알 때 표현된다. 은사주의자들은 이러한 감정적인 부분을 이해하고, 공중예배 때에 풍부한 볼거리와 음향, 활동 등을 준비하여 예배하는 사람들의 마음을 움직인다. 그러나 적어도 영어권에서는 품위와 질서 그리고 대외적인 체통을 지키려는듯 무표정한 상태로 최대한 신체를 움직이지 않는 일이 예배중에 경외감을 표시하는 전통적인 방법이 된 지 오래이다. 그래서 이러한 규범을 조금이라도 어긴다 싶으면 즉시 의심스런 눈초리로 쳐다보곤 한다. 하지만 은사주의자들은 하나님을 공경하는 마음이 부족해서가 아니라, 예수 그리스도와 그리스도인들을 향한 행복한 사랑이 넘친다는 점에서 더욱 눈에 띈다. 나처럼 은사주의 집회에서 거룩한 포옹을 받아 본 사람이나 은사주의권 목회자들이 교회에서 춤추는 모습을 본 사람이라면 누구라도 이 사실을 알 수 있다. 은사주의자들이 하는 식의 감정 표현이 자기과시를 하는 사람들의 판에 박힌 표현이 되어 버리기 십상이라는 데에는 나도 동의한다. 하지만 얼굴 표정을 근엄하게 하고 되도록 몸을 움직이지 않는 신중한 태도 또한 마찬가지로 냉담하고 열의 없는 형식주의의 표현으로 쉽사리 전락할 수 있다. 만약 이 둘 중에서 선택해야 한다면, 성경을 기준으로 볼 때 무질서한 활기와 하나님에 대한 사랑과 기쁨이 충만한 쪽이 아무것도 없는 정리된 죽음의 상태보다는 훨씬 낫다는 데는 의심의 여지가 없다. 결국 살아 있는 개가 죽은 사자보다 훨씬 나은 법이다(전 9:4).

4. 기도로 사는 삶

은사주의자들은 열정적이고 지속적이며 전심을 다해 기도하는 습관을 길러야 한다고 강조한다. 그들은 찬송가에서 표현한 대로 '기도는 그리스도인의 호흡이며 그리스도인의 공기'로 이해하기 때문에 그렇게 기도하려고 애를 쓴다. 앞서 보았듯이 이 부분에서야말로 그들의 방언이 필요하다. 여기서 말하는 방언이란 하나님이 주신 계시를 통역 은사가 있는 사람이 해독할 수 있는 암호 형태로 선포한다는 뜻이 아니라, 마음속의 간구와 찬양과 감사를 표현하는 개인적인 기도의 언어를 가리킨다. 바울이 고린도교회에 있었다고 말하는 방언도 이런 종류인 듯싶다(고전 14:2, 13-17). 방언으로 기도하는 사람들은 오랜 시간 동안 아주 많이 기도한다. 사실 그들만큼 기도하지 않는 사람이 무슨 자격으로 그들이 하고 있는 일을 비판하는지 의심스럽다.

5. 넘치는 기쁨

은사주의자들은 말과 찬양으로 그리스도인의 기쁨을 간직하고 표현해야 한다고 강조한다. 그들은 그리스도인들이라면 당연히 순진하고 너무 낙천적이며 독선적으로 보일 위험을 무릅쓰고라도, 언제 어디서나 기뻐하며 하나님을 찬양해야 한다고 주장한다. 그리스도인들의 기쁨이 종종 얼굴에 환히 드러나듯이 그들의 행동에서도 그 기쁨이 밝게 빛난다고 주장한다. 기쁨은 단순하고 소박한 마음 상태이다. 또한 기쁨을 기르는 은사주의자들의 방법을 보면, 하나님을 알고 사랑하는 일에 얼마나 단순해지기 원하는지 분명히 드러나는데, 그것이야말로 이 운동의 핵심이다. 사회학적으로, 은사주의운동은 대부분 중산층을 위한 운동이다. 따뜻한 마음으로 긴장하지 않고 하나님을 즐거워하는 것을 삶의 기본 정서로 추구한다는 점에서 언뜻 보기엔 중산층이 대개 목표로 삼는 세속적인 행복감과 비슷할 수도 있다. 하지만 여기에는 그 이상의 뜻이 담겨 있다. 은사주의자들은 단순한 기쁨을 추구한다는 점에서 엄격하고 판단하기 좋아하는 부류의 신자들과 분명히 다르다. 하지만 신약성경의 가르침과 다른 것 같지는 않다(롬 14:17; 빌 3:1, 4:4; 엡 5:18-20; 골 3:15-17; 살전 5:16-18). 사실상 기쁨을 강조하는 그들은 정곡을 찌른 셈이다.

6. 모두가 적극 참여하는 예배

이미 살펴본 대로, 은사주의자들은 모든 그리스도인들이 교회 예배에 적극 참여해야 한다고 주장한다. 그렇다고 반드시 교회 집회에서 발언해야 한다는 뜻은 아니고(그런 식의 참여도 질서를 지켜 유익한 방식으로 이루어진다면 충분히 인정할 가치가 있지만), 하나님께 마음을 열어 교회가 드리는 찬양과 기도의 대상이자 성경이 가르치고 있는 하나님의 실재성을 깨닫고자 힘쓰라는 말이다. 은사주의자들은 소수의 선수들인 목사와 성가대에게 관중석에 있는 관중(교인)들이 야유나 환호를 보내는 스포츠 관람 같은 예배를 혐오한다. 사실 모든 신자들이 이와 같은 태도를 취해야 마땅하다. 공적 예배에서 인도자나 인도를 받는 사람이나 모두가 하나님께 자신들의 지성과 감정을 적극적으로 올려 드려야 마땅하다. 도움이 된다면 하늘을 향해 눈이나 손을 드는 것 같은 신체의 움직임을 반대할 이유가 없는 것이다.

7. 전 교인 사역

교회성장에 대한 바울의 비전에서는, 앞서 이미 보았듯이 사랑하기 때문에 갖가지 방법으로 서로 섬기고 지원하고 도우면서 서로에게 그리스도를 표현하는 그리스도인들의 모습이 핵심이었다. 바울은 이렇게 말한다. "오직 사랑 안에서 참된 것을 하여 범사에 그에게까지 자랄지라 그는 머리니 곧 그리스도라 그에게서 온 몸이 각 마디를 통하여 도움을 입음으로 연락하고 상합하여 각 지체의 분량대로 역사하여 그 몸을 자라게 하며 사랑 안에서 스스로 세우느니라"(엡 4:15,16). 은사주의자들은 이러한 비전을 심각하게 받아들인다. 그들은 어떤 교회든 간에 신자 개개인의 적극적인 섬김만이 교회를 성숙시킬 수 있는 유일한 처방이라고 주장한다. 공동의 사역 없이 설교만으로는 교회를 성숙시킬 수 없다고 생각한다. 그리고 모든 그리스도인은 사랑의 말, 사랑의 행동, 사랑의 보살핌, 사랑의 기도 등 경우에 따라 무엇이 되었건, 다른 사람들을 섬길 수 있는 자신들의 능력을 발견하고 또 사용해야 한다고 끊임없이 주장한다. 그들은 평신도의 수동적인 태도야말로 교회의 암이라고 본다. 그래서 그런 태도를 치유하기 위해 가능한 한 모든 조치를 취하는 일을 최우선순위로 삼는다. 또한 거기에 따르는 위험 요소들을 감수하면서, 신도들이 참여해서 분산된 사역으로 생겨나는 문제들을 풀어 나간다.

8. 선교의 열정

은사주의자들의 그리스도를 전하려는 관심, 자신들이 경험한 그분을 전하려는 준비된 모습, 그리고 그리스도를 전할 때 상대의 반응이 냉담하다 해도 낙담하지 않는 모습 등은 본받을 만하다. 평신도가 복음 증거의 주도세력이 되어야 한다고 주장하는 복음주의자들도 그들 이상의 모습을 요구할 수는 없을 것이다. 은사주의자들 안에서는 사도행전 4장 13절과 31절에서 말하는 담대함이 많이 나타난다.

9. 소모임 사역

존 웨슬리는 감리교 협회들을, 한 사람의 인도자와 열두 명의 신자로 구성한 주간 속회(屬會)모임으로 조직했다. 이처럼 은사주의자들도 모임의 잠재력을 잘 알고 있었다. 찰스 험멜(Charles Hummel)은 미국 전역에서 초교파적인 교제를 갖는 수백 개의 가정모임에 대해 이렇게 말했다. "그들은 예배하고 찬양하고, 성경을 공부하고, 서로 격려하고, 성령께서 주시는 대로 은사를 사용하기 위해 매주 모인다. 이러한 모임들은 그 멤버들이 섬기는 교회의 정기예배를 보충한다."[9] 영국과 다른 곳에서도 상황은 마찬가지다. 20세기 전반에 걸쳐, 기도와 사역에서 소모임의 가치를 발견했거나 재발견했던 사람들은 비단 은사주의자들만이 아니었다. 하지만 그들은 분명히 다른 사람들보다

소모임의 가치에 대해 더 잘 알고 있었다. 어쨌든 역사를 보더라도 우리는 성령께서 교회를 각성시키실 때는 그런 모임들이 자발적으로 생겨났다는 사실과, 대형 공동체가 오랜 기간 동안 영적인 활력을 유지하려면 그런 모임이 반드시 필요했다는 사실을 알 수 있다.

10. 교회 구조에 대한 입장

은사주의자들은 개교회든 교파든 간에 교회의 구조(여기서 구조란 사회학자들이 사용하듯이 조직체의 형태를 뜻함)는, 언제나 성령의 생명력을 표현하고 전 교인 사역을 실현하는 수단이어야 한다는 점을 분명히 밝힌다. 여기에 방해가 되는 교회 구조는 성령을 소멸하게 한다는 판단을 내린 후 수정을 해야 한다. 따라서 전통적인 구조, 예를 들어 예배 규정과 형식, 회중 안에서 매주 모이는 다양한 모임 유형 등에 대한 은사주의의 태도는 맹목적으로 **보수적**이지도(아무것도 바꾸지 말라!), 맹목적으로 **혁명적**이지도(모든 것을 바꿔라!) 않다. 다만 진정한 의미에서 **과격할**(문제의 뿌리를 살피고 그 문제를 해결하기 위해 필요한 만큼 변화시켜라) 뿐이다.

구조적인 면에서, 생명력을 잃은 전통의 영향을 받지 않는 교회는 거의 없다. 일부 교회들은 기존의 방식에서 조금도 변화하지 않으려 한다. 형편이 그러하니 그들은 은사주의자들의 과격함 앞에서 위협을 느낄 수밖에 없다. 하지만 현재의 구조는 언제나 변화가 가능하기 때문에 하나님이 주신 영적 은사들을 충분히 활용할 수 있는 여지를 만들어야 한다는 점, 그리고 하나님이 은사를 주신 첫째 목적이 현재 구조를 그대로 유지하는 것은 아니라고 믿는다는 점에서, 은사주의자들은 분명 신약성경과 같은 입장이다. 전통적인 진행 방식, 일상화된 친숙한 직무, 그리고 하나님이 과거에 축복하셨던 방식에 대한 기억들이 안정감을 줄 뿐 아니라 인간적으로 사기를 유지시켜 준다는 사실 또한 너무도 당연하다. 하지만 전통적인 절차가 하나님이 신자의 공동체를 위해 주신 은사들을 틀어 막아서 성령을 소멸시킨다면, 하나님이 정하신 방식대로 그리스도의 몸을 세울 수 있게끔 그 절차를 수정하거나 보완해야 한다는 은사주의자들의 주장은 정당하다.

11. 공동체 생활

은사주의자들은 공동체 생활에 대해 몇 가지 대담한 실험을 선도했다. 특히 여러 핵가족들이 연합하여 대가족을 만들어서 하나의 핵가족만으로는 꾸릴 수 없는 쉼터와 지원 사역을 감당하고자 하는 실험을 했던 것이다. 이러한 공동체의 일부는 분명히 실패했지만, 관계를 굳건히 하고 인격을 성숙시키며 어려운 사람들을 돕는 데 더욱 힘을 내는 등, 다른 방법으로는 이룰 수 없었을 성과를 낸 공동체들도 있다는 데에는 의심의 여지가 없다. 이 점에 대해서는 감탄과 찬사를 보낼 뿐이다.

12. 아낌없는 구제

성령께서는 복음을 받고 사람들의 지갑이 열릴 때 분명히 그들의 삶에 역사하신다. 물론 통계를 얻기는 어렵겠지만, 은사주의자들 사이에서 다른 곳과는 비교할 수 없을 정도의 희생적인 구제가 나타난다는 데는 토를 달 이유가 없다. 나는 빈민가에 위치하고 교인이 주로 노동자들인 어떤 교회를 알고 있는데, 그 교회는 선교 구제비로 1965년에 187파운드, 1970년에 2,929파운드, 1975년에 21,100파운드, 1980년에는 47,000파운드를 모금했다(달러로는 대략 2를 곱하면 된다). 해당 기간 동안 그 교회의 성도 수는 평균 40명 미만에서 250명으로 늘어났다. 따라서 15년 동안 세계의 교회를 위한 헌금이 일 인당 7파운드에서 188파운드로 늘어났으며, 이 액수는 교회 지출의 절반에 해당한다. 나는 이 사건을 전형적인 예라고 생각한다. 하나님과 사람들과 관계를 맺을 때 순수하게 마음을 열어 자발적으로 온정을 베풀고 기대감을 갖는 은사주의자들은 힘에 겨울 만큼 구제하고, 그러한 경험을 오히려 특권으로 여기는 기꺼운 마음을 낳는다. 은사주의자들은 이 점에서도 다른 대다수 그리스도인들을 무색하게 만든다.

이런 사실들 말고도 확실하게 드러나는 긍정적인 면들이 더 있지만, 이제 우리는 균형을 잡아 줄 질문을 하나 던져야 한다. "은사주의의 어떤 특징이 신약성경의 가르침이 목표로 삼는, 이른바 그리스도를 본받는 길로 함께 나아가는 일을 방해하는가?" 이 질문에 답을 해 줄 은사주의의 특성이 갖는 열 가지 결점, 그러니까 적어도 이 운동의 외곽에서는 종종 관찰되었던 항상 위협적인 결점들을 여기서 언급해야겠다. 그 가운데 한 가지 결점에라도 빠진 집단은, 바울이 고린도에서 직면했던 상황에 필적할 만한 미성숙한 상태로 머물러 있을 수도 있다.

부정적인 측면들

1. 엘리트주의

대단해 보이는 일이 진행되는 단체에서, '우리는 정말 중요한 사람들이다' 라는 영적인 특권계급에 속한 것 같은 느낌은 언제나 원래의 취지를 위협하게 마련이다. 그렇다고 이러한 증상을 부인한다 해서 이런 증상들이 사라지지는 않는다. 은사주의자들의 엘리트주의 경향은 자신들의 체험을 신약성경이 말하는 은사 체험의 표준으로 보고 비(非)은사주의적인 기독교를 정죄하는 회복주의신학 때문에 더욱 강화된다. 모든 사람이 마땅히 알아야 할 그 무엇을 위해, 그것을 찾고 발견하기 위해 당신이 위험을 무릅썼다고 가정해 보자. 그런데 많은 사람들은 그럴 시도조차 하지 않는다. 그럴 때 당신이라면 우월감을 느끼지 않겠는가?

2. 분파주의

전국적이고 전세계적으로 은사주의자들의 조직이 갖는 강력한 흡인력은 해로운 고립주의를 낳았다. 은사주의자들은 은사주의자의 저서만 읽고 은사주의자 강사의 말만 듣고 은사주의자들과만 교제하고 은사회복운동만을 후원하는 식으로 스스로를 제한해 버리기 쉽다. 그렇게 볼 때, 은사주의자들이 아무리 단호하게 교회의 연합이 자신들의 목표라고 공언할지라도, 하찮아 보이는 처음과 달리 종국에는 심각한 분파주의를 낳는 결과를 초래할 수 있는 것이다.

3. 감정주의

건전한 감정과 불건전한 감정주의를 나누는 선은 아주 미세해서 감정에 호소하거나 감정을 활용하려 할 때마다 매번 그 선을 넘게 된다. 오늘날의 화이트칼라 은사주의운동은(신학적인 이유에서보다는 아마도 문화적인 요인에서) 원래의 블루칼라 오순절운동에 비해서 일반적으로 더 조용하다. 그렇기는 해도 그들 역시 여전히 기쁨과 사랑의 감정을 표현하는 데에만 몰두함으로 쉽게 감정주의에 빠진다. 그들의 열심과 활력은 극도로 감정적이고 산만한 사람들을 대열에 끌어들인다. 그리고 많은 사람들은 감정을 자극하는 예배를 통해 삶의 다른 영역, 즉 결혼, 일, 재정 등에서 느끼는 긴장과 압박으로부터 어느 정도 풀려난다. 하지만 그런 식으로 감정을 집단 속에서 나누는 일은 제멋대로 벌이는 '도피행각'이다. 따라서 장기적으로 볼 때 그러한 일은 반드시 피해야 한다. 일반적으로 이 운동은 대단히 위험한 방식으로 감정적인 방종의 언저리를 헤매는 듯이 보인다.

4. 반지성주의

은사주의자들이 체험에 몰두할수록 신약성경의 서신서에서 그토록 분명하게 촉구하고 있는 신학적 · 윤리적인 반성을 저해한다. 그 결과, 성경의 계시를 다룰 때 깊이가 없거나 균형이 맞지 않는다. 예를 들어 은사나 그리스도의 몸 안에서 행하는 사역 같은 주제들은 매번 다루는 반면, 종말론 같은 주제들은 소홀히 한다. 어려운 문제가 생길라치면 기도하면서 연구하고 분석하는, 이른바 고되고 지루한 일을 하기보다는 예언(아마 하나님께로부터 오는 직접적인 말씀)을 구할 때가 허다하다. 아니면 성령충만하여 늘 성경을 읽는 그리스도인에게는 믿음과 행위와 관련한 모든 문제들이 단순해진다는 교조적인 주장을 하기도 한다. 은사주의운동은 '신학을 추구하는 체험'이라고 불려 왔지만, 사실은 '신학이 **부족한**'이나 '신학이 **필요한**' 체험을 추구하는 것은 아닌지 의심스럽다.

5. 조명주의(照明主義, Illuminism)

골로새서에 나오는 이단(골로새교회를 위협하던 거짓 가르침들로, '철학'을 주장했으나(2:8), 실제로는 유대 종교와 이방 종교의 혼합 양상을 나타내 그 특성을 규정하기 어렵다-옮긴이)과 요한일서에서 이단성이 드러난 영지주의자들 이후로, 하나님의 직접적인 계시를 내세우는 기만적인 주장이 끊임없이 제기되어 왔다. 그런 주장은 사탄이 하나님과 견주려고 하기 때문에 주님이 재림하실 때까지 계속해서 다시 나타날 게 분명하다. 이 점에서 성령이 개인적으로 인도하시며 예언을 통해 계시가 회복된다고 강조하는 은사주의운동이 취약하다는 사실이 분명해진다. 종교 지도자가 되려는 불건전한 야심을 품은 사람은, 구성원들에게 자신이 그들보다 하나님과 더 가깝다는 인식을 심어 주어 그들이 속한 집단을 장악한다. 게다가 쉽사리 은사주의의 시류를 타서 그곳에서 자신에게 감명 받을 준비를 하고 기다리는 마음씨 곱고 감정이 여리며 의존적인 사람들을 발견한다. 따라서 독단적이고 괴팍한 사람들은 성령이 인도하신다고 들먹이면서, 그들이 교인들을 혼란시키지 못하게 막으려는 목회자의 노력을 쉽게 무산시킬 수 있다. 은사주의운동이 자칫하면 조명주의로 빠져 들 소지가 있다는 점을 생각하면 이 운동에 이러한 문제점이 있는 것은 당연하다.

6. "은사마니아"(Charismania)

이 말은 신자가 가진 은사가 몇 가지이며 그 은사들이 얼마나 감명을 주느냐에 따라 신자의 영적 건강과 성장과 성숙함의 정도를 측정하고, 은사가 나타나는 현상으로 영적인 능력을 공공연하게 측정하는 습관을 두고 에드워드 오코너(Edward D. O' Connor)가 붙인 이름이다.[10] 하지만 이 습관은 판단 원칙 자체가 틀렸기 때문에 잘못된 것이다. 또한 이러한 습관이 횡행하는 곳에서는 진정한 성장과 성숙이 방해받을 가능성이 많다.

7. "슈퍼 초자연주의"

이 말은 내가 자연적인 현상과 다른 면을 과장하는 초자연주의를 우겨 대는 방식에 붙인 이름이다. 슈퍼 초자연주의는 초자연적인 것을 무시하고 하나님의 역사를 기대하지 않는, 마치 바람 빠진 타이어 같은 기독교에 대한 반동이다. 그들은 끊임없이 온갖 종류의 기적, 다시 말해 하나님의 임재와 능력을 보여 주는 놀라운 증거를 기대하며 하나님께서 사물의 본성에 역행해서 역사하심으로 상식이 깨어질 때, 가장 행복해한다.[11] 하나님께서 천천히 자연적인 방법으로 일을 진행하신다고 할 때 그들은 실망스럽다 못해 배신행위라고까지 느낀다. 하지만 자연스럽고 일상적이고 일반적인 사실을 과소평가한다면, 그들은 자신들의 낭만적인 미성숙함과 하나님의 은혜의 역사를 이루는 창조와 섭리의 실재를 제대로 이해하지 못했다는 것을 스스로 드러내는 셈이다. 은사주의자들은 머리와 혀가 체계적·의식적으로 별개로 움직이는 방언을 영적 활동의 전형으로 생각한다. 따라서 하나님의 모든 역사도 그것과 유사하게 피조 세계의 일반적인 질서에 역행하는 이적일 거라고 기대하는 경향이 있다. 이러한 태도는 거의 틀림없이 슈퍼 초자연주의로 이어진다.

8. 행복주의

행복주의란, 하나님은 우리가 이 타락한 세상에서 기분좋게 시간을 보내고 행복하게 지내기를 원하신다는 믿음을 나타내는 말이다. 은사주의자들은 그런 냉혹한 평가를 인정하지 않을지 모르겠다. 하지만 은사회복운동의 설교와 강연을 통해 청중들이 으레 느낄 수 있는 행복감에다가 이 운동의 치유신학을 함께 고려할 때, 행복주의가 깔려 있음을 알 수 있다. 여기에는 무디 이래 많은 복음주의자들의 복음 증거에서 나타난 '난 이제 매일 행복하고, 당신도 그렇게 될 수 있다'는 정서가 짙게 배어 있다. 은사주의자들은 구(舊)오순절운동이 외쳤던 치유에 대한 강조—오순절운동이 도착하기 이전부터 북미의

'성결' 계통에서는 뚜렷이 드러나던 강조—를 이어받아, 육체의 질병과 불편함은 하나님이 자녀들에게 원래 품으신 선한 뜻이 아니라고 계속 주장한다. 이를 기초로 예수님과 사도들이 치유하신 일을 그들 주장의 근거로 삼고(마 8:16,17; 벧전 2:24) 이사야 53장 3절부터 6절 그리고 10절을 근거로, 대속(代贖)에는 치유가 포함된다고 주장한다.[12] 또 그들은 바울이 언급한 '치유의 카리스마타'(고전 12:28. AV는 '병 고치는 은사'로, RSV는 '치료자들'로 되어 있다)라는 말을 가리키면서 지속적으로 초자연적인 하나님의 치유하심(증언에 따르면, 여기에는 다리를 길게 하거나 척추를 곧게 하는 일, 그리고 남미에서는 치아를 채워 넣는 일도 포함된다)을 기대해야 한다고 주장한다.[13] 또한 자신들의 지도자에게서 신유의 은사를 기대하는 일을 당연하게 여긴다.

하지만 위에서 인용한 본문들만을 근거로 그런 주장을 하기에는 아무래도 억지 같다. 신약성경은 질병을 치유받지 못한 기독교 지도자들에 대해서도 말씀[14]하고 있다. 이런 사실을 통해 어떤 신자들에게는 질병이 하나님의 뜻일 수도 있다는 점을 분명히 말해 준다. 뿐만 아니라 행복에 대한 은사주의의 가정은, 그리스도인들이 고통이나 치유받지 못하는 연단을 통해서 지혜와 인내를 배우고, 현실을 있는 그대로 받아들이게 되는 것과 같은 유익을 얻는다는 사실[15]을 드러내지 못하고 있다. 더욱이 은사주의의 가설에 근거해 치유를 구하여 얻지 못한 사람이, 하나님께서 치유하기를 원하지 않았거나 그럴 능력이 없어서가 아니라 자신에게 믿음이 없어서 치유받지 못했다는 말을 듣게 될 때, 어떤 고뇌를 겪을지 생각만 해도 오싹해진다. 실제로 하나님께서는 오늘날에도 초자연적으로 치유하실 수 있으며 또 종종 그렇게 하고 계시다. 나는 하나님께서 일부 사람들의 사역을 풍성하게 하시기 위해 다양한 종류의 치유를 하시기도 한다는 것을 의심하지 않는다. 하지만 은사주의자들이 이처럼 행복주의의 경향을 보이는 것은 중대한 오류이며, 근본적으로 그리스도인의 성숙에 역행한다고 판단한다.

우리가 하나님을 경외하면 하나님께서 우리의 사업을 번영하게 하셔서 우리가 돈을 많이 벌고 안락하게 살게 될 거라는 일부 은사주의자들의 아둔한 주장에 대해서도, 행복주의와 마찬가지로 평가를 내려야 한다. 실제로 꼭 그렇지만은 않기 때문이다. 길게 늘어서 있는 파산한 신자들의 대열이 이 사실을 증언한다. 자신들이 그리스도인이기 때문에 사업을 제대로 꾸려 가기 위해 애쓰거나 경제여건의 변화에 적절히 대처하지 않아도 아무 문제없다고 생각했다가 졸지에 어려움에 빠진 사람들도 있을 수 있지만, 세상 일이란 게 그렇지가 않다. 성경은 일반적으로 모든 그리스도인이 다 부를 얻게 된다고 약속한 적이 없다. 오히려 시험과 고난에 대해 말하고 있을 뿐이다. 하나님께서 부를 주셨을 때 그것을 어떻게 다룰지에 대해서는 분명히 지시하셨지만, 그렇다고 모두가 부를 얻게 되리라고 기대할 수는 없는 노릇이다.

위에서 소개한 은사주의의 주장은 '하나님께서는 결코 당신의 자녀들이 가난으로 어려움을 겪도록 의도하지 않으셨다(고 암시하)'는 또 다른 형태의 행복주의이다. 부요한 연사가 사치스런 호텔 연회장에서 그런 주장을 하면 그럴 듯하게 들리겠지만, 그런 주장을 인도나 가뭄으로 고통 받는 지역이나 방글라데시나 아프리카에 있는 기독교인 원주민들에게 한다고 상상해 보라! 그 외침이 얼마나 공허한지 깨달을 수 있을 게다. 하나님께서는 참으로 당신의 자녀들의 사업을 놀라운 방식으로 축복하기도 하신다(하지만 먼저 그들에게 사업에 대한 지혜를 주셔서 그들이 그 지혜를 사용해 좋은 결과를 얻도록 하신다). 하지만 사람들이 하나님께서 당신의 모든 자녀들을 위해 이런 일을 하시리라는 말을 듣는다면 어떻게 될까? 아마도 행복주의가 다시 한 번 자리를 잡고 헛된 희망에만 부풀어 있다가, 현실을 통해 그런 희망이 무참히 꺾일 때 믿음 또한 와르르 무너져 내릴지도 모른다. 그리고 설사 그런 희망들이 꺾이지 않고 실현된다 해도 마음속의 희망이 그에게 비현실적인 소망을 부추겨 결국 성숙하지 못하게 막을 게 뻔하다.

9. 귀신 들림

은사주의자들은 하나님의 초자연적인 부분에 대해 인식을 새롭게 하면서 초자연적이고 인격적인 악의 실체에 대해서도 생생하게 인식하게 되었다. 또한 그들이 발전시킨 '해방(deliverance) 사역'에 자극을 받아 '축사(逐邪) 사역'(사람에게 들린 귀신이나 악한 영을 예수님의 이름에 힘입어 쫓아내고 물리치는 사역-옮긴이)이 회복되어[16] 많은 사람들에게 유익을 끼쳤다는 점에는 의심할 여지가 없다. 하지만 건강의 악화, 나쁜 생각, 잘못된 행동까지도 사탄과 그를 따르는 무리의 책임이라는 식으로 삶의 모든 부분을 귀신과 치르는 전쟁으로 보고, 그때 그때의 상황에서 육체적·심리적·관계적 요소들을 고려하지 않는다면, 슈퍼 초자연주의에 대한 매우 불건전한 귀신 버전으로 발전하게 된다. 때때로 이런 일이 실제로 일어나며 그것이 도덕적·영적 성숙에 중대한 장애물임은 분명하다.

10. 순응주의

집단의 압력은 좋은 일에 대한 압력이라 해도 압제적인 면모가 있는 법이다. 문제의 집단이 스스로를 '슈퍼 영적'이라 믿고 그 구성원의 영성의 증거를 집단의 노선을 따르는 데에서 찾는 경우만큼 포악해질 때도 없다. 은사주의 집단에서는 또래 집단의 압력(손 들기, 손 뻗기, 방언, 예언)이 강해서 한 개인이 주님이 아니라 집단과 집단의 기대에 맞추어 살기 시작하는 순간, 그는 필연적으로 새로운 율법주의의 속박에 매이게 마련이다. 그 때문에 또 다른 각도에서 그리스도인의 성숙이 위협을 받는다.

말은 그렇게 했지만 우리는 누워서 침 뱉는 꼴이 되지 않도록 주의해야 한다. 모든 유형의 기독교 영성에는 위험과 약점이 있다. 그 위험과 약점들은 그 영성들의 좋은 점에서 파생되어 신자들의 성숙을 위협하는 요소로 전락한 것들이다. 은사주의자들 역시 마찬가지지만, 그렇다 해서 그리스도인의 성숙(삶의 모든 영역에서 하나님께 반응하고 건전한 판단력을 포함하는)이 오늘날 비은사주의권에서 압도적으로 두드러져 보이는 것 같지는 않다. 이런 종류의 문제에서는 세상에서 제일 쉬운 일이 형제 눈의 티는 보면서 내 눈의 들보를 보지 못하는 일이니 우리는 조용하게 그 다음으로 넘어가는 편이 낫겠다.

은사 체험은 독특한가?

이제 우리가 던져야 할 중요한 질문 한 가지는, "은사 체험에서 나타나는 특징들은 자칭 은사주의자들에게만 있는가?" 하는 것이다. 나는 일종의 착시 현상이 여기서 일어나는 게 아닌가 싶다. 즉, 다른 그리스도인들은 은사주의자들의 유별난 제스처만 보고는 은사주의자들의 내적인 체험이 자신들의 체험과 틀림없이 무척 다를 거라고 추측한다. 하지만 나는 정말 그러한지 의심스럽다.

자, 성령세례를 예로 들어 보자. 은사주의자들과 오순절파의 신도들이 '성령세례'라는 이름으로 묘사하는 체험을, 앞에서는 이미 하나님의 사랑에 대한 확신과 악과 싸울 준비라고 분석했었다. 사람들은 방언으로 말하는 것이 보통 이 체험의 일부라고 알고 있다. 때문에 많은 사람들은 성급하게 은사주의의 성령세례가 방언을 할 줄 모르는 사람들이 생각하는 것과는 전혀 다르다고 결론을 내린다. 그러나 잠시만 방언을 한편으로 제쳐 두고 그러한 분석 자체에 초점을 맞추면, 우리는 그런 판단이 잘못되었다는 사실을 깨닫게 된다. 묘사한 대로 본질적으로 성령세례는 17세기 청교도인 토머스 굿윈이 에베소서 1장 13절에 대한 설교에서 명쾌하게 설명한 '성령의 인침'(the sealing of the Spirit)의 체험이다.[17] 18, 19세기에 웨슬리의 추종자들이 증언했던 '완전한 사랑'으로 들어가는 순간이 이것과 유사하다.[18] 또한 섬기는 데에 필요한 능력이 그리스도인에게 부어지는 '성령 안에서의 세례'도 성령의 인침으로 볼 수 있다. 여기에 대해서는 찰스 피니(Charles Finney), 무디, 심슨(A. B. Simpson), 토리 같은 19세기의 지도자들이 자신들의 가르침을 통해 설명했다. 그리고 그들 각자가 성령의 사역 안에서 인격이 변화했다고 주장했다.[19] 마이어가 묘사했던 '성령으로 충만함을 받는', 이른바 '케직 체험' 또한 그 견해와 일치하며,[20] 가톨릭과 개신교를 막론하고 기독교 신비주의 전통을 대변하는 사람들의 영적인 친밀함에 대한 많은 기록도 동일한 견해를 보인다.

그렇다고 그러한 체험이 신비주의자들이나 복음주의자들에게만 오는 것은 아니다. 영국국교회의 무어하우스(Moorhouse) 주교는 과묵하고 신비주의와는 거리가 먼 고교회 신자였지만, 그는 사후에 출간할 생각으로 쓴 책에서 자신이 서품 받기 일 년 전 어느 날 밤에 있었던 일을 증언했다. 그는 하나님과 더 친밀한 교제를 갈망하는 간절한 기도를 마친 다음 놀라운 체험을 하였다. "나는 경이로운 행복감에 휩싸여 나를 막고 있던 장애물이 하나 쓰러지고 닫힌 문이 갑자기 열린 것 같은 그런 환희를 느끼며 깨어 있었고, 황금빛 빛줄기가 내게 쏟아져 내려 나를 완전히 변화시켰다. 나는 그와 같은 것을 이전에는 결코 느껴 보지 못했다⋯⋯."[21] 이러한 체험들은 모두 그 중심에 하나님의 사랑에 대한 확신이 있다. 따라서 각 경우 모두가 동일한 성령께서 특별한 방법으로 역사하신 결과라고 보아야 한다. 이 가운데 어떠한 체험이라도 나머지 체험과 전혀 별개로 보는 일은 불가능하다.

이번엔 방언을 한번 살펴보자. 한 사람은 방언으로 열정을 다해 찬양하거나 고뇌에 찬 기도를 드렸고, 다른 사람은 자신의 모국어로 기도했다. 그렇다면 두 사람의 마음이 본질적으로 다른가? 리차드 베어(Richard Baer)는 "방언으로 말하는 것과 우리가 보편적으로 경건한 방식이라 생각하는 퀘이커 교도의 조용한 예배와 가톨릭교회와 성공회의 예배 사이에는 기능상으로 본질적인 유사점"이 있다고 말한다. 세 경우 모두 분석적인 이성은 잠시 쉬고 인격의 깊은 곳에서 하나님께 자신의 영혼을 맡기게 된다는 것이다.[22] 이런 견해가 잘못되었는가?

이제 성경의 하나님이 우리를 어떻게 보시고, 성경에 나오는 그분의 말씀이 우리 삶의 정황에 어떻게 적용되는지, 성령께서 주시는 인식을 살펴보자. 한 사람은 그것을 예언이라 부르고 계시로 공포하는 반면, 다른 사람은 하나님이 자신과 다른 사람들에게 하신 말씀이라고 개인적으로 확신한다고 표현한다면, 두 경우는 심령에 역사하시는 하나님의 내적 역사에 대해서 어떠한 본질적인 차이가 있는가?

오직 은사주의자들만이 기도를 통해 육신의 치유를 구하고 찾으며 예수님의 이름으로 축사 사역에 성공하는가?

아무리 다른 사람들이 영적 은사의 개념을 배우지 못했다 해도 오로지 은사주의자들만이 사랑으로 서로를 보살피는가?

나는 실제로 은사주의자들과 비(非)은사주의자들의 차이점은 용어, 자아상, 어울리는 집단, 읽는 책과 저널에 있을 뿐이지 성령을 통해 성부와 성자 하나님과 교제하는 실제 내용이 다른 것은 아니라고 생각한다. 은사주의자들의 체험은 그들이 주장하는 것만큼 독특하지 않은 경우가 많다.

6 — 은사 체험에 대한 해석

성령의
진로
그리기
4

신학적으로 재정리할 필요성

우리는 이제 핵심적인 질문으로 넘어가게 되었다. 사실 이제까지는 이 질문으로 가기 위해 길을 터 온 셈이다. 우리는 어떤 용어로 은사주의에서 말하는 특징적인 체험을 신학적으로 정리, 다시 말해 하나님의 관점에서 설명해야 할까? 은사주의자들이 다른 그리스도인들을 능가하는 영적인 체험을 한다고 공언하는 이때에, 우리는 성령께서 그들의 삶에서 무슨 일을 하고 계시다고 받아들여야 하는가? 이 질문이야말로 사실상 은사회복운동이 제기하는 핵심적인 질문이다.

그런데 나는 이 운동의 중심에 있는 은사주의자들의 확신과 그들의 윤리적인 열매를 근거로, 하나님이 그 안에 계시다고 결론지었으며, '은사주의'와 '비은사주의'의 영성 사이에는 종종 지적하는 사실보다 유사점이 더 많다고 판정해 버렸다. 때문에 다른 경우라면 더 쉽게 대답할 수도 있었을 이 질문을 훨씬 어렵게 만들어 버린 셈이다. 은사회복운동에서 나타나는 전형적인 영적 체험이 그리스도와 상관이 없고 교만하며 냉랭하다면, 성령이 주신 체험이라고 생각할 하등의 이유가 없을 뿐 아니라 지금 우리가 제기하는 문제도 생겨나지 않았을 것이다. 하지만 실상 이것은 회피할 수 없는 심각한 질문이다. 우리는 이 운동이 나름대로 자신들의 독특성을 주장하기 위하여 채택하는 신학이 성경과 차이가 많이 난다는 사실부터 직시해야 한다.

이런 사실이 진정한 기독교적 체험을 회복시키는 세력이라고 자칭하는 이 운동에 어떤 문제를 야기할지는 자명하다. 우선 **체험**이란 단어 자체가 의미를 포착하기 어렵다. 게다가 불완전하게 성화한 죄인들이 겪는 **체험**(독특한 생각이나 느낌의 상태)에는 황금과 더불어 찌꺼기도 섞일 수밖에 없다. 따라서 어떤 종류든 간에 그러한 **체험**을 했다는 사실만으로 하나님께서 은혜의 사역을 심화시키기 위해 그 체험을 보내셨다고 저절로 입증되지는 않는다. 그리스도인이 체험을 한다고 해서 그 체험이 무조건 기독교적 체험이라고는 말할 수 없기 때문이다.

어떤 체험이 하나님이 주신 은혜의 선물이라면 성경에 비추어 시험해 볼 때 그 체험이 하나님에 대해 계시한 진리와, 피조물, 죄인, 은혜 받은 자, 신자, 양자, 충성된 종 등 그분과 우리가 맺은 관계에 대해 계시한 진리를 더 분명히 깨닫게 해 주어야 한다. 우리는 이러한 시금석으로 은사주의자들의 체험을 달아 보고 부족함이 없다는 판정을 내렸다. 그 체험을 가리키며 성경적으로 잘못된 믿음을 입증하고 있다고 주장한다면—그렇게 주장하는 사람들이 많다—우리는 두 가지 경우 중 한쪽을 선택할 수밖에 없다. 결국 그러한 체험들은 기만적이며 사탄에게서 나온 사악한 체험이겠거니 하고 배척해 버리거나, 아니면 이 체험들을 신학적으로 재정리해서 이런 체험들이 실제로 입증하고 지지해 주는 진실이 은사주의자들의 생각과 다르다는 사실을 보여 주어야 한다. 이제 우리는 주류를 이루는 은사주의자들의 증언에 대해서만큼은 둘 중 하나를 선택해야 한다.

어떤 사람들은 은사주의자들의 체험에서 드러난 명백한 잘못들을 주목해서 첫번째를 선택했다. 그리고 신도들을 미혹하는 위험한 운동으로 간주해 버렸다. 은사주의자들이 때로는(항상 그렇지는 않다) 행복에 겨워 우쭐대며 잘못된 주장들을 해 대고 성경에 대해 무지할 뿐 아니라, 은사주의를 대변하는 너무나 많은 사람들 역시 진리의 문제에 대해서는 걱정스러울 만큼 무관심해 보인다는 점을 생각하면, 그 사람들만 나무랄 수도 없는 노릇이다. 나도 솔직히 대다수 사람들처럼 이 운동의 그런 특징들이 걱정스럽다. 그렇지만 은사주의자들의 체험에서 하나님의 손길을 찾을 수 있다고 생각하기 때문에, 나는 과감하게 두번째 노선, 즉 신학적으로 재정리하는 쪽을 택했다. 내가 얼마나 성공할지에 대한 판단은 독자들의 몫이다.

이제 '은사 체험'에 대한 오순절교단의 전통적인 설명을 잠깐 살펴보겠다. 이러한 입장은 독일을 제외한 거의 모든 지역의 개신교 은사주의자들이 대부분 받아들이고 있다. 앞에서 **회복주의**라고 불렸던 이 견해는, 사도행전 2장에서 묘사한 사도들의 오순절 체험과 고린도전서 12장부터 14장에서 묘사한 고린도 교인들의 체험을, 오늘날 그리스도인의 공통된 표준이요 이상이며 목표로 만들어 버린다. 이 견해의 핵심은 성령세례가 회심과 동시에 겪기도 하지만 보통은 회심 이후에 겪는 체험이며, 이 체험을 통해 성령을 온전히 받아 그리스도를 증거하고 섬길 만큼 충만한 능력을 받게 된다고 보는 데 있다.[1] 그리스도인은 성령세례를 받기 전까지는 하나님이 마련해 둔 핵심적인 자원이 결여되어 있다. 그러므로 그는 반드시 그것을 얻을 때까지 이러한 체험을 추구해야 한다.[2] 성령세례를 통해 증거하고 섬기는 일에 필요한 능력을 받게 되면, 그에게는 방언의 은사도 나타나 성령세례를 받은 사실에 대한 외적 표시가 되는 것이 일반적이다. 실제로 항상 그렇다고 하는 사람도 있다. 오직 '성령세례'라고 정리한 그 체험을 거쳐야만 '온전한 성령'(이 이상한 표현을 어떻게 해석하든 간에)을 받을 수 있으므로, 그러한 체험이 그리스도인이 되는 과정을 완성시켜 준다고 볼 수 있겠다. 이러한 견해는 영국성공회 고교회파에서 그리스도인이 되는 과정이 물세례를 받는 데서 시작해 견진성사(堅振聖事, 가톨릭과 성공회에서 이르는 칠성사(七聖事)의 하나-옮긴이)에서 성령을 받음으로 완성된다[3]고 생각해 온 것과 같은 논리구조를 갖고 있다.

최근에 제임스 던(James D. G. Dunn), 브루너(F. D. Bruner), 존 스토트, 후크마(A. A. Hoekema)[4]가 이 견해를 철저히 검토한 터라 우리가 여기서 자세히 따져 볼 필요는 없다. 지금으로선 첫째, 이 견해를 수용하면 틀림없이 비은사주의 기독교, 곧 회심 이후 성령세례를 구하거나 찾지 않는 기독교를 저급하다거나 이류라거나 핵심적인 무엇인가가 빠진 기독교라고 평가할 수밖에 없다는 점, 둘째, 이 견해를 가지고는 지금부터 등장하는 세 가지 질문처럼 성경에 근거한 반대 질문들에 대해 일관성 있게 답할 수 없기 때문에, 이 견해를 성경 속에서 입증해 낼 수 없다는 점만 말해 두자.

성령세례의 신학

"우리가 유대인이나 헬라인이나 종이나 자유자나 다 한 성령으로 세례를 받아 한 몸이 되었고 또 다 한 성령을 마시게 하셨느니라"(고전 12:13)는 이른바 '회심으로 그리스도께 들어가는 과정' 중에서 그리스도인의 생명이 시작되는 '회심'을 가리키며, 그러니까 바울에 따르면 그리스도인이라면 모두 성령으로 세례를 받는다는 결론이 나온다. 과연 이 사실을 부정할 때, 설득력을 얻을 수 있는가? 그럴 수 없음이 분명하다.

　이 결론을 받아들이고 싶지 않다면, 여기서 바울은 다른 서신서에는 언급한 적이 없는 '두번째 축복'을 말하고 있으며, 바울 자신과 고린도 교인들은 모두 이 두번째 축복을 받았지만 오늘날 일부 그리스도인들은 받지 못했다고 생각할 수밖에 없다. 토리 목사가 이렇게 주장하여 많은 영향을 끼친 적이 있다.[5] 하지만 첫째, 이러한 대안은 바울이 은사를 많이 받은 고린도 교인들을 가리켜 그리스도 안에서 영적인 아기여서 아직 밥도 먹을 수 없다고 묘사한 것(고전 3:1-3)과 모순된다. 둘째, 이 대안을 따르자면 '두번째 축복'을 받지 못한 그리스도인은 그리스도의 한 몸에 속하지 않는다고 하든지, 아니면 '한 몸으로'의 자연스런 의미를 무시하고 '안으로'(헬라어로 에이스[eis])를 자연스러운 의미와 동떨어진 '위해서'라든지 '유익하게 하고자' 등과 같이 해당 헬라어 단어와는 거의 무관하게 옮기지 않을 수 없다. 셋째, 때때로 그러하듯 후자의 노선을 택한다면 단어를 쓸데없이 헛갈리게 사용한다고 바울을 나무라는 꼴이 된다.[6] 자연스런 의미를 버리고 부자연스러운 의미를 택한 주석가들이, 언제나 자신들이 해설하고 있는 성경 저자가 의사전달을 불분명하고 혼란스럽게 한다고 말해 사실상 그를 모욕하는데, 이 경우가 바로 그런 경우이다. 바울이 이 본문에서 말하는 내용은(고전 12:12-27) 우리 모두가 그리스도께서 주시는 성령의 은사로 성령이 유지하시는 몸의 일부가 되었기에 우리는 몸의 지체로서 사는 법을 배워야 한다는 뜻이다. 13절은 회심할 때에 성령을 받으면서 따라오는 결과를 가리킨다고 보는 해석이 가장 자연스럽다(롬 8:9). 13절이 두번째 축복을 가리킨다고 보려면 본문에 없는 의미를 추측해 내어야 하며, 본문에서는 그런 내용을 읽어낼 도리가 없다.

어떤 사람들은 고린도전서 12장 13절이 회심할 때 성령을 받는 것을 가리킨다는 사실은 받아들이되, 여기서 말하는 한 몸이 되게 하는 '성령에 의한 세례'가 그리스도께서 그 후에 주시는 성령과의, 또는 성령 안에서의 세례(막 1:8; 마 3:11; 눅 3:16; 요 1:33; 행 1:5, 11:16)와 다르다고 주장하기도 했다. 하지만 이 일곱 개 본문 모두에서 동일한 전치사(엔[en])가 사용되어 그리스도가 성령이라는 '요소'로 세례를 준다는 점을 밝히고 있기 때문에 그러한 구분은 언어학상 근거가 없다.[7]

회심한 뒤 내적으로 넓어지는 체험을 통해 유익을 얻는 사람들이 있고 앞으로도 분명히 그런 유익을 얻을 사람들이 생겨날 것이다. 하지만 그 체험이 바울이 말하는 성령세례는 아니다.

오순절 이후 사도행전의 기록에서는, 성령의 충만한 새 언약 사역에서 나타나는 성령의 은사가 당연히 믿음, 회개(누가는 복음에 대한 반응을 밝힐 때 두 단어를 번갈아 사용한다)와 함께 나타난다고 보는 입장을 부정한다고 할 때, 그것이 과연 설득력이 있는가? 그럴 수 없음이 분명하다.

베드로가 기독교 최초로 복음 증거를 마치면서 했던 말("너희가 회개하여 각각 예수 그리스도의 이름으로 세례를 받고 죄사함을 얻으라 그리하면 성령을 선물로 받으리니"[행 2:38])은 이런 사실을 분명히 밝혀 주고 있다. 누가가 사마리아 성의 '두 단계' 체험을 이상하다는 듯이 이야기하는 것(8:14-17)도 같은 사실을 말해 준다. 에베소의 제자들(19:2-6)도 성령을 받지 못한 상태에서 바울을 만나 성령을 받게 되었지만 그들의 경우에는, 고넬료가 베드로의 설교를 듣고 그리스도인이 되었던 것처럼(11:13) 바울을 만나기 전에는 그리스도인이 아니었던 것 같다. 그렇게 본다면 '두 단계' 체험은 사도행전 전체에서 한 번밖에 나오지 않는 이례적인 사건이라 할 수 있다. 베드로와 요한은 사마리아의 신자들 사이에서 오순절과 같은 현상이 없어서 이상하게 생각했다. 이런 사실은 누가의 이야기에서 분명히 드러난다. 베드로의 복음을 믿음으로 듣던 중에 오순절의 은사를 받았던 고넬료의 사례는, 믿음, 회개, 성령을 주심이 아주 밀접하게 연관되어 있음을 확증해 준다(이 점은 행 2:38에서 베드로가 단언한 말이다). 또한 하나님께 은사를 받을 때 그 핵심은 하나님께 마음을 바치는 데 있지, 이것을 의식(儀式)으로 표현한 물세례에 있지 않다는 점을 보여 준다(베드로는 2:38에서 이 점을 보여 주지 못했다).[8]

사마리아 성에서 회심과 성령의 은사가 분리되어 나타난 이유는 무엇이었을까? 하나님께서 '성령의 나타남'(누가의 용어에서는 단순히 '성령')을 잠시 유보해 두셨다가 사도들을 통해 은사를 주심으로 사마리아인과 유대인의 분열이 교회에까지 들어오지 못하게 하려고 배려하셨다는 추측(추측일 뿐이지만)은 하나님께도 영광이 되고 이치에도 맞는 듯하다. 성령의 은사는 사마리아인들이 유대인들과 똑같이 그리스도를 통해 축복을 받고 있다는 사실을 증명해 보였다. 또한 하나님께서 그리스도의 사도들을 통해 성령의 은사를 주심으로, 사마리아인이나 유대인이나 할 것 없이 모든 그리스도인들은 유대인 사도들에게 부여하신 지도력과 권위를 인정해야 한다는 것을 보여 주었다. 히브리서 2장 4절은 카리스마타가 사도들이 전하는 복음이 진리임을 뒷받침해 주었다고 언급한다. 신약성경이 말하는 그러한 성령의 은사들은 모두 사도들의 사역과 연관이 있었다. 물론 지금 한 말이 사도들의 사역과 관련하지 않고는 결코 은사들이 없었다거나 지금 현재 없다는 증거는 아니다.

누가의 말처럼 예수님의 첫번째 제자들이 먼저 믿고, 이후에 성령 세례를 받는 '두 단계' 체험을 했던 유일한 이유는, 성령의 새 언약 사역이 시작된 때가 굳이 오순절 아침 9시였던 것과 마찬가지로 하나님의 섭리였으며, 따라서 그들의 '두 단계' 체험은 독특할 뿐이지 결코 우리에게 표준은 아니라는 판단을 부정한다면 과연 설득력이 있는가? 이 점 또한 분명하다.

성결 교사들(토리 등)의 해석과 마찬가지로, 그들을 따르는 오순절파와 은사주의자들도 사도행전 2장을 해석할 때 흔히 이런 사실을 놓치지만 사도들의 체험이 갖는 독특한 위치는 너무나 명백하다. 오순절 사건을 예수님의 약속과 요엘의 예언이 성취된 표증이라고 보는 누가의 신학(1:4, 5, 2:17-21)과 사도행전 전체의 요지를 볼 때, 사도들의 체험이 갖는 독특성에는 논란의 여지가 없다. 누가는 분명 예수님의 승천에 이어 어떻게 성령의 시대가 시작되었으며, 어떻게 성령의 능력으로 복음이 예루살렘에서부터 로마 제국의 수도까지 달려갔는지를 말하기 위해서 사도행전을 저술하였다. 그가 특별한 사건들, 예를 들면 오순절 사건, 에티오피아 내시, 바울, 고넬료, 루디아, 간수의 회심, 아나니아와 삽비라가 이중성이 드러나 심장마비로 죽은 일, 마술사 시몬이 창피를 당하고 박수 엘루마가 눈이 먼 일, 스데반과 고넬료와 베드로와 바울의 환상 등을 기록한 이유는 복음이 로마까지 가는 길에 있었던 이정표들을 밝히고자 했을 뿐이었다. 하나님이 일하시는 방법을 보여 주는 모형이나 패러다임으로 삼으라는 뜻은 아니었다. 만약 누가가 후대의 독자들 가운데 이런 문제들에 대해 자신을 곡해하는 사람들이 있을지도 모른다고 예견했더라면 아마도 기겁을 하고 괴로워했을 것이다. 누가의 이야기는 모든 그리스도인이 거쳐야 할 체험의 단계에 대한 교훈이 아니라, '교회와 교회의 사명의 본질에 대한 객관적인 교훈'이기 때문이다.[9]

오순절파와 은사주의자들은 오순절에 사도들이 기도한 다음 성령을 받고 방언을 하는 그리스도인의 제2단계 체험으로 들어간 일이, 사도행전에 모든 신자들이 따를 표준으로 계시되어 있다고 주장한다. 하지만 그에 반해 우리는 이렇게 말해야 한다. 첫째, 사도행전 어디에도 그런 기록이나 암시는 없다. 둘째, 그런 주장은 일관성이 없다. 만약 방언으로 말하는 일이 보편적인 유형의 일부라면 급하고 강한 바람 같은 소리는 왜 보편적인 유형이 아닌가? 셋째, 성령과 방언을 함께 받는 다른 사례에서는(8:18에서 사마리아인들에게는 아마도, 10:46과 19:6에서 고넬료 집안 사람들과 에베소의 제자들에게는 확실히) 그 은사들이 사도들을 통해서 임하였지만, 그들은 성령과 방언을 구하거나 기도하거나 '기다리지' 않았다. 넷째, '성령의 나타남'이 집단 전체에 일어난 네 경우 모두 성령이 집단 내에서 구하지 않는 사람들은 배제하고 구하는 사람들에게만 나타났던 것은 아니었다. 다섯째, 사도행전 4장 8,31절, 6장 3,5절, 7장 55절, 9장 17절, 11장 24절, 13장 9,52절은 성령이 충만하거나 성령으로 채워지는 사람들에 대해 말한다. 하지만 명시적이건 암시적이건 간에 방언에 대한 언급은 없다. 방언이 없는 성령충만이 그 당시 어떤 사람들의 몫이었다면 오늘날에도 하나님이 그런 길을 허락하시는 사람들이 있을 수 있다. 여섯째, 이야기를 하는 방식에서 유추해 볼 때 누가는 네 차례의 '성령의 나타남'을 하나님이 전혀 다른 네 부류의 사람들 곧 유대인, 사마리아인, 이방인, 요한의 제자들을 새로운 사회 안으로 동등하게 받아들이셨다는 증거라고 이해했던 것 같다. 이러한 성령의 나타남이 사도 시대에 더 있었는지 그 여부는 알 수 없다. 하지만 그리스도 안에서 동등하다는 교훈을 이미 이해한 상황에서, 아무런 증거도 없이 성령의 나타남이 당연히 있었다고 생각할 필요는 없을 것이다.

오순절주의의 주장이 성립되기 위해서는 사도행전에서 읽어 낼 수 없는 많은 사실들을 추측해 낼 수밖에 없다는 것은 분명한 사실이다.

이제 방언에 대한 두 가지 반대 질문이 더 있다.

바울이 "다 방언을 말하는 자겠느냐?"(고전 12:30)라고 썼을 때, 그가 '아니오'라는 대답을 기대했다는 사실을 어떻게 부정할 수 있겠는가? 그 부정이 과연 설득력을 얻을 수 있는가? 이번에도 분명히 그럴 수는 없다.

구오순절주의자들은 방언을, 저절로 나타나서 성령세례를 증거하는 보편적인 방언과 맑은 정신에서 통제가 가능하며 일부 사람들에게만 임해서 지속하는 은사로서의 방언으로 구분했다. 이 견해는 '하나님의성회근본진리성명'(the Statement of Fundamental Truth of the Assemblies of God)의 여덟번째 단락에 나오는 난해했을 법한 문장의 요점이다. "성령 안에서의 세례에 대한 증거…… 이런 경우 방언으로 말할 때 본질적으로는 방언의 은사와 같지만(고전 12:4-10, 28) 의도와 용도에서는 다르다." 은사주의자들 대부분은 방언을 성령세례의 보편적인 표시라고 본다는 점에서는 대부분의 오순절파와 일치한다. 하지만 그들은 거기서 더 나아가 방언을 경건의 도구로서 높이 평가하고, 성령세례를 받은 그리스도인들이 모두 규칙적으로 방언기도를 하리라고 기대한다. 사실 방언이 기독교 전체에서 은사주의운동의 상징이며 은사주의자들 전체가 그 점을 행복하게 생각하고 있다는 것은 틀림없는 사실이다. 하지만 방언이 성령충만한 사람들 사이에서 통례가 되어야 한다고 기대함으로써 그들의 회복주의는 오순절파 교회의 회복주의와 달리 바울과는 전혀 다른 주장을 한다. 이 부분이 다음 질문의 요점이다.

은사주의자들이 말하는 방언은 습득한 기술과 기법일 때가 많고 언어 구조가 없으며 주로 개인적으로 사용해야 한다고 주장하며, 또 그렇게 사용한다. 고린도전서 12장부터 14장에서는 방언을 공적인 용도로 사용하고 믿지 않는 자들을 위한 '표적'(스땅달은 '그들의 심판에 대한 부정적인 표적'이라고 설명했다[10])이며, 또한 바울은 의미를 전달하기 때문에 통역이 가능한 '언어로 생각했던' 것이다. 그렇다면 이 두 방언을 동등하게 다루는 것이 과연 설득력이 있는가?[11] 이러한 두 가지 방언의 현상을 동일시하는 주장이 설득력을 얻을 수 있는가? 분명히 아니다. 두 방언 모두 마음은 열매를 맺지 못한다(고전 14:14)는 부정적인 면에서는 유사성이 있을 수 있지만,[12] 대체적으로 일치하는 부분이 얼마나 될지는 아주 의심스럽다.

신약성경의 방언의 본질, 가치, 근원, 중단에 대해서 많은 부분이 애매하며 또 그런 채로 남아 있어야 마땅하다. 핵심 논점에 대해 다양한 해석이 생겨날 수 있으며, 방언에 대한 관련 구절을 다룰 때 최악의 실수는 자기 자신의 견해가 완벽하게 명료하거나 확실하다고 직간접적으로 주장하는 일이기 때문이다. 해당 본문들(행 2:4-11, 10:46, 11:17, 19:6; 고전 12-14장)은 그러기에는 너무 문제가 많다.

찰스 하지(Charles Hodge) 같은 일부 주석가들은 오순절의 방언과 고린도교회의 방언을 모두 언어의 은사(크세노랄리아[xenolalia], 크세노글로시아[xenoglossia])[13]라고 본다. 아브라함 카이퍼(Abraham Kuyper)를 포함한 다른 사람들은 두 방언 모두를 이해할 수 없는 소리(카이퍼는 방언이 우리가 천국에서 말하게 될 언어일지도 모른다고 추측했다)를 내는 것으로 보았다. 때문에 오순절의 기적("우리가 다 우리의 각 방언으로 하나님의 큰 일을 말함을 듣는도다"[행 2:11])은 말하는 데 있다기보다 기적적으로 듣는 데 있다고 주장했다(천국에 대한 카이퍼의 추측이 옳지 않다면 말이다. 그의 추측대로라면 두 가지 모두여야 하니까).[14] 카이퍼의 추측과 의견을 같이하는 관점 중에는 바울이 기독교의 방언을 "천사의 말"(고전 13:1), 즉 인간의 언어와 구별된 천사의 언어로 보았다는 견해가 있다. 이 견해는 지금도 종종 접할 수 있으며, 고린도전서 12장부터 14장을 논의할 때 제안되는 다른 많은 견해와 마찬가지로 불가능한 견해는 아니다. 하지만 13장 1절에 나오는 바울의 말은, 단순히 '내가 방언을 얼마나 멋지게 사용한다 해도' 정도를 의미하는 과장법으로 보아도 충분히 설명이 가능하다. 칼뱅을 포함한 대부분의 사람들은 오순절의 방언이 사람의 언어였고 고린도교회의 방언은 그렇지 않았다고 생각하지만, 여기에 이의가 없는 것은 아니다. 모든 주장에는 논란의 여지가 분명히 있다. 그래서 후크마의 말이 옳다. "이 문제에 대해 최종적인 판단을 내릴 수 있는 가능성은 대단히 희박해 보인다."[15]

의견이 분분한 또 다른 주제는 첫째, 고린도전서 14장 5절에 나오는 바울의 '텔로'(thelo, 원하다)가 고린도 교인들에게 방언을 사용하지 말라고 할 수는 없으니까 듣기 좋으라고 한 말에 불과한지, 아니면 바울이 정말 고린도 교인들이 방언으로 말하기를 적극적으로 원한다는 말인지 하는 문제와 둘째, 바울이 자신이 다른 모든 사람보다 방언을 더 많이 하기 때문에 하나님께 감사한다고 기록한 이유(14:18)가 무엇인지 하는 문제이다. 그는 방언이 자신의 사역과 헌신을 풍성하게 했다고 증언하기를 원했는가, 아니면 단순히 18절을 지렛대로 삼아 그 다음 구절에서 절제의 필요성을 말하고자 했던 것인가? 여기서도 여러가지 관점이 가능하다.

관점이 다양한 또 다른 주제로는, 바울이 "온전한 것"이 오면 방언이 그칠 것이라고 말했을 때(13:10) 그 "온전한 것"이 무엇을 의미하는가 하는 문제이다. 사랑 안에서 성숙함인지[16] 신약성경의 저술이 끝나 확고한 진리 위에 서게 된 교회의 상태를 말하는지[17] 아니면 주님께서 오시면 그리스도인들이 누릴 천국의 생활인지(대다수는 이렇게 본다) 의견이 분분하다. 두번째 견해에 따르면, 방언의 은사란 1세기가 끝나기 전에 거두어졌다는 결론이 나오고, 첫번째와 세번째 견해는 그 질문에 대답을 보류한다. 마치 표적 은사가 정말 사도들의 사역과 별도로 주어지느냐 하는 질문에 대한 답을 궁극적으로 보류해야 하는 것처럼.

하지만 다음 한 가지는 분명하다. 바울은 고린도전서 13, 14장 내내 방언의 공적인 용도를 검토하고 있으며, 그가 방언에 대해 말한 내용 중에는, 개인적인 용도로서 방언을 가리킨다고 봐야 하거나 그런 해석이 자연스러운 예는 없다는 사실이다. 은사주의자들은 종종 "방언을 말하는 자는 자기의 덕을 세우고"(14:4), "내가 너희 모든 사람보다 방언을 더 말하므로"(18)를 개인적인 방언기도라는 관점에서 설명한다. 하지만 이러한 설명은 성서해석학적으로 볼 때, 증명할 수도 없거니와 사실상 개연성도 낮은 추측에 불과하다. 그러한 설명은 은사주의자 자신들의 체험에다 1세기의 체험을 끼워 맞추는 근거 없는 작업을 포함한다('바울과 고린도 교인들이 틀림없이 우리와 같았을 것이다'). 더욱 믿기 어려운 사실은 바울이 4절에서 방언하는 사람들이 자신들이 무슨 말을 하고 있는지 모른다 해도 여전히 그들의 덕을 세울 것이라고 말해 놓고, 5절에 가서는 방언으로 말하는 사람들의 방언을 듣는 교회가 그들이 무슨 말을 하고 있는지 이해하지 못하면 덕을 세우지 못한다고 주장한다는 점이다.[18] 하지만 4절에서 바울이 스스로의 방언을 이해하는 방언 사용자들을 염두에 두고 있다면, 자신이 하는 방언을 이해하지 못한다고 자인하는 오늘날의 은사주의자들은 바울의 말에서 격려를 받을 수는 없을 것이다. 그리고 이 구절들이 개인적인 방언을 다루고 있다는 가정은, 사적인 방언과 무관한 바울의 사고 흐름을 볼 때 결코 뒷받침될 수 없는 가정이다. 이런 식의 가정을 본문에서 추측해 낼 수는 있으며, 그런 식으로 12장부터 14장에서 다른 것들도 많이 추측해 낼 수 있을지도 모른다. 하지만 정작 이 본문에서는 읽어 낼 수 없는 가정인 것이다.

언어학자들과 사회학자들, 의사들, 심리학자들, 그리고 목회자들은 현장에서, 오순절파 교회에서 지난 2세기에 걸쳐 사용했던 방언[19]과 오늘날 수백만 은사주의자들이 하는 방언에 대해서 꽤 철저하게 연구했다.[20] 그러한 연구가 가진 나름의 위험요소는 방언이라는 현상이 온갖 부류의 사람들에게 널리 퍼져 있기 때문에 전형적이지 않은 사례로부터 일반화시킬 위험이 높다는 점이다. 또한 일부 학자들은 방언을 불안하게 여기거나 심지어는 겁을 낸 나머지 거기에 빠지지 않으려는 편견이 생기거나 판단이 흐려진다는 것 또한 확실하다.[21] 어쨌든 이견이 없는 건 아니지만, 오늘날 방언을 연구하는 사람들 사이에는 다음의 논점으로 의견이 모아져 가고 있는 것만은 분명한 듯하다.

첫째, 방언기도하는 사람들의 믿음과 달리, 방언은 자기표현과 의사전달이기는 하지만 일반적인 의미에서 언어는 아니다. 그리고 아무리 프로이트 이론가들이 우려하거나 겁먹었다 해도, 방언은 스트레스나 억압 또는 정신질환을 초래하는 일종의 정신과 신체기능의 분열이 낳은 산물도 아니다. 방언은 자기 뜻대로 내는 소리인데, 하나님께 집중하는 중에 혀가 지성과는 별도로 본인의 기분에 따라 움직여 그 모습이 마치 어린이들의 옹알이나 고(故) 루이 암스트롱의 재즈 스캣[22], 알프스의 요들송, 그리고 샤워나 목욕하면서 목소리를 떠는 일에 비유할 수 있을 것이다. 데니스 베넛(Dennis Bennett)은 미국성공회에서 은사회복운동의 창시자였는데, 실제로 그는 아이들의 옹알이와 방언의 은사를 동일시했다. 또한 이 사실을 근거로 "어릴 때부터 죽

방언으로 말해 왔지만 그것을 깨닫지 못했던 사람들을 찾기는 어렵지 않다"라고 주장한다. 이 주장이 방언이 성령께서 주신 회심의 결과라는 베넛의 확신과 어떻게 조화를 이루는지는 확실하지 않다. 하지만 베넛의 그 말은 그 자신과 그가 사역하는 사람들에게 있는 방언을 어떤 종류라고 생각하는지 이해하는 데는 큰 도움이 된다.[23] 방언은 특별한 심리유형만이 가진 특권도 아니고 그렇다고 어떤 특정한 외적 상황이나 압력의 부산물도 아니다.

둘째, 종종 한 개인의 삶에서 자기도 모르게 시작되고 그것과 함께 감정적인 흥분이 따라오기도 하고 그렇지 않기도 하지만, 방언 사용법에 대한 교육은 계속된다. 이를테면 턱과 혀의 힘을 빼라, 무의미한 음절을 발성하라, 하나님께 드리는 찬양을 하되 언어가 아닌 소리를 내라 등등의 가르침을 통해 실제로 습득하게 된다. 사실 방언은 하려고 하면 보통 어려운 일이 아니다.

셋째, 이전 연구자들은 방언을 신경증, 정신병, 히스테리 또는 최면 상태, 정신착란이나 보상심리, 감정결핍, 억압이나 욕구불만 같은 칙칙한 개념으로 보았다. 하지만 그런 입장과는 반대로 방언은 불균형, 심적 불안, 또는 이전의 물리적 외상(外傷)이 있는 사람에게만 나타나는 현상이 아니다.[24] 다만 방언이 그런 피해를 겪은 사람들에게 일어날 수 있고 또 실제로 일어나는 이유는, 방언이 종종 실제로 그들에게 도움이 되기 때문이다.[25] 하지만 상당히 많은 방언 사용자들이 정신건강 상태가 최소한 평균 이상이며, 그들은 방언이 하나님 앞에서 일종의 고상한 즐거움이라는 사실을 발견했다.

넷째, 방언을 구하고 사용하는 일은 하나님과 더욱 친밀한 교제를 추구하는 과정의 일부이다. 실제로 방언은 긴장완화, 일종의 내적 활기, 그리고 하나님의 임재와 축복에 대한 의식 강화를 가져오는 등 의식의 차원에서도 큰 도움이 된다.

테일러는 방언이 모든 부분에서 그리스도인을 더욱 깨어 있게 해준다고 증거한다. "내게 방언에 대한 자신들의 체험을 묘사해 준 거의 모든 사람들은 이 은사가 하나님과 예수 그리스도, 주위 세계, 그리고 특별히 다른 사람들의 느낌, 말, 필요에 대해 훨씬 더 생생하게 인식하게 해 주었다는 점을 강조한다."[26]

다섯째, 방언은 그러한 신성한 실재에 대한 인식에 초점을 맞추고 또 그것을 강화시킨다. 따라서 방언은 흠모의 감정을 표현하는 자연스러운 수단이다. 때문에 은사주의자들이 '기도언어'라 부른다 해서 전혀 생소할 게 없다. 개념을 표현하는 언어의 형태는 아니지만, 심령의 소리인 방언은 다른 종교에서와 마찬가지로 기독교에서도 항상 무엇인가를 '말한다'. 즉 자신이 루돌프 오토(Rudolf Otto)가 '거룩한' 또는 '신성한'이라 불렀으며, 이제 사회학자들과 인류학자들이 일반적으로 '성스러움'이라고 부르는 대상과 의식적으로 관계되어 있거나 거기에 직접 반응한다는 사실을 밝힌다는 뜻이다.

여섯째, 보통 방언을 구하고 찾고 사용하는 사람들은 방언으로 말하는 공동체를 영적으로 '특별하다'고 본다. 따라서 그 공동체 전체의 체험에 완전히 참여하고 싶어한다.

이상의 논점은 생각을 언어로 표현하는 능력이 우리 모두에게 주시는 하나님의 훌륭한 선물이듯이, 방언이 적어도 일부 사람들에게는 하나님의 훌륭한 선물이라는 점을 보여 준다. 하지만 오늘날 방언을 구사하는 사람들이 자신들의 방언을 주로 개인적인 용도로 보고 자신들이 방언할 때 무슨 말을 하는지 모르는 반면, 바울이 말하는 방언은 공적으로 사용하고 통역을 통해 회중에게 전하며 방언하는 사람이 자기 방언의 의미를 어느 정도 알고 있다. 그러기에 회복주의의 말처럼 그 두 방언이 동일하다고는 확신할 수 없다.

방언 통역

방언 통역만큼 불확실한 영역도 없는 듯하다. 통역이란 방언의 발성이 표현한(것이라고 주장되는) 메시지의 내용을 알리는 일을 의미한다. 회복주의는 우리에게 지금의 방언과 통역을 고린도교회에 있던 카리스마타와 같은 종류로 보라고 초청한다. '통역한다'에 해당하는 바울의 용어인 디에르메네오(*diermeneuō*, 고전 12:30, 14:5, 13, 27)는 이해가 안 되던 것을 설명한다는 뜻일 수도 있고(눅 24:27) 언어와 관련해서는, 당연히 말 속에 '이미' 담겨 있는 의미를 번역한다는 뜻일 수도 있다(행 9:36). 어쨌든 바울은 분명히 고린도 교인들의 방언이 번역이 가능한 의미를 전달하는 듯이 말한다(14:9-13). 그리고 오늘날의 방언 통역자들은 지금의 방언도 당연히 그러하다고 생각하며 자신들의 통역을 사실상의 번역이라고 제시한다.

하지만 실전으로 들어가면 문제가 복잡해진다. 통역이 자연스럽고 유창하고 대담한 것 못지않게 그 내용은 진부하고 모호하고 공허함이 드러난다. 그리고 기묘한 실수들이 저질러진다. 킬달(Kildahl)은 한 아프리카 언어로 드린 주기도문이 어떻게 재림에 대한 한 단어로 통역되었는지 말해 준다.[27] 내가 가르쳤던 에티오피아 사제는 어느 방언 집회에 갔었는데, 그 집회가 비공식적인 다중언어 찬양예배인 줄 잘못 알고 자신도 일어서서 콥트어(이집트 고래의 기독교인 콥트교회의 전례어-옮긴이) 예배의 전례어인 기에즈어(Ge' ez)로 시편 23편을 암송했고, 그의 말은 즉시 공적으로 통역이 되었다. 하지만 다음 날 그는 슬프고 당황한 목소리로 내게 "그건 모두 엉터리였어요" 하고 말해 주었다. 킬달이 들려주는 다른 이야기에서는, 같은 방언을 녹음해서 똑같이 들은 두 통역자 중 한 명은 그 방언을 '새로운 구직(求職)에 대한 인도하심'을 구하는 기도로 해석했고, 다른 사람은 '심각한 질병 후 최근에 건강을 회복한 데 대한 감사'라고 해석했다. 두 통역이 전혀 다르다고 말하자, 그 통역자는 주저 없이 당당하게 하나님이 한 통역자에게 이런 통역을 주셨고 다른 통역자에게 저런 통역을 주셨다고 말했다.[28] 그리고 자신의 경험에 따르면 '통역'은 마음에 즉시 주어진다고 말했다. 즉 방언이 끝난 직후 머리에 각인되는 생각을 그 방언에 대한 통역으로 받아들인다는 말이다. 그러한 주장은 하나님이 통역을 직접 하신다는 뜻이며, 그 견해와 비슷한 주장이 제기되는 예언의 은사와 마찬가지로 그 내용도 정정할 수가 없다. 왜냐하면 발설한 내용이 성경적으로 적법한 한 사실 여부를 확인할 재간이 없기 때문이다. 그리고 방언 통역자가 방언하는 사람에게 공감하거나 그 어조나 모임의 분위기에 잘 젖어 들면 얼마든지 적절하고 덕을 세울 수 있는 '통역'을 낳을 수 있음을 알 수 있다. 통역자가 성경지식을 잘 갖추고 있다면 그야말로 금상첨화일 것이다. 하지만 어떻게 그러한 통역을 방금 들은 방언의 의미를 직접 드러내어 모르는 언어에서 아는 언어로 번역한 것이라고 할 수 있는지는 더더욱 이해하기 어렵다.

나는 드러난 몇 가지 잘못을 근거로 모든 방언 통역을 기만적이라고 배척할 뜻은 없다. 그리고 방언 더하기 통역의 의식(儀式)이 만들어 내는 집단 유대감 자체가 가치 있다는 사마린(Samarin)의 주장에도 동의한다.[29] 하지만 우리가 여기서 바울이 기록한 통역의 은사가 회복되고 있다고 가정하는 일은 위험하기 그지없다. 증거가 정말 너무 불확실하기 때문이다.

후크마는 방언으로 말하는 일이 축복이라면 그 축복의 근원은 "방언 자체가 아니라 방언이 증거하고 있는 마음상태, 또는…… 방언하기 전에 나타나는 성령이 더욱 충만하게 임하시기를 간구하는 마음이다"[30]라고 제안한다. 후크마의 이러한 제안은 오늘날 유행하는 방언에 대한 주장, 즉 이성의 활동은 없지만 방언 자체가 저절로 덕을 세운다는 논지의 그 어떠한 주장보다 더 신뢰할 만한 것 같다. 통역이 성경에 있는 격려의 말씀을 제공해서 축복을 주면 그만이지 반드시 하나님이 주신 언어를 하나님이 주시는 해석대로 번역할 필요는 없지 않느냐는 말이다. 하지만 통역을 하나님이 주신 해석이라고 생각하는 사람들도 있다. 아마도 고린도교회의 통역이 그러했을 것이다.

이제 치유와 예언에 대하여 반대 질문들을 던져야 할 때다.

치유의 은사

은사주의의 치유 사역을 고린도전서 12장 28, 30절에서 언급한 치유의 은사와 동일시하는 일이 과연 설득력을 가질 수 있는가? 분명히 그렇지 않다.

사도 시대 교회들의 경우, 치유 은사의 본은 사도들의 치유 은사였으며 사도들은 예수님이 친히 행하신 치유 사역을 그들의 치유 은사에 대한 모델로 삼았다. 그 당시 예수님과 사도들은 직접 말씀하시거나(마 8:5-13, 9:6,7; 요 4:46-53; 행 9:34) 만져서(막 1:41, 5:25-34; 행 28:8) 치유를 했다. 그때는 치유가 그 즉시 일어났다(마 8:13; 막 5:29; 눅 6:10, 17:14; 요 5:9; 행 3:7. 딱 한 번 막 7:32-35에서 치유가 두 단계에 걸쳐 일어났지만 각각의 단계는 즉각적이었다). 신체의 결함(손이 마르거나 절름발이)이 치유되었고, 기능장애, 질병의 징후, 심신증(心身症)도 치유되었다(행 3:2-10; 눅 6:8-10; 요 9장). 그들은 죽은 지 여러 날이 지난 사람들을 살리기도 했다(눅 7:11-15, 8:49-55; 요 11:1-44; 행 9:36-41). 또한 대단히 많은 사람들을 치유했으며(눅 4:40, 7:21; 마 4:23,24; 행 5:12-16, 28:19), 그들이 치유하려고 시도했다가 실패했다는 기록은 전혀 없다. 딱 한 차례 제자들이 기도하지 않아서 예수님께서 넘겨받으셔야 했던 사례만 뺀다면(막 9:17-29). 더욱이 그들의 치유 사역은 환자를 완치시켰고 치유한 사람들이 다시 재발되었다는 암시는 어디에도 없다. 이제 우리 시대 오순절주의와 은사주의 치유자들의 사역과 하나님의 구체적인 부르심에 따라 병든 자들이 낫도록 기도했던 사람들의 사역을 두고 다른 어떤 주장이든 할 수 있지만, 성경에 나타난 예수님과 사도들이 행한 치유 사역과 같은 일을 해 온 사람은 아무도 없었다.

그러므로 우리는 간혹 그렇게 말하는 사람을 만나더라도 지금 은사주의자들이 사용하는 치유방법이, 바울이 고린도전서 12장 28절에서 말하고 있는 병 고치는 은사가 틀림없다고 단정해서는 안 될 듯하다. 사도 시대에 있었던 치유의 은사는 지금 은사주의자들이 보유한 듯한 은사보다 훨씬 위대했다. 오늘날 은사로 치유한다는 자들에 대해서는, 어느 순간에 어떤 면에서는 그들이 신약성경 시대의 치유 은사를 받은 자들처럼 병 고치는 능력을 받기도 한다. 그런 경우엔 하나님의 손길이 아직도 옛날의 능력을 갖고 계심을 확증해 주는 기회라고 말하는 것이 최상일 듯하다. 하지만 그렇다고 해서 그런 사람들의 사역 안에서 신약성경의 치유 은사가 다시 나타났다는 말은 절대 아니다.[31]

은사주의의 예언이 신약성경에 나오는 표적 은사의 회복이라고 설득력 있게 주장할 수 있는가? 물론 아니다.

예언이라는 말은 하나님의 메시지(라고 주장되는 것)를 받아 전달한다는 뜻이다. 예언은 은사주의자들 사이에서 계속해서 나타나는 특징이다. 은사주의자들이 예언에 대해 가지는 일반적인 믿음은 이러하다. 첫째, 예언은 하나님이 우리의 머릿속에 직접 계시해 주시는 생각이며 다른 방법으로는 그 생각을 알 수 없을 것이다. 둘째, 예언은 미래에 대한 하나님의 계획과 관련해서 구체적인 지시를 포함할 때도 많다. 셋째, 예언을 할 때는 구약성경에서 계시를 받을 때처럼 하나님이 직접 말씀하신다는 것을 나타내는 일인칭 '나'를 사용해야 적절하다. 넷째, 예언은 사도 시대 교회의 표적 은사였지만 중세 교부 시대로부터 20세기에 이르기까지 치유 등 다른 표적 은사들과 함께 교회에서 활동이 정지되어 있었다.

그러나 이 모두가 의심스러운 믿음이다.

첫째, 오순절에 베드로가 인용한 요엘의 예언은, 바로 성령의 시대에 대한 하나의 표시로서 보편적인 예언이었다(행 2:17-21). '예언한다'라고 할 때 모든 신자들이 예언하는 일에 참가할 수 있었으며, 또 그렇게 하도록 기대한 듯하다(행 19:6; 고전 14:1, 23-25). 그런데도 모든 그리스도인이 정당하게 선지자라 불리지는 못했던 것 같은데(고전 12:29), 그런 사람들은 아마도 예언 사역에 매우 뜸하게 참가했기 때문이었을 것이다. 하지만 원칙적으로 예언하는 일은 보편적인 그리스도인의 활동이다. 그래서 사도 시대에만 예언이 있었다든지 예언이 없었던 시대가 있었다고 생각해서는 안 된다. 따라서 우리는 대부분의 교회사에서 예언이 사라졌다고 가정하는 이론이라면 일단 의심해 볼 필요가 있다.

둘째, 그리스도 이전과 이후에 선지자들이 때때로 감동을 받아 미래에 대해 말한 적이 있지만(마 24:15; 행 11:28, 21:10, 11; 벧전 1:10-12; 계 1:3, 22:18), 예언 사역의 본질은 하나님의 백성에게 하나님이 지금 하시는 말씀을 분명히 전하는 일이었다. 그리고 이것은 통상 하나님이 계시하신 진리의 말씀을 적용한다는 뜻이지 거기다 다른 말을 더 한다는 뜻이 아니었다. 구약성경의 선지자들이 율법을 가르치고 순종할 때 받을 축복과 그렇지 않을 때 받을 저주를 상기시키면서 이스라엘 백성들에게 하나님의 언약을 되새김으로 순종을 촉구했듯이, 신약성경의 선지자들은 복음을 선포하고 믿음으로 사는 삶을 선포함으로써 회심시키고 덕을 세우고 격려했다(고전 14:3, 24, 25; 행 15:32). 바울은 고린도교회의 모든 교인들이 예외 없이 이 사역에 동참하기를 바랐다(고전 14:1, 5). 그래서 보통 예언적인 '계시'(고전 14:26, 30)는 일반적인 용어로서, 이전에 알려지지 않았거나 다른 식으로는 알 수 없었을 하나님의 생각과 의도를 드러내는 일이었다기보다는 이미 하나님이 계시한 진리에 대해 하나님이 주신 적용이었다고 생각하는 편이 자연스럽다. 따라서 같은 논리로 오늘날 성경의 가르침을 듣는 자들에게 제대로 성경의 진리를 적용시킨다면, 이 또한 오늘날의 예언이라 불러도 정당한 셈이다. 또 실제로 그러하다.

셋째, 그리스도인이 집회에서 예언할 때 "예언하는 자는 둘이나 셋이나 말하고 다른 이들은 분별할 것이요"(고전 14:29)라는 바울의 지시는, 신약성경에 나오는 예언의 은사도 그 메시지에 오류의 여지가 전혀 없지는 않으며, 내용을 수정할 정도까지는 아니라 해도 한계를 정해야 할지도 모른다는 사실을 보여 준다. 신약성경의 어떤 선지자도 일인칭을 사용해서 성부나 성자 하나님의 말씀을 직접 대언(代言)한 적이 없다. 데이빗 앳킨슨(David Atkinson)은 이렇게 말했다. "오늘날 은사주의 집회의 예언에서 일인칭 단수형을 빈번하게 사용하는 일은…… 예언의 본질이라기보다 그 안에서 나름대로 발전해 온 행동 습관으로 보이며…… 예언의 권위는 그 형식이 아니라 그 내용(에 있는 법)인데, 그러한 형식을 사용함으로 내용을 분별하기 더욱 어렵게 만든다."[32] 참으로 옳은 말이다. 적합한 표현과 일관성 있는 적절한 사상이 보증되지 않기 때문에 성경에 없는 예언의 말은 시험해 보아야만 한다. 다시 말해 분별력을 가지고 들어야 한다. "나 여호와가 말하노라" 하는 식의 직접화법으로 성경의 예언들이 주어졌으니까, 성경에 없어서 오류가 있을 수 있는 예언도 똑같이 교회에 직접화법으로 행해야 한다는 발상은 혼란이자 오류에 불과한 것 같다.

마지막으로, 은사주의 예언자들이 미래를 예측할 때 그러한 예언들이 하나님의 직접적인 선포인 양 일인칭 단수를 사용하는 것을 보고, 그래도 뭐가 있으니까 저렇게 자신 있게 일인칭으로 그런 말을 하겠거니 하고 넙죽 믿으면 실수하는 것이다. 우리는 구약성경에서 예언에 대해 영구적으로 적용가능한 척도를 찾을 수 있다. 예언이라고 내세우는 모든 주장은 일단 그 내용이 교리적으로 하자가 없는지 시험해야 하며(신 13:1-3) 진짜 예언인지 시험하기 위하여 그 예측들을 유심히 살펴 성취되는지를 주목해야 한다(신 18:22). 그러한 예측을 접할 때는 언제나 그 예측을 무조건 무시해서도 안 되며, 그렇다고 무턱대고 믿어 버려서도 안 된다. 하지만 행동규칙은 항상 하나님이 계시한 말씀과 그 말씀에 따라 삶을 정돈하는 지혜이어야 하며(신 29:29; 잠 1-9장), 우리는 자기 나름의 예언이라는 어쩌면 기만적인 예측에 끌려 다녀서는 안 된다. 이 점과 관련해서, 1979년에 하나님이 나를 밴쿠버로 데려오신 이유가, 내 생각처럼 책을 저술하기 위해서가 아니라 커다란 내분을 맞은 교회 교인들이 그 시기를 잘 넘길 수 있도록 인도하기 위해서라고 나에게 충심으로 예언해 준 한 은사주의자가 생각난다. 글쎄, 그 교회들은 지금도 1979년과 똑같은 상황인 듯하며, 나는 지금 여기 앉아 이 글을 쓰고 있다.

오랫동안 사라졌던 1세기의 은사가 지금 되살아났기 때문에 지난

18, 9세기 동안 있었던 다른 모든 기독교의 의사표현과 구별하기 위해 예언에 독특한 화법(話法)의 옷을 입혀야 한다고 가정하기보다, 예언은 교회가 시작된 이래 듣는 자들의 마음을 살피고 '집으로 돌아오라'고 촉구하는 모든 설교나 비공식적인 '메시지'에서 실제로 드러났다는 사실을 깨달아야 한다는 주장이야말로 합당한 결론이다.

예언은 언제나 그랬듯이 지금도 성경의 진리를 진정으로 설교하는 곳, 즉 강단에서건 비공식적인 자리에서건 해설하고 적용하는 곳이라면 언제 어디서나 현실로 나타난다. 하나님이 계시한 진리를 적용할 수 있도록 가르치는 일이 설교이며, 적용가능한 가르침이야말로 예언이라는 사실은 언제나 변함이 없다. 또한 과거와 현재, 미래의 다른 어떤 기독교 집단과 마찬가지로 오늘날의 은사주의자들 사이에도 그 점은 변함이 없다. 하나님께로부터 나왔음을 문법적으로 나타내는 일인칭 단수로 성경의 진리를 구체적인 상황과 사람들에게 즉흥적으로 적용하거나, 이미 일어난 일을 기념하고 미래에 일어날 일에 대한 기대를 선포하는 것은, 분명 하나님이 이 시대의 많은 사람들, 곧 말씀을 전하는 자나 받는 자 모두에게 축복으로 내리신 관행이다. 하지만 은사주의 내의 그러한 '예언'을 본질적으로 기존의 기독교 전통에서 접해 온 친숙하고 유서 깊은 격려나 경고와 다르게 여겨 신약성경의 표적 은사가 회복됐다고 본다면 부적절하다.[33]

'회복주의' 신학에 대한 평결

내가 제기한 일곱 가지 질문에서 핵심은 "설득력을 얻을 수 있는가"라는 말이었다. 은사주의가 이 모든 과감한 주장과 부정(否定)을 감행해 왔다는 사실이 관건이 아니다. 내가 진정 하고 싶은 말은, 은사주의의 입장을 유효하게 만들 만큼 설득력 있는 논증은 이제까지 없었으며, 앞으로도 없을 것이 너무나도 뻔하다는 사실이다.

분명히 은사주의자들 중에서도(다른 주장을 하는 그리스도인들에게서도) 하나님의 섭리와 성령의 나타남이 있었다. 그리고 그것들에는 사도들이 전파했던 그리스도의 복음이 진리임을 뒷받침해 주었던 기적, 치유, 방언, 그리고 방언의 통역에(좀더 의심스럽지만) 대응하는 측면이 있는 것도 사실이다(고후 12:12; 롬 15:15-19; 히 2:3, 4; 행 1-28장). 은사회복운동의 안팎을 막론하고 교회사 내내, 어떤 면에서는 오순절 성령강림에 대응하는 성령의 '두번째 축복'과 성령의 '기름 부음'이 있었다는 것도 틀림없는 사실이다.[34] 하지만 신약성경의 원형적인 은사들이 오랫동안 사라졌다가 이제 다시 옛날처럼 교회에 나타났다고 결론 내린다면, 이런 증거들 가운데 그 어떤 증거에서도 설득력을 얻을 수 없다.

1세기 이래 모든 기독교 전통에서 영적인 깊이를 더하는 일부 그리스도인의 체험을 사도들의 오순절 체험과 동일한 체험으로 느꼈을지도 모른다는 점을 부인할 필요는 없다. 하지만 신약성경에 따르면, 우리는 그러한 체험을 오순절 성령강림과 똑같은 체험으로 해석하거나, 종류를 막론하고 회심과 별개의 체험을 통해 새 언약 사역을 충만하게 행하시는 성령을 받는다고 해석해서는 안 된다는 데 유의해야 한다. 또한 하나님이 사도들의 사역이 끝난 후 표적 은사들을 거두신다는 사실이 그분께서 어떠한 경우에도 절대로 표적 은사들을 예전처럼 회복시키지 않으시겠다는 뜻인지에 대해서는 아마 정답도 없겠지만, 나름의 입장을 표명할 필요도 없다. 우리가 할 일이 있다면, 은사주의자들의 주장과 달리 사도 시대의 표적 은사들이 실제로 예전처럼 회복되지 않았다는 점을 알아차리는 일뿐이다. 간단히 말해, 은사 체험을 신학적으로 정리할 때 회복주의는 쓸 만한 것이 못 되며, 하나님이 이 운동 안에서 행하시는 일을 분별하기 원한다면 이 운동을 다른 관점에서 생각해야 마땅하다.

여기서 추가로 한마디만 더 해야겠다. 우리는 은사 체험을 평가할 때 집단의 신념이 집단의 기대감을 형성하고, 집단의 기대감이 개인의 체험을 형성한다는 사실을 기억해야 한다. 나름의 교사들과 문헌(文獻)이 있는 집단이라면 그 구성원의 생각과 체험에 소스라치게 놀랄 정도로 영향을 줄 수 있다. 구체적으로 말하자면, 사도행전 2장에 나오는 사도들의 체험을 본보기로 삼아 하나님과 그리스도 안에서 우리를 향한 하나님의 사랑과 능하게 하시는 능력(성령의 기름 부음)에 대한 인식이 깊어지고, 거기에 '방언'이 뒤따라야 한다고 믿어 버리면 이러한 체험을 추구하게 되고 결국 발견하게 될 것이다. 어떠한 체험에 일부 부정확한 개념이 따라다닌다고 해서 그 체험이 반드시 성령이 계시지 않은 기만적이고 만들어 낸 체험이라고 할 수는 없다. 우리가 계속해서 봐 왔듯이 하나님은 너무나 자비로우셔서 하나님을 구하는 사람들이 잘못된 개념을 가지고 있다 하더라도 그들을 축복하시기 때문이다. 하지만 그러한 체험은 기대가 빚어낸 체험이기에 마땅히 시험을 거쳐야 한다. 그리고 그 체험을 형성한 기대감 역시 하나님이 계시한 진리에 비추어 정당화할 수 있는지 보기 위해 따로 시험을 거쳐야 한다. 정리해 보면, 하나님께 특정한 양식의 메시지가 전해지기를 기대하면 기대한 대로 틀림없이 나타난다(성경에 등장하는 예언이 되살아났다는 생각이 성경적으로 정당화할 수 있느냐의 여부와는 무관하게). 그리고 매 경우마다 메시지 내용에 대한 시험은 그 메시지를 낳은 기대에 대한 평가와는 별개로 실행되어야 할 것이다.

나는 기대가 빚어낸 이러한 체험에는 영적인 실체가 없다는 식으로 말한 적이 한 번도 없다는 점을 반복해야겠다. 나는 이제까지 꼼꼼히 따져 볼 때, 그러한 기대를 형성시킨 근거가 되는 회복주의의 주장은 유지될 수 없으며 성령의 역사(役事)에 대해 다른 신학적 설명이 필요하다는 사실을 보여 주려 했을 뿐이다. 이 점은 이제 충분히 증명했다고 생각한다. 그러므로 다음으로 넘어가겠다.

대안(代案)신학

이제 나는 은사주의 체험을 신학화하기 위한 대안을 제안하려 한다. 그 제안은 비록 대략적이고 잠정적이겠지만 인간과 구원 그리고 성령에 대한 성경의 가르침과 일치한다고 생각한다. 그것은 또한 내가 앞에서 은사주의영성에 대해서 내렸던 대체로 긍정적인 평가와도 일치한다. 신학적으로 부적절하다 해서 은사주의영성 자체에 문제가 있다고는 말할 수 없다. 이러한 제안에 대한 서론 격으로 이제는 명백해졌을 몇 가지 사실을 먼저 지적하겠다.

은사주의운동은 교회의 다른 운동들과 마찬가지로 카멜레온 같은 면이 있다. 그래서 주위 여건이나 내부상황에 맞는 신학과 예배 색깔을 띠며, 이러한 요인이 바뀌면 색깔을 변화시킬 수도 있다. 은사주의운동이나 그 모태인 구오순절주의는 어디서나, 사도행전 2장에 나오는 제자들의 성령세례야말로 우리가 따라야 할 본보기라는 원칙에 기초한 일종의 회복주의 형태를 띠고 나타나기 시작했다. 하지만 이 운동이 항상 회복주의신학을 고수했던 것은 아니다. 여기에 어떤 차이점들이 있으며, 그런 차이점들이 왜 생겨났는지 살펴보는 일은 대단히 흥미롭다.

성결과 오순절주의 전통이 교단, 서적 그리고 교육기관에 강하게 남아 있는 미국에서는 대부분의 개신교 은사주의자들이 아직도 회복주의신학을 고수하고 있다. 적어도 그들이 쓴 글에 따르면 그러하다. 하지만 우리의 구원을 두 개의 '축복' 꾸러미로 나누어 주는 웨슬리식의 인간 중심주의 구원론보다 그리스도 안에서 누리는 온전한 구원을 강조하는 개혁주의 구원론이 더 많이 영향을 끼친 영국에서는, 많은 은사주의 지도자들이 '성령 안에서의 세례'가 '은혜의 두번째 역사'라는 교리를 포기했다. 대신에 성령(때때로 성령의 방출이라 불리는)의 더욱 충만한 체험으로 들어가는 일이, 그리스도와의 연합 안에 잠재된 축복이 개인에게 실현되는 일이라는 생각을 받아들였다. 루터교가 주류인 독일개신교 은사주의 지도자들 대다수도 이러한 노선을 따른다. 영어권 로마가톨릭 은사주의자들 또한 오순절주의의 성령세례 가르침에 반대하여 동일한 의견을 주장했다. 그들은 복음주의자들이 결코 동의할 수 없는 방식, 즉 물세례를 받을 때 성령의 객관적인 은사를 강조하는 방식을 취한다. 하지만 그들은 '하나님께 열린 자세'인 믿음은 방아쇠와 같은 위력이 있어서 믿음을 가지기만 하면 하나님은 피조물의 구원자이시기 때문에 활동하지 않으실 수 없게 된다는 아르미니우스주의의 견해는 피했다. 개신교 은사주의자들조차도 종종 그러한 견해에 빠져 들었는데도 말이다. 앞서 말한 대로 오늘날 은사주의 체험에 대해 신학적으로 설명하는 방식에는 여러 가지가 있다. 이제 우리는 앞 단락에서 암시했듯이 원래의 은사주의 가르침을 변경한 곳에서는 어떻게 바뀌었던 간에 '모(母)교회'의 기존 교리에 동화되기 위해서 변경시켰다는 점에 주목해야 한다. 은사주의자들은 다른 은사주의자들과 영적인 유대를 유지하면서 기독교계에서 자신들의 모태가 되었던 요소들과 신학적인 유대를 가지는 일에도 박차를 가하고 있다.

게다가 은사는 자연적이지 않은 현상임을 강조함으로써 개인의 삶에 역사하시는 하나님의 임재와 능력을 증거하는 은사의 중요성을 극대화시키던 이전의 **카리스마타**신학은, 이제는 좀더 '순리에 맞는' 설명으로 대치되고 있다. 이러한 설명은 초자연적인 것과 자연적인 것을 대립시키기 꺼려한다는 점에서 초기 회복주의자들과 다르다(이와 같이 은혜의 생활을 자연적인 현상과 단절되었다고 보는 슈퍼 초자연주의의 견해야말로, 초창기 오순절주의가 나머지 복음주의 세계에서 외톨이로 떨어져 나오게 만든 주범이었다. 슈퍼 초자연주의는 사람들에게 겁을 주기 때문에 어쩌면 당연한 결과인지도 모른다). 하지만 이제 은사주의자들은 점점 더 영적인 은사를 자연적인 능력이 성화(聖化)한 현상으로 보고 있다. 그런데도 오순절교회 교인들 중에서는 그런 사람들이 그리 많지 않다. 최초의 전통에 매여 있기 때문이다. 이미 보았듯이 베넷은 우리에게 어릴 때부터 방언으로 말해 왔으면서도 그 사실을 깨닫지 못하는 사람들이 있다고 알려 주려 했다. 따라서 신유(神癒)는 전인(全人)에 대한 교회의 정기적인 사역 중 하나인 자연스러운 요소로 설명되면서 점점 더 기존 체계 안으로 받아들여지고 있다. 이제는 이전처럼 일부 성령세례를 받은 개인들을 하나님으로부터 받은 특별하고 초자연적인 은사의 열매라고 부각시키지도 않는다.[35] 이런 식으로 강조한 결과, 은사주의사상은 기독교 전통의 주류와 더욱 조화를 이루게 되었다. 기독교는 전통적으로 은혜가 본성을 짓밟거나 파괴시키는 것이 아니라 본성을 회복하고 완전하게 하며, 우리의 근본적인 죄성은 제거하지만 합리적인 인간성마저 없애지는 않는다고 본다.

오늘날 모든 영역에서 은사주의자들은 10년 전처럼 다른 그리스도인들과 다르다고 느끼는 대신에 자신이 속한 교회와 유대감을 기르고 있다. 이전에 이 운동은 뭔가 비(非)은사주의적인 영성을 지닌 개인과 회중에 대해 암암리에 편협한 판단을 하는 경향이 있었지만, 이제 그러한 요소들은 거의 사라졌다. 지도부에서는 은사주의적인 생활방식으로 하나님을 섬기는 일이 긴요하고 유익하다고 추천하면서도 다른 형태의 경건을 비난하지는 않는다. 그리고 지도자들은 새로운 회심자들이 잘 적응하지 못해도 그들이 떠나온 곳에서 받은 상처와 환멸에 대한 반작용으로 극과 극을 오가는 반응을 보이는 일은 보편적인 문제이며, 여기에는 시간이 유일한 해결책이라는 사실을 알고 있다. 따라서 최근에 은사주의로 넘어온 사람들 중 일부가 계속 트집을 잡고 불화를 일으킨다 해도 그런 현상은 국지적이고 일시적인 문제로 보아야 옳다. 그런 소수의 사람들 때문에 수백만이 넘는 은사주의자들이 자신들이 속한 교회의 정체성을 심화시키기 위해 노력하고 있다는 사실을 보지 못해서는 안 된다.

나는 하나님이 '진짜' 은사주의자들의 삶과 그들의 체험을 통해서 하고 계신 일은, 본질적으로 모든 중생한 신자들의 삶 전체에서 하나님이 하고 계시는 일이라고 생각한다. 그 일은 바로 하나님께서 각자에게 있는 그리스도의 형상을 회복시키기 위해 일하심으로, 우리 속에서 신뢰, 사랑, 소망, 오래 참음, 헌신, 충성, 자기부인과 자신을 내어 줌, 순종과 기쁨 등과 같은 그리스도 안에 있는 자질을 점점 더 많이 드러나게 하는 일이다. 그렇다면 이제 나의 이러한 가설(假說)을 시험해 보자. 나는 앞에서 열두 가지 항목을 나열하면서 은사주의의 특징적인 강조점이 성경적이며 건강하고 꼭 필요하다고 적었다. 이것은 나의 가설을 아주 명확하게 지지해 준다. 또한 나는 회복주의의 논점 가운데 하나님이 신약성경의 특징적인 은사를 우리 시대의 표준으로 회복시키셨다(오순절과 같이 성령세례와 함께 방언, 통역, 치유, 예언의 은사)고 단언한 점이 잘못이라고 주장했다. 은사주의자들의 체험은 부분적으로 특이한 믿음에서 생겨난 특이한 기대감에서 형성되었기 때문에 괴상하고 뒤틀린 요소들이 있다. 이제 곧 드러나겠지만 나의 가설은 그런 사실을 인지하면서도 은사주의 체험이 갖는 핵심적이고 본질적인 요소의 가치를 옹호하리라 믿는다. 이제 나의 가설을 설명해 보자. 이 가설은 한편으로는 체험이라는 사실로, 다른 한편으로는 성경으로 시험해 보아야 한다. 이 가설은 사실에 부합해야지 주의를 기울일 가치가 있으며, 성경과 일치해야만 받아들일 수 있을 것이다. 앞에서 말한 대로 판단은 어디까지나 독자들의 몫이다.

신약성경에 나오는 개념들은 하나님이 가르쳐 주신 것들이기에 현실을 그대로 반영한다. 즉, 하나님이 보시고 아시는 대로 사물의 진리와 실재를 표현한 것이다. 나아가 그리스도를 본받는 온전함은 다른 그리스도인들에게와 마찬가지로 은사주의자들에게도 하나님의 뜻이다. 나는 이 두 가지를 전제로 이렇게 생각한다.

하나님은 우리를 구속(救贖)하시면서 우리 모두가 다소 인격이 붕괴된 존재임을 발견하신다. 합리적인 통제력의 붕괴와 상실이 우리의 죄악 되고 타락한 상태를 여실히 보여 준다. 우리는 스스로에게 하나님 노릇을 하려고 애를 쓴다. 하지만 대체로 자신을 통제하지 못할 뿐 아니라 자신과 교감하지 못하며, 진정한 자아의 중심을 이루는 것들이나 심지어는 자신에게 무엇이 중요한지조차도 모른다. 하지만 하나님의 은혜로운 뜻은 그리스도를 통해 우리를 하나님과 화해시키고 그 관계를 완성함으로 우리의 인격을 다시 통합시키고, 우리를 다시 온전한 존재로 만드시는 데 있다.

그 관계는 루터가 말한 것처럼 '놀라운 교환'을 통해 단번에 영원히 회복된다. 그 놀라운 교환으로 그리스도께서 우리를 대신하여 죄가 되셨으며 결국 우리는 그리스도 안에서 하나님의 의가 된다(고후

5:21). 그리스도인들은 그리스도를 믿음으로 의롭다 하심을 받고 하나님의 자녀로 입양되었기 때문에 믿는 즉시 그리고 영원히 안전하다. 그 어떤 것도 그들을 성부와 성자의 사랑에서 끊을 수 없기 때문이다(롬 8:32-39). 하지만 우리를 그리스도의 형상이 새겨질 정신과 육체를 갖춘 존재로서 재창조하는 역사(役事), 구(舊)복음주의 신학의 용어를 빌리자면 '성화의 역사(役事)'는 한순간에 끝나는 일이 아니다. 오히려 그 일은 평생 동안 계속될 성장과 변화의 과정이며(고후 3:18; 롬 12:2; 엡 4:14-16, 23, 24; 골 3:10; 벧전 2:2; 벧후 3:18) 이생을 넘어서까지 이어진다. 왜냐면 정신적인(의식이 있는 개인) 삶과 육체적인 삶 사이에서 나타나는 기본적인 분열은 '우리 몸의 구속(救贖)'의 날까지 완전히 치유되지 않을 것이기 때문이다(롬 8:23; 고전 15:35-57; 고후 5:1-10; 빌 3:20, 21). 그때까지 우리는 '무의식'과 '자아'라는 불가사의하고도 깊은 네스 호(괴물이 살고 있다는 스코틀랜드 북서부의 호수-옮긴이), 다시 말해 억압과 두려움이라는 괴물과 이드(자아의 기초를 이루는 본능적인 충동-옮긴이)와 원형이 사는 세계, 프로이드와 융과 정신분석학자들이 그토록 열심히 뒤져 왔던 미지의 세계에 싸여 그 안에 무엇이 있는지 알 수 없을 것(이라고 가정할 수 있을 것)이다(고전 13:12).

우리가 이 죽을 육체를 떠나기 전까지 안고 살아야 할 또 다른 것은, 로마서 7장 14절부터 25절과 갈라디아서 5장 16절부터 26절에서 말하고 있는 그리스도인이 체험하는 분열된 자아이다. 우리는 하나님의 율법을 마음으로 기뻐하면서도 그 율법에 대해 체질적인 반감과 거부 반응을 동시에 보이는 자신을 발견한다. 앞서 보았듯이 바울은 이 반감과 반응을 이런 식으로 진단한다. '내 속에 거하는 죄'의 끊임없는 에너지는 지배력을 잃었지만 파괴되지 않았으며, 죽을 운명이지만 아직 죽지 않았기 때문에 이러한 반감과 반응이 나타난다고 하지만, 내주하시는 성령의 임재와 사역은 천국에서의 삶에 대한 계약금이다(롬 8:23; 고후 1:22; 엡 1:13,14; 히 6:4,5). 성령께서는 주권적으로 우리에게 성부 하나님과 성자 하나님과 사귈 때에 오는 감동과 체취를 전해 주시며(요 1:3, 3:24, 14:15-23), 우리 안에 거하셔서 역사하심으로 우리를 정해진 목표까지 인도하시고, 각 사람의 인간성에서 깨어지고 뒤틀린 부분을 발견하시는 대로 어루만져 주신다.

방언

그러면 방언은? 오늘날의 방언은, 지성은 활동하지 않은 채 감정만 유지하기 때문에 어떠한 관점에서도 이 방언을 신약성경의 방언과 자신 있게 동일시할 수 없다는 점을 우리는 이미 보았다. 종종 이런 인식을 배경으로 다음의 주장이 제기된다. 하나님의 목표는 우리가 스스로를 온전히 인식하고 이성적인 통제력을 가진, 이른바 온전하게 통합된 인간이 되는 것이다. 고로 우리는 성경에서 말하는 신실하고 단순하고 온전한 마음으로 더 깊이 들어가서 우리가 하는 많은 일 가운데 '오직 한 가지 일'(빌 3:13; 고후 11:3; 약 1:7,8), 곧 온전히 통합된 인간이 되기 위해 힘써야 한다. 결론적으로, 우리의 성화 과정 속에서 끊임없이 이성적인 통제력을 회복해야 한다고 주장하는 것이다. 그런데 그럴 경우 방언하는 중에는 성대를 이성적으로 통제하는 일을 포기해야 하므로 그리스도인의 삶에서 방언이 들어갈 자리가 있을 수 없게 된다는 주장이 이어진다. 하지만 여기에 대해서는 두 가지 답변이 나올 수 있다.

첫째, 은사주의자들은 자신이 염두에 두고 있는 주제에 대한 흠모와 간구를 표현하기 위해서 의도적으로 방언을 선택한다. 하나님께 그 주제에 대해 말로 표현할 수 있는 것 이상으로 말씀드리기 원하기 때문이다. 따라서 그들이 이성적인 통제력을 완전히 포기한다고 할 수는 없다.

둘째, 성령께서 이렇게 표면적으로 이성적인 통제력을 느슨하게 하시는 이유는 더 깊은 차원에서 통제력을 강화시키시기 위해서라고 생각할 수 있다. 우리가 욕탕에 누워서 하는 식으로 큰 소리로 흥얼거리는 노래가 극도로 흥분한 사람들에게는 안정감을 회복하는 데 도움을 줄 수 있는 것이다. 방언 또한 영적으로 그런 경우와 같은 것인지도 모른다. 방언이 이러한 역할을 감당한다면 분명 하나님이 주신 은사가 맞을 것이다. 또한 혼란한 생각 때문에 다른 방법으로는 찬양과 기도의 상태를 유지할 수 없는 사람들을 돕는 데 정말 효과가 있다면, 그 방언은 긍정적인 인격도야법이 될 수 있으며, 신비적인 기도를 옹호하는 사람들이 말하는 '관상(觀想)기도'(신비적 무상기도 혹은 합일기도. 사유의 작용을 배제한 채 하나님께 우리의 존재 전체를 온전히 집중한다-옮긴이)로 들어가게 할 수도 있을 것이다. 이러한 방언이야말로 분주하고 피상적이며 불확실하고 덧없는 현대 생활의 희생자로서, 자기 자신과 깊은 교감을 갖지 못하고, 하나님에 대한 믿음이 필요 이상으로 형식적이고 개념적이고 관습적이며 틀에 박히고 모방적이고 간접적인 것이 되어 버린 사람들에게 특별한 유익을 줄 수 있을 것이다(은사주의운동은 주로 도시에서 일어났으며, 도시야말로 그러한 압력이 가장 직접적인 곳이다).

이런 식으로 방언은 우리가 하나님께 집중하고 그분의 임재를 훈련하며 우리 자신을 그분의 영향력 앞에 열어 드리는 데 도움을 준다는 면에서, 적어도 일부 사람들에게는 유익한 하나님의 선물일 수 있다. 하지만 다른 문제를 가진 또 다른 사람들은 하나님께서 이미 이해력을 가지고 마음으로부터 기도할 수 있는 힘을 주셨으므로, 방언을 영적이지 않고 오히려 사소하고 엉뚱한 일이라고 생각한다(방언이란 언제나 그렇게 무가치하다고 생각하는 사람들도 있다). 이 경우는 한 사람에게 약이 되더라도 다른 사람에게는 독이 될 것이다.

성령세례

그렇다면 성령세례는 어떠한가? 우리는 이미 앞에서 은사주의 지도자들이 생각하고 그 신도들이 간증하듯이 '두번째 축복'의 핵심은 기쁨의 확신이며, 다름 아닌 그리스도 안에서 성부 하나님의 부성애(父性愛)를 체험함으로써 천국을 맛보는 일임을 살펴보았다. 바로 이 점에서 나는 성령세례가 개신교나 가톨릭을 통틀어 거의 모든 '두번째 축복'의 체험과 맞물려 있으며, 이 체험을 증언하는 증인들이 항상 생겨났다고 지적한 적이 있다. 나는 이 체험들이 그리스도 안에서 성부의 사랑을 증거하는 양자(養子)의 영에 대한(롬 8:15-17) 인식과, 성부와 성자께서 순종하는 성도에게 성령을 통해 자신들을 알리기 위해 오신다는 인식을 본질적으로 깊게 한다(요 14:15-23)고 보는 입장이야말로 이러한 체험들을 신학적으로 바르게 정리하고 설명하는 방법이라고 생각한다. 성령의 '증거하심'과 성부와 성자께서 자신들을 드러내기 위해 '찾아오심'은 하나님이 계속해서 행하시는 활동들이다. 그런데 그리스도인은 자신이 보통 때보다 그러한 사실이나, 하나님이 그 안에서 자신에게 표현하고 전달하는 사랑과 자비를 더 잘 인식한다고 느낄 때가 있다. 바로 그런 순간들이 성령세례에 대한 간증이 가리키는 체험의 순간들이다.

이러한 체험들이야말로 바울이 성도들을 위해 드린 다음과 같은 기도의 성취 가운데 하나이다. "그[하나님]의 성령으로 말미암아 너희 속사람을 능력으로 강건하게 하옵시며 믿음으로 말미암아 그리스도께서 너희 마음에 계시게 하옵시고 너희가 사랑 가운데서 뿌리가 박히고 터가 굳어져서 능히 모든 성도와 함께 지식에 넘치는 그리스도의 사랑을 알아 그 넓이와 길이와 높이와 깊이가 어떠함을 깨달아 하나님의 모든 충만하신 것으로 너희에게 충만하게 하시기를 구하노라"(엡 3:16-19, [ ]는 저자 표기). 또 이러한 체험들은 베드로가 묘사한 마음의 상태를 낳는다. 즉, 그 체험을 통해 우리가 믿는 그리스도를 사랑하고 "말할 수 없는 영광스러운 즐거움으로 기뻐하"(벧전 1:8)게 된다. 그 체험을 성령을 받는 체험이라고 한정할 수는 없지만 결과적으로는 내적인 성령의 임재를 새롭게 인식하게 된다. 그 체험을 성화의 체험이라고 단정할 수는 없지만 결국에는 성화를 촉진시키는 효과를 낸다. 또한 그것을 능력을 덧입히는 체험이라고 한정할 수는 없지만 능력을 준다. 그 체험은 본질적으로 확신의 체험들이다. 즉 그리스도와 하나가 된다는 게 무엇을 뜻하는지 주관적으로 깨닫는 체험이다.

그러한 체험 중에는 그리스도인의 의식적인 삶의 나머지 부분과 정말 고립되거나 단절된 채 일어나는 체험은 없다. 하지만 우리는 그 체험들을 이야기하면서 그 체험을 고립되고 단절된 듯이 들리게 하고 싶은 유혹을 받기도 한다. 특히 이미 '두번째 축복'에 대한 웨슬리주의나 케직 유형의 신학이 머릿속에 들어 있으면 그런 유혹은 더 커지게 마련이다. 하지만 이런 종류의 체험이란 사실상 하나님께 받아들여지고 양자가 되며 하나님과 나누는 교제를 더욱 분명하게 인식하게 되는 일이나 다름없다. 성령께서는 모든 그리스도인에게 그러한 인식을 나누어 주실 뿐 아니라, 다소 차이는 있지만 회심할 때부터 죽 그리스도인 안에 유지시키신다(갈 4:6, 3:2).

왜 '두번째(그리고 마지막!) 축복'같이 단번에 끝나는 일이 아니라 계속해서 재현되는(하나님께 감사하자!), 이처럼 더욱 분명한 인식이 시시때때로 주어져야 하는가? 하지만 하나님이 왜 특정한 때와 시기에 당신의 자녀들에게 가까이 다가오시고, 그들에게 이렇게 생생하고 짜릿한 방식으로 당신의 사랑을 실감 나게 전해 주시는지 그 이유를 늘 알 수 있는 것은 아니다.[36] 어떤 때는 그런 일이 일어난 다음에야 그 일이 고통이나 당혹감이나 상실에 대한 준비, 또는 사역하면서 특별히 힘들고 낙담하는 부분에 대한 준비였다는 사실을 알게 되는 수도 있다. 다른 경우라면 그저 이렇게 말할 수밖에 없을지도 모른다. "하나님께서 당신의 자녀에게 당신의 사랑을 보이기로 결심하신 까닭은 오로지 하나님이 당신의 자녀를 사랑하시기 때문이다." 혹은 하나님이 사람들에게 가까이 다가가신 이유가 사람들이 하나님께 가까이 다가가기 때문이라는 확신이 들 때도 있다(약 4:8; 렘 29:13, 14; 눅 11:9-13에서는 '성령을 주다'가 '성령의 사역, 영향력, 축복을 경험하게 하다'는 뜻이다). 우리가 지금 다루고 있는 상황이 바로 그런 경우이다.

그리스도인들은 다양한 걱정거리 때문에 하나님께 헌신의 맹세를 새롭게 하고 그분의 얼굴을 구하기도 한다. 다시 말해 시편 27편 7절부터 14절의 경우처럼, 현재의 필요 때문에 그분의 관심과 자비와 도움을 구하며 지속적으로 기도하며 부르짖기도 한다는 뜻이다. 죄책감, 두려움, 무능함 또는 패배감, 낙담, 신경쇠약과 우울증, 밀려오는 유혹과 자기 안의 죄와 벌이는 싸움, 불길한 질병, 거절과 배반의 경험, 하나님에 대한 갈망(이 모든 경우가 시편에 다 나온다)이 계기가 되었을 수도 있고 또 다른 상황이 계기가 될 수도 있다. 그렇게 하나님께서 당신을 찾는 자들의 심령에 당신의 사랑을 드러내시고, 그들에게 기쁨과 함께 새로운 도덕적·영적 힘을 주셔서 그들을 내리누르던 짐을 상대할 수 있게 하실 때, 그들에게 체험이 갖는 구체적인 의미는 그들이 필요로 한 일이 무엇이며 또 그 필요가 어떻게 채워지느냐에 따라 조금씩 달라진다. 그렇다면 그러한 체험을 가리켜 어떤 사람들은 성결하게 하는 은혜라고 정리했고, 다른 사람들은 하나님과 이웃을 섬기기 위해 필요한 힘을 주시는 것으로 정리했으며, 은사주의자들은 성령의 활력을 더욱 깊이 누리는 생활로 들어가는 것으로 보고 자신들의 견해가 앞의 둘 다를 포괄한다고 설명했다. 이와 같은 견해 차이는 당연하다고 하겠다. 하지만 그들 모두가 나름의 이해를 통해 성경에서 분명히 가르치고 있는 신자의 확신을 회복시키고 심화시키는 하나님의 역사(役事)를 증거하고 있다.

오순절주의와 은사주의의 성령세례에 대한 증언을 나의 가설에 비추어 따져 보자. 성령세례라는 축복에 앞서 주어진 가르침이나 기대, 그리고 성령세례 후에 일어난 간증 사이의 일치도 마찬가지로 가늠해 보자. 그러나 그 축복에 따라오는 다양한 현상들, 예를 들어 외침, 방언, 신체의 떨림, 사지에 전기가 흐름, 황홀경과 또 다른 히스테리적인 징후들에는 상관하지 않도록 하자. 나의 가설에서는 그런 현상들이 개개인의 기질과 심리상태를 반영할 뿐, 개인의 확신을 깊고 분명하게 하는 하나님의 사역이나 구세주와 누리는 영적 교제에 대해 개인간에 느끼는 인식의 차이를 반영하지는 않는다고 보기 때문이다. 이렇게 하면 앞서 제안한 성령세례에 대한 신학이 여러 사실들에 들어맞는다는 것을 발견하게 되리라 생각한다.[37]

결론

이제 아홉 가지의 결론을 도출했다.

1. 성령세례

영국과 독일의 특정 분파에서는 아닐지 몰라도 적어도 세계적인 운동 전체로 볼 때, 성령세례에 대한 일반적인 은사주의신학은 그리스도인의 삶을 두 수준, 두 단계로 보는 오순절주의가 발전한 형태이다. 이 은사주의신학은 시간을 거슬러 올라가 보면, 19세기의 성결운동(케직, 고상한 삶, 승리하는 삶) 및 그것에 맞물린 '섬기기 위한 능력'이라는 성령세례에 대한 설명을 거쳐, 존 웨슬리의 교리인 '그리스도인의 완전함' (완전한 사랑, 온전한 성화, 정결한 심령, 두번째 축복이라고도 부르는)에까지 이른다. 그리고 오순절 사도들의 체험을 첫번째 낮은 단계에서 더 높은 성령충만한 단계로 넘어가는 전환점이라고 본다. 하지만 이러한 생각은 성경이나 경험을 통해 볼 때 정당화하기 어려워 보인다. 그 생각에 따르면 오순절 체험 같은 전환을 겪지 못한 모든 그리스도인은 성령충만하지 못한 낮은 단계의 사람들이라는 말인데, 그 말은 아무리 좋게 말해도 설득력이 없다. 하지만 정직하고 회개하고 기대하며 하나님을 더욱 추구하는 일이, 신학적으로 말끔히 정리되느냐의 여부와는 무관하게 언제나 영적 부흥의 주 요인이었던 것처럼 이 경우에도 마찬가지이다.

2. 표적 은사

은사주의운동이 구오순절주의에서 물려받은, 이른바 사도 시대의 표적 은사가 회복되었다는 이론은 부적절하다. 신약성경의 방언, 통역, 치유, 이적의 은사가 회복되었다고 확신할 수 있는 사람은 없고 그렇게 보기도 어렵다. 반면 성령이 주신 예언은 성경 시대에는 새로운 계시의 일부를 차지하기도 했지만 본질적으로 새로운 계시가 아니다. 단지 사람들에게 이미 계시된 진리를 적용하는 능력일 뿐이다.

또한 그러한 능력이 은사주의자들에게서만 나타나는 것도 아니다. 사실 그것은 언제나 교회 안에 있었다. 하지만 모두에게 얼마씩은 있는 일반적인 영적 은사를 사용하여 그리스도의 몸 안에서 전 교인 사역을 해야 한다는 이 운동의 또 다른 강조는 전적으로 옳다. 그렇게 강조함으로 특별히 약한 자들과 상처받은 자들을 지원하고 도울 수 있는 풍성한 자원이 생겨났던 것이다.

3. 힘

살아 계신 주님에 대한 믿음, 성경 속에서 하나님 배우기, 내주하시는 성령께 자신을 열기, 기도와 찬양 가운데 이루어지는 친밀한 교제, 개인의 필요를 분별하고 섬김, 그리고 하나님께서 우리의 기도에 적극적으로 응답하셔서 사태를 개선시켜 주시리라는 기대야말로 진정한 영성 회복의 증표이며 모든 그리스도인들이 배워야 할 부분이다. 물론 은사주의자들에게 있는 기이함 때문에 잘못된 신학이 생겨나는 것도 사실이다.

4. 방언

은사주의의 방언은 하나님 앞에서 선택한 언어가 아닌 발성으로 자신을 표현하는 방식이다. 다른 말로 그런 선택을 하게 하신 분이 하나님이라는 믿음에 근거한 선택이라고 할 수 있다. 이러한 방언은 그리스도인의 체험 가운데 다양한 형태로 나타난다. 또한 다양한 체험 가운데 문화적 · 개인적으로 다른 점들이 여러 가지 경건 생활의 스타일로 나타나기도 한다. 방언이 자신들의 삶을 풍성하게 해 주는 경건 생활의 도구인 사람들이 있는가 하면, 불경한 행동에 불과한 사람들도 있는 듯하다. 방언을 사용해 오다가 나중에 자신들의 방언이 영적으로 가짜였다고 증언하는 사람들이 있는가 하면, 방언을 시작한 뒤 결과적으로 하나님과 교제가 대단히 깊어졌다고 기록하는 사람들도 있다. 그 어느 쪽 증언이든 간에 의심할 이유는 없다. 방언기도는 일부 지적인 사람들을 자유롭게 풀어 주고 워밍업을 하는 데 도움이 될 수 있고, 반면에 체계적인 언어로 드리는 기도는 일부 감정적인 사람들을 안정시키고 정돈시키는 데 도움이 될 수 있다. 방언이 자신들에게 주신 하나님의 길이 아니라고 깨달은 사람들과 방언 때문에 하나님과 교제가 풍성해진 사람들 모두, 상대에게 자신의 방식을 강요하려 하거나 상대방이 자신과 다르다는 이유로 열등하다고 판단해서는 안 된다. 설사 자기편 사람들이 상대편으로 넘어갔다 해도 동요하지 말고, 하나님께서 그 사람을 그렇게 인도하셨다고 믿어야 한다. 방언으로 기도하는 사람이나 방언 없이 기도하는 사람이나 모두 주를 위하여 한다. 그들을 넘어지게 하고 세우는 일은 동료 하인들이 아니라 그들의 주인의 몫이다. 그리스도 안에서는 유대인도 헬라인도, 노예도 자유인도, 남자도 여자도 구별이 없는 것처럼 그리스도 안에서 방언을 하는 자나 방언을 하지 않는 자 역시 구별이 없다. 설령 오늘날의 방언사용자들이 사용하는 방언이 고린도교회에서 쓰던 방언과 다르다 해도(나는 그렇다고 생각하지만 증명할 수는 없다) 아무도 그들의 방언을 금해서는 안 될 것이다. 그리고 방언 사용자들 또한 일급 그리스도인이 되기 위해서는 누구나 방언을 해야 한다는 식으로 생각해서는 안 될 것이다.

5. 죄

은사주의운동이 경배와 사랑의 감정과 더불어 죄에 대해 현실적인 감각을 갖게 해 주는가, 아니면 그 행복한 기풍이 지지자들 사이에서 겸손이 아니라 순진한 교만을 조장하지는 않는가 하는 두 가지 질문에 대해 답변하는 일이 시급하다.

6. 성령

그리스도인들은 은사회복운동을 신학적으로 매끄럽지는 않지만 (영적으로 중요한 운동 중에서 신학적으로 완전한 운동이 있었나?), 하나님이 형식주의와 제도주의 그리고 지성주의를 교정하기 위해 보내신 수단으로 받아들여야 한다. 이 운동은 음악과 예배형식, 내면에서 우러나오는 찬양, 공동체를 결성하는 대담한 시도들 등을 통해 창의적으로 복음을 표현했다. 은사회복운동은 기독교계 전체(복음주의자들에게서는 이런 질문을 받아들이려 하지 않는 사람들까지 포함해)가 이렇게 묻지 않을 수 없게끔 만든다. "그렇다면 그리스도인이 된다는 것과 성령을 믿는다는 것은 무엇을 뜻하는가? 누가 성령충만한가? 그들은 성령충만한가? 나는 성령충만한가?" 약한 자를 들어 강한 자를 부끄럽게 하시는 바로 그 하나님은(나는 감히 이렇게 말한다), 새로운 칼뱅이나 존 오언이나 아브라함 카이퍼를 세우는 대신 흥겹고 즉흥적으로 그러모은 운동을 하나 세우셨다. 그래서 그 운동이 예수 그리스도와 성령이 인격적인 하나님이심과 그 능력을 선포하게 하셨다. 그런데 위대한 신학적인 달변이나 창의성 그리고 정확성을 통해서가 아니라, 새롭고 단순하며 인습에 매이지 않고 불편할 만큼 도전적인 생활방식을 낳는 '회복된 삶의 능력'으로 선포하게 하신 것 같다. 오, **거룩한 단순함이여!** 하지만 은사 받은 삶을 바르게 정리하는 데는 여전히 적합한 성경적인 신학이 필요하다. 그것이 없는 한 여전히 취약한 상태로 남을 수밖에 없다.

7. 온전함

은사주의는 어떤 특정한 체험 자체를 얻는 데 집착하지 않는다. 다만 어떻게 하면 아무 거리낌 없는 철저한 **온전함**으로 하나님의 임재를 깨닫고 그분의 은혜에 반응할 수 있을까에 집중한다. 예배에서 온전함은 모든 예배자가 빠짐없이 참여하고 하나님께 최대한 열린 자세를 가진다는 뜻이다. 사역에서 온전함은 표적 은사를 행하는 일뿐 아니라 섬길 수 있는 모든 역량을 분별하고 활용하는 일을 말한다. 그리스도인이 자기 표현을 하거나 하나님과 교제할 때 온전함은, 곡조가 있는 찬양과 성령 안에서의 찬양을 많이 드리는 것을 뜻한다. 그리고 손뼉 치고 팔 들고 손을 뻗고 합심해서 통성기도하고, 공동체에 하나님이 주시는 예언을 전달하고, 방언 사용자에게서 통역자에게로 주도권이 오가고, 설교자가 틀에 매이지 않고 즉석에서 말씀을 선포하고 회중이 여기에 감탄사와 대답을 하며, 성도들이 서로 포옹하고 기쁨에 겨워 춤추는 모습으로 나타나기도 한다. 성도간에 나누는 교제에서 온전함은 다른 이들을 돕기 위해 자신과 자신의 재산을 무모할 정도로 관대하게 내어 주는 일을 뜻한다. 은사주의가 온전함을 추구하는 것은 분명 옳은 일이다. 모든 그리스도인이 이런 식으로 온전함을 추구하는 데에 기꺼이 동의할 수는 없다 하더라도, 온전함은 이전에 교회 내에서 그토록 많은 사람들을 열성 없는 신중한 상태로 묶어 두기 바빴던 절제와 체면이라는 얼빠진 이상에 대한 유익한 도전이다. 이러한 도전은 하나님께서 주신 것이 틀림없다.

그렇다면 이 운동의 일부분이 유치하고 우습다고 생각하기 때문에 은사주의의 정서를 받아들일 수 없다는 냉담한 사람들은 이런 질문들을 직면해야 한다. 당신은 교회 안에서 교제를 통해 주님 앞에서 은사주의자들과 같은 온전함을 실현시키기 위해 어떤 제안을 할 생각인가? 당신은, 예를 들어 그토록 많은 주일에 수많은 교인의 예배 식단이 된 활기차고 틀에 박힌 그러면서도 적당한 속도로 진행되는 60분짜리 예배, 이른바 목회자와 성가대가 수동적인 회중을 상대로 하는 공연을 어떻게 보는가? 분명 이러한 예배는 온전한 예배가 아니다. 그렇다면 당신은 그러한 예배를 어떻게 온전한 예배로 바꿀 작정인가?

또한 회중 가운데 은사 받은 사람들의 재능이 묻혀 있고 개인 사역과 지역사회 사역에서 필요한 것들이 채워지지 않는 이유는, 목사가 원맨쇼를 고집하고 자기 교인들을 사역 동역자로 생각하지 않고 교인들 중에 자신보다 일을 더 잘하는 듯이 보이는 교인이라도 있을까봐 겁 먹고 도망치기 때문이라는 불평을 우리는 자주 듣는다. 당신은 그러한 불평에 대해 어떻게 대답할 것인가?

목회자들이 맡은 일을 하도록 이미 돈을 지불했기 때문에 교인석에 앉은 사람들이 영적 사역에 참여하기를 꺼린다는 불평에 대해서는 또 어떠한가? 평신도의 수동적인 태도는 온전한 사역이 아니라 전 교인 사역에 대한 생각을 파괴적인 방식으로 부정한다. 그 다음 당신은 목회자와 교인들이 함께 이루는 충만한 사역을 실현하기 위해 어떤 행동을 취할 것인가? 또한 그토록 많은 회중들에게 '하나님의 얼어붙은 백성'이라는 비아냥거림이 붙게 했던 기어 들어가는 목소리로 부르는 찬양, 냉담한 형식주의, 폐쇄적인 삶, 상호헌신의 부족을 보면서 무엇을 할 수 있는가?

은사주의에서 이런 문제 전반을 다루는 방식에 별 인상을 받지 못했다면 당신의 대안은 무엇인가? 이러한 질문들을 직면하지 않은 채 은사주의의 관행을 과감히 비판하는 사람이라면 누구라도, 한 세기 전 무디가 자신의 복음 증거 방식을 공론(空論)하는 비판가에게 던진

통렬한 반박을 받아 마땅하다. "솔직히 말씀드리지요. 선생님처럼 전도를 안 하는 것보다는 저 같은 방식으로라도 전도하는 편이 낫다고 생각합니다." 은사주의운동은 하나님이 오늘날 대부분의 그리스도인이 알고 있는 사실보다 더 높은 수준의 온전함을 추구하도록 교회 전체를 선동하기 위해 보낸 자극제이다. 도전을 직면하라!

8. 미성숙함

은사주의운동은 신학적으로 미숙하다. 그 결과 은사주의자들의 공공연설과 형식은 때때로 설익은 듯하다. 은사회복운동의 대변자들은 일관성 있게 하나님 중심이거나 삼위일체를 견지하며 진취적으로 나아가는 법을 배우지 못했다. 때로는 그들의 관심사가 인간 중심적이고 체험 중심적이며 삼위일체를 부인하는 신학으로 들어가기도 한다. 뿐만 아니라 애들처럼 아무 생각 없이 지금 이 순간에만 빠져 있는 듯 보이기도 한다.

이 운동은 지적(知的)이고 예배형식 가운데 오로지 성령에만 몰두함으로 성령께서 영광을 돌리는 성자와, 성자께서 우리를 인도해 가는 대상이신 성부로부터 성령을 분리시키는 경향이 있다. 그 결과, 종종 그리스도에 대한 믿음과 소망이라는 목표나 성부 하나님의 율법을 지키는 규율과는 긴밀한 연결이 없이 그저 강렬한 체험, 감정의 고조, 초자연적인 의사전달, 창의적인 통찰, 목회요법에서 추구하는 이국적인 테크닉, 일반적으로 경건해 보이는 모습 등만 온통 추구하는 데 그친다. 은사주의자들의 육체적·심리적인 행복감에 대한 열정을 볼 때, 초자연적인 것에 대한 강한 믿음을 보여 주는 동시에 그들의 취약점도 보여 준다. 그들은 하나님의 구속(救贖)이 우리를 정말 선하게 만들어 가신다는 사실을 제대로 붙들지 못하는 것 같다. 자기를 부인하고 자신의 약함과 명백한 실패를 솔직히 인정하는 일이 주님을 따르는 데에 얼마나 중요한지, 그리고 인생의 지루한 일상 가운데 깊이 있는 사고, 좌절된 노력, 고통의 수용, 상실에 대한 적응, 꾸준한 성실이 영적으로 얼마나 큰 가치가 있는지도 파악하지 못한 듯하다.

따라서 실제로는 불안정한 열심, 지성과 연결되지 못하는 많은 통찰들, 지나치게 단순화한 편파적인 영성, 그리고 너무나 자주 도피주의로 전락해 버리는 종교적 열정만이 나타날 뿐이다. 영국의 회복주의신학자 토머스 스메일(Thomas Smail)은 이 모든 현상이 성부 하나님께 충분히 초점을 맞추지 못한 결과라고 보았다.[38] 그것이 주요한 원인이라는 데에는 나도 동의한다. 하지만 내 생각에 그것은 부차적인 원인일 뿐 문제의 근원은 신약성경의 예수님, 곧 성육신하신 하나님의 아들 예수님, 하나님을 위한 인간으로서 제자도의 본이 되셨으며 동시에 인간을 위한 하나님이 되셔서 우리 죄를 지신 구세주 바로 그분께 충분히 초점을 맞추지 못했기 때문이다. 내가 이런 말을 하는 이유는 은사주의자들이 예수님을 의뢰하고 사랑하고 경배하지 않는다는 뜻이 아니다. 그렇게 말한다면 불합리한 일이 되리라. 다만 이 세상에서 예수님이 인간으로 계실 때에 과연 어떤 분이셨느냐는 것과, 그분의 백성이 오순절 이래 그 이전과 마찬가지로 이제는 개인적이고 집단적으로 어떠한 부르심을 받았느냐는 것 사이의 연관성을 충분히 파악하지 못했다는 말이다(눅 14:25-33; 요 15:18-16:4; 행14:22; 롬 8:17-23, 35-39; 고후 4:7-18, 12:7-10; 히 12:1-11). 만약에 내가 옳다면 이것은 참으로 아이러니컬하게도, 성령을 높이는 운동의 바로 심장부에 성령을 좌절하게 하고 근심하게 하고 소멸하게 하는 요소가 있다는 말이 된다. 또한 이 사실은 스메일이 강조한 대로 은사회복운동이 활력을 잃고 침체되어 버리는 혼란스러운 경향을 해명하는 데 많은 도움이 될 것이다.

하지만 어느 쪽이 옳은 진단이건 간에 그리스도인의 삶을 바라보는 은사주의운동의 미성숙함을 치유할 수 있는 유일한 방법은, 신학적인 깊이를 더하여 좀더 예리한 자기인식과 자기비판을 얻는 길밖에 없다. 나는 다만 그런 모습이 곧 나타나기만 바랄 뿐이다.

9. 부흥

은사주의운동은 성경적이고 건강한 기독교에 속하는 많은 요소들을 참으로 회복시키지만, 하나님의 부흥의 역사에 속하는 모든 요소들을 보여 주지는 못한다. 확고한 믿음의 기쁨을 힘 있게 붙잡기는 하지만, 이 운동은 '하나님의 거룩함'이라는 두려운 탐조등으로 죄를 비추는 일과 거기에 따라오는 근본적인 회개가 가져오는 경건한 슬픔에 대해 너무도 모른다. 게다가 믿음의 기쁨과 은사를 축하하는 데 안주하면서 너무 쉽사리, 또 너무 빨리 만족해 버린 듯하다. 지금 필요한 일이라면, 뒤로 돌아갈 게 아니라 지금까지 이 운동이 달려 온 그 지점에서 계속해서 앞으로 전진하여, 하나님이 찾아오셔서 부흥시키시기를 추구하는 일이다. 이 운동이 이미 그러한 목적지를 향해 한 걸음 내디뎠다는 사실을 증명할 수 있기를 바란다. 마지막 장에서 이 문제를 좀더 탐구해 보자.

7 — 오소서, 성령이여!

이제 몇 가지 실마리들을 이어 보도록 하자.

내가 지금까지 했던 모든 말들에는 두 가지 확신이 반영되어 있다. 이제 그 확신들이 여러분이 직접 볼 수 있도록 표면에 드러나야 할 때가 되었다.

첫째, 성령에 대한 이해는 시대를 막론하고 기독교신학의 주 임무

성령의 사역을 연구하는 곳에서는 자연히 성령의 사역을 추구하게 되고, 또 성령을 추구하는 곳에서는 영적인 활력이 나타나게 마련이다. 역사적으로 이러한 일이 어거스틴과 그를 따르는 교부들과 중세의 제자들(하나님의 '은혜'를 이야기할 때 그들은 성령을 염두에 두고 있었다), 칼뱅(아타나시우스[Athanasius]를 가장 탁월한 성육신의 신학자라 부르고 루터를 칭의의 신학자라 부르듯이, 역사에서는 그를 가장 탁월한 성령의 신학자라고 갈채를 보낸다), 청교도들(개인의 중생과 성화의 신학자들), 초대 웨슬리주의자들, 19세기 성결 교사들, 20세기 오순절운동과 은사주의자들을 통해 일어났다. 여기서는 이러한 여러 전통 안에서 의견이 분분한 문제들에 대해 누구의 견해가 옳았느냐는 중요하지 않다. 나의 논점은 자신들의 삶에서 성령의 능력을 생각하고 추구하던 사람들은 계속해서 자신들이 추구하던 것을 찾는다는 점이다. 왜냐면 너그러우신 하나님은 우리가 신학의 세부사항을 모두 교정하기까지 축복을 미루시는 분이 아니시기 때문이다. 뒤집어 말하면 성령의 사역에 흥미도 없고 다른 관심사가 우리 마음을 사로잡고 있는 곳에서는, 성령 안에서 생활하는 일을 소홀히 할 가능성이 많다는 뜻이다. 그렇게 되면 많은 지역에서 이미 나타나고 있듯이, 교회도 기독교식 바리새주의라는 형식적인 틀에 빠지거나 영적인 수면병에 걸리거나 아니면 그 둘의 잡탕 속으로 떨어지게 될 것이다.

오늘날 서구에서 기독교가 처한 상황은 우리가 성령의 교리에 전념하는 일이 얼마나 중요한지를 잘 보여 준다. 대부분의 회중이, 심지어 개념적으로는 가장 정통적인 교회마저도 신적인 에너지와 충만함이 결여되어 있다는 사실은 너무나 고통스러운 일이다. 진정한 회복이 무엇이건 간에 교회 회복을 모색하는 작금의 양상을 볼 때, 우리는 교회를 회복시키시는 성령에 대해 더욱 명료하게 이해해야 할 필요가 있다. 사실 오늘날의 너무 많은 사람들이 아무런 생각을 하지 않는 점도 문제이다. 세계교회협의회가 후원하는 듯 보이는 '현대기독교 선교'라는 우습지도 않은 개념(모든 종교를 타당하다고 보고 모든 사람은 실질적으로 구원받았다고 생각하라. 교회를 심는 복음 전도자 노릇은 그만하고 사회정치적인 혁명가들이 되라)은 우리에게 "과연 성령께서 그런 일을 돕기 위해 오셨는가?" 하고 물어보게 한다. 또한 전문 목회자들이 결국 모든 종교는 마찬가지라고 인정해야 하며 다른 종교에도 구원이 있다고 시인할 수밖에 없다고 말하는 것을 볼 때, "그런 주장이 우리가 성령의 가르침에서 배울 수 있는 최선의 내용인가?" 하고 다급하게 물어보지 않을 수 없다. 은사주의자들의 도전은 우리에게

"우리는 성령의 삶이 갖는 초자연적인 실체를 제대로 파악한 적이 한 번이라도 있는가?" 하는 질문을 계속하라고 강요한다. 그것은 마치 하나님이 우리 앞에 있는 대형 게시판에다 '성령을 기억하라!' 라는 메시지를 끊임없이 비추고 계시지만, 우리는 눈을 너무 낮게 깔고 당면 관심사에 대해 잡담을 나누는 데만 익숙해져서 하나님이 하고 계신 일이 무엇인지 아직도 깨닫지 못하는 상황처럼 보인다. 예전에 나는 국회의원 후보를 위해 총선 선거운동을 한 적이 있었다. 나는 그 후보가 연설을 하는 동안 검은 글씨로 크게 '노동자들이여, 깨어나라!'는 머리글이 적힌 전단을 나누어 주었다. 나는 오늘 모든 지붕에 올라가 "그리스도인들여, 깨어나라! 교회들아, 깨어나라! 신학자들아, 깨어나라!"고 외치고 싶다. 우리는 하나님, 교회, 교회 생활, 선교, 그리스도인의 사회참여, 그 외의 많은 문제들을 연구하고 토론한다. 그렇게 하는 동안 우리는 내내 성령님을 입술로 섬긴다(요즘은 다들 그렇게 한다). 아직 그 어느 주제에서도 성령님을 심각하게 받아들이고 있지 않으면서 말이다. 우리는 바로 이 점에서 변해야 한다.

둘째, 성령을 공경(恭敬)하는 일은 오늘날의 기독교 제자도에서 주 임무

1904년 웨일스 부흥 때, 이번 로버츠(Evan Roberts)는 강단에 설 때마다 "성령을 공경하라!"고 끊임없이 외쳤다. 나는 그런 표현을 하지 않았더라도 실제로 성령을 공경하는 일이야말로 기독교가 시작한 이래 모든 부흥운동의 비밀이었다고 믿는다. 어떻게 해야 성령을 공경하는 것인가? 우선 신자들은 성령께서 당신의 뜻대로 하시도록 자신들의 삶을 성령께 맡겨야 한다. 그래서 그리스도를 높이고 죄를 깨닫게 하고 우리 자신을 더욱 낮추고 그리스도를 더욱 높이도록 이끄는 성령의 사역을 방해하지 않고 소멸시키지 않아야 한다. 교회사에서 부흥하던 시기를 살펴보면 이 사실을 볼 수 있다. 그렇다면 성령의 불이 꺼진 지 이미 오래된 이 시대 상황에서, 우리는 어떻게 성령을 공경할 수 있을까?

실제로 이 질문은 지금 교회에서 이루어지는 모든 토론의 핵심이다. 그런데 이런 질문은 우리를 혼란스럽고 불확실한 영역으로 이끌어 간다. 은사주의자들과 꾸르실료운동(Cursillo movement, 'Cursillo'는 단기강습회라는 뜻. 1949년 스페인에서 시작된 신앙부흥운동-옮긴이)은 이 질문에 이렇게 답한다. "성령께 직접적으로 영향력을 받기 위해 자신을 개방하라. 그래서 자신 안에 계시는 성령께서 자유롭게 활동하시도록 하라." 성도간에 교제가 회복되어야 한다고 주창하는 사람들은 또 다른 답안을 제시한다. "다른 신자들에게 진실하게 다가가 자신을 드러내라." 조너선 에드워즈의 전통에 속한 그리스도인들은 세번째 대답을 한다. "성령을 부어 주시기를 기도하고 준비하라." 주류 교회를 중심으로 교회연합운동을 하는 사람들은 네번째 답을 제시한다. "사회변혁을 꾀하는 활동주의를 배양하라." 이러한 대답들이 서로를 완전히 배제하고 있는 것은 아니다. 하지만 대답들마다 관심을 갖는 영역이 다르다. 그래서 이 질문은 또 다른 형태로 우리 모두를 계속해서 압박한다. 오늘날 우리는 어떻게 성령을 공경해야 할까? 어떻게 하면 우리 안에서 일하시는 성령과 보조를 맞출 수 있을까? 성령을 더욱더 추구하는 우리는 서로 다른 다양한 북소리 중 어느 장단에 맞추어 행진해야 할까? 언급했던 모든 운동들을 비롯해서 다른 운동들 또한 성령의 인도를 받고 있다고 주장하는 판국에 어떤 운동이 그런 주장을 할 권리가 있는지, 만약 있다면 또 얼마나 있는지 어떻게 분간할 수 있을까?

성경의 권위

성경으로 시험해 보기

이러한 질문들에 답하기 위해서는 서로 경쟁 관계에 있는 다른 견해들을 성경의 가르침에 비추어 시험해 보아야 한다. 그러기 위해서는 각각의 견해가 성경의 진리 위에 서 있는지, 성경의 진리를 제대로 적용했는지를 따져 보아야 한다. 또한 각 견해가 성경이 강조하는 부분들 중에서 혹시 무엇인가 빠뜨리지는 않았는지, 성경의 우선순위와 맞추기 위해 방향이나 강조점을 바꿔야 하는 것은 아닌지 꼼꼼히 살펴보아야 한다. 성경이 하나님과 우리의 관계를 어떻게 해석하느냐에 따라 우리의 생각이나 견해, 목적을 체계적으로 성경의 판단에 맞추어 복종시키는 정신훈련을 여러 기독교 전통 가운데 하나쯤으로 치부한다면 오산이다. 참으로 그것은 기독교 자체의 본질적인 훈련이다.

히브리서 기자가 "믿음의 주요 온전케 하시는 이"(히 12:2)라고 불렀던 믿음의 창시자 예수님은, 성경(구약성경)을 영원히 유효한 약속이며 영향력과 통제력을 가진 성부 하나님의 말씀으로 명백히 받아들이셨다. 게다가 그만큼 명백하게 예수님 자신의 가르침과 사도들이 예수님의 이름으로 전하게 될 가르침 역시 신적인 권위가 있다고 인정하셨다. 그래서 성경(이제는 신구약성경을 합해서 가리킴)에 따른 삶의 원칙이란 예수님의 머리에서 직접 나와서 우리에게 왔다고 말해도 충분히 타당하다. 이것은 마치 예수께서 친히 우리 각자에게 성경책을 주시면서 우리가 성경을 따르면 당신을 따르는 거라고 말씀하시는 것과 같다.

성령과 계시

'성경의 권위'라는 원칙에는 성령에 대한 몇 가지 기본 진리들이 구현되고 드러나 있다. 성령께서는 과거나 지금이나 하나님으로부터 오는 모든 의사를 전달하는 대행자이시다. 계시를 주고받는 일 또한 성령의 일이다. "사람의 영혼은 여호와의 등불이라"(잠 20:27)고 말할 수 있는 이유는, 몇몇 사람들의 생각처럼 하나님의 특별한 도움이 없어도 우리가 하나님의 진리를 자연스럽게 알 수 있어서가 아니다. 성령께서 우리의 둔감한 마음에 하나님이 계시한 진리를 실감 나게 전해 주시기 때문이다. 다시 말해, 사람의 영혼은 성령께서 불을 붙이시기 전까지는 꺼진 등불이란 뜻이다. 앞에서 우리는 요한복음 14장부터 16장에서 예수께서 교사이신 성령이 하실 사역에 대해 해설해 놓은 말씀을 살펴보았다. 이제 우리는 바울과 요한 둘 다 성령을 통해서만 우리의 죄로 어두워진 지성이 신적인 것들에 대해 확실한 지식을 얻을 수 있다고 확증한다(고전 2:9-16, 12:3; 고후 3:12-4:6. 엡 1:17을 RSV는 '정신'[a spirit]이라고 번역했지만 NIV처럼 '성령'[the Spirit]이라고 번역해야 한다. 엡 3:5,16-19; 요일 2:20,27, 4:1-6, 5:7,20)는 데에 주목해야 한다. 그리고 누가가 부활하신 예수님이 승천 전후에 한결같이, 성령이 사람들의 마음에 성경을 '열어 주실' 뿐 아니라(눅 24:32, 24), 시야와 지성과 마음을 '열어' 성경과 복음이 선포하는 하나님의 메시지를 이해하고 받을 수 있게 하시는(눅 24:45; 행 16:14, 25:18) 분이라고 전한다는 사실을 주시해야 한다. 이처럼 예수님은 성령을 통해서 하나님의 말씀을 이해하도록 이끄시기 때문에 성령을 떠나서는 하나님의 메시지를 도저히 이해할 수 없다. 신약성경 전체가 이 사실을 당연하게 여긴다.

그래서 이러한 사실을 분석적으로 표현하자면 이러하다. 성령께서는 성경이 만들어지고 우리 앞에 놓이기까지 전 과정에서 주도권을 행사하셨으며, 또한 동일한 주도권을 행사하셔서 우리를 감동시켜 성경을 받아들이고 경외하고 연구하게 하시며 우리에게 주시는 하나님의 메시지를 분별하게 하신다. 지금 우리가 갖고 있는 성경은 다섯 단계를 거쳐서 만들어졌다. 우선 성경 저자들에게 지혜와 진리를 주셨으며, 성경 본문을 기록할 때 저자들을 감동시키시고, 정경으로 인정받게(正經化, canonizing) 하시고 보존하시고 번역하셨다. 성령께서는 이 다섯 단계 모두에서 활발하게 활동하셨다. 또한 성경을 통해 메시지를 전할 때 인증, 조명, 해석이라는 세 과정을 거쳐야 하는데, 이 과정들에서도 성령은 활동하신다. 인증(authentication)은 성경 자체에 대한 것이다. 칼뱅은 인증을 성령의 내적 증거라고 불렀다. 그는 인증을 특별한 느낌이나 새로운 정보를 은밀히 알려 주는 일이라고 묘사하지 않았다. 오히려 모든 성경말씀이 하나님께로부터 왔다고 확신하는 마음 상태를 만드시는 성령의 역사라고 묘사하였다. 조명(照明, illumination)은 우리의 어둡고 뒤틀린 지성에 대한 것이다. 우리는 인증 과정의 일부인 조명을 통해 신적인 실재들을 있는 그대로 파악할 수 있다. 해석은 본문에 대한 것이다. 그것은 지금 우리의 심령에 갖다 대고 들려주시는 하나님의 말씀인 성경 본문이 우리에게 무엇을 뜻하는지 보여 주시는 성령의 활동이, 우리가 노고를 들여 해석, 분석, 종합하고 적용함으로 마무리되는 것을 뜻한다. 사실 우리는 성경과 연계된 성령의 폭넓은 사역을 제대로 이해하지 못할 때도 있다. 하지만 그러한 성령의 사역을 무시한다면 우리의 지성을 남용하고 진리를 놓치는 꼴이 된다.

오해의 소지를 없애고자 여기서 두 가지만 덧붙여야겠다. 첫째, 성령이 성경을 전달하고 번역하는 데에 주도권을 갖고 있다면 어딘가에 오류가 없는 사본 전승이나 무오한 본문에 대한 흠 없는 영어 번역본이 존재해야 하지 않느냐고 생각하는 사람들이 종종 있다. 하지만 그렇지 않다. 증거를 살펴보면 성경 본문은 언제나 충분히 잘 보존되고 번역되어 있으며, 성령께서는 이 성경을 사용하여 그리스도 안에 있는 하나님에 대한 진정한 지식을 전달할 수 있었다. 하지만 그러한 적합성은 결점이 없는 상태까지는 결코 못 미친다. 그러므로 우리는 우리가 가진 성경 번역본들을 신뢰하되, 그러면서도 기꺼이 그러한 번역본 모두가 세부사항에서 지금보다 개선될 여지가 많다는 사실을 깨달아야 한다. 둘째, 성령께서 성경을 해석하여 우리에게 그 '영적'인 의미를 깨치게 하실 때, 그 과정에서 발견할 수 있는 풍유(諷諭)와 적용은 다른 일반적인 방법을 사용해서는 본문에서 도무지 읽어 낼 수 없다고 단정 짓는 경우가 있다. 하지만 그것 또한 사실과 다르다. 성경의 '영적'인 의미는 본문의 문자 그대로의 의미, 즉 저자의 글이 실제로 표현하는 의미를 성경의 나머지 가르침에 비추어 읽고 우리 개인의 삶에 적용하는 것 외의 다른 뜻을 가지고 있지는 않다.

그렇다면 성령과 20세기 영국성공회 교리문에서 말하는 '하나님이 기록한 말씀' 사이에는 상관관계가 있다. 어느 한쪽이 없이는 제대로 배울 수 없다. 성령을 제외하고는 성경에서 하나님과 관련한 사실들을 진정으로 배울 수 없으며, 말씀에 기초하지 않은 자칭 '영적'인 생각들은 불경한 상상의 비약에 불과하다. 신약성경에서 '영적'이라는 단어는 성령께서 계속해서 주시는 그리스도 안에서의 새 생명과 관계가 있지, 결코 현대 일상용법처럼 '육체적이거나 물질적이거나 천한'과 구별되는 '지적이고 고결하거나 까다로운'을 뜻하지 않는다는 점을 주목해야 한다. 따라서 성령에 따라 살고자 하는 사람들은 성령의 교과서인 기록된 말씀 앞에 고개를 숙여야 한다. 또 성경에 따라 살고자 하는 사람들은 마땅히 성경의 해석자인 성령을 구해야 한다. 어느 한쪽을 경시하거나 어느 한쪽으로 기운다면 파괴적인 결과를 가져오며, 다른 문제에서와 마찬가지로 적합한 균형이 우리 중 누구에게도 저절로 생겨나지는 않으므로 경계해야 좋을 듯하다.

하지만 "성령께서 성경이 다루고 있는 구체적인 상황의 한계 너머까지 그리스도인들을 인도하시지 않는가?" 하는 질문에 대한 답은, 어떠한 의도로 그렇게 말하느냐에 따라 달라진다. 만약 그 질문이 '성령께서 성경이 다룰 수 없었던 현대 상황에서 성경의 원칙을 적용할 수 있도록 우리를 인도하시는가?'라는 뜻이라면, 대답은 당연히 '그렇다'이다. 하지만 만약 '성령께서는 우리가 성경에 계시된 절대적 원리를, 구속할 힘이 없는 이른바 역사적·문화적으로 상대적인 원칙처럼 다루도록 우리를 인도하신다'는 뜻으로 한 질문이라면 대답은 '아니오'이다. 성경의 가르침에서 떠나 문맥을 무시하고 특정 본문이나 추정한 성경 원칙에 호소하는 현대의 운동들과, 성경 본문에서 분명하게 함축하거나 적용하지도 않았는데 마치 미래의 사실이나 당면 의무에 대한 계시인 양 호소하는 사람들은, 성령의 인도하심을 내세울 권리가 없다. 또한 교회 내에서 이루어지는 어떤 집회나 합의가 당장에 다수의 지지를 받는다 해서 성령의 인도를 받았다고 주장할 수도 없다.

그리스도를 중심에 모시라는 부르심

그렇다면 우리는 앞에서 설명한 대로 오늘날 성령을 공경하기 위해 제시한 모든 처방들을 성경의 판단에 비추어 비판적으로 검토해야 한다. 그 일과 더불어 믿음과 생활에 대한 신약성경의 규범을 우리 모습에 적용해서 우리에게 무엇이 부족하며 그러한 부족함을 어떻게 보충할 수 있을지 볼 수 있어야 한다. 여기서 우리 시대의 회복을 위한 처방 전부를 철저하게 연구하기란 감히 엄두도 못 낼 일이다. 하지만 나는 이 책을 마치면서 지금까지 말한 내용에서 적어도 두 가지 시급히 필요한 사항이 있다는 사실만큼은 아주 명백하다고 주장하려 한다.

무엇보다도 우선 신약성경의 견해, 즉 그리스도가 성령 사역의 중심이라는 견해를 회복해야 한다. 앞서 이 점을 주장했기 때문에 여기서는 간략하게 돌이켜 보겠다. 오늘날 사람들은 오순절에 임한 성령을 인간 중심의 관점에서 생각한다. 다시 말해 성령은 갖가지 지각, 체험, 능력의 원천으로서 사람들을 이전의 한계들에서 벗어나 자유롭게 해 준다고 믿는 것이다. 반면에 이미 살펴본 대로, 신약성경의 저자들은 오순절의 성령을 그리스도 중심으로 생각한다. 그래서 성령이 우리 삶에 초자연적으로 역사하셔서 우리 속에, 각 사람에게 우리 주 예수 그리스도가 임하게 해 준다고 설명한다. 그들은 성령께서 예수님이 오시기 전에 창조주와 보존자로서 짐승과 인간을 움직이게 하시고, 지금도 모든 사람들에게 하나님의 온갖 종류의 좋은 선물들을 전달하시는, 이른바 '일반은총' 또는 '보편은혜'(어느 쪽을 선택해도 좋다. 둘은 같은 뜻이기 때문이다)를 계속 주신다는 사실을 당연하게 생각한다. 한편 신약성경의 저자들은 다음과 같은 성령의 새 언약 사역인 '구원하시는 사역'의 특징들에 초점을 맞추었다.

1) 신약성경 저자들을 통하여 그리스도와 그리스도에 대한 진리에 대해 명확하게 계시하심.
2) 이러한 계시를 받아들이고 반응할 수 있도록 사람의 마음을 비

추심.

3) 그리스도야말로 우리 죄인들을 중생하게 하셔서 되살리시며 우리 죄를 대신 지신 분이라고 믿고 세례를 받아, 우리가 그리스도의 몸에 들어가고, 즉 가입하고 소속하여 그 안에서 지체가 되게 하심(요 3:3-15; 고전 12:12, 13).

4) 성령께서 우리에게 하늘의 기쁨을 미리 맛보게 하심으로 우리가 영원히 그리스도의 소유라는 사실을 증거하심.

5) 성령께서 우리를 거룩하게 만들어 그리스도를 닮은 성품으로 변화시키심.

6) 성도들을 섬기기에 합당한 사람들로 만들어 주시고 영적인 은사들을 부어 주셔서 실제로 섬기게 하심.

신약성경에 따르면 성령께서는 새 언약 사역을 통해, 초지일관 영광스러운 그리스도를 소개하고 알리고 사랑하게 하고 섬기게 하고 본받게 하고 전하게 하신다.

따라서 성육신하신 하나님과 인간의 유일한 구세주이신 그리스도를 중심으로 삼지 않는 확신과 체험은, 그 어떤 유형이라 해도 그리스도의 영에서 나왔다고 생각해선 안 된다는 결론이 나온다. 돌이켜 볼 때 개인이 기독교 신앙의 순례길로 내디딘 발걸음들로 보이는 신념의 변화나 중대한 체험 속에서 그리스도의 영이 일하셨다고 인정하는 것은 옳은 일이다. 하지만 이러한 사실은 믿음이 생겨난 다음에야 알 수 있다. 어떤 사람이 삶을 재고(再考)하고 재평가한다 해도 그가 과연 신앙으로 인도되고 있는지의 여부를 사전에 알 수는 없다. 성령께서 창조주로서 모든 사람의 생명을 보존해 주시므로 성령 덕분에 그 사람의 삶을 재평가하는 일이 가능하다고 말할 수는 있겠다. 하지만 그렇다고 해서 어떤 사람이 진정한 이슬람교도나 힌두교도, 불교도나 무신론자라고 할 때, 그 사람이 사도 바울이 말하는 의미에서 성령으로 인도함을 받고 있다거나, 그리스도의 영이 기독교 신앙뿐 아니라 다른 종교의 후원자라는 뜻은 아니다.

어쨌든 그리스도가 성령 사역의 중심이라는 강조는 오늘날보다 좀 더 분명하게 표현하고, 더욱 강하게 강조해야 한다는 것은 명백한 사실이다.

그러한 강조가 되살아나면 무엇이 달라질까? 엄청나게 많이 달라진다. 그렇게 되면 그리스도와 나누는 교제는 우리 예배와 경건의 중심에 위치하게 될 뿐 아니라 그리스도인의 정체성을 정의하는 데 핵심적인 요소가 될 것이다. 또한 그리스도인을 '주님을 사랑하는' 자라고 표현해 온 유서 깊은 묘사에 새로운 내용이 생겨나서, 결국(지금은 전혀 그렇지 못하지만) 우리에게 참으로 적합한 묘사가 될 것이다. 그리스도가 성령 사역의 중심이라는 강조를 회복한다면 우리는 에베소서 3장 14절부터 19절에 나오는 바울의 기도대로, 그리스도의 사랑을 체험을 통해 더욱 깊이 깨닫게 해 달라고 구하게 될 것이다. 그리하여 우리는 다시 거룩한 신앙의 선배들처럼 될 것이다. 또한 우리는 더 이상 율법주의에 사로잡혀 도덕적 기준에 몰두하고 거기서 더 나아가지 않는 기독교 바리새주의와, 구주와 동행하고 점점 더 구주를 닮아 가는 사람들의 성결을 혼동하지 않을 것이다. 그리고 우리는 더 이상 오늘날 갖가지 형태로 유행하는 초자연주의적인 미신과 성령을 연관 짓지 않게 될 것이다. 이러한 미신은 종교의 모양을 띠고 나타나지만, 지성과 감정을 그리스도께 향하게 하기보다 오히려 그리스도로부터 멀어지게 만든다. 뿐만 아니라 구세주 그리스도의 유일하신 영광을 높이고 찬양하는 대신 오히려 가리웠던 많은 프로그램들을 바로 성령이 촉진시켰다는 잘못된 주장을 멈추게 할 수 있을 것이다. 그리고 이러한 복음의 시대에 십자가에 못 박혔다가 이제 의로움이 입증되신 우리 구주에 대한 불신앙이야말로 모든 죄 가운데 가장 지독한 죄라는 사실을 깨닫도록 우리를 도와주실 것이다(요 16:8-11). 마지막으로, 우리는 다른 것에 영광이 돌아갈 때 참지 못하는, 즉 그리스도의 영광을 위한 질투심을 갖게 될 것이다. 그러한 태도는 세계에 대한 우리의 사고방식 전체를 바꾸어 놓을 것이다. 이런 것들이 개선인가? 나는 그렇다고 생각하며, 여러분도 이 점에 동의하기 바란다.

은사회복운동을 넘어서

이제 우리는 두번째 단계로 넘어가 은사회복운동만이 제일이라는 주장에 대해 의문을 제기해야 한다.

하나님께서 은사주의운동을 통로로 모든 기독교의 전통에 새로운 생명력을 불어 넣어 주신 데 대해 감사하지 않는다면 어느 누구라도 비난받아 마땅하다. 이 운동이 단순히 표적 은사의 부활에만 관심이 있다고 보고 있다면, 그는 전체를 보지 못하는 사람일 게다. 이 운동의 부족한 면 너머를 보지 못하고, 하나님이 많은 세계 교회를 서서히 좀먹고 있는 일종의 중풍과도 같은 숨막히는 지성주의와 메마른 형식주의, 그리고 신학적 회의주의를 교정하는 수단으로 그 홍겹고 소박한 신앙과 전염성이 있는 따스한 사랑을 보내셨다는 점을 깨닫지 못한다면, 영적인 근시안임을 스스로 드러내는 셈이다. 하지만 사람과 마찬가지로 모든 운동에는 나름의 결점이 드러나게 마련이다. 만약 은사회복운동에서 말하는 체험을 영적 각성의 극치라고 우상화한다면('여기까지는 가야 하고 더 이상 가면 안 된다'), 지나간 25년 동안 이룬 많은 성과들은 쉽사리 흩어져 버리고 상실될 수도 있다. 우리는 은 사회복운동과 거리를 두거나 모른 척 지나쳐 버릴 게 아니라 이 운동을 통해서 이 운동을 뛰어넘어야 한다. 성경은 은사주의자들이 흔히 강조하는 것 이상으로 교회를 회복시키기 위한 다른 방법들이 있음을 보여 주고 있기 때문이다.

성경은 하나님의 백성들이 냉담하고 부주의하고 신실하지 못할 때, 하나님이 친히 다음과 같은 일련의 사건을 일으키셔서 그들을 멸망할 위기로부터 회복시키신다는 것을 반복해서 보여 준다.

하나님께서 내려오신다(사 64:1)

거룩하신 하나님은 강하고 위엄 있는 당신의 임재를 명확하게 알리신다. 그리고 하나님은 친 백성을 대면하셔서 그들을 낮추시며 동시에 높이시고, 세상에 대해서도 자비와 심판을 함께 베푸신다. 성경에서 이 점에 대해 다르게 표현한 말은, 하나님이 '깨어나신다' '일어나신다' '방문하신다' '가까이 다가오신다' (시 44:23-26, 69:18, 80:14) 등이다. 하나님의 강림은 성전 안의 이사야에게 그랬던 것처럼 사람들에게 영적인 세계가 얼마나 가까이 있는지, 그리고 살아 계신 주님이 가까이 계시며 위엄이 있으며 모든 것을 아신다는(심령을 살피는 전지(全知)하심) 사실을 깨닫게 한다(이 6:1-8; 계 1:9-18).

하나님의 말씀이 가슴에 사무친다

성경과 성경의 메시지와 성경의 그리스도가 신앙과 생활을 형성하고 교정하는 이른바 정당한 통제력을 되찾는다. 신자들은 성경의 신적 권위와 능력을 새롭게 느낀다. 그리고 하나님이 히브리 문헌과 기독교 문헌의 유물 모음집에 불과하다고 여기던 성경을 통해 다시 한

번 그들에게 말씀하시고 그들의 마음을 깨끗하게 하시고 변화시키시며 그들의 영혼을 살피시고 먹이신다는 사실을 발견한다.

하나님의 정결하심이 나타난다

하나님이 당신이 기록한 말씀을 사용해서 양심을 소생시킬 때, 각 사람은 자신의 비뚤어짐과 추함과 더러움과 죄책감을 명료하게 인식하고 느끼며, 자신의 죄악을 전에 없이 심각하게 깨닫는다. 신자들은 지극히 겸손해지고 불신자들은 이전처럼 죄를 안고 하나님 없이 사는 일은 견딜 수 없다고 느낀다. 따라서 죄 용서가 사도신경 가운데 가장 소중한 진리가 된다.

하나님의 백성이 살아난다

회개와 보상, 믿음, 소망, 사랑, 기쁨과 평화, 찬양과 기도, 마음을 다 바쳐 그리스도와 교제하기, 구원에 대한 분명한 확신, 거리낌 없는 담대한 증거, 즐겨 나눔, 어려움에 처한 사람은 누구나 스스럼없이 도움의 손길 뻗치기 등이 하나님의 사람들이라는 특징적인 표시가 된다. 또한 거침없는 말씀선포가 새롭게 일어나 전에 없이 선과 악에 대해 명확하게 그 전망을 표현하고, 개인과 교회 그리고 사회를 개혁하기 위해 필요한 에너지가 새롭게 나타난다.

이 모든 일이 일어나는 동안 교회 내에서 회복된 도덕적·영적 영향력에 이끌려 아웃사이더들이 교회 안으로 들어온다.

무엇을 근거로 이러한 분석이 나왔는가? 첫째, 성경에 나오는 하나님의 회복하시는 역사에 대한 설명 ― 행의 초반 몇 장과 아사(Asa, BC 964-923년에 재위한 유다의 3대 왕-옮긴이), 히스기야, 요시야, 에스라 시대의 영적 각성에 대한 기록(대하 15장, 29-31, 34, 35장; 슥 9-10장; 느 8-10장) — 을 근거로 삼았다. 둘째, 이사야, 에스겔, 스가랴 선지자들이 가장 두드러지게 설명했으며, 시편 44, 67, 80, 85편 등에서 부흥을 간구하는 기도를 통해 설명하고 있는 회복의 신학에 근거했다. 셋째, 역사적 기록을 근거로 삼았다. 버나드, 아씨시의 프랜시스, 사보나롤라 (Girolamo Savonarola; 1452-1498 이탈리아의 그리스도교 설교가이자 종교개혁가이며 순교자-옮긴이), 조너선 에드워즈, 조지 휘트필드, 존 웨슬리, 찰스 피니, 로버트 맥체인 같은 후대의 지도자들이 주도해서 일어났으며 성경에 기록된 말씀과 유사한 영적 각성들, 17세기 영국청교도의 각성, 18세기 중반 영국복음주의의 부흥과 미국의 대각성, 1850년대와 1900년대 전 세계적인 영적 소생, 그리고 1930년대에 시작되어 아직도 계속되고 있는 동부 아프리카의 부흥 같은 최근의 운동들에서 나온 분석이기도 하다. 이러한 운동들 하나하나와 성경의 본보기가 이렇게 가족처럼 닮은 점은 가히 놀랄 만하다. 하나님은 이처럼 계속해서 나타나는 하나님의 특징적인 역사를 통해서 침체해 가는 교회를 끊임없이 각성시키고, 그러한 각성에 뒤따르는 넘치는 복음화의 열정으로 그리스도의 나라를 확장시킨다.

우리는 이렇게 중대한 하나님의 역사에 어떤 이름을 붙여야 할까? 17세기 이래 유서 깊은 용어는 부흥(revival)이었다. 하지만 부흥이라는 말과 함께 연상되는 특정한 유형의 설교 사역, 감정적인 영성, 집단 흥분 상태 때문에 이 단어를 거북하게 느끼는 사람들도 있었다. 그런 점에서 볼 때, 은사주의자들이나 다른 운동을 벌인 사람들이 왜 부흥 대신에 회복(renewal)이란 말을 더 선호했는지 충분히 이해가 간다. 우리는 부흥보다 회복을 선택하는 경우처럼 다른 단어를 선호한다 해서 문제를 삼아서는 안 된다. 토머스 홉스가 오래 전에 말했듯이 말이란 현명한 사람들에게는 돈과 같다("그들은 돈으로 값을 치른다"). 그러나 단어는 바보들도 사용하는 돈이다. 무슨 뜻인가 하면, 바보들은 특정한 단어를 사용하지 않으면, 그러니까 우리가 하는 말로 단추를 바로 채우지 않으면 그들이 좋아하는 그 단어 자리에다 아무리 많은 동의어를 대신 사용해도 그 단어가 원래 지칭하는 바로 그 사물을 똑같이 언급하고 있다는 사실을 인식하지 못한다는 말이다. 우리는 홉스의 경고를 가슴에 새기고, 두 사람이 다른 단어를 사용하면서도 같은 뜻일 수도 있으며 마찬가지로 같은 단어를 사용하지만 다른 뜻을 가리킬 수도 있다는 점을 기억해야 한다. 하지만 우리는 은사주의자들이 말하는 회복에 대한 이상(理想)과 체험이 복음주의자들이 말하는 부흥에 대한 이상(理想) 및 체험과 완전히 일치하는지 그 여부를 물어야 한다.

우리가 살펴본 대로 은사주의운동은 다음과 같은 수단을 사용해 교회 전체의 회복을 추구한다.

1. 성령세례 혹은 성령의 '방출'을 통해 살아 계신 하나님과 그리스도를 다시 찾고, 그리스도인의 삶에 내재한 초자연적인 차원을 재발견함.
2. 하나님의 감동으로 이루어진 말씀인 성경으로 돌아가 성경으로 영혼을 풍성하게 함.
3. 영육을 포괄한 전인(全人)이 성령이 하실 일을 기대하며 온전히 성령을 의지하게 하는 것을 목적으로 하는 개인적 · 집단적 경건생활의 생활화(여기에 방언도 속한다).
4. 편안하게 모두가 참여하는 공적 찬양과 기도.
5. 그리스도의 몸의 모든 지체가 사역에 필요한 영적 은사를 사용함.

6. 공동체 생활을 통해 새로운 사역의 가능성을 탐구함.

7. 공동체 생활 및 가능한 수단을 활용해서 어려움에 처한 사람들에게 복음 증거와 봉사를 통해 도움의 손길을 뻗으려는 적극적인 헌신.

8. 놀라운 섭리('기적'), 사람들에게 주시는 예언의 메시지, 이상(visions), 초자연적인 치유, 하나님의 손이 유사한 성령의 나타남 가운데 계속해서 드러나기를 간절히 소망함.

이러한 은사주의의 '회복'에 대한 이상(理想)이 역사적인 복음주의의 부흥이란 개념을 벗어나는 점이 있는가? 그렇다. 기적에 대한 기대, 방언과 예언, 치유를 강조한다는 점에서 회복이라는 이상에는 내가 말했던 슈퍼 초자연주의라는 피가 흐르고 있다는 사실을 알 수 있다. 복음주의에서는 부흥이 일어날 때 반드시 은사도 나타난다고 생각하지 않는다. 그들은 부흥에 대한 체험을 통해 은사를 불안한 미성숙의 표시로 진단했을 뿐 높은 영성의 표시라고는 보지 않았다.

회복에 대한 은사주의의 이상이 복음주의자들이 말하는 부흥에 못 미치는 점이 있는가? 그렇다. 은사주의의 이상은 거룩하신 하나님의 임재 앞에서 낮아지고 두려워해야 하며, 죄의 죄성과 이기주의의 폐해와 회개가 요구하는 급진적인 변화 등을 깨달아야 한다는 점에 대해서는 거의 언급하지 않기 때문이다. 은사주의자들은 '아이가 아빠에게' '친구가 예수님에게' 하는 식의 거리낌 없는 태도를 차갑고 거리감 있는 형식적인 신앙을 교정하는 수단으로 받아들이고 육성한다. 하지만 그러한 태도는 결과적으로 천진하기보다는 오히려 유치한 것으로 전락해서 실제로 성장하는 데 방해 요소가 될 뿐이다.

이 점이 심각한 결점이 아닐 수 없다. 왜냐면 하나님이 누구시며 어떠한 분인가에 대해 인식을 심화시키고, 자신의 무가치함과 죽을 수밖에 없는 죄인에게 베푸시는 하나님의 놀라운 은혜에 대한 깨달음을 회복하는 일은 모든 진정한 부흥의 주 원인이기 때문이다. 따라서 바로 이러한 사실들에 대해 인식을 심화시키는 노력이야말로, 은사주의운동의 가치를 알고 이 운동 덕분에 성령께 마음을 열고 그리스도께 민감하게 반응하는 법을 많이 배운 사람들에게 맡겨진 숙제일 것이다. 성령께서 우리에게 하나님의 거룩하심과 그리스도께서 가져다주신 자비야말로 지금까지 우리가 알고 있던 정도와는 비교도 안 될 만큼 절박하게 필요하다는 사실을 깨닫게 해 주시기 전까지는, 성령은 오늘날 그리스도인의 목전에서 중보자가 되시는 그리스도를 부각시키는 자신의 사역을 충만히 성취할 수 없을 것이다.

현재 우리는 부흥의 조건을 갖추고 있지 않다. 지금은 소소한 것들의 시대이며, 우리는 여전히 난쟁이 성도들이기 때문이다. 오늘날 성경을 믿고 그리스도를 사랑하는 그리스도인들이, 복음주의 안에 있는 다양한 신학적인 차이에도 불구하고 교파를 초월하여 서로에게 기꺼이 배우려고 하는 태도는 감사할 만하다. 언제나 그런 태도를 보이지는 않았기 때문이다. 우리 각자는 우리와 신학적인 면에서 다른 사람들에게서 받은 것들에 대해 마땅히 감사해야 한다. 하지만 우리 중 어느 누구도 지금 우리가 가진 것에 만족하고 안주할 자격은 없다. 우리 모두는 계속해서 성령을 이제까지보다 더욱 깊이 체험할 수 있도록 인도해 달라고 구해야 한다. 오늘날 은사주의와 비은사주의 신자들, 이전의 어거스틴주의, 웨슬리주의, 케직 신자들은 바로 이러한 추구를 통해 성령 안에서 연합해야 할 것이다.

안고 살아야 할 질문들

성령을 공경하고 그분이 인도하시는 대로 그분과 보조를 맞추고자 하는 사람들이라면 적어도 다음의 질문을 안고 사는 법을 배워야 한다. 또한 인생의 전환점을 만날 때마다 그 질문들의 재촉에 끊임없이 반응해야 한다.

첫번째 질문은 교회에 영적 생명력이 있느냐에 대한 문제

이 질문의 요지는 고린도전서 12장부터 14장을 살펴보면 명확히 알 수 있다. 이 세 장에서 어떤 폐해가 드러나 있든지 간에, 우리는 여기서 성령께서 교회에서 능력으로 일하고 계신 모습을 분명하게 볼 수 있다. 이 부분을 읽고 오늘날의 교회가 얼마나 피폐하고 무력감에 빠져 있는지 뼈아프게 인식해야 한다. 우리가 이 부분을 읽고 나서 마냥 우쭐대면서 고린도교회에 있던 무질서가 우리 교회들에는 없다고 흡족해한다면, 우리는 정말 바보다. 고린도교회의 무질서는 통제할 수 없을 만큼 넘쳐나는 성령의 생명력 탓이었다. 오늘날 많은 교회들이 정돈된 이유는 그저 교회들이 잠들었기 때문이며, 일부 교회에서는 그것이 죽음의 잠이 아닌지 우려하는 사람도 있다. 공동묘지에서 질서를 유지하기란 대수로운 일이 아니지 않은가! 바울은 고린도전서의 다른 부분에서 고린도 교인들이 얼마나 세속적이고 미숙한지를 심하게 질타했다. 하지만 그런 이유로 그들이 오늘 우리와 비교할 수 없을 만큼 성령의 사역을 많이 누렸다는 사실을 못 보아서는 안 된다.

이 점에 대해 조금만 더 파고들어 보자. 바울은 고린도전서 서두에서(1:4-7) 이렇게 적었다. "그리스도 예수 안에서 너희에게 주신 하나님의 은혜를 인하여 내가 너희를 위하여 항상 하나님께 감사하노니 이는 너희가 그의 안에서 모든 일 곧 모든 구변과 모든 지식에 풍족하므로 그리스도의 증거가 너희 중에 견고케 되어 너희가 모든 은사에 부족함이 없이." 실제로 이 말은 듣기 좋으라고 한 소리가 아니었다. 바울은 마음에도 없는 말을 한 게 아니라 진심이었다. 고린도 교인들은 여기서 묘사한 대로 그리스도를 통해 참으로 '풍족해'졌다. 결과적으로 그들이 함께 예배하기 위해 만났을 때, 그들은 은사와 예배에 나름대로 기여할 것들을 풍성하게 가져왔다. 오늘날의 교인들은 너무도 자주 아무 생각도 기대도 없이 냉랭한 마음으로 모인다. 예배에 기여한다는 생각은커녕 자신들이 교회에 가서 무엇인가 받을 게 있다는 기대조차 희미하다. 반면에 고린도 교인들은 설레는 마음으로 열심히 만났으며, 자신들에게 있던 "성령의 나타남"(12:7)을 동료 신자들과 간절히 나누고 싶어했다. 바울은 "너희가 모일 때에 각각 찬송시도 있으며 가르치는 말씀도 있으며 계시도 있으며 방언도 있으며 통역함도 있나니"(14:26)라고 썼다. 이와 같이 고린도교회의 공적 예배는 단조롭거나 판에 박힌 예배가 아니었다. 모든 예배자들이 준비된 상태로 각자 하나님께 받은 것들이 예배에 보탬이 되기를 진심으로 바라며 참여했다. 때문에 그들의 모든 예배는 하나의 이벤트였다. 위에서 인용한 말씀에서 바울이 기독교 예배에 대해 언제 어디서나 참가자들이 제각기 음식을 갖고 와서 함께 나눠 먹을 수 있는 파티 형식을 취해야 한다는 규칙이나 예배 순서가 어떠해야 하는지를 규정한 것은 아니다(형제단[Brethren] 친구들에게는 실례지만). 다만 한 특정한 교회에서 실제로 벌어진 사태를 묘사하고 있을 따름이며, 그런 사태를 재현해 내라는 의도가 아니라 이미 벌어진 그런 사태를 어떻게 다룰지 지시하고 있을 뿐이다. 하지만 그런 사태 자체는 성령께서 당신의 뜻대로 만들어 내신 일이었다.

더 나아가 고린도 교인들이 예배하러 모였을 때, 그들은 하나님의 임재와 능력을 실제로 체험했다. 그들 가운데 하나님이 계시다는 느낌은 초기 예루살렘에서처럼(행 5:11-13) 사람들에게 두려움을 주었고, 하나님의 이름으로 선포하는 모든 말에는 마음속을 살피는 힘이 있었다. 그래서 바울은 그들에게 오늘날 특정 교회 교인들에게 그런 말을 한다면 터무니없는 소리로 들릴 만한 이야기를 거의 아무렇지도 않은 듯이 적고 있다. 당신은 바울이 고린도교회를 알고 있었고, 창립 이후 18개월에 걸쳐 이 교회를 관찰해 왔기 때문에 이 교회에 대해 직접 얘기할 수 있는 입장이었음을 기억하라. 바울은 이렇게 선포했다. "그러므로 온 교회가 함께 모여…… 다 예언을 하면[하나님의 메시지를 이해할 수 있는 말로 전하면. 그 예언이 직접적인 감동으로 한 것인지 아니면 말씀을 풀이한 것인지를 여기서 결정할 필요는 없다] 믿지 아니하는 자들이나 무식한 자들이 들어와서 모든 사람에게 책망을 들으며 모든 사람에게 판단을 받고 그 마음의 숨은 일이 드러나게 되므로 엎드리어 하나님께 경배하며 하나님이 참으로 너희 가운데 계시다 전파하리라"(14:23-25, [ ]는 저자 표기). 오늘날 당신이 아는 어느 교회에게든 이런 말을 진지하게 할 수 있다고 어디 상상이라도 할 수 있겠는가? 하지만 바울은 고린도 교인들에게 이런 말을 기정사실인 듯, 의문의 여지라곤 전혀 없다는 듯 할 수 있었다. 또한 그의 말 속에는 과장한 듯한 느낌은 조금도 들어 있지 않다.

어떻게 이런 일이 가능했을까? 그렇게 할 수 있었던 이유는, 바울과 고린도 교인들이 오로지 실제 체험을 통해 바울이 진술한 내용이 진실하다는 사실을 계속해서 검증할 수 있었기 때문이다. 그런 식으로 생각하지 않으면 바울이 왜 고린도 교인들이 자신의 진술을 받아들이리라고 예상했는지(이 점은 명백하다) 설명할 수가 없다.

고린도교회에서는 우연히 이 교회를 방문해서 별생각 없이 예배에 참가했던 방문자가 거기서 선포하는 모든 말을 하나님의 메시지로 마음에 받아 변화되어서 교회를 나섰던 일이 최소한 한 번 이상 있었으며, 바울이 이런 경험을 다른 교회에서도 했다는 데에는 의심의 여지가 없다. 바울의 시대 이후 하나님의 백성 가운데 하나님의 임재에 대한 의식이 강하게 일어났던 부흥의 시대에도 그와 같은 일이 많이 일어났다. 때문에 우리가 이러한 사실에 대해 놀랄 까닭은 없다.

아무리 고린도교회의 무질서가 통탄할 정도였다 해도 고린도교회는 강하게 밀려드는 신적 생명력으로 넘쳐나고 있었다. 무질서 그 자체만 본다면 나쁜 현상이며 바랄 가치라곤 없다. 하지만 넘치는 무질서와 그 모든 위험에도 불구하고 성령의 생활이 영적 침체 상태, 다시 말해 죽은 상태의 특징인 깔끔하고 정돈된 모습보다 더 낫지 않은가 하는 문제는 여전히 남아 있다. 죽음이 지배하는 곳에는 실제로 질병이나 기능장애의 문제도 없다. 그러나 그렇다고 생명 없는 상태가 이상적이란 말인가?

존 오언은 3세기 전 〈영적 은사에 대한 논고〉(*Discourse of Spiritual Gifts*)라는 책에서 청교도 부흥(그것은 참으로 부흥이었다)을 검토하고, 영적 은사의 오용과 남용이 청교도 부흥을 훼손시켰다고 솔직하게 인정했다. 그는 이렇게 썼다. "어떤 사람들은 그것들, 곧 '많은 그리스도인 개개인의 탁월한 능력들'을 오용했고, 어떤 사람들은 거기에 편승했으며⋯⋯ 어떤 사람들은 그것 때문에 우쭐해했고, 어떤 사람들은 교회에서 그것들을 무질서하게 사용해서 해를 끼쳤고, 어떤 사람들은 그것들을 가지고 뽐냈던 것이 사실이다⋯⋯ 그러한 모든 잘못들은 초대 교회들에도 있었다." 하지만 그는 이어서 이렇게 말했다. "그리고 나는 사도들이 세웠던 그 교회들의 질서, 규칙, 정신과 관행을 그 모든 문젯거리와 약점과 더불어 택할 것이며, 다른 교회들처럼 이 모든 것들로부터 공개적으로 물러나 앉아 세속적인 평화를 택하지 않겠다."[1] 솔직히 나도 하나님 앞에서 그렇게 선언하며 내가 그랬듯이 독자들도 똑같이 느끼기를 바란다. 우리는 교회의 일상적인 일에서 어떤 종류의 영적인 상태를 어느 정도 추구하는가? 우리는 하나님의 생명과 능력이 어느 정도이면 흡족해하겠는가? 위의 질문은 우리의 대답을 재촉하고 있으며 언제나 그러하리라.

두번째 질문은 교회 질서와 조직에서 급진주의와 관련한 내용

급진주의(radicalism, 어원은 라틴어로 '뿌리'에 해당하는 radix다)란 인정사정 없이 문제의 근원을 향해 돌진하며 수박 겉 핥기 식의 해결책은 받아들이지 않는 태도이다. 요즘 신학에서 말하는 급진주의는 내 생각엔 크나큰 불행이며, 독자들 중에서 아무도 거기에 빠져 들지 않기를 바란다. 하지만 우리 가운데 어느 누구도 교회 생활에서 끊임없이 급진주의로 돌아오라고 부르시는 하나님의 호출을 감히 피할 수는 없다.

신약성경 저자들은 모든 기독교 공동체가 성령의 능력을 드러내기를 기대한다. '풍성하게 부어 주시는 성령의 능력'을 누리는 일은 신약 시대 교회의 특권이었기 때문이다. 성령이 능력 있게 일하시지 않는 교회는 성경의 기준으로 볼 때 이단(異端)만큼이나 부자연스럽다. 이러한 부자연스러운 사태는 인간의 실패라는 관점에서 보지 않으면 설명할 길이 없다. 신약성경에서는 이러한 실패를 가리켜 성령을 소멸하게 한다고 표현한다. 성경에 따르면 우리는 성령이 일하실 때 저항하고, 그 사역을 경시하거나 혹은 그분의 영향력에 순종하기를 거부함으로써 성령을 소멸하게 할 수 있다(행 7:51; 히 10:29). '소멸시킨다'는 단어는 물을 부어서 불을 꺼 버리는 모습을 보여 준다. 데살로니가전서 5장 19절의 "성령을 소멸치 말며"라는 말씀의 앞뒤 구절에는 좋은 것을 취하고 항상 기뻐하고 쉬지 말고 기도하고 범사에 감사하라는 권고가 나온다. 다른 한편으로는 '예언'(누가 어떤 식으로 선포한 것이든 상관없이 하나님의 메시지를 뜻함)을 멸시하고 분별하지 못하며 죄악에 참여하는 일에 대한 경고가 이어진다. 이런 사실은 주목할 가치가 있다. 그러한 권고와 경고가 바울의 머릿속에서 연결되어 있었고, 이러한 권고와 경고에 주의하지 않으면 개인이나 교회 생활에서 성령을 소멸하게 할 가능성이 높다는 점을 우리에게 알려 주기 원했다고 생각할 수 있기 때문이다. 또한 물을 끼얹으면 불은 효과적으로 끌 수 있는 반면, 단순히 물 붓기를 멈춘다고 해서 불씨를 다시 타오르게 할 수는 없기 때문에 새롭게 불을 붙여야 한다는 사실도 주목해야 한다. 성령이 소멸되었을 때 우리가 입힌 피해를 원래 상태로 되돌리는 일은 우리 능력 밖의 일이다. 우리가 할 수 있는 일이라면 회개하고 하나님께 부르짖어 하나님의 일을 부흥시키시도록 구하는 일뿐이다.

오늘날 우리는 하나님의 영이 소멸한 상황을 물려받았다는 사실을 부인하기란 어렵다. 참으로 부자연스러운 일이지만 대다수의 교회에 성령의 능력이 없다. 무엇 때문에 그렇게 되었는가? 일부 지역에서는 성경과 복음의 가치를 무시하고, 하나님의 말씀의 푸른 초장에서 벗어나 인간의 억측이라는 메마른 평지로 나아가 방황한 직접적인 결과였다. 하지만 반면에 복음주의신앙의 '오래된 길'을 저버린 적이 없는 곳에서는, 개인과 관행 차원에서 나타나는 특정한 태도와 금지 때문에 성령의 불이 꺼졌으며 성령의 역사가 그대로 질식돼 버렸다. 앞서 말한 태도와 금지가 무엇인지를 가장 잘 표현해 주는 단어는 어쩌면 **관습**과 **전통주의**가 아닌가 한다. 아직도 백 년 전의 교회 운영방식을 한사코 고집하는 미묘한 집착이 널리 퍼져 있다. 그들은 시대에 뒤떨어진 **신실한**(바로 이 단어를 쓴다) 방식들이야말로 하나님을 바로 섬기는 방식이라고 단정 짓는다. 그래서 오늘날 교회 안팎의 사람들과 효율적으로 의사소통하기 위해서는 그러한 방식들을 수정해야만 한다는 목소리를 전혀 용납하지 않는다. 우리가 물려받은 교회 건물이 있다고 치자. 그 안에서 모임을 가질 때 무엇을 해야 하고 무엇을 하면 안 되는지를 결정하는 주체가 우리가 아니라 건물 자체가 되는 상황이 이러한 전통주의 증후군의 전형적인 증상이다. 우리 모두가 이미 아는 대로 전통주의 증후군은 아주 강력하다. 교회는 관습의 타성에 젖어 운영하기 쉬우며, 그러한 타성은 어느새 무덤으로 변해 버린다.

바로 여기서 제도적 급진주의는 도전을 받는다. 은사주의 모임들은 그 도전에 대해 다른 사람들보다 더욱 눈에 띄게 경계해 왔다. 사실상 어떠한 양식이나 구조라도 성령을 섬길 때만 유지할 수 있다. 우리를 생명력 없는 판에 박힌 일에 매이게 하거나 영적 은사가 유익하게 사용되지 못하게 방해하거나 신도석에 있는 사람들을 승객들로 남아 있게끔 조장하는 그 모든 일은, 우리가 그전에 그 일들을 얼마나 신성하게 여겼든지 상관없이 변화해야 한다. 성령은 우리 중 많은 사람들처럼 감상주의자가 아니라, 변화의 주도자이시다. 그분은 사람의 마음뿐 아니라 사람이 만든 교회 구조까지도 변화시키기 위해 오신다. 변화 자체를 위한 변화란 그저 변덕에 지나지 않는다. 하지만 하나님의 충만한 축복을 가로막는 장애물을 제거하는 변화는 반드시 필요하며, 이러한 변화는 분명 하나님의 은총이다. 사도행전 2장부터 5장에서 만나 볼 수 있는 교회는 제 소유의 건물도 없었으며, 급조(急

造)한 지도부는 허술하기 짝이 없었다. 그러나 각 교인은 진행하고 있는 사역과 복음 증거에서 분명히 자신의 역할을 다했으며, 그 교회가 예루살렘에 미친 영향은 엄청났다. 현대 서구 사회를 살펴보면, 우리는 주위에서 거대한 교회 건물들—그 중에는 실제로 수천 명 교인이 예배를 드리는 곳도 있고, 교인은 별로 없고 건물만 큰 곳도 있다—과 복잡한 계급을 가진 성직자들과 직원들을 볼 수 있다. 하지만 그토록 많은 교인들은 대부분 승객에 지나지 않으며, 도시 생활은 마치 교회가 그곳에 존재하지 않는 양 진행된다. 1세기의 예루살렘과, 20세기의 리버풀이나 밴쿠버 혹은 뉴욕 사이에 있는 사회학적인 차이를 충분히 고려한다 해도, 여전히 이러한 질문들은 우리의 대답을 재촉한다. 우리는 성령께서 더 이상 소멸당하지 않을 지점까지 도달하기 위해서 얼마나 많은 변화를 받아들여야 하는가? 우리는 전통적인 형식이 성령을 근심하게 하고 소멸하게 할 수 있다고 볼 만큼 충분히 급진적인가? 전통적인 형식이 정말 그런 결과를 낳는다면, 우리는 그런 형식들을 변경시킬 만큼 충분히 준비가 되어 있는가? 이러한 질문들은 그냥 사라져 버리지 않을 것이다. 우리는 이 질문을 안고 살아가야 한다. 우리 영혼과 우리 교회의 건강상태는 상당 부분 이 질문들에 대해 어떻게 반응하는가에 달려 있다.

세번째는 이웃에게 사랑으로 도움의 손길을 뻗는 일과 관계된 질문

우리는 우리의 이웃을 어떻게 사랑해야 하는가? 이 시대의 악몽 가운데 하나는 복음 증거가 시대에 뒤떨어진 것이라는 생각이다. 그러기에 이제는 교회를 세우는 일이 더 이상 주 임무가 아니라고 주장한다. 또한 하나님께서는 이제 세상에서 직접 일하고 계시는데, 교회를 통해서가 아니라 세속적인 영역에서 갖가지 형태의 불의와 싸우신다고 믿는다. 때문에 이 사실을 깨닫고 그러한 활동이 있는 곳에 참여하는 일이야말로 오늘날의 교회가 할 일이라고 말한다. 현재 많은 교회가 이 주장에 전적으로 동의하는 듯 보인다. 교회의 사명에 대한 이러한 개념은 보편주의의 정당성을 전제하고 있다. 그 뒤에 깔린 발상은 어쨌거나 우리 이웃은 영적으로 안전하기 때문에 그들이 신앙을 갖도록 돕는 일은 급한 일이 아니며, 따라서 다른 종류의 섬김과 지원을 통해 그들을 돕는 데에 우선해야 한다는 뜻이다. 보편주의는 언제나 이런 식으로 복음 증거가 급박함을 부지중에 약화시킨다. 하지만 20세기에 이르기까지 대부분의 그리스도인들의 생각처럼 보편주의가 틀렸다면 어떻게 되는가? 그렇다면 현대의 이 견해는 전적으로 재고되어야 마땅하리라.

사실상 성경의 가르침이 하나님의 진리이며 우리가 그 가르침 전체를 받아들여 그 안에서 취사선택하기를 멈추고 성경의 모든 요소와 측면을 제대로 묶어 낸다면, 그때는 보편주의는 물어볼 것도 없이 잘못되었으며 복음 증거야말로 이전에 생각하던 대로 이웃 사랑을 표현하는 최상의 형태라는 사실이 드러난다. 복음 증거는 실제로 성령께서 친히 죄와 의 그리고 심판에 대하여 세상을 책망하실 것이라는 약속으로 뒷받침된다. 복음 증거에 참여하는 그리스도인들은 성령께서 주기적으로 제자들에게 능력을 주셔서 자신들의 주인을 증거하게 하신다는 사실을 알고 힘을 낸다(행 1:8, 4:31, 33, 6:5, 8-10, 9:17-22). 하지만 또다시 이런 질문이 나온다. 무엇이 그리스도의 메시지를 나누는 가장 유효하고 효과 있는 방법일까? 우리는 어떻게 그리스도의 메시지를 이해시킬 수 있을까? 이처럼 어떻게 하면 가능한 한 복음을 가장 널리, 그리고 열매를 많이 맺을 수 있도록 전할 수 있을까 하는 문제를 두고 끊임없이 고민하는 신자와 공동체만이 성령의 충만한 능력을 알게 된다고 말해도 무방하리라. 그 외의 사람들은 성령이 가진 복음 전도자의 임무에 대해 무관심하여 성령의 인도하심을 외면함으로써 성령을 효율적으로 소멸시키고, 결국 매일 그분의 사역을 거의 모르거나 전혀 모른 채 살아가게 될 것이다.

우리가 언제나 안고 살아야 할 네번째 질문은 부흥에 대한 문제

부흥은 우리 시대에서 의미 있는 소망인가? 부흥은 우리의 개인적인 소망인가? 우리는 하나님으로부터 어떤 기대를 갖고 있는가? 우리가 보았듯이 오늘날 교회에 필요한 부흥은 아직 오지 않았으며, 은사 회복운동과 충만한 부흥을 동일하게 여긴다면 부흥이 무엇인지 제대로 알지 못한다는 사실을 보여 줄 뿐이다. 앞에서 나는 부흥에 포함되는 요소들을 묘사했지만 부흥의 신학을 체계적으로 정리하지는 않았다. 이제 잠시 시간을 들여서 부흥의 신학을 정리해 보는 일은 분명 가치가 있다. 부흥의 주요 논점을 제시하겠다.

부흥은 하나님께서 당신의 교회에 새로운 활력을 주시는 일이다. 부흥은 삶을 회복시키는 하나님의 역사(役事)이다. 따라서 영적인 삶이란 하나님과 교제하는 삶이다. 이미 살펴보았듯이 성령은 그 교제의 설계자이자 주선자이다. 신자들을 새로운 차원에서 성부와 성자 하나님과 교제할 수 있도록—아마 성자를 통해 성부와 나누는 교제라고 말해야 하리라. 물론 앞의 표현은 사도가 사용한 말(요일 1:3)이다—이끄서서 교회를 부흥시키신다. 부흥은 사회적·집단적인 일로서 크고 작은 지역사회를 변화시킨다. 성경에 나오는 부흥을 구하는 기도들은 하나님께 내가 아니라 우리를 소생시켜 달라고 간구한다. 성경에서 부흥에 대한 예언들을 살펴보면, 하나님이 찾아오셔서 한두 명의 이스라엘 사람에게 생기를 주시는 게 아니라 이스라엘 백성 전체에 활력을 주신다고 묘사한다. 성경의 역사나 후대 기독교사의 기록에 따르면 공동체 전체가 부흥의 영향을 받는다. 부흥이 그리스도인들에게 개인적으로 온다는 것은 사실이지만 고립된 개인의 사건이 아니다. 하나님은 당신의 교회를 부흥시키신다. 그 때문에 새 생명이 교회에서 넘쳐흘러 불신자들을 회심시키고 사회 전체를 혁신시킨다.

부흥은 하나님이 당신의 분노를 당신의 교회에서 멀리 옮기시는 일이다. 하나님의 백성이 그들의 원수들과 대항할 때 무력하다면, 이것은 바로 하나님께서 그들의 죄악을 심판하고 계시다는 표시이다. 구약성경에서 부흥을 구하는 부르짖음은 심판을 받고 있다는 인식에서 생겨났으며(시 79:4-9, 80:12-14, 85:4-7; 합 3:2), 부흥은 하나님께서 심판 이후에 당신의 백성을 위로하시고자 할 때 임한다. 그리스도께서는 신약성경에서 라오디게아교회에 부흥을 구하라고 조언하시고, 만약 그렇지 않으면 그들에게 심판이 임할 거라고 말씀하신다(계 3:14-22).

부흥이란 하나님께서 당신의 백성들의 심령을 감동시키시고, 그들에게 찾아오시고(시 80:14; 렘 29:10-14), 오셔서 그들과 함께 거하시고(슥 2:10-12), 그들에게 돌아오시고(슥 1:3,16), 당신의 성령을 그들에게 부으셔서(욜 2:28; 행 2:17-21) 그들의 양심을 소생시키시고 그들의 죄악을 보여 주시며, 당신의 자비 — 신약 시대에는 자비의 전달자이신 하나님의 성자(聖子) — 를 그들의 눈 앞에 영광스럽게 드러내시는 일이다. 부흥의 시대에는 하나님이 항상 보고 계신다는 인식을 깊이 가지게 마련이다. 영적인 일들이 너무나 현실감 있게 다가오고, 하나님의 진리가 상처를 주거나 치유를 하는 데에 압도적인 힘을 가진다. 죄를 절실히 깨닫게 되어 회개가 깊어지고 강한 믿음이 확신 있게 일어나며 영적인 이해력이 기민하고 날카롭게 되며, 회심자들은 대단히 짧은 기간에 성숙한다. 그리스도인들은 두려움 없이 증거하며 구세주를 섬길 때 지치는 일이 없다. 그들은 자신들의 새로운 체험이 진정 천국의 삶을 미리 맛보는 일이라는 것을 깨닫는다. 천국에서는 그리스도께서 당신을 그들에게 온전히 드러내시므로 그들은 밤낮으로 쉬지 않고 그리스도를 찬양하고 그리스도의 뜻을 행하게 될 것이다. 또한 기쁨이 넘쳐나며(시 85:6; 대하 30:26; 느 8:12, 17; 행 2:46, 47, 8:8), 서로 사랑하는 마음으로 아낌없이 나눈다(행 4:32).

부흥은 하나님이 당신의 놀라운 은혜를 드러내 보이시는 일이다. 부흥이 전적으로 은혜의 역사인 이유는 그것이 심판 외에는 받을 것이 없는 그리스도인들과 교회들에게 찾아오기 때문이다. 그리고 하나님께서는 부흥을 일으키실 때 그 안에서 당신의 은혜가 결정적이라는 사실을 보여 주신다. 사람들이 집회를 열고 캠페인을 벌이며 하나님이 그들을 축복하시기를 구하지만, 실제로 부흥을 조성하는 유일한 분은 성령 하나님이시다. 부흥은 종종 외딴 곳에서 돌발하거나 유명하지 않은 사람들의 사역을 통해서 온다. 이처럼 부흥은 계속해서 갑작스럽게 온다. 또한 부흥은 분명 기도의 응답으로 온다. 그러기에 아무도 부흥을 위해서 기도하지 않은 곳에서는 아무도 부흥의 역사를 체험하지 못할 것이다. 기도는 부흥의 유일한 원천으로서 하나님의 주권을 부각시키고, 모든 찬양과 부흥의 영광을 오로지 하나님께만 돌려야 한다는 사실을 보여 주는 방식으로 응답될 것이다.

하나님이 부흥에 대한 전권을 쥐고 계시며, 우리가 아무리 애를 쓰고 수완을 부려도 하나님에게서 부흥을 억지로 끌어낼 수 없다면 부흥을 갈망하는 사람들은 무엇을 해야 하는가? 손만 만지작거리고 있으면 되는가? 아니면 뭔가 다른 일이 있는가?

우리는 세 가지 할 일이 있다. 첫째, 하나님의 진리를 전파하고 가르치라. 둘째, 그리스도의 길을 예비하라. 셋째, 성령이 넘쳐나기를 기도하라. 이렇게 전파하고 가르쳐야 하는 이유는 하나님께서 오직 진리, 즉 성경의 진리, 복음의 진리, 머리와 가슴에 각인된 진리를 통해 축복하시기 때문이다. 여기서 예비하라는 말은 길에서 자갈을 제거한다는 의미이다. 습관적인 죄, 기도와 교제를 소홀히 함, 세속적인 마음가짐, 교만, 질투, 원통함을 탐닉함, 증오를 행동의 동기로 삼음 같은 장애물들이 그분이 오시는 길을 방해한다. 한편으로 그리스도인의 회개는 지속적인 부흥의 조짐인 동시에 진정한 부흥의 시작이기도 하다. 기도하라. 왜냐하면 하나님께서는 우리에게 구하지 않으면 받기를 기대하지 말라고 말씀하셨기 때문이다. 부흥에 대한 탁월한 신학자 조너선 에드워즈는 이렇게 표현한다. "하나님께 당신의 교회를 위해 이루실 대단히 위대한 무엇이 있다 해도 반드시 그 일을 행하는 데 앞서서 당신의 백성이 드리는 특별한 기도가 있어야 한다는 게 하나님의 뜻이며, 이 점은 에스겔 36장 37절에 분명히 드러나 있다…… 그리고 하나님께서 당신의 교회를 위해 위대한 일을 성취하고자 하실 때 먼저 은혜의 영과 간구의 영을 놀랍도록 부어 주실 것이라고 계시하고 있다(슥 12:10)."[2]

성령과 동행하기 원하는 사람들은 반드시 부흥이 필요한 곳(사실 서구 사회에서 그렇지 않은 곳은 거의 없다)에서 부흥을 구하는 법을 배워야 한다. 마찬가지로 복음을 전파하기 위해 자신을 헌신하는 법을 배워야 하고, 교회의 관행 가운데 성령을 소멸시키는 부분이 있다면 그러한 방식들을 변화시키는 법과, 전 교인 사역이 교회에서 점차 나타나도록 만드는 일에 자신을 헌신하는 법을 배워야 한다. 왜냐하면 이러한 일들이 성령의 주요 관심사이며, 성령께서는 그 일들에 관심을 가지심으로 우리 주 예수 그리스도를 영화롭게 하는 당신의 사명을 추진하시기 때문이다.

영적인 현실주의

하나님의 영이 우리가 평생 안고 살게 만드는 마지막 질문은 **현실주의**(realism)에 대한 질문이다. 이 질문은 내가 가장 먼저 열거한 **현실성**(reality)에 대한 질문과는 다르다. 현실성에 대한 질문은 교회 생활과 개인의 삶에서 설정하는 우리의 목표와 관련이 있다. 여기서 핵심 사안은 우리가 하나님의 생명력에 대해 어느 정도 기대치를 가지고 있는가 하는 문제였다. 반면에 현실주의에 대한 질문은 우리 자신에 대한 거북한 진실들을 직면할 의지가 있는가, 그러한 자신의 모습을 바꿀 의지가 있는가의 여부를 묻는 질문이다.

우리 대부분은 자기를 평가할 때는 현실주의자가 아니지만 다른 사람들을 평가할 때는 잔인할 만큼 사실에 충실하다. 우리 자신을 대할 때 우리의 태도는 어떠한가? 우리는 별을 쳐다보는 낭만주의자가 되어서, '아무 문제도 없다' '적어도 그렇게 나쁘지는 않다' '어쨌든 언젠가는 우리가 어떠한 조치를 취할 필요도 없이 모든 일이 마술처럼 바로잡힐 것이다'라고 스스로를 속인다. 아니면 아담이 하와를 비난하고 하와가 뱀을 비난했던 것처럼 결혼, 가정, 교회, 경력 등등 무슨 일이든지 잘못되면 끝없이 다른 사람만 탓한다. 우리는 어느 경우에도 지금 가지고 있는 자신의 결점을 책임지려 하지 않는다. 두 경우 모두 그 태도의 뿌리는 교만이다. 교만은 우리에게 나만은 변화할 필요가 없다고 속삭인다. 낭만적인 자기만족과 상처 입은 피해자로 처신하는 임기응변의 재주는 성령을 소멸하는 데 타의 추종을 불허할 정도로 뛰어난 자질이다. 양쪽 다 현실주의에 근거해 볼 때, 무엇인가

시급하게 해야 하는 분명한 상황에서 아무것도 하지 않기 위한 변명 거리에 불과하기 때문이다. 두 가지 모두 불신자에게는 죄에 대한 자각을 질식시키고, 그리스도인에게는 영적인 건강 상태를 엉망으로 만든다. 하지만 현실주의에 입각해 생각하고 행동하게 만드는 일은 성령의 정기적인 사역 가운데 하나이다.

우리는 이러한 사실을 '성령이 교회들에게 하시는 말씀'이라는 부분, 특히 요한계시록 3장 14절부터 22절의 라오디게아교회에 주신 말씀에서 배울 수 있다. 요한계시록 2, 3장에 대한 한 주해서가 〈그리스도께서 교회를 어떻게 생각하시는가?〉(*What Christ Thinks of the church*)라는 제목으로 출간된 적이 있었다. 아마도 그보다 더 적절한 제목은 생각해 낼 수 없을 것이다. 이 책의 제목이야말로 소아시아의 일곱 교회에 보낸 편지가 우리에게 들려주는 메시지이다. 성령께서 말씀하시는 것은 항상 그리스도께서 생각하시는 것이다. 그분은 오직 들은 대로 말씀하신다(요 16:13). 또한 이 경우에 예수님은 당신 스스로를 말씀하시는 분이라고 소개하고 있기 때문에 라오디게아 교인들에게 말씀하신 내용이 구세주께서 친히 주시는 메시지라는 데에는 의심의 여지가 없다. 그 메시지는 영적인 현실주의자가 되라는 부르심이다. 그것은 세 부분으로 이루어져 있다.

첫째, 예수님은 비현실주의를 폭로하신다. '내가 네 행위를 아노니', 그리고 너의 행위는 내게 말해 준다. 실제로 너는 미지근하고 열의 없고 특징도 없고 냉담하고, 간단히 말해 역겹고 미적지근한 물 같아서 메스꺼워 토해 내기에 딱 적합하다. 이와 같이 예수님은 "나는 너를 안다"고 말씀하신다. 하지만 너는 너 자신을 모르는구나! "네가 말하기를 나는 부자라 부요하여 부족한 것이 없다 하나 네 곤고한 것과 가련한 것과 가난한 것과 눈 먼 것과 벌거벗은 것을 알지 못하도다." 성령께서 너의 삶을 통해 바람처럼 부시고 물줄기처럼 흘러 다니셔야 마땅하다(요 3:8, 7:38). 그리고 그분의 영향력 아래서 네가 괄목할 만큼 은혜 가운데 성장하고 성령의 열매를 맺어야 마땅하다(벧후 3:18; 엡 4:15; 갈 5:22-24). 예수님은 말씀하신다. 하지만 그러한 일은 일어나지 않고 대신에 너는 영적으로 침체한 상태이니 참으로 수치스러운 일이다!

우리가 자기만족을 통해서건 남을 탓하는 버릇 때문이건 간에 그와 같이 정체되어 있어서, 우리의 정체상태와 우리는 잘하고 있다는 환상을 깨닫지 못한다면 예수님은 라오디게아교회를 대하는 태도와 마찬가지로 우리를 대하실 것이다. 그분은 변함이 없는 분이시기 때문이다.

다음으로 예수님은 우리를 현실주의자가 되라고 부르신다. "그러므로 내가 너를 권하노니 내게서 사라." 공짜이지만 이사야 55장 1, 2절에 나오는 대로 너 자신을 제대로 알고 겸허해져야 한다는 조건이 있었던 것이다. 진정한 부(富)인 순전하고 열성적이고 참되고, 온전히 헌신된 마음과 "안약을 사서 눈에 발라 보게 하라"(계 3:18-옮긴이). 다른 말로 하면 이제부터 너는 영적인 현실주의자가 되는 법을 배워서 그리스도를 기쁘게 하며, 그와 동거하고 동행하는 법을 배울 수 있을 것이다라는 말이다. 또 다른 말로 하면(성령께서 친히 말씀하시는 식으로 표현하자면) 라오디게아 교인들은 예수님과 그분의 사랑을 당연하게 여기는 태도와 이만하면 됐다고 안주하는 김 빠진 태도 모두를 변화시키는 법을 배워야 한다는 말이다. 예수님은 현실주의자가 되는 법을 배우라고 말씀하시는 것이다. 예수님은 말씀하신다. "담쟁이덩굴이 나무에 달라붙어 나무를 죽이듯이 비현실주의가 바싹 달라붙어 너를 망치고 있다. 그러한 비현실주의가 네가 나와 진정한 교제를 나누지 못하도록 방해하고 있다는 말이다."

이 말씀은 또한 우리가 라오디게아교회처럼 타락한다면 예수님께서 우리에게 하실 말씀이기도 하다는 사실을 분명히 기억하라.

마지막으로 **예수님은 현실주의를 칭찬하신다.** 어떤 식으로 칭찬하시는가? 예수님은 현실주의에 따라오는 최상의 혜택이 무엇인지 보여 주시는 방법을 사용하신다. "볼지어다 내가 문 밖에 서서 두드리노니 누구든지 내 음성을 듣고 문을 열면", 즉 자신의 필요를 현실적으로 인정하고 예수님께 다가가 그분이 주시는 것을 '사면' "내가 그에게로 들어가 그로 더불어 먹고 그는 나로 더불어 먹으리라." 우리가 이처럼 현실적으로 예수님께 다가가면서 동시에 자신이 변화해야 한다는 사실을 깨닫고 그렇게 할 수 있도록 은혜를 구하며, 우리의 삶으로 예수님을 노엽게 한 사실을 솔직히 인정하고 거기서 돌이킬 수 있는 능력을 달라고 간구하면, 우리는 그분을 발견하게 될 것이다. 이상이 우리에게 주신 그분의 약속이며 라오디게아 교인들에게 주신 약속이다. 그것은 친밀하고 의식적이고 지속적인 교제에 대한 약속이며, 우리가 사랑받고 보살핌을 받는다는 사실을 알게 되리라는 약속이다. 또한 죄와 사탄의 저항을 정복할 수 있는 능력에 대한 약속이며, 천국에 가기 전에 지상에서 맛보는 천국 생활에 대한 약속이다. 하지만 이러한 약속은 오직 영적인 현실주의자들만 상속할 수 있다.

성령을 안다는 것은 그리스도를 아는 것을 뜻하듯이 성령께 영광을 돌리는 것은 정확히 그리스도께 영광을 돌리는 것을 의미한다. 현실주의자가 되어 영적인 문제를 직면하고, 그리스도께서 자신의 잘못을 드러내시도록 자신을 기꺼이 맡겨 드리며 그분의 말씀에 따라 자신의 삶을 흔쾌히 바꿀 채비를 함으로써 그분께 영광을 돌려 드리는 것이다. 당신은 영적인 현실주의자인가? 나는 그러한가? 만약 성령께서 우리 삶의 주체로 오신다면, 성령께서는 우리가 이런 현실주의자로서 전혀 부족함이 없게 하기 위해서 위의 질문을 끊임없이 우리에게 던지시며 우리를 인도하셔서 스스로를 성경에 비추어 평가하게 하실 것이다. "하나님이여 나를 살피사 내 마음을 아시며 나를 시험하사 내 뜻을 아옵소서 내게 무슨 악한 행위가 있나 보시고 나를 영원한 길로 인도하소서"(시 139:23, 24).

친숙한 질문을 이렇게 각색해 보자. 우리가 성령께 영광을 돌린다는 죄목으로 고소를 당한다면 우리의 유죄를 입증할 충분한 증거가 있는가? 이제 우리는 어떠한 종류의 증거가 적절한지를 안다. 이 책의 서두에서 말한 대로 오늘날에는 성령과 동행하는 삶을 구성하는 요소에 대해 잘못된 생각들이 많이 유포되어 있다. 우리의 논증을 통해 죽 살펴보았듯이, 성령 안에서 사는 삶의 본질은 예수님을 인정하고 예수님과 교제하는 데에 있다. 성령은 성부께서 우리를 어리석음, 죄책, 죄의 권세로부터 구원하기 위해 우리에게 보내 주신 분이다. 우리가 매일 요한계시록 3장 20절이 초청하는 삶을 살기 위해 애쓰는 일은, 우리가 성령께 영광을 돌리고 있다는 것을 보여 주는 증거이다. 이 일은 참으로 중요하며, 이것과 관련이 없는 중요한 일이란 없다.

오소서, 성령이여!

성령께 기도하는 일이 합당한가? 사실 성경 어디에도 그런 예는 없다. 하지만 성령은 하나님이시기 때문에 성령께 기도할 충분한 이유가 있다면 그분을 부르고 그분께 기도하는 일이 잘못일 리는 없다. 신약성경에서는 일반적으로 성부 하나님께 기도를 드리지만(예수께서 친히 그렇게 가르치고 실천하셨기 때문이다) 예수님께 드리는 기도 또한 합당하다(바울이 명확하게 예수님께 세 번 기도했던 것처럼[고후 12:8-10]).
우리가 성령께 기도하는 이유가 예수님과 더욱 친밀한 교제를 나누
며 우리의 삶 속에서 예수님을 더욱 닮아 가기 위해서라면, 성령께 드
리는 기도 역시 예수님께 드리는 기도와 마찬가지로 합당한 기도이
다. 이제 성령께 기도하고 싶어질 때면 무엇을 왜 구해야 할지 알았으
므로, 우리는 조셉 하트(Joseph Hart)의 찬송시와 같은 나름의 찬양을
드릴 수 있다. 조셉 하트는 이 찬양에서 그리스도 안에서 영적인 현실
주의자가 되고 하나님께 민감하게 해 달라고 간구한다. 또한 그리스
도를 통해 회개하고 의롭게 되며 영이 새로워지기를 구한다. 이 찬양
은 그야말로 우리가 기대할 수 있는 거의 완벽한 기도이다.

임하소서, 성령이여, 임하소서!
당신의 밝은 빛을 솟아나게 하소서.
우리 마음에서 슬픔을 몰아내시고,
우리 눈에서 어둠을 몰아내소서.

우리 죄를 깨닫게 하시고,
예수의 보혈로 이끄소서,
그리고 궁금해하는 우리의 시야에
하나님의 은밀한 사랑을 계시하소서.

우리의 시들어 가는 믿음을 소생시키시고,
우리의 의심과 두려움을 제거하소서.
그리고 우리의 가슴에
꺼지지 않는 사랑의 불을 붙이소서.

참사랑이신 그분을 우리에게 보이소서.
그분은 행복의 궁전의 통치자,
만군의 주요 전능하신 하나님,
영존하시는 평강의 왕.

당신께서는 마음을 정결하게 하시고,
영혼을 거룩하게 하시며,
각 부분에 새 생명을 부으시고,
그리고 전체를 새롭게 창조하시나이다.

그러므로, 우리 심령에, 거하소서.
우리 마음을 속박에서 벗어나게 하소서.
그때에 우리는 성부와, 성자와, 성령을,
알고, 찬양하고, 사랑하리이다.

아멘.

부록

로마서 7장의 "곤고한 사람"은 누구인가?

나는 로마서 7장 14절부터 25절에 나오는 "나"가 누구냐에 대해 검토하려 한다. 이 본문은 "오호라 나는 곤고한 사람이로다 이 사망의 몸에서 누가 나를 건져 내랴" 하는 부르짖음으로 이어진다. 이 문제에 대해서 어거스틴 시대 이래로 성경 해설가들이 의견일치를 이루지 못했으며, 여전히 견해차를 좁히지 못하고 있다.

여기서 말하는 문제는 바로 이 점이다. 바울은 로마서 7장 7절에서 "율법이 죄냐?" 하는 질문을 제기한다. 6장에서 '율법 아래' 있는 상태와 '죄 아래' 있는 상태를 연결시키고(6:14, 7:5), 율법을 통해 죄가 지배력을 행사하고 효력을 발휘한다고 말한다(5:20, 7:5; 고전 15:56). 여기서 바울은 율법 자체가 악하다는 결론을 끌어내지는 않을까 우려했다. 그래서 그는 7절에서 질문을 던지고 즉시 이 질문을 강하게 부정한다('그럴 수 없느니라!' [μη γενοιτο]). KJV에서는 '당치도 않다'[God forbid]로 번역하고 있다). 그런 다음 자신의 부정적인 대답이 정당하다는 사실을 보여 주기 위해 하나님의 거룩한 율법과 죄 사이의 진정한 관계를 적극적으로 분석해 나간다. 이 작업을 하는 데에 7장 나머지 전체를 할애하고 있다. 바울의 분석에는 세 가지 요점이 있는 듯하다.

1. 율법은 사람들에게 죄, 그러니까 단순히 죄에 대한 추상적인 개념이 아니라 사람들 안에서 구체적으로 활동하는 실체이자 하나님을 거역하고 그분의 계명에 불순종하는 반역 기질을 가진 죄를 알게 하는 일을 근본 목표로 삼고 있다(7, 13, 3:20).
2. 율법은 하나님의 명령과 금령을 선포함으로 죄를 알게 한다. 그런 방법을 사용해서 먼저 죄를 자극하면 죄는 적극적으로 반역하게 되고, 결국 사람들은 죄에 이끌린 자신들의 동기와 행동이 얼마나 악하고 부족한지 깨닫게 된다(8, 9, 23).
3. 율법은 율법이 규정하는 선을 행할 힘을 주지도 죄의 권세에서 건져 주지도 못한다(9-11, 22-24).

바울은 이러한 논점을 주장하면서 일관되게 일인칭 단수형을 사용한다. 그래서 그의 가르침은 개인적인 회상과 자기분석의 형태를 띤다. 그가 말하는 내용은 두 부분으로 나눌 수 있으며, 각 부분은(바울이 흔히 그러하듯이) 해당 명제에 대한 요약문으로 시작해서 그 요약에 대한 설명으로 이어진다.

첫번째 부분(7-13)은 모두 과거시제이다. 이 부분을 자연스럽게 이해하기 위해서는 자서전으로 보아야 한다. 이 부분의 요지는 7절에 나와 있다. "율법으로 말미암지 않고는 내가 죄를 알지 못하였으니", 즉 율법이 자신에게 죄를 알려 주었다는 뜻이다. 바울은 이 부분을 통해 "탐내지 말라"는 율법의 금령이 어떻게 자기 안에 걷잡을 수 없는 탐심을 일으켰으며 생명으로 인도해야 할 그 율법이 도리어 자신을 죽음에 이르는 길에서 꼼짝달싹 못하게 만들었는지를 말하고 있다.

두번째 부분(14-25)은 전부 현재시제이다. 따라서 그 구절들을 문법적으로 자연스럽게 읽으려면 글을 쓸 당시에 바울이 자기 자신에 대한 인식을 적었다고 보아야 한다. 하지만 이 부분의 내용을 고려할 때 그렇게 보기는 어렵다고 생각하는 사람들도 있다. 여기서 개인의 경험을 소개한 인물은 율법이 명령하는 선(善)을 행하기 원하지만 끊임없이 실패하는 자신을 발견한다. 그래서 이러한 사실을 숙고한 후, 이 부분의 요지에 해당하는 냉엄한 진리를 깨닫고 이렇게 선언한다. "나는 육신에 속하여 죄 아래 팔렸도다"(14). 바로 그의 이러한 인식은 "오호라 나는 곤고한 사람이로다 누가 나를 건져 내랴" 하고 부르짖게 만든다.

우리에게는 "곤고한 사람"이라는 상태와 로마서 8장에 나오는 바울의 상태 사이에 있는 모순을 어떻게 해결할 것이냐가 문제이다. 그는 8장에서 "그리스도 예수 안에 있는 생명의 성령의 법이 죄와 사망의 법에서 너를 해방하였음이라"(2)고 선언한다. 왜냐면 "육신을 좇지 않고 그 영을 좇아 행하는 우리"(4), "성령의 처음 익은 열매를 받은 우리"(23), "성령도 우리 연약함을 도우시나니"(26)에 나오는 "우리" 안에 자신도 속한다고 보고 있기 때문이다. 이러한 견해에서 이런 질문이 생겨난다. "곤고한 사람"은 정말 바울인가, 아니면 그와 다른 어떤 가상의 인물인가? 그가 만약 바울이라면 그리스도인 바울인가, 아니면 아직 회심하기 전의 유대교인 바울인가? 이 질문들을 순서대로 검토해 보자.

"곤고한 사람"은 정말 바울인가?

거의 모든 주석가들은 이 단락이 바울 자신이 겪고 있던 혹은 이미 겪었던 경험을 묘사하고 있다고 본다. 나는 이 견해에 대해서는 논쟁

할 필요가 없다고 생각한다. 커크(Kirk)는 이렇게 말한다. "이 본문이 개인의 경험을 나타내는 게 아니라 단지 다른 사람들의 경험을 간접적으로 설명했을 뿐이고, 심지어는 하나님의 은혜가 아니면 사람들이 빠져 들어갔을 정신상태를 상상한 그림이라고 제안하기도 하는데, 이런 주장은 둘 다 받아들이기 어려운 제안이다."[1] 참으로 그러하다. 바울이 모든 그리스도인을 가리키는 복수형 "우리"에서 일인칭 단수형으로 바꾸고 있는 데도(5-7, 14), 바울 자신이 관련되어 있는 한 순전히 가설적이고 상상해 낸 경험을 묘사하고 있다는 생각, 즉 강조된 "나"(14, 17, 24절의 에고[εγω], 25절의 아우토스 에고[αυτος εγω])는 '결코 내가 아니라 너 또는 다른 누구'를 뜻하며, "오호라 나는 곤고한 사람이로다"라는 갑작스러운 외침은 바울 자신에게서 나온 외침이 아니라는 생각은 전부 지나치게 작위적이고 부자연스러워서 심각하게 고려할 대상이 아니다. 바울이 7절부터 25절에 기록한 경험 전체를 자기 자신의 사적이며 독특한 경험이 아니라 전형적이고 대표적인 경험으로 이해하기 바랐다는 사실은 종종 지적한 적이 있다. 바울은 인간의 삶에서 율법과 죄 사이의 관계를 보편타당하게 드러내기 위해서 자신의 경험을 제시하기 때문이다. 하지만 바울이 이 경험을 인간의 보편적인 경험이라고 확신한다면 바울도 이 경험에서 예외가 아니라는 점 또한 명백해진다.

그렇다면 "곤고한 사람"은 바울 자신이 분명하다. 하지만 그는 과거의 바울인가 아니면 현재의 바울인가? 그는 회심하지 않은 종교적인 인류, 아담 안에 있는 인류를 대표하는 바울, 율법을 어떤 형태로든 일부 알지만, 복음도 믿음도 성령도 없는 바리새인 바울인가, 아니면 그리스도 안에 있는 사람을 대표하는 그리스도인 바울인가? 로마서 7장 7절부터 13절이 회심 전의 바울을 묘사하는 반면, 로마서 8장

전체는 분명 그리스도인 바울의 신학적인 의식을 기록했다. 그렇다면 그 둘 사이에 있는 7장 14절부터 25절은 어느 쪽에 속하는가? 앞에서 말했듯이 이 문제에서 주석가들은 의견을 달리한다.

어떤 사람들은 14절부터 25절의 바울이 7절부터 13절에서와 같이 회심하지 않은 바울이고, 결국 자기분석에 대한 이 단락은 7절부터 13절에서 기록한 사건에 대한 해설일 뿐이라고 주장한다. 이 견해에 따르면 해당 본문은 단순히 생생함을 더하기 위해 현재형으로 썼으며, 이 글을 쓰던 당시의 바울에게는 이 경험 자체가 이미 과거의 일이 되어 버렸다. 그래서 불트만(Bultmann) 같은 사람은 이 단락을 "바울이 토라(Torah, 통상적인 율법을 가리키는 히브리어의 음사-옮긴이) 아래 있는 인간의 상황을 기독교 신앙의 관점에서 되돌아보고 명백히 드러난 사실대로 서술한 구절"[2]이라고 묘사한다. 그 말이 옳다면 "곤고한 사람"의 곤고한 상태는 그가 종교적인 노력에서 실패한 데에 기인한다고 보아야 한다. 그는 행위로 의로워지려고 했지만 실패했다. 그는 자신의 무능함을 절감하고 자신이 돌이킬 수 없는 파멸로 치닫고 있다는 사실을 안다. 그의 이러한 자각에서 구원을 요청하는 부르짖음이 나온다. 그 외침은 회심하지 않은 사람의 절망의 부르짖음이다. 이 견해에 따르면 8장 1절부터 4절에 나오는 복음의 은혜란 그 부르짖음에 대한 하나님의 응답이다. 따라서 7장 25절 상반절("우리 주 예수 그리스도로 말미암아 하나님께 감사하리로다")에는 8장 2절의 "너를 해방하였음이라"($\eta\lambda\epsilon\upsilon\theta\epsilon\rho\omega\sigma\epsilon$ $\mu\epsilon$)와 같은 내용의 해방을 선포하는 동사가 생략되었다고 이해할 수 있다. 이 견해가 아마도 오늘날 가장 많은 사람들이 주장하는 견해이리라. 하지만 여기에 대한 압도적인 반대 이유들이 있다.

첫째, 14절에서 부정과거시제가 현재시제로 바뀐 이유를 여전히 설명할 수 없다. 이 견해에 따르면 한 가지 경험, 그것도 이미 지나가 버린 경험을 적어 나가던 구절 한가운데에서 시제를 그렇게 바꿨다는 말인데, 그건 아무래도 부자연스럽다. 바울이 그런 식으로 문장을 쓴 전례가 없는 데다가 복음서에서 이야기의 생생함을 더하기 위해 사용하는 '역사적인 현재형'(헬라어 문법용어. 과거에 있었던 사실을 현재 눈앞에 보이는 것처럼 설명할 때 곧잘 사용한다-옮긴이)과는 경우가 다르다. 왜냐면 여기서 이야기 부분은 부정과거시제로 적혀 있는 반면 현재시제로 기록한 부분은 일반적인 설명 부분이니 말이다. 하지만 만약 여기서 나타나는 시제 변화를 설명할 관용적 표현이 없다면— 여기가 그런 경우처럼 보이는데—바울의 독자들이 14절 이하의 문장들을 현재시제로 해석하는 유일하고 자연스런 방법은, 이 문장들이 무언가 현재 사실을 가리키며 앞 절들에서 회상하고 있는 과거의 경험과 다른 무엇인가를 이어서 묘사한다고 보는 수밖에 없다는 결론이 나온다. 그리고 우리는 바울이 이 글을 쓰면서 이 사실을 알고 있었다고 생각해야 한다. 그렇다면 우리는 제멋대로 자기가 하는 말의 의미를 모호하게 만들고 불필요한 오해를 조장하면서까지 아무런 이유도 없이 시제를 바꾸었다고 바울을 비난할 것인가? 검토중인 견해에는 사실상 바로 그러한 비난도 포함되어 있다. 분명히 이 점 또한 이 견해를 더욱 의심스럽게 만드는 데 일조하고 있다.

둘째, 25절 상반절이 15절부터 25절에서 묘사한 '죄의 속박'에서 지금 해방된 상태를 선포한다고 주장한다면 25절 하반절("그런즉 내 자신이 마음으로는 하나님의 법을 육신으로는 죄의 법을 섬기노라")의 추론이 불합리할 뿐 아니라 25절 상반절의 주장을 뒤엎는 꼴이 된다. 사실 이 문제를 다루기 위해 두 가지 응급조치가 취해졌지만 둘 다 그다지 설득력이 없다. 먼저 강조형의 "내 자신"($\alpha \upsilon \tau o s\ \varepsilon \gamma \omega$)은 '나, 바로

냐'라는 자연스러운 뜻이 아니라, '나 혼자 힘으로, 즉 그리스도 없이 내게 있는 것만 가지고'(RSV)를 뜻한다고 해석하는 견해이다. 마이어, 데니(Denney)[3], 미튼 박사(C. L. Mitton)[4], 아른트 깅리치(Arndt-Gingrich) 등이 이러한 견해를 취한다. 하지만 '자신'(αυτος)에 그런 비중 있는 의미가 있을 수 있는지 매우 의심스럽다. 아른트 깅리치는 'αυτος εγω'(내 자신)가 그런 의미로 쓰인 다른 예를 제시하지 않는다(막 6:31 과 롬 9:3 두 구절을 유사한 예로 인용하지만 전혀 그런 의미가 아니다). 그런 설명은 문법적으로 볼 때 억지로 끼워 맞춘 것에 불과하다. 더욱이 바울의 의미가 정말 그러했다면 그는 틀림없이 25절 상반절 다음에 나오는 동사를 부정과거나 미완료시제로 썼을 것이다('나는 섬겼다…….' '이전에 나는 섬겼다…….').

그러나 그런 의미로 사용된 현재시제가 얼마나 거슬리는지 바울이 몰랐을 리가 없다. 따라서 이 설명은 타당성이 없다. 그 다음 응급조치로는 사본상의 증거도 없이 25절 하반절의 위치가 잘못되었기 때문에 23절 다음에 놓여야 한다고 생각하는 것이다. 여기에는 모펏(Moffatt), 커크, 도드(C. H. Dodd) 등이 그렇게 생각했다. 이러한 생각은 기발한 착상이 아닐 수 없지만 그러한 기발함이 필요하다는 사실 자체가 7절부터 25절을 회심하지 않은 상태로 보는 이론을 의심스럽게 만든다.

셋째, 이 견해에 따르면 바울이 말하는 아담 안의 인간은, 하나님의 율법에 대해 본성적으로 친근감을 갖고 있다는 말이 된다. 그는 마음(νους)으로, 그리고 그의 '가장 깊은 자아'(글자 그대로 하자면 그의 "속사람"[22, 25])로부터 율법을 인정하고(16) 즐거워하고(22) 지키기 원하고(15, 18-21) 따르기 원한다는 것이다. 하지만 바울은 성경의 다른 모든 곳에서 그러한 율법에 대한 친근감을 일관되게 부정하며, 아담 안에 있는 인간의 지성과 마음은 눈멀고 타락하고 제멋대로이며 하나님과 적대관계에 있다고 주장한다(엡 2:3, 4:17). 이 주장과 같은 취지의 말씀을 로마서 8장의 첫 단락에서 찾아볼 수 있다. "육신을 좇는 자는 육신의 일을…… 생각하나니…… 육신의 생각은 하나님과 원수가 되나니 이는 하나님의 법에 굴복치 아니할 뿐 아니라 할 수도 없음이라"(5,7). 바울이 7장 후반부터 8장 초반으로 넘어가는 열 줄도 채 안 되는 사이에 자신의 인간론을 뒤집었다고 가정하지 않으려면, 결국 우리는 로마서 7장 14절부터 25절에서 바울이 아담 안에 있는 인간이 아니라 그리스도 안에 있는 인간을 묘사하고 있다는 결론을 내리지 않을 수 없다.

넷째, 그리스도께서 이 세상에서 주시는 죄의 권세로부터의 자유는 "곤고한 사람"이 부르짖어 구한 해방보다 못하지 않다. 그는 "이 사망의 몸에서"(εχ), 즉 현재 죄가 머무는 장소인 이 죽을 몸에서 벗어나기를 갈망했기 때문이다(23). 하지만 죽을 몸에서 벗어나려면 먼저 "이 죽을 것이 죽지 아니함을 입"어야(고전 15:54) 한다. 성령을 받은 자들은 그러한 상황이 이루어지기만을 속으로 탄식하며 기다리고 있다(롬 8:23). 이 탄식은 로마서 7장 24절에서 내는 탄식과 정확하게 동일하다. "곤고한 사람"이 갈망하는 것은 8장 23절에서 말하는 "우리 몸의 구속(救贖)"이다. 그렇다면, 그가 25절 상반절에서 감사하고 있는 이유는 이 축복이 궁극적으로 그리스도를 통해 자신의 축복이 되리라는 약속 때문임이 틀림없다. 그리고 25절 상반절이 곤고한 상태에서 지금 벗어나서가 아니라 장래에 벗어나게 될 소망을 두고 감사하는 것이라면, 25절 하반절의 말씀이 나란히 나온다 해도 더 이상 문제가 되지 않는다. 이렇게 해석하면 25절 하반절은 불합리한 추론도 김 새는 소리도 아니며 다만 이제까지 묘사한 상황, 죽을 목숨을 부지하는 한 지속될 사태를 총정리하는 셈이 된다. 그리스도 안에 있는 인간은 마음으로는 하나님의 법을 섬기고 완전하게 지키기 원하고 또 그럴 의향도 있지만 육신으로는 죄의 법을 섬긴다. 이것은 그가 결코 자신이 원하는 대로 율법을 완전하고 일관성 있게 지킬 수 없다는 사실에서도 드러난다. 강조형인 '나, 바로 나'(αυτos εγω)는 자신 같은 그리스도인이 얼마나 역설적인 상황에 처해 있는지, 즉 진심으로 하나님의 율법을 지키고 오직 선을 행하기를 간절히 바라면서도 어쩔 수 없이 율법을 끊임없이 어기고, 사실상 죄를 짓고 있는 자신의 상황이 바울에게 얼마나 고통스러운 일인지를 표현한다. 하지만 그러한 상황은 그리스도인이 몸의 구속을 받을 때까지 처해 있는 상황이다.

이제까지 비판을 전개하면서 해당 본문에 대해 훨씬 만족스러운 견해가 이미 드러났다고 본다. 이 견해의 핵심은 이러하다. 이 구절이 현재시제인 이유는 현재 상태를 묘사하기 때문이다. 이 구절은 율법이 알려 준 대로 자신의 죄인 됨을 재현해 준다(복음을 통해 갖게 된 바울의 또 다른 자기인식은 8장에서 설명한다). 또한 이 부분은 그리스도인이 된 바울의 자기인식 중에서도 지금 다루고 있는 주제와 밀접한 관계가 있다. '나는 육신에 속하여 죄 아래 팔렸도다'라는 7장 14절부터 25절의 요지가 조건 없이 명확하게 진술된 까닭은, 그것이 그리스도인 바울에 대한 진실의 전부가 아니라 율법이 들려줄 수 있는 진실의 일부분에 불과하기 때문이다. 율법은 그리스도인이 자기 속에 여전히 남아 있는 죄를 깨닫게 해 준다. 자신의 삶을 율법에 비추어 살펴보면 그는 항상 자신이 행하기 원했던 선을 다 행하지 못했음을 깨닫는다. 나아가 여전히 자기 속에 죄가 있으며, 자신이 아직도 어느 정도 죄에 사로잡혀 있음을 '발견하고' '깨닫는다'(21-23). 이처럼 "곤고한 사람"의 곤고한 상태는, 죽기 전까지 자신이 여전히 죄인임을 발견하고 자기 속에 수감되어 있는 성가신 죄가 제거되기를 기대할 수 없다는 사실을 아는 데서 생겨난다. 그는 현재로서는 자신이 추구하는 것을 손에 쥘 수 없다고 뼈저리게 인식한다. 따라서 종말론적인 구속을 통해 의지와 성취, 의도와 실행, 계획과 행동 사이에서 생겨나는 긴장이 사라지기를 갈망한다. 이러한 해석은 좀더 보편화된 해석이 따라오지 못할 정도로 이 본문의 문맥과 세부내용에 맞아떨어지며 특히 24, 25절의 뜻을 제대로 이해하게 해 준다.

주(註)

머리글

1. Jonathan Goforth, *By My Spirit* (Grand Rapids: Zondervan, 1942), pp.17-18.

1. 성령 제대로 보기

1. Steven Barabas, *So Great Salvation* (London: Marshall, Morgan & Scott, 1952), p. v. 이 책은 케직의 가르침을 철저히 분석하고 있다. 또한 J. C. Pollock의 *The Keswick Story: The Authorized History of the Keswick Convention* (London: Hodder & Stoughton, 1964).

2. "'Keswick' and the Reformed Doctrine of Sanctification," *Evangelical Quarterly*, 27 No. 3(1955년 7월): 153-167. 당시 편집장이던 평화주의자 F. F. Bruce의 In *Retrospect: Remembrance of Things Past* (Grand Rapids: Eerdmans, 1980), pp.187-188.

3. John Owen, *Works*, ed. W. Goold (London: Banner of Truth, 1967), 4:437. 오언의 분석이 신약성경의 영적 은사에 포함되는 인격적인 특성을 빠뜨렸다고 주장할 수 있지만, 그의 발언은 여전히 사실이다.

4. John V. Taylor, *The Go-Between God* (New York: Oxford University Press, 1979), p.212.

5. Ibid., p.102.

6. Ibid., p.58-62.

7. Ibid., p.241.

8. Emil Brunner, *Revelation and Reason* (Philadelphia: Westminster, 1946), p.265.

9. Taylor, pp.191-197.

10. Anglican Article 20.

11. Samuel Terrien, *The Elusive Presence: Toward a New Biblical Theology* (San Francisco: Harper & Row, 1978), p.457.

2. 성경에 나타난 성령

1. 성령에 관해서 신약성경 본문을 좀더 보기 원한다면 다음을 참고하라. Michael Green, *I Believe in the Holy Spirit* (Grand Rapids: Eerdmans, 1975): David Ewert, *The Holy Spirit in the New Testament* (Scottdale, Penn.: Herald Press, 1983): James D. G. Dunn, *Jesus and the Spirit* (Philadelphia: Westminster Press, 1979).

2. "피닉스와 산비둘기"(The Phoenix and the Turtle)는 연인들의 하나 됨에 대해서 참

으로 기막힌 표현이기에, 여기 핵심 연을 인용한다.

그들은 사랑했네
한마음으로
두 사람의 사랑이나 나뉨이 없어
사랑 속의 숫자가 깨어졌다네.

둘의 심장, 그러나 함께 있고
그대 멀리 있어도 지척인 듯 가깝게 느껴진다네
산비둘기와 그의 여왕
그것은 기적. 둘의 기적.

이성은 당황한 채
목도했다네. 나뉜 둘의 합일을
나는 내가 아니고, 당신은 당신이 아니지.
서로에게 섞여져 하나가 되었지.

이성은 외치네
'진실하도다 둘이여, 합쳐진 하나여!
그대들의 함께함은
사랑의 논리. 논리가 길을 잃은 사랑의 논리.

3. Richard Wagner, *Tristan und Isolde*, trans. R. B. Moberly, Everyman Opera Series HMV HQM 1001-1005. 바그너가 연인들은 죽음 가운데서만 진정한 연합을 발견한 다는 음울한 생각에 사로잡혀 있기는 하지만, 살아 있을 때 그들이 어떻게 느끼는지 에 대한 그의 묘사는 여전히 탁월하다.
4. The Classics of Western Spirituality 시리즈 (Ramsey, N.J.: Paulist Press, 1978-)에 있는 기독교 저자들의 저작들로 시작하라. Classics of Faith and Devotion 시리즈 가운데 다음의 두 권도 좋다. Bernard of Clairvaux, *The Love of God*, ed. James M. Houston (Portland, Ore.: Multnomah Press, 1983)과 Teresa of Avila, *A Life of Prayer*, ed. James M. Houston (Portland, Ore.: Multnomah Press, 1983).
5. John Owen의 논문 "Communion With God," *Works*, ed. W. Goold (London: Banner of Truth, 1966), 2:1-274: Jonathan Edwards, "A Treatise Concerning Religious Affections," *Works*, ed. E. Hickman (London: Banner of Truth, 1974), 1:234-343: John Fletcher, Christ Manifested: The Manifestations of the Son of God, ed. David R. Smith

(Braughing: Rushworth, 1968) 등.

6. 파스칼의 사후에 그의 코트 안감에 기워진 채로 발견되었던 그가 남긴 기록의 영어 전문을 다음에서 볼 수 있다. Emile Cailliet, *The Clue to Pascal* (London: SCM Press, 1944), pp.47-48과 Denzil Patrick, *Pascal and Kierkegaard* (London: Lutterworth Press, 1947) 1:76-77. 원문은 L. Brunschvig, P. Boutroux, 그리고 F. Gazier이 편집한 *Oeuvres de Blaise Pascal* (Paris: Hachette, 1904-1914), 12:3-7.

3. 성결로 향하는 길: 성령의 진로 그리기 ①

1. John Owen, *Works*, ed. W. Goold (London: Banner of Truth, 1966), 3:386.

2. Peter Williamson, *How to Become the Person You Were Meant to Be* (Ann Arbor, Mich: Servant, 1981), pp.42-43.

4. 성결에 대한 세 가지 견해: 성령의 진로 그리기 ②

1. B. B. Warfield, *Studies in Perfectionism* (New York: Oxford University Press, 1931), 1:113-301. 개혁파 어거스틴주의의 '비참한 죄인' 이란 관점에서 바라본 성결에 대한 고전적인 견해는 J. C. Ryle, *Holiness* (Old Tappan, N. J.: Fleming H. Revell, n. d.)와 John Owen의 다음 논문들에서 탁월하게 설명되고 있다. "Indwelling Sin in Believers," *Works*, ed. W. Goold (London: Banner of Truth, 1966) 6:154-322; "Mortification of Sin in Believers," *Works*, 6:2-86; "Temptation," *Works*, 6:88-151: "Spiritual Mindedness," *Works*, 7:263-497; "The Holy Spirit," Books 4,5, *Works*, 3:366-651.

2. John Owen, *Works*, 6:79.

3. J. Telford, ed., *The Letters of John Wesley* (London: Epworth Press, 1931), 5:43.

4. Albert Outler, ed., *John Wesley* (New York: Oxford University Press, 1964), p.257.

5. 웨슬리가 근거로 삼은 주요 성경구절은 W. E. Sangster, *The Path to Perfection* (London: Hodder & Stoughton, 1943), pp.37-52에 열거되어 있으며, 다음과 같다. 겔 36:25, 26, 29; 마 5:8,48, 6:10; 롬 2:29, 12:1; 고후 3:17,18, 7:1; 갈 2:20; 엡 3:14-19, 5:27; 빌 3:15; 살전 5:23; 딛 2:11-14; 히 6:1, 7:25, 10:14; 요 8:34-36, 17:20-23; 요일 1:5,7-9, 2:6, 3:3,8-10; 약 1:4, 여기에 신 30:6이 추가될 수 있을 것이다.

6. 웨슬리의 교리를 비판적으로 소개하고 있는 책으로는 특별히, Harald Lindström, *Wesley and Sanctification* (London: Epworth Press, 1946); Sangster, *The Path to Perfection*; R. Newton Flew, *The Idea of Perfection in Christian Theology* (London: Oxford University Press, 1934), pp.313-341; Outler, *John Wesley*, pp.30-33, 251-305이 언급할 가치가 있다.

7. Sangster, *Path to Perfection*, p.147.

8. Outler, *John Wesley*, p.286.

9. Sangster, *Path to Perfection*, p.282.

10. Outler, *John Wesley*, p.292.

11. E. H. Sugden, ed., *The Standard Sermons of John Wesley*, 4th ed. (London: Epworth Press, 1956), 2:459, 각주.

12. Sangster, *Path to Perfection*, p.135.

13. Outler, *John Wesley*, p.290.

14. Sangster, *Path to Perfection*, p.289.

15. Flew, *Idea of Perfection*, p.330.

16. John Wesley, *Notes on the New Testament*.

17. Outler, *John Wesley*, p.287.

18. 케직 교의의 반세기에 대해 긍정적으로 개관한 내용을 보려면 Steven Barabas, *So Great Salvation* (London: Marshall, Morgan & Scott, 1952). 미국의 초대 주창자들 가운데 비판적으로 개관한 내용을 보려면 Warfield, *Studies in Perfectionism*, 2:463-611.

19. Walter Marshall은 1692년에 *The Gospel Mystery of Sanctification*을 출간했다. 이 책은 여러 번 재판되었다.

20. 정적주의는 주로 Madame Guyon으로부터 중요한 영향을 받았던 것 같으며, 1854년에 T. C. Upham이 저술한 그녀의 전기는 19세기 후반 성결을 지향하는 집단에서 많이 읽혔다. 케직의 최고 신학자에 해당할 만한 H. C. G. Moule 주교는 성결한 삶에서 신자의 역할을 "복 받고 깨어 있는 정적주의"라고 묘사했다(*Veni Creator* [London: Hodder & Stoughton, 1890], p.197).

21. Ryle의 *Holiness* 백주년 기념판에 붙인 내(제임스 패커) 서문에서 발췌 (Welwyn: Evangelical Press, 1979), pp. vii, viii.

22. 25절에서 인칭대명사 두 개가 강조를 위해 붙어 나오는 것(아우토스 에고[*autos ego*])을 "나 혼자 힘으로"(RSV처럼) "홀로 남겨져, 도움 없이 나 자신의 노력에 의지할 때의 나"로 해석해야 한다고 주장하는 사람들이 종종 있었다(Donald Guthrie et al., eds., *The New Bible Commentary*, rev. ed. [Grand Rapids: Eerdmans, 1970], p.1029). 하지만 여기서 함축되고 있는 "하나님의 도움을 받을 때의 나"와 대조를 이루는 말은 본문에서 찾을 수 없으며, "나라는 바로 그 사람"이야말로 아우토스 에고에서 발견할 수 있는 자연스러운 뉘앙스이다. 예루살렘 성경이 이것을 잘 표현해 준다. "…… 내 이성으로 하나님의 율법을 섬기는 것도 나이며, 영적이지 못한 자아로 죄의 법을 섬기는 것도 다름 아닌 나이다."

23. 롬 7:14-25에 대한 학적인 견해를 만나 볼 수 있는 유용한 연구는 Brice L. Martin, "Some Reflections on the Identity of in Romans 7:14-25," *Scottish Journal of Theology*, 1981, 1:39-47. 부록으로 나 자신의 견해를 좀더 자세히 밝힌 에세이를 재수록한다.

5. 은사 체험: 성령의 진로 그리기 ③

1. M. Harper, *None Can Guess* (Plainfield, N.J.: Logos, 1971), pp.149,153. *Three Sisters* (Wheaton, III.: Tyndale House, 1979)에서 Harper는 내부인의 입장에서 이 운동의 흥미로운 최신 경향을 소개해 준다.

2. R. Quebedeaux, *The New Charismatics* (New York: Doubleday, 1976), p.111.

3. L. Newbigin, *The Household of God* (London: SCM, 1954), p.110.

4. 다음 내용의 상당 부분은 *Churchman*, 1980에 게재된 논문 "Theological Reflections on the Charismatic Movement," pp.7-25, 103-125에 실렸던 내용으로, 거기서는 여기보다 더 광범위하게 학문적인 고찰이 이루어지고 있다.

5. 고린도전서 14장에 열한 번(2,4,5,6,9,13,18,19,23,26,27), 12:28, 13:8에서 NEB는 글로싸(glossalil)를 무아경의 방언 또는 무아경의 언어로 해석한다. Edward D. O' Connor 의 발언이 정곡을 찌른다. "신약성경 어디에도 방언기도를 '무아경의 발언' 이라고 묘사하지 않는다. 그런 용어는 현대 학자들이 그 은사가 어떤 것이었을까 추측해 보려는 시도를 하는 중에 만들어 낸 말이다. 오순절운동에서 나타난 것으로 볼 때, 그들의 어림짐작은 무분별했던 것 같다"(*The Pentecostal Movement in the Catholic Church* [Notre Dame, Ind.: Ave Maria Press, 1971], p.126).

6. D. Bennett, "The Gifts of the Holy Spirit," *The Charismatic Movement*, ed. Michael P. Hamilton (Grand Rapids: Eerdmans, 1975), p.32. 버넷은 기독교방언의 근원이 정신분열증, 최면, 귀신이라는 생각을 받아들이지 않는다.

7. Richard Baer, Josephine Massyngberde Ford가 인용, "The Charismatic Gifts in Worship," *The Charismatic Movement*, p.115.

8. R. Quebedeaux, *The Young Evangelicals* (New York: Harper & Row, 1974), p.43. *The New Charismatics*, pp.153-154.

9. Charles E. Hummel, *Fire in the Fireplace: Contemporary Charismatic Renewal* (Downers Grove, III.: Inter-Varsity, 1977), p.47. O' Connor의 *The Pentecostal Movement*, pp.111-121에 나오는 미국로마가톨릭신자들의 은사주의 기도 모임에 관한 묘사를 보라.

10. O' Connor, *The Pentecostal Movement*, pp.225-227.

11. "이처럼, 자신들의 삶 전체가 하늘의 메시지와 계시로 인도받기를 원하기 때문에,

자신들의 능력대로 계획하고 심사숙고하는 일을 게을리 하는 사람들이 있다. 어떤 사람들은 모든 질병이 기적적으로 낫기를 원해서, 의사의 진료나 약 복용을 거부한다. 비슷한 이유에서 또 다른 사람들은 신학연구와 설교준비가 순전히 은사주의적 영감에서 나온 케리그마(kerygma[강단의 발언])로 대치되고, 교회 내 기관의 직무가……순전히 은사주의적 통솔력으로 대치되기를 바란다"(O' Connor, *The Pentecostal Movement*, p.227). 이 모두가 슈퍼초자연주의자의 전형적인 정신상태가 어떤지를 아주 분명하게 나타내 주고 있다.

12. "질병으로부터의 해방은 속죄 안에 들어 있고, 모든 믿는 자의 특권이다"(Declaration of Faith of the Assemblies of God, 12); "신유(神癒)는 속죄 받은 모든 자들이 받는 것이다"(Declaration of Faith of the Church of God [Cleveland], 11). Walter J. Hollenweger, *The Pentecostals*, trans. R. A. Wilson (Minneapolis: Augsburg, 1977), pp.515,517. 육신의 온전한 치유와 죄 없는 완전함이 "속죄 안에" 있다는 말이, 그리스도의 형상 안에 있는 전인적인 회복이 십자가로부터 흘러나온다(롬 8:23; 빌 3:20,21)는 뜻이라면 참이다. 그러나 천국에 가서야 주어질 온전한 치료와 완전함을 지금 이 땅에서 기대해야 한다는 식으로 그 말을 이해한다면 커다란 폐해를 낳을 수도 있는 오류가 아닐 수 없다.

13. 또한 예를 들어, Francis MacNutt의 *Healing* (Notre Dame, Ind.: Ave Maria Press, 1974), pp.13-14에서 인용된 글을 보라. "나는 이제 질병으로 인격이 망가지고 있는 사람들에게 그들의 질병이 하나님이 주신 십자가라고 더 이상 말하지 않아도 될 것이다. 그러나 나는 의학이 아무런 도움이 안 될 때라도, 하나님께서 그들의 병이 낫기를 원하셨다는 소망을 버리지 않을 것이다." 기도를 통해 초자연적으로 신체를 치유한다는 주장을 평가하기란 어렵다. 증거가 보통 불충분하고, 제시된 증거에 대해서도 이의가 제기되기 때문이다. 이러한 어려움을 부각시키는 회의적인 평가의 예를 보려면 다음을 참고하라. B. B. Warfield, *Counterfeit Miracles* (London: Banner of Truth, 1976), W. Nolen, *Healing: A Doctor in Search of a Miracle* (New York: Random House, 1974)은 Kathryn Kuhlman의 치유 사역에 대한 연구서로, 그녀는 1962년에 *I Believe in Miracles*라는 책을 낸 적이 있다. 이 책의 논증은 이와 같은 부정적인 평가들에 기대어 있거나 부정적인 평가들을 정당화하는 것도 아니다. 그러나 나는 어떤 근거에서건 기도를 통한 치유에 대해 그런 평가들보다 더 긍정적으로 말하기는 어렵다고 본다.

14. 에바브로디도(빌 2:27), 디모데(딤전 5:23), 드로비모(딤후 4:20), 바울이 많은 사람들을 초자연적으로 치유했지만(행 19:11,12, 28:8,9), 고후 12:7-10에 대한 자연스러운 주석에 따르면 "가시"는 신체적 고통을, "육체"는 피조된 인간의 몸을 가리킨다.

15. 이 점에 대해서는 사지마비환자인 Joni Eareckson과 Steve Estes, *A Step Further*, rev.

ed. (Grand Rapids: Zondervan, 1980).

16. John Richards, *But Deliver Us From Evil* (London: Darton, Longman & Todd, 1976).

17. T. Goodwin, *Works*, ed. J. C. Miller (Edinburgh: James Nichol 1861), 1:227-252.

18. 위의 책 pp.142-143 참조.

19. 자신의 *Memoirs* (New York: Fleming H. Revell, 1876), pp.17-18에서 Charles Finney 는 1821년 성령세례를 받았을 때, 자신이 어떻게 눈물을 흘리며 자기 영혼의 "형언 할 수 없는 것들을" 쏟아 냈었는지 들려준다. Asa Mahan은 자신의 체험을 *Out of Darkness Into Light* (London: T. Woolmer, 1882) Part 2에서 자세히 묘사한다. 1871 년에 무디는 "바닥에 쓰러져 자기 영혼이 하나님께 잠긴 채 누워 있었으며" 그때 자 기 방은 "하나님으로 빛나는 것 같았다"(J. C. Pollock, *Moody: A Biographical Portrait* [New York: Macmillan, 1963], p.90). A. B. Simpson은 *The Holy Spirit, or Power From on High* (Harrisburg: Christian Pubs, 1896)에서 세례를 "그리스도의 생명을 받는 능력"이라고 해설했다. R. A. Torrey의 해설을 볼 수 있는 책은 *The Person and Work of the Holy Spirit* (London: Nisbet, 1910), pp.213-237. F. D. Bruner가 자신의 견해를 요약한 책은 *A Theology of the Holy Spirit* (Grand Rapids: Eerdmans, 1970), pp.335-337.

20. Evan H. Hopkins, *The Law of Liberty in the Spiritual Life* (London: 1884)도 보라. F. B. Meyer에 대해서는 Bruner, ibid., pp.340-341 참조.

21. E. C. Rickards, *Bishop Moorhouse of Melbourne and Manchester* (London: John Murray, 1920), pp.15-16. 그 기록은 이렇게 이어진다. "그 당시 나는 그분을 그리스 도라고 생각하지 않았고, 성부 하나님으로 생각했다. 하지만 이제 보니 성부께서 그리스도를 통해 나타나신 것이었다." 여든셋일 때 쓴 편지에서 동일한 체험에 대 해 묘사하며 이렇게 썼다. "나는 너무 기쁜 나머지 큰 소리로 소리 지르고 싶은 걸 참느라고 이불을 뒤집어써야 했다. 며칠 동안 이러한 신적인 황홀경이 지속되었 다…… 그것 때문에 나는 모든 사람들을 지극히 사랑할 수 있었다…… 그것은 천국 이었다…… 나는 천국에 갔다 온 것이다"(pp.245-246).

22. Josephine Massyngberde Ford, "*The Charismatic Gifts in Worship*," The Charismatic Movement, pp.115-116.

6. 은사 체험에 대한 해석: 성령의 진로 그리기 ④

1. A. A. Hoekema, *Holy Spirit Baptism* (Grand Rapids: Eerdmans, 1972), p.10.

2. the Statement of Fundamental Truths of the Assemblies of God (U. S. A.) 7을 보라. "모든 신자들은 성령의 세례와 불을 받을 권리가 있고, 열렬히 기대해야 하며, 전심 으로 구해야 한다. 이것은 우리 주 예수 그리스도의 명령이다. 이것은 모든 초대교회

신자들의 정상적인 체험이었다······."

3. 이러한 견해에 대해, F. D. Bruner, *A Theology of the Holy Spirit* (Grand Rapids, Eerdmans, 1970), 185-188; James D. G. Dunn, *Baptism in the Holy Spirit* (Naperville, Ill.: Allenson, 1970); G. W. H. Lampe, *The Seal of the Spirit* (London: Longmans, Green, 1951).

4. Dunn, *Baptism*; Bruner, *Theology*; John R. W. Stott, *Baptism and Fulness*, rev. ed. (Downers Grove, Ill.: Inter-Varsity, 1976); Hoekema, Holy Spirit Baptism.

5. R. A. Torrey, *The Person and Work of the Holy Spirit* (London: Nisbet, 1910), pp.177-178 참조. 이 세례는 잠재적으로 모든 사람이 받을 수 있지만, 실제로는 일부만이 받는다. Bruner는 Torrey의 역할을 "후대의 세계적인 오순절운동을 준비하는, 그러니까 세례요한 같은 인물"이라고 말한다(Theology, p.45).

6. Dunn, *Baptism*, pp.127 이하 참조.

7. Hoekema, *Holy Spirit Baptism*, pp.21 이하 참조.

8. Bruner, *Theology*, pp.196 이하는 행 2:39, 3:16,26, 5:31, 11:18, 13:48, 15:8,9, 16:14, 18:27을 적절히 인용하여, 사도행전에서 믿음과 회개는 성령 못지않게 하나님의 선물임을 보여 준다.

9. Ibid. p.161.

10. *The Charismatic Movement*, ed. Michael P. Hamilton (Grand Rapids: Eerdmans, 1975), p.53.

11. Bruner, *Theology*, p.60, note 12 참조.

12. 또는 아닐 수도 있다. 14절의 아카르포스(*Akarpos*, 열매 없는)는 '아무에게도 도움이 안 되는' (잘 찾아보시길. 엡 5:11; 딛 3:14; 벤후 1:8; 유 12에서처럼)이나 '내용이 없는' 을 뜻할 수도 있다. 전자의 의미는 방언 사용자가 자신이 하는 방언을 이해하는 것과 일치하는데, Charles Hodge, *An Exposition of the First Epistle to the Corinthians* (London: Banner of Truth, 1958), p.288에서는 본문에 그런 점이 함축되어 있다고 주장했다. 하지만 오늘날의 은사주의자들이 자신들의 방언을 이해하지 못한다는 것은 그들 자신들도 인정하는 사실이다.

13. Ibid., pp.248-252, pp.276-302. Robert G. Gromacki, *The Modern Tongues Movement* (Philadelphia: Presbyterian and Reformed, 1967), p.113도 이 견해를 취한다.

14. Abraham Kuyper, *The Work of the Holy Spirit* (Grand Rapids: Eerdmans, 1956), pp.133-138.

15. A. A. Hoekema, *What About Tongue-Speaking?* (Grand Rapids: Eerdmans, 1966), p.83; p.128 다음 인용문도 보라. "다음과 같은 당황스러운 질문은 여전히 남는다.

오순절주의자들은 어떻게 방언을 사용하는 집단에서 오늘날 일어나는 일이 신약성
경 시대에 일어났던 일과 같다고 확신할 수 있는가?'

16. Nils Johansson, "1 Cor. XIII and 1 Cor. XIV," *New Testament Studies* 10, no. 3 (April 1964): 389.

17. Gromacki, *Modern Tongues Movement*, pp.125-129.

18. Hodge, *An Exposition*, p.281, on verse 4: "방언으로 말하는 사람이 교회에 덕을 세
우지 못한 이유는 다른 사람들이 그가 하는 방언을 이해하지 못했기 때문이다. 방
언 사용자 자신에게 덕을 세운 이유는 자신의 방언을 이해했기 때문이다…… 지력
은 활동을 멈추지 않았다." 그는 18절에 대해서 이렇게 말한다. "방언의 은사가 자
신도 이해 못하는 언어로 말하는 능력이며, 그런 방언의 사용은 그의 원칙에 따르
자면, 자기 자신에게도 다른 사람들에게도 유익을 주지 못하는데도, 바울이 모든 사
람보다 방언을 더 잘함으로서 하나님께 감사한다는 사실은 믿을 수 없다." 덕을 세
우는 일은 이해를 전제로 한다는 Hodge의 공리(公理)는 성경적으로 볼 때, 통용되
기 어렵다. 하지만 이 공리를 받아들이면, 오늘날 사용되는 방언이 덕을 세우지 못
한다는 결론이 따라오는데, 이러한 생각은 정말 시대에 뒤떨어진 견해가 아닐 수
없다.

19. Nils Bloch-Hoell은 *The Pentecostal Movement* (London: Allen & Unwin, 1964),
p.146에 실린 권위 있는 조사에서 "방언은 오순절운동 안에서 명백히 줄어드는 추
세이다"라고 적었다. 1964년에 은사주의자 Derek Prince가 "그들이 프로그램을 만
들어 대부분의 오순절교회에서 성령을 쫓아냈다는 사실을 아는가?"(*Baptism in the
Holy Spirit* [London: Fountain Trust, 1965], p.27)라고 말했을 때, 그 사실을 염두에
두고 한 것인지의 여부는 다만 짐작할 수 있을 뿐이다. Virginia H. Hine은 미국, 멕
시코, 콜럼비아, 아이티에 있는 방언 사용에 대한 조사를 통해, 2세대 오순절주의자
들은 보통 자신들의 선조들보다 방언을 적게 사용한다는 사실과, '가장 방언을 많
이 사용하는 사람들'은 '가장 사교성이 약해서 그러한 시류를 받아들일 수 없는 사
람들'이라는 사실, 즉 방언이 자신들이 독창적이고 과감하게 과거와 결별하는 힘이
되었던 사람들이 방언을 가장 많이 사용한다는 것을 발견했던 것이다("Pentecostal
Glossolalia: Towards a Functional Interpretation," *Journal for the Scientific Study of
Religion* 8 [1969]: pp.221-222). 영국의 은사주의 지도자들은 나에게, 지난 10년간 방
언이 자기들 안에서 이전처럼 강조되고 있지 않다고 말해 주었다. 하지만 그러한
일반화를 검증해 볼 도리가 없다.

20. 최근의 저서 중에 다음의 책을 참고하라. William J. Samarin, *Tongues of Men and
Angels* (New York: Macmillan, 1972)는 권위 있고 폭넓은 자료에 근거한 사회언어
학적 연구서이다. John P. Kildahl, *The Psychology of Speaking in Tongues* (New

York: Harper & Row, 1972)는 10년에 걸친 조사에 대한 주의 깊고 공정한 보고서이다. 또한 *The Charismatic Movement*, ed. Michael P. Hamilton 중 그의 chapter "Psychological Observations"도 참조. Morton T. Kelsey, *Tongues Speaking* (New York: Doubleday, 1964)은 융의 인성이론을 적용시킨 환영할 만한 평가이다. Virginia H. Hine, "Pentecostal Glossolalia."도 보라. 이전의 접근법에 근거한, 좀더 부정적인 평가를 보려면 다음을 참고하라. Julius Laffal, *Pathological and Normal Language* (New York: Atherton Press, 1965)에서는 방언이 '상충되는 소망'을 숨기면서도 드러낸다고 본다. Frank E. Stagg, Glenn Hinson, and Wayne E. Oates, *Glossolalia* (Nashville: Abingdon, 1967)에서 Wayne Oates는 방언을 박탈된 인격의 퇴행증후라고 본다. 이전의 입장을 반영하는 권위 있는 저서들은 다음과 같다. George B. Cutten, *Speaking With Tongues* (Northford, Conn.: Elliots, 1927)는 방언을 지적 능력이 떨어지고, 사회에서 소외된 발성 장애자들 사이에서 발견되는 증후군이라고 본다. Emile Lombard, *De la Glossolalie chez les Premiers Chrétiens et des Phénomènes Similaires* (Lausanne: Bridel, 1910)는 방언을 일종의 무아경 상태에서 내뱉는 자동 발성으로 본다. 목회적으로 잘 정리된 대응법이 나와 있는 책은 C. W. Parnell, *Understanding Tongues-Speaking* (Johannesburg: South African Press, 1972). 이미 인용한 Hoekema의 책 두 권도 참고하라.

21. "가용(可用)한 증거를 검토할 때, 방언을 병리학적으로 보는 설명은 어떤 것이든 폐기되어야 함은 너무나도 명백하다. 그런데 이러한 병리학적인 입장을 수용하는 사람들 중에서도 종종 구체적이지는 않지만, 일종의 감정적 미성숙함, 임상적인 것을 가장한 불안함, 또는 개인적인 부적합함 등의 낌새가 남아 있다. 이것은 성령충만한 그리스도인들이 점점 늘어가는 교파에 속한 교인들의 경우에 특별히 더 그렇다"(Hine, "Pentecostal Glossolalia," p.217).

22. "방언에는 아무것도 신비한 것이 없다. 녹음된 방언 샘플을 구해서 분석하기는 쉽다. 그것들은 천편일률적으로 다음과 같다. 연속된 음절, 말하는 사람이 알고 있는 소리 가운데 일부를, 다소간에 되는 대로 조합한 것에 불과하다. 그럼에도 단어나 문장 비슷한 단위들이 생겨나는 이유는, 정말 언어와 비슷하게 들리는 리듬과 멜로디 때문이다……'말하는 사람의 성대 위에 초자연적으로 임하는 것은' 아무것도 없다. 방언의 발성은…… 그 사람의 머리에서 나오는 것에 불과하다…… 방언으로 말하는 사람은 다만 성대에다가 어릴 때부터 묵혀 두었던 지시들을 내리는 것일 뿐이다. 어려운 면이 있다면, 그것들을 '찾는 일'과 그런 다음 그 지시를 기꺼이 따르는 일이다. 따라서 원인을 찾을 필요가 있다면, 어떤 사람이 왜 이러한 규칙들을 다시 사용하기 원하며 어떻게 기꺼이 그렇게 하게 되는가를 설명하는 그 원인만 찾으면 된다"(Samarin, *Tongues of Men*, pp.227-228). Samarin은 방언을 Armstrong, Ella

Fitzgerald 같은 사람들의 "의미 없는 발성"과 유사하다고 본다. 그는 또한 그 명단에다가 Duke Ellington의 1927년 "Creole Love Call"에 나오는 Adelaide Hall과 "Yellow Dog Blues" (1932)의 Billy Banks를 추가할 수가 있겠는데, 그 노래는 내 어린 시절 단연코 인기절정이었다. 불행히도 Samarin은 스캣(scat)을 비밥(bebop)이라고 잘못 불렀는데(pp.145-146), 비밥은 '진보적인' 기악 재즈의 이름으로 1946년에 만들어진 단어였다.

23. Dennis Bennett. *The Charismatic Movement*, p.26.

24. Kildahl, *The Psychology of Speaking in Tongues*, pp.83-84.

25. Kildahl, *The Charismatic Movement*, pp.141-142.

26. John V. Taylor, *The Go-Between God* (New York: Oxford University Press, 1979), p.218.

27. Kildahl, *Psychology*, p.63.

28. Kildahl은 *The Charismatic Movement* p.136에서 자신의 말을 이렇게 이어간다. "나는 이제까지, 방언을 문자적으로 통역하는 사람들이 심리적으로 좀 문제가 있는 것이 아닌가 하는 인상을 받아 왔다. 그들이 자신들의 통역 은사에 대해 가지는 견해는 거의 허풍에 가깝다. 이러한 그들에 대한 나의 인상은 임상적으로 실험을 거친 적이 없으며, 여기서 이러한 뜻을 제시하는 이유는 다만 독자들이 방언 통역에 대한 나의 인상이 이런 유형의 방언 통역이 남기는 일반적인 인상과 일치하는지 여부를 알아보라는 것이다."

29. Samarin, *Tongues of Men*, p.166. 그의 논의 전체를 보려면 pp.162-172을 보라.

30. Hoekema, *What About Tongue-Speaking?*, pp.135-136.

31. 기독교사에서 치유에 대한 긍정적인 개괄을 보려면 다음을 참고하라. Morton T. Kelsey, *Healing and Christianity* (New York: Harper & Row, 1973), Evelyn Frost, *Christian Healing: A Consideration of the Place of Spiritual Healing in the Church of Today in the Light of the Doctrine and Practice of the Ante-Nicene Church* (London: Mowbrays, 1940). 부정적인 평가는 다음 책을 참고하라. Warfield, *Counterfeit Miracles*, Wade H. Boggs, Jr., *Faith Healing and the Christian Faith* (Richmond, Vir.: John Knox Press, 1956). 은사주의 치유자의 관점에 대해서는 Francis MacNutt, *Healing* (Notre Dame, Ind.: Ave Maria Press, 1974)과 동일한 저자의 *The Power to Heal* (Notre Dame, Ind.: Ave Maria Press, 1977)을 보라. 주제 전체에 대한 지혜를 얻으려면 다음의 책을 보라. 조금 오래된 책이지만, A. J. Gordon and A. B. Simpson의 편향된 견해를 바로잡기 위해 쓰여진, Henry W. Frost, *Miraculous Healing* (Old Tappan, N.J.: Fleming H. Revell, 1951). 또한 John MacArthur, *The Charismatics: A Doctrinal Perspective* (Grand Rapids, Zondervan, 1978), pp.130-155.

D. M. Lloyd-Jones, *The Supernatural in Medicine* (London: Christian Medical Fellowship, 1971).

32. David J. Atkinson, *Prophecy* (Bramcote: Grove Books, 1977), p.22.

33. 그리스도인의 예언에 대한 더 깊은 논의를 보려면 다음을 보라. Atkinson, *Prophecy*, David Hill, *New Testament Prophecy* (Atlanta: John Knox Press, 1980); H. A. Guy, *New Testament Prophecy* (London: Epworth Press, 1947); James D. G. Dunn, *Jesus and the Spirit* (London: SCM, 1975); Wayne Grudem, *The Gift of Prophecy in 1 Corinthians* (Lanham, Md.: University Press of America, 1982).

34. 안타깝게도, 많은 은사주의자들은 이러한 회심 이후에 성부와 성자와 나누는 교제의 심화(深化)가, 빈도가 어떻게 되었건 간에, 오로지 웨슬리주의, 성결 전통과 그들 자신의 오순절, 은사주의 계열에서만 나타났다는 듯이 말하고 저술해 왔다. 교부 시대, 중세, 현대, 개신교와 가톨릭을 망라한 기독교 경건의 역사를 아는 사람들의 눈에는, 그러한 태도는 영성 면에서 자기만 잘난 줄 아는 편협함으로 보인다. 이른 바 재세례파의 교회론이 이들과 비슷한 입장을 취하며, 실제로 사도들과 우리 사이의 세월들을 무시하고 하나님이 우리와 더불어 새롭게 시작하시는 것으로 보라고 우리에게 말한다. 그러한 행태는 기독교의 과거사에 대해 무지를 드러낼 뿐 아니라, 성령께서 언제나 교회와 함께 머무르실 것이라는 주님의 약속(요 14:16)을 잊고 있음을 보여 준다.

35. Charles E. Hummel, *Fire in the Fireplace: Contemporary Charismatic Renewal* (Downers Grove, Ill.: Inter-Varsity, 1978), chapter 17은 현명한 방법으로 하나님이 주시는 치유를 교회의 정규 사역의 하나로 본 대표적인 저서이다. 하지만 어떤 점에서 이 책의 설명 방식은 신약성경의 기적적인 치유와, 오늘날 회중들의 합심기도로 이루어지는 영적 치유의 사역이 다르다는 사실을 오히려 명백하게 드러내 준다. 이들은 '아무것도 약속받지 못했으나 …… 많은 것을 기대하고 있기 때문이다' (p.218).

36. John Owen은 이렇게 썼다. "이러한 기쁨을 설명할 수 있는 말이라고는, 성령께서 뜻하시는 때에 뜻하시는 방법으로 이것을 일으키시며, 그것을 영혼에 불어넣어 정제하시고, 영혼을 즐거움과 환희, 그리고 때로는 형언할 수 없는 황홀한 마음으로 채우신다는 사실뿐이다" (*Works*, ed. W. Goold, London: Banner of Truth [1967], 2:253).

37. 은사주의신학자 가운데 성령세례를 '두번째 축복'으로 보는 견해를 받아들이지 않는 Thomas Smail 같은 사람들은, 이 사건을 그리스도와 하나되는 연합함의 한 측면이라고 신학적으로 정리한다. 이러한 연합에 대한 외적 표시가 물세례라는 말이다. 하지만 '연합함'은 본질적으로 하나님과 하나님의 백성이 그리스도 안에서 그리스

도를 통해 관계를 수립하는 일이며, 이미 살펴본 대로 성령세례의 본질은, 우리가 그리스도께 연합**되었다**는 사실, 즉 우리가 그의 소유가 되고 그가 우리의 소유가 되었다는 (하나님이 주신) 생생한 깨달음이다. 고로 성령세례를 하나님이 연합시키시는 역사(役事)의 **일부 또는 단면**이라고 부르는 것은 적합하지 않다. Smail이 성령세례가 자신에게 어떤 영향을 미쳤는지 설명한 데서 드러나듯이, 회심 후 여러 해가 지난 그리스도인의 경우에는 더욱 그렇다. 더욱 분명히 말할 필요가 있다면, 성령세례는 연합함이 **전제가 되며**, 이 점은 사실상 연합함에 대한 성령의 증거라는 것이다. Thomas A. Smail, *Reflected Glory* (Grand Rapids: Eerdmans, 1976) chapter 10 참조.

38. Thomas A. Smail, *The Forgotten Father* (Grand Rapids: Eerdmans, 1981), 특히 pp.9-22을 참조.

7. 오소서, 성령이여!

1. John Owen, *Works*, ed. W. Goold (London: Banner of Truth, 1967), 4:518.

2. Edwards, *Works*, ed. E. Hickman (London: Banner of Truth, 1974), 1:426.

부록. 로마서 7장의 "곤고한 사람"은 누구인가?

1. Romans *Clarendon Bible* (Oxford: Clarendon Press, 1937), p.206.

2. *Theology of the New Testament* 1 (London: SCM Press, 1952), p.247. 1932년, Bultmann은 이렇게 적었다. "내가 보기에 (로마서 7장의 '나'의 정체에 대한) 이러한 질문들은 충분히 논의되었고, 그 질문에 대한 답변은 의심의 여지가 없는 듯하다. 여기서 묘사한 상황은, 율법 아래 있는 인간의 일반적 상황을, 그리스도를 통해 율법으로부터 자유롭게 된 사람의 눈에 비치는 대로 그런 것이다(*Existence and Faith: Shorter Writings of Rudolf Bultmann*, trans. Schubert M. Ogden [London: Hodder & Stoughton, 1961], p.147).

3. *The Expositor's Greek Testament.*

4. C. L. Mitton, "Romans VII Reconsidered: III," *Expository Times* 65 (1954): 133.

색인

성령을 아는 지식
Keep in Step with the Spirit

지은이 J. I. 패커
옮긴이 홍종락
펴낸곳 주식회사 홍성사
펴낸이 정애주
국효숙 김의연 박혜란 손상범
송민규 오민택 임영주 차길환

2002. 3. 30. 초판 1쇄 발행   2018. 4. 11. 초판 21쇄 발행
2020. 7. 30. 개정판 1쇄 발행   2024. 5. 24. 개정판 3쇄 발행

등록번호 제1-499호 1977. 8. 1.
주소 (04084) 서울시 마포구 양화진4길 3 전화 02) 333-5161 팩스 02) 333-5165
홈페이지 hongsungsa.com 이메일 hsbooks@hongsungsa.com
페이스북 facebook.com/hongsungsa
양화진책방 02) 333-5161

• 잘못된 책은 바꿔 드립니다. • 책값은 뒤표지에 있습니다.

ISBN 978-89-365-1448-8 (03230)